Ce l'ho, mi manca

- 20 capi a maglia per il guardaroba perfetto -

Valentina Cosciani

www.tibisay-artherapy.blogspot.com

Titolo originale Ce l'ho, mi manca -20 capi a maglia per il guardaroba perfetto-

Copyright © 2024 Valentina Cosciani
Tutti i diritti riservati.
La distribuzione dei modelli e l'uso a scopo commerciale dei modelli stessi o dei capi ricavati da esso, qualora non autorizzati dalla designer stessa, sono proibiti.

Copertina e progetto grafico Diego Manna
Editore tecnico Alice Twain
Gruppo operativo Debora Gaggioli e Erika Fermo
Gruppo revisione Leonardo, Paolo e Riccardo Bonivento
Fotografia © 2024 Calogero Chinnici (www.calogerochinnici.it)
Modella Valentina Cosciani
Stilista Tiziana Candelic
Testi © 2024 Valentina Cosciani
Illustrazioni © 2023 Federica Santoro
www.tibisay-artherapy.blogspot.com

Edito da
White Cocal Press
via Biasoletto 75
34142 Trieste
manna@bora.la

Prima edizione maggio 2024
ISBN 978-88-31908-89-4

Un ringraziamento speciale a:
mYak, Il Caffè Dei Gomitoli, Penelope Knits, C'Era Una Volta La Lana D'Irlanda, Unfilodi e Lanadimiele per aver fornito alcuni dei filati presenti nel libro.

*A nonna Amelia
ancora oggi la donna più elegante che abbia mai conosciuto*

Sommario

Autunno
Cardigan autunnale - 15
Dolcevita - 23
Maglione autunnale n°1 - 29
Maglione autunnale n°2 - 37
Set - 47

Inverno
Cardigan invernale n°1 - 53
Cardigan invernale n°2 - 61
Maglione invernale - 67
Maglione multicolore - 75
Maglione a trecce - 83
Maglione natalizio - 95

Primavera
Cardigan primaverile n°1 - 103
Cardigan primaverile n°2 - 111
Maglione a righe - 119
Maglioncino smanicato - 125
Stola - 133

Estate
Cardigan estivo - 141
Top estivo n°1 - 147
Top estivo n°2 - 155
Scialle - 161

Glossario - 180

Introduzione

Fin da quando ero bambina, nella mia mente la perfezione nell'abbigliamento si incarna nell'eleganza. E proprio da qui voglio iniziare con una domanda provocatoria, la stessa che si poneva Genevieve Antoine Dariaux all'inizio del suo libro "Elegance": che cos'è l'eleganza?
Il termine deriva dal latino "eligere", cioè scegliere. E in effetti questo è: una questione di scelte, scelte fatte con oculatezza, parola che sembra fuori moda ma che oggi è quanto mai attuale, almeno a mio modesto parere.
Quando si parla di eleganza, erroneamente si pensa alla signora con il tailleur e il filo di perle, ma questo oramai è un concetto sorpassato. Esistono mille stili nel modo di vestire e sarebbe assolutamente riduttivo limitarsi ad uno soltanto. E allora "elegante" può benissimo essere un accostamento di colori fatto ad arte, un paio di jeans abbinati a delle ballerine rosse e non alle solite scarpe da ginnastica, un cappello originale portato su un semplicissimo abito scuro.
Insomma, chiunque può decidere di essere elegante perché chiunque possiede un proprio stile unico e inimitabile!
Una donna davvero elegante può esserlo naturalmente, ma il gusto si può anche facilmente coltivare, basta scegliere bene, cercare piuttosto la semplicità di un dettaglio che sovraccaricarsi di mille monili. Scegliere, quindi, con attenzione quello che ci andrà a "vestire" e non semplicemente a "coprire".
Questo senso dell'eleganza e del bel vestire ora sta tornando, ci si orienta ad avere meno capi di ottima qualità nell'armadio, capi che addosso ci stiano benissimo. Quando lavoriamo noi stesse a maglia possiamo realmente modellare il capo, creando da sole il nostro personalissimo stile.
Se ci spostiamo nell'immenso mondo del fatto a mano, mondo che conosco abbastanza bene, la cosa si complica ulteriormente.
L'appassionata dell'*handmade* (come si usa dire nell'ambiente) è generalmente anticonformista ed estrosa. Doti preziose, che tutte le creative dovrebbero avere ma che, pensando allo stile, talvolta non aiutano e danno vita a creazioni fin troppo estrose e con accostamenti di colori improbabili.
Purtroppo per lunghi anni il fatto a mano, complice anche forse l'entusiasmo (a volte eccessivo) è stato sinonimo di "scadente", "*cheap*", "clownesco".
Ma non deve essere per forza così, anzi!
Bisogna pensare che in passato non era questa la norma: i capi in maglieria sono solo di recente realizzati industrialmente (come d'altro canto anche i capi di sartoria) e tutte le signore, se avessero voluto indossare qualcosa di nuovo, avrebbero dovuto realizzarlo da sole. La moda era certamente seguita ma, vista la fatica ed il tempo che si impiegavano per realizzare un maglione, questo doveva essere per forza "eterno", con uno stile che potesse durare anni e possibilmente con un buon filato. Questo perché, una volta che il maglione fosse venuto a noia, lo si sarebbe potuto facilmente disfare e con il filato recuperato sferruzzarne immediatamente un altro. Trovo questo pensiero valido anche oggi: con le nostre mani capaci possiamo realizzare dei capi dai dettagli raffinati ma essenziali, che siano attuali ora come tra molti anni.
Di questi tempi più che mai c'è l'esigenza di ricalcare i passi fatti dalle nostre nonne, di dire addio alla moda "usa e getta" e di indossare qualcosa di veramente bello, elegante, fatto bene, con materiali di qualità, che abbia una lunga durata. Naturalmente interpreteremo questa riscoperta cercando di abbinarla al nostro stile e alle esigenze della vita moderna.
Insomma, in definitiva, è ora che il fatto a mano, e nel nostro caso il fatto a maglia, riprenda il suo degno posto nel nostro guardaroba.
Poco importa se le nostre finanze non ci permettono di usare il cashmere o la seta, ci sono in commercio fibre come la lana vergine e il cotone egiziano che, assieme ad un costo contenuto, ci assicurano una buona qualità ed un'ottima durata.
Inoltre, diciamolo pure, un capo fatto a mano è ineguagliabile, è modellato su noi stesse, sulla nostra figura e lo indosseremo con grande orgoglio: chiunque ce ne chiederà la provenienza.
Non servirà, quindi, avere decine di maglioni nel vostro guardaroba per essere ben vestite, basteranno pochi capi pratici da poter abbinare a molte combinazioni di pantaloni - gonne - accessori, per avere a disposizione un grande ventaglio di possibilità ed essere sempre vestite elegantemente! Sono questi capi eterni, classici, che ci traghetteranno con eleganza e sicurezza attraverso tutte le occasioni della vita.

Ed ecco così chiarito anche il titolo sibillino "Ce l'ho, mi manca".
Vi vorrei coinvolgere in un bel gioco, quello di collezionare i capi che renderanno il vostro guardaroba a maglia davvero perfetto. Potrete "spuntare" man mano i capi che terminate, come fossero delle figurine di un album illustrato. Una volta terminati tutti, potrete dire di aver raggiunto la vera perfezione!

Cosa contiene il guardaroba perfetto della knitter?

Per molti anni sono andata alla ricerca del maglione perfetto: un tipo di maglione che mi stesse bene addosso, che valorizzasse le mie forme, che nascondesse i miei difetti, che fosse del colore che mi dona di più, che fosse della lana che gradisco di più. Ah, quanto l'ho cercato!
Una delle caratteristiche che mi interessava di più, era il fatto che avesse una forma che non andasse mai fuori moda. Credo fermamente che, se si impiega tanto tempo per lavorare un maglione, poi si vorrebbe poterlo indossare per tanti anni di fila, e non solamente per pochi mesi!
Naturalmente questa caratteristica è difficilissima da trovare: un maglione può andare fuori moda per tantissimi motivi: un colore sbagliato, una forma molto attuale nel momento in cui si decide di incominciarlo, ma che diventerà obsoleta prima della fine del nostro lavoro, dettagli esagerati che denunciano chiaramente l'epoca cui appartiene e così via. Insomma, tutte queste riflessioni mi hanno portato a cercare di scoprire quale maglione potesse rimanere nel mio guardaroba il più a lungo possibile.
L'idea di poter costruire un intero guardaroba con queste caratteristiche mi ha sempre attirato moltissimo, ed un bel giorno mi sono detta "ma perché non provarci?"
Infatti, perché no? Perché non provare a creare qualcosa che possiamo fare proprio per noi stesse? Creare un maglione che ci stia veramente bene è molto appagante, per cui perché dovremmo limitarci solamente ad uno? Avendo la possibilità di lavorare dei maglioni comodi e che ci stiano bene, non sarebbe bello averne un'intera collezione?
Dopo lunghe riflessioni ho stilato, quindi, una sorta di lista, nella quale appaiono dei capi base essenziali per qualunque donna, a prescindere dalla vita che conduce.
Il guardaroba perfetto della knitter è articolato per stagione con dei capi base che non dovrebbero mai mancare. Naturalmente ci potranno essere delle "contaminazioni" tra una stagione e l'altra: per esempio se il maglione a righe mi piacesse moltissimo, nulla mi vieterebbe di portarlo anche in inverno o di realizzarlo in cotone per l'estate! Questa lista è molto versatile ed è divisa in stagioni solo per comodità, starà poi a voi la scelta se rispettarla o stravolgerla completamente.
AUTUNNO: un cardigan, un dolcevita, due maglioni e un set berretto-scaldacollo.
INVERNO: due cardigan, un maglione, un maglione multicolore, un maglione a trecce e un maglione natalizio.
PRIMAVERA: due cardigan, un maglioncino smanicato, un maglione a righe e una stola.
ESTATE: un cardigan estivo, due top estivi e uno scialle.

La forma delle donne

Il corpo delle donne è meraviglioso!
Non esistono forme sgradevoli ed anche i difetti possono essere visti sotto una luce amica, almeno questo è quello che io penso. Trovo assurdo incaponirsi con diete da fame per avere un corpo uguale a quello di molte altre, quando in realtà è proprio l'essere uniche che ci rende belle agli occhi di quelli che amiamo.
Dobbiamo solo imparare a conoscerci meglio per poter mettere in evidenza i nostri punti di forza e celare discretamente quelli che consideriamo i nostri difetti.
I capispalla contenuti nel guardaroba perfetto della knitter sono stati studiati per adattarsi a quante più forme possibili, tuttavia sarebbe assurdo affermare che si possano adattare ad ognuna. Alcune di voi, quindi, potrebbero avere bisogno di fare delle modifiche al pattern affinché il capo vesta perfettamente: le istruzioni sono scritte il più chiaramente possibile per poter fare facilmente questa operazione.

I colori perfetti

Tutte noi, osservandoci allo specchio, ci siamo rese conto che un certo colore ci dona particolarmente e ci fa sentire bene. E sicuramente abbiamo una serie di colori preferiti che "dominano" il nostro guardaroba e che scegliamo inconsapevolmente. Ecco, questa è la base dell'armocromia, fondamentale quando parliamo di lavoro a maglia! Chi di noi vorrebbe lavorare lunghe ore un capo di un colore che poi non ci donerebbe? Il guardaroba ideale a maglia è diviso in stagioni e per ognuna ci sono dei capi in colori neutri e non neutri. Ma qual è la differenza tra queste due tipologie? I colori neutri sono i cosiddetti "colori universali": il nero, il bianco in tutte le sue gradazioni, tutte le tonalità di grigio e di marrone e il blu scurissimo. I colori non neutri sono banalmente... tutti gli altri! Avere un giusto bilanciamento contribuirà a fare in modo che i capi a maglia possano essere combinati facilmente con qualunque capo del nostro guardaroba.

Ecco che in autunno le giornate si accorciano e, alla ricerca di *comfort*, i colori virano a una palette più intensa. E lavoreremo: un cardigan in colore scuro non neutro, un dolcevita in colore scuro non neutro, un maglione in colore scuro neutro, un maglione in colore chiaro neutro e un set berretto-scaldacollo in colore non neutro (suggerisco di sbizzarrirsi con colori vivacissimi).

In inverno, quando le giornate sono brevi e il freddo è intenso, i nostri colori rifletteranno il tempo atmosferico con la necessità di un guizzo di vivacità. E lavoreremo: due cardigan in colore scuro neutro, un maglione in colore scuro non neutro, un maglione multicolore, un maglione a trecce e un maglione natalizio.

In primavera, quando le giornate si allungano e il sole ci scalda con i suoi raggi, i colori asseconderanno il nostro umore e si schiariranno. E lavoreremo: due cardigan primaverili in colore chiaro non neutro, un maglioncino smanicato in colore chiaro neutro, un maglione a righe e una stola in colore non neutro.

Infine in estate, quando quello che vorremmo fare è solamente poltrire su un'amaca al fresco, i colori avranno la necessità di accompagnarci con un'eleganza senza tempo. E lavoreremo: un cardigan estivo in colore scuro non neutro, un top estivo in colore scuro neutro, un top estivo in colore chiaro neutro e uno scialle in colore non neutro.

Sia inteso: il mio suggerimento sulla tipologia dei colori è solo un suggerimento e sta a voi decidere se seguirla pedissequamente o se stravolgerla del tutto! Per capire meglio cosa intendo con le varie nomenclature, ecco di seguito una piccola tabella con degli esempi di colori che possano adattarsi a tutti i gusti e a tutte le "stagioni armocromatiche".

colore scuro neutro	nero, blu navy, grigio antracite, terracotta, testa di moro...
colore chiaro neutro	bianco ghiaccio, bianco ottico, grigio perla, avorio, beige, cammello...
colore scuro non neutro	rosso bordeaux, mora, verde pino, verde petrolio, verde smeraldo, viola, verde foresta, verde oliva, verde muschio, ocra scuro, viola pervinca, arancione bruciato...
colore chiaro non neutro	fuxia, rosa polvere, rosa baby, azzurro pastello, salmone, albicocca, corallo, verde foglia, rosa confetto, rosa cipria, rosso anguria, rosso fragola, aragosta, verde menta, verde basilico, verde bandiera, turchese, giallo sole, giallo narciso, ciclamino...

Siamo arrivati alla fine di questo lungo excursus: spero che questo libro vi sia utile, è frutto di lunghi anni di studio e di ricerche! In esso ho racchiuso tutto quello che so e ho cercato di trasmettervi tutto il mio amore verso il lavoro a maglia.

Buon divertimento e... siate *chic*!

Cardigan autunnale

Dolcevita

Set

Maglione autunnale n° 1

Maglione autunnale n° 2

Cardigan invernale n° 1

Cardigan invernale n° 2

Maglione multicolore

Maglione invernale

Maglione a trecce

Maglione natalizio

Cardigan primaverile n° 1

Cardigan primaverile n° 2

Maglioncino smanicato

Maglione a righe

Stola

Cardigan estivo

Top estivo n° 1

Top estivo n° 2

Scialle

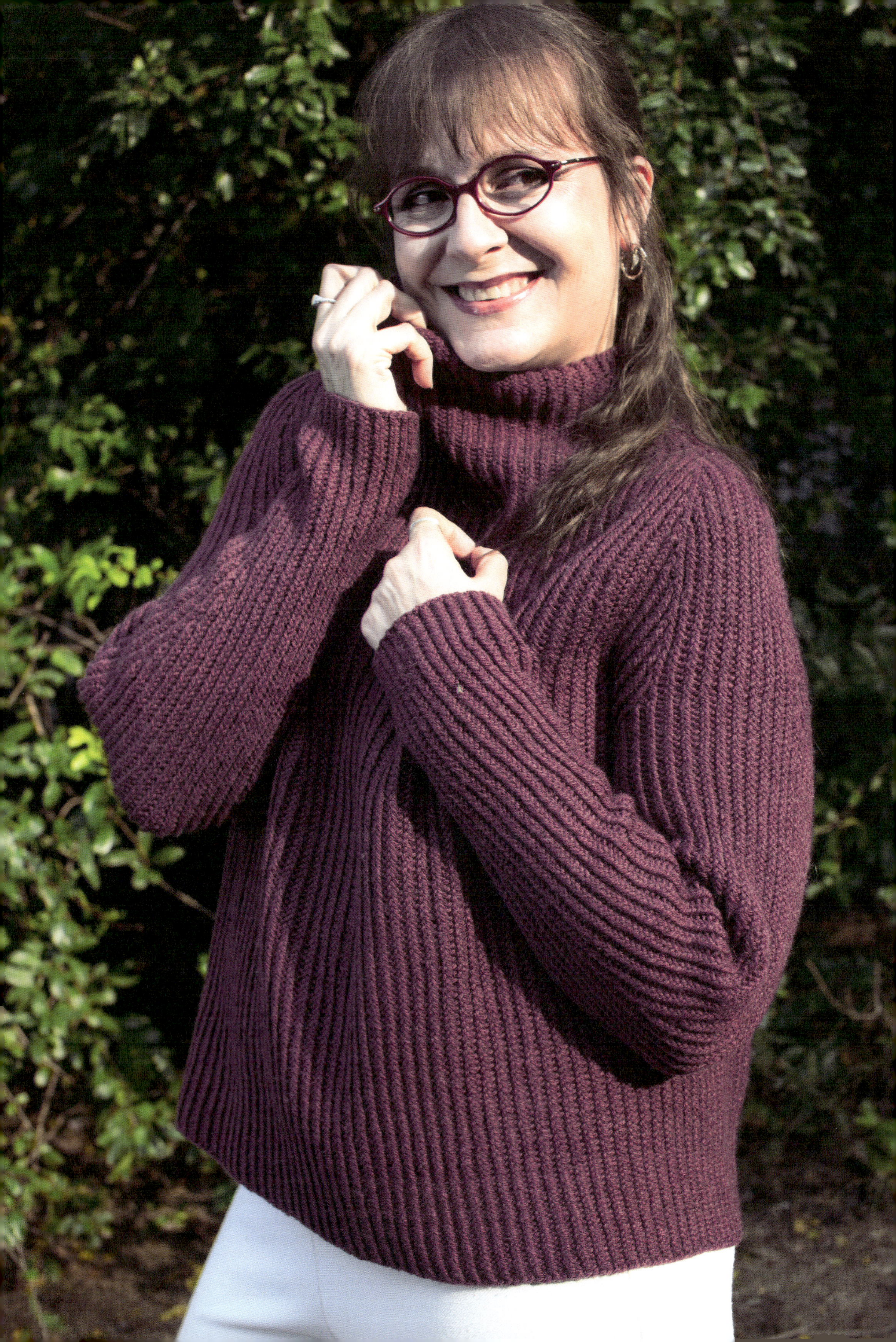

Autunno

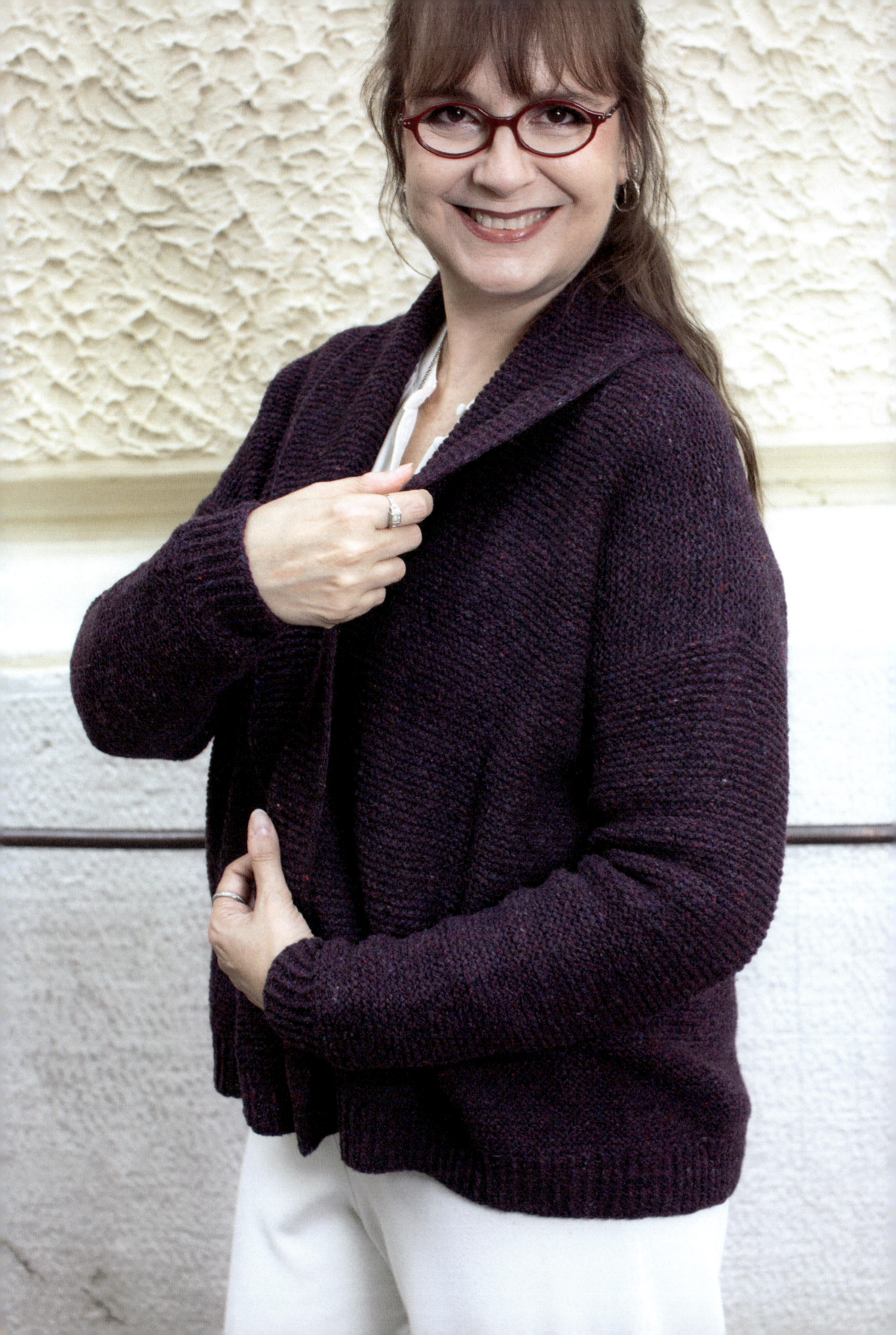

Cardigan autunnale

Livello di difficoltà ★ ★ ★

Quando il tempo rinfresca e le giornate incominciano da accorciarsi, sento il desiderio di un caldo abbraccio e di una coccola che rinfranchi l'anima. E trovo che non ci sia nulla di meglio da indossare di un cardigan, perfetto sia sugli abitini estivi che sui jeans appena tolti dall'armadio. Lavorato in una lana rustica ma morbida e in un colore scuro e intenso sarà il perfetto compagno delle passeggiate autunnali nel bosco.

Il **cardigan autunnale** ha una linea ampia ed è lavorato dall'alto verso il basso interamente a maglia legaccio.

Si incomincia a lavorare a partire dall'ampio collo a scialle, che è lavorato in tre *step*.

Durante il primo *step* si crea un *i-cord*: sarà la finta cucitura della parte posteriore del collo. Usando l'*i-cord* questa finta cucitura sarà bella sia sul diritto che sul rovescio.

Durante i due *step* successivi si riprendono le maglie lungo i lati opposti dell'*i-cord* e si lavorano le due metà simmetriche del collo. Alla fine della lavorazione di queste due metà le maglie di entrambi i lati saranno messe in attesa su un pezzo di filo di scarto.

Dopo aver lavorato la parte dietro del collo si imposta il dietro: si avviano le maglie necessarie e contemporaneamente si riprendono le maglie lungo il lato lungo del collo dietro. Si lavora il dietro dall'alto verso il basso e lo si modella con una serie di ferri accorciati, lavorando in piano fino alla fine dello sprone. A questo punto le maglie sono lasciate in sospeso su un pezzo di filo di scarto.

Alla fine del lavoro il dietro risulterà leggermente più lungo dei davanti proprio a causa di questa costruzione.

Si continua riprendendo le maglie per i davanti lungo il bordo dell'avvio e le maglie del collo lasciate in sospeso e si lavorano i due davanti separatamente, modellando il collo con dei ferri accorciati. Completata la lavorazione, si uniscono i tre pezzi, creando anche gli scalfi e si continua a lavorare fino a raggiungere la lunghezza desiderata. Si termina con un bordo a coste ritorte.

Infine si riprendono le maglie lungo gli scalfi e si lavorano le maniche, che sono modellate da una serie di diminuzioni e che sono completate da un bordo a coste ritorte.

Taglie:

XS (S, M, L, XL, XXL) vestono un giro seno di 76 (86, 96, 106, 117, 127) cm e un dietro di 38 (43, 48, 53, 58.5, 63.5) cm.

Le foto si riferiscono alla taglia M indossata da una modella con un giro seno di 96 cm e con un agio di 13 cm sul dietro.

Quando scegliete la taglia, bisogna considerare che il cardigan sul davanti ha un ampio collo che va portato sovrapposto. A causa di questa vestibilità particolare, la classica misura di riferimento della circonferenza del seno per la scelta della taglia non è più valida. Considerate comunque che è molto ampia per poter indossare il cardigan più o meno aperto.

Nella scelta della taglia corretta per questo capo consiglio di basarsi, invece, sulla misura della schiena. Come ottenerla? Semplicemente dividendo per due la misura del seno. A questa misura va sommato l'agio che è circa di 12.5-15 cm, a seconda della taglia. Scegliete quindi la misura che più si avvicina a quella indicata.

Misure finite:

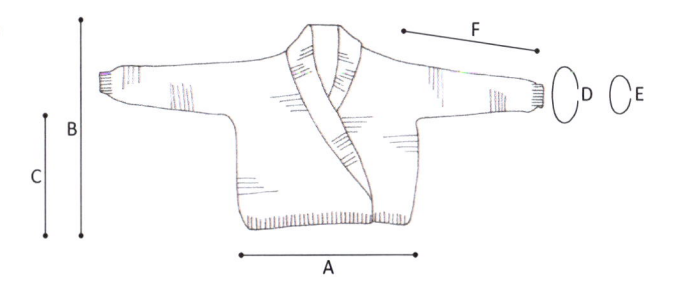

A - dietro: 53 (56, 61, 66, 71, 77) cm misurati dal punto centrale sotto l'ascella fino a quello opposto.
B - lunghezza totale: 50 (51, 51, 53, 53, 55) cm misurati lungo il davanti; il cardigan misurerà un paio di cm in più sui fianchi e nella parte dietro.
C - lunghezza dallo scalfo: 37 (37.5, 37, 38, 37, 37) cm.
D - circonferenza della manica: 31 (32.5, 34, 38, 39.5, 42) cm.
E - circonferenza del polsino: 20 (22, 22, 24, 26, 28) cm.
F - lunghezza della manica dallo scalfo: 42 (42, 44, 44, 46, 46) cm.

Filato e ferri:

BROOKLYN TWEED Loft: Plume (100% lana americana; 251 m per matassa da 50 gr): 7 (7, 8, 9, 9, 10) matasse (1580 [1710, 2005, 2190, 2259, 2470] m).
Il metraggio indicato è il consumo effettivo.
Ferri circolari numero 3 mm con il cavo lungo 40 cm (o un paio di ferri a doppia punta della stessa misura per l'*i-cord* iniziale), 60 cm e 80 cm. Se necessario modificate il numero dei f per ottenere il campione corretto.
2 marcapunti.
Ago da lana e forbici.
Filo di scarto.
Spilli e metro da sarta per il bloccaggio.

Consigli sul filato:

per questo cardigan è essenziale usare un filato corposo ma leggero, in quanto il capo è lavorato interamente a maglia legaccio e, ahimè, sappiamo molto bene che in abbinata con alcuni filati, il tessuto potrebbe lasciarsi andare facilmente. Sconsiglio, quindi, tutti i filati troppo molli come la lana merino o la seta come anche il cotone, troppo pesanti per questo modello. Se non volete usare il filato che ho adoperato io (molto bello ma anche molto costoso e di difficile reperibilità), potreste optare per una lana secca, se vi piace l'aspetto rustico, o magari per un tweed o anche per una lambswool. Altrettanto validi trovo che siano i filati soffiati e leggeri, perfetti per questo tipo di lavorazione. E se possiedono una piccola parte di fibra acrilica, per stavolta glielo perdoneremo!

Campione:

21 m x 42 f/giri = 10 cm lavorati a m legaccio (dopo il bloccaggio).

Spiegazioni - Collo dietro (lavorato in piano):

Le spiegazioni sono date per la taglia XS, le taglie S, M, L, XL e XXL sono tra parentesi. Quando non appaiono le parentesi, la spiegazione è valida per tutte le taglie.
Attenzione: durante la lavorazione dello schema, troverete delle tabelle con all'interno delle indicazioni da apportare per la vostra taglia. Cercatela con attenzione e seguite le istruzioni per avere un risultato perfetto!
Incominciate a lavorare in piano la fascetta rettangolare che formerà il collo dietro.
Questa fascetta è lavorata in tre *step*.
Durante il primo *step* creerete un *i-cord*: sarà la finta cucitura della parte posteriore del collo. Usando l'*i-cord* questa finta cucitura sarà bella sia sul DdL che sul RdL.
Usando il f circolare con il cavo lungo 40 cm (o il gioco di f), avviate 4 m usando l'avvio *long tail*.
I-cord: *senza girare il lavoro, fate scivolare le m fino all'estremità opposta del f, fate passare il filo sul RdL e tirate, lavorando le m a dir come di consueto. Ripetete da * ancora 34 (34, 40, 40, 46, 46) volte (totale 35 [35, 41, 41, 47, 47] "giri").
Chiudete 3 m e non tagliate il filo.

COLLO DESTRO:

Durante questo *step* riprenderete le m lungo il lato più lungo dell'*i-cord* e lavorerete il collo destro.
Attenzione: il collo destro è rifinito da un bordo *i-cord*, che si trova sul lato sinistro del DdL. Si forma passando le ultime due m senza lavorarle, tenendo il filo sul dietro del lavoro. Durante il f successivo le m verranno lavorate a rovescio e andranno a formare una rifinitura raffinata ed elegante.
Si adopera il filo già in uso, la prima m è sul f.
Ruotate il lavoro di 90° e riprendete 30 (30, 34, 34, 38, 38) m lungo l'*i-cord* (spaziandole equamente) fino a raggiungere l'altra estremità (totale 31 [31, 35, 35, 39, 39] m).
La figura qui a fianco può aiutarvi a capire meglio la ripresa delle maglie lungo l'*i-cord*.
Attenzione: si riprendono meno m rispetto ai "giri" dell'*i-cord*.

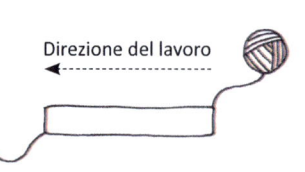

Direzione del lavoro

Ferro 1 (DdL): dir fino a 2 m prima della fine del f, pass2cfdietro.
Ferro 2 (RdL): 2 rov, dir fino a 1 m prima della fine del f, 1 dir rit.
Ripetete i f 1 e 2 fino a che il collo destro misuri 4.5 (5, 5, 5.5, 6, 6) cm dall'*i-cord*.
Tagliate il filo e lasciate in sospeso le m su un pezzo di filo di scarto.

COLLO SINISTRO:

Durante questo *step* riprenderete le m lungo il lato dell'*i-cord* opposto al precedente e lavorerete il collo sinistro.
Attenzione: il collo sinistro è rifinito da un bordo *i-cord*, che si trova sul lato destro del DdL. Si forma

passando le ultime due m senza lavorarle, tenendo il filo sul davanti del lavoro. Durante il f successivo le m verranno lavorate a dir e andranno a formare una rifinitura raffinata ed elegante.
Girate il lavoro di 180° e, tenendo il RdL rivolto verso di voi e usando un nuovo gomitolo, riprendete 31 (31, 35, 35, 39, 39) m lungo la parte dell'*i-cord* opposta a quella del passaggio precedente (spaziandole equamente) fino a raggiungere l'altra estremità.

La figura qui a fianco può aiutarvi a capire meglio la ripresa delle maglie.

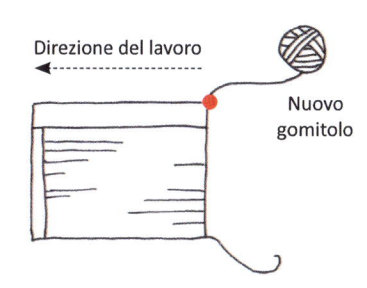

Ferro 1 (DdL): dir fino a 1 m prima della fine del f, 1 dir rit.
Ferro 2 (RdL): dir fino a 2 m prima della fine del f, pass2cfdavanti.
Ripetete i f 1 e 2 fino a che il collo sinistro misuri: 4.5 (5, 5, 5.5, 6, 6) cm dall'*i-cord*.
Non tagliate il filo e lasciate in sospeso le m su un pezzo di filo di scarto.

Dietro (lavorato in piano):

A questo punto lavorerete il dietro: avvierete le m necessarie e riprenderete le m lungo il lato lungo del collo dietro. Posizionerete anche i marcapunti che serviranno per la lavorazione dei f accorciati.

> **Nota bene:**
> so che a molte non piacciono i ferri accorciati e so anche che spesso si possono anche togliere del tutto o diminuirne le ripetizioni. In questo caso, però, non consiglio questa procedura perché servono proprio a sagomare il collo e le spalle!

La figura qui sotto vi può aiutare a capire meglio il passaggio dell'avvio e della successiva ripresa delle m.

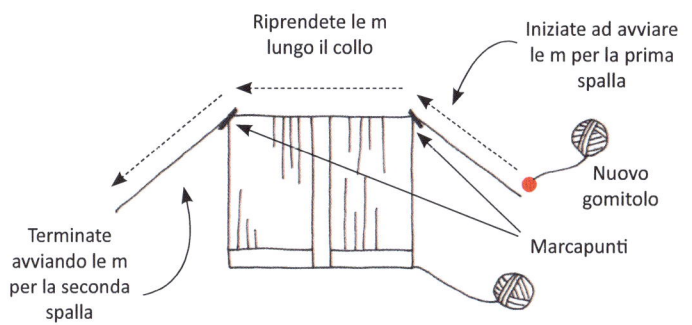

Unite il filo di un nuovo gomitolo per eseguire la lavorazione.
Usando il f circolare con il cavo lungo 60 cm, avviate 37 (41, 46, 50, 54, 59) m usando l'avvio *cable*, PM, girate il lavoro.
Orientate il collo dietro nel seguente modo: tenete il DdL rivolto verso di voi con il lato lungo dove non c'è l'i-cord verso l'alto; riprendete, con lo stesso filo con cui avete montato le precedenti m, 21 (23, 23, 25, 27, 27) m lungo questo lato, PM, girate nuovamente il lavoro.
Sempre con il medesimo filo, avviate 37 (41, 46, 50, 54, 59) m usando l'avvio *cable*.
(95 [105, 115, 125, 135, 145] m per il dietro).
Prossimo ferro (RdL): dir fino a 1 m prima della fine del f, 1 dir rit (passando i M).

SEZIONE 1 - ferri accorciati:

Ora lavorerete i f accorciati che sagomano il collo e le spalle del dietro.
Ferro 1 (DdL - f acc): *dir fino a M, SM. Ripetete da * ancora una volta, 1 dir, girate il lavoro.
Ferro 2 (RdL - f acc): pass1cfdavanti, tirate il filo verso il dietro al di sopra del f, SM, dir fino a M, SM, 1 dir, girate il lavoro.
Ferro 3 (f acc): pass1cfdavanti, tirate il filo verso il dietro al di sopra del f, SM, dir fino a M, SM, lavorate a dir il "punto doppio", 3 dir, girate il lavoro.
Ferro 4 (f acc): pass1cfdavanti, tirate il filo verso il dietro al di sopra del f, *dir fino a M, SM. Ripetete da * ancora una volta, lavorate a dir il "punto doppio", 3 dir, girate il lavoro.
Ferro 5 (f acc): pass1cfdavanti, tirate il filo verso il dietro al di sopra del f, *dir fino a M, SM. Ripetete da * ancora una volta, dir fino al "punto doppio", lavorate a dir il "punto doppio", 3 dir, girate il lavoro.
Ferro 6 (f acc): pass1cfdavanti, tirate il filo verso il dietro al di sopra del f, *dir fino a M, SM. Ripetete da * ancora una volta, dir fino al "punto doppio", lavorate a dir il "punto doppio", 3 dir, girate il lavoro.
Ripetete i f 5 e 6: ancora 7 (8, 9, 10, 11, 12) volte.
Ferro d'impostazione (DdL - f acc): pass1cfdavanti, tirate il filo verso il dietro al di sopra del f, *dir fino a M, SM. Ripetete da * ancora una volta, dir fino al "punto doppio", lavorate a dir il "punto doppio", dir fino a 1 m prima della fine del f, 1 dir rit.
Prossimo ferro (RdL - f acc): *dir fino a M, RM. Ripetete da * ancora una volta, dir fino al "punto doppio", lavorate a dir il "punto doppio", dir fino a 1 m prima della fine del f, 1 dir rit.

SEZIONE 2 - maglia legaccio:

A questo punto il collo e le spalle sono terminati e proseguirete lavorando il dietro.

Ferro 1 (DdL): dir fino a 1 m prima della fine del f, 1 dir rit.

Ferro 2 (RdL): dir fino a 1 m prima della fine del f, 1 dir rit.

Ripetete i f 1 e 2 fino a che il lavoro misuri 13 (13.5, 14, 15, 16, 18) cm, misurando lungo quella che sarà l'apertura per il braccio, ovvero lungo uno dei due bordi.

Tagliate il filo e posizionate le m su un pezzo di filo di scarto.

La figura qui sotto vi può aiutare a capire meglio i prossimi passaggi per la ripresa delle m e la successiva formazione dei due davanti.

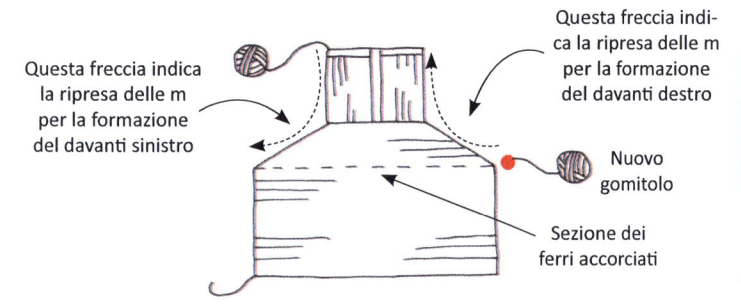

Questa freccia indica la ripresa delle m per la formazione del davanti sinistro

Questa freccia indica la ripresa delle m per la formazione del davanti destro

Nuovo gomitolo

Sezione dei ferri accorciati

Davanti destro (lavorato in piano):

Unite il filo di un nuovo gomitolo per eseguire la lavorazione.

Posizionate le 31 (31, 35, 35, 39, 39) m del collo destro lasciate in sospeso sul f circolare con il cavo lungo 60 cm e rimuovete il filo di scarto. Le m del collo si trovano sulla parte sinistra del f circolare. Tenendo il DdL rivolto verso di voi, incominciate dall'angolo in alto a destra del dietro.

Usando il f destro, riprendete 37 (41, 46, 50, 54, 59) m fino a raggiungere le m della fascetta del collo che si trovano ora sul f circolare. Lavorate a dir le m del collo fino a 2 m prima della fine del f, pass2cfdietro.

(68 [72, 81, 85, 93, 98] m per il davanti destro).

SEZIONE 1 - ferri accorciati:

Ora lavorerete i f accorciati che sagomano il collo e la spalla destra.

Ferro 1 (RdL - f acc): 2 rov, 30 (30, 34, 34, 38, 38) dir, girate il lavoro.

Ferro 2 (DdL - f acc): pass1cfdavanti, tirate il filo verso il dietro al di sopra del f, dir fino a 2 m prima della fine del f, pass2cfdietro.

Ferro 3 (f acc): 2 rov, dir fino al "punto doppio", lavorate a dir il "punto doppio", 3 dir, girate il lavoro.

Ferro 4 (f acc): ripetete il f 2.

Ripetete i f 3 e 4: ancora 8 (9, 10, 11, 12, 13) volte.

Prossimo ferro (RdL): 2 rov, dir fino al "punto doppio", lavorate a dir il "punto doppio", dir fino a 1 m prima della fine del f, 1 dir rit.

SEZIONE 2 - maglia legaccio:

A questo punto il collo e la spalla destra sono terminati e proseguirete lavorando il davanti destro.

Ferro 1 (DdL): dir fino a 2 m prima della fine del f, pass2cfdietro.

Ferro 2 (RdL): 2 rov, dir fino a 1 m prima della fine del f, 1 dir rit.

Ripetete i f 1 e 2 fino a che il davanti destro misuri 13 (13.5, 14, 15, 16, 18) cm, misurando lungo quella che sarà l'apertura per il braccio, ovvero lungo il bordo esterno.

Tagliate il filo e posizionate le m su un pezzo di filo di scarto.

Davanti sinistro (lavorato in piano):

Posizionate le 31 (31, 35, 35, 39, 39) m del collo sinistro lasciate in sospeso sul f circolare con il cavo lungo 60 cm e rimuovete il filo di scarto.

Tenendo il DdL rivolto verso di voi e con il filo lasciato in sospeso, lavoratele nel modo seguente: dir fino alla fine del collo. Con lo stesso filo e incominciando immediatamente vicino alla fine della fascetta del collo, riprendete 37 (41, 46, 50, 54, 59) m fino a raggiungere l'angolo in alto a sinistra del dietro.

(68 [72, 81, 85, 93, 98] m per il davanti sinistro).

SEZIONE 1 - ferri accorciati:

Ora lavorerete i f accorciati che sagomano il collo e la spalla sinistra.
Prossimo ferro (RdL): dir fino a 2 m prima della fine del f, pass2cfdavanti.
Ferro 1 (DdL - f acc): 32 (32, 36, 36, 40, 40) dir, girate il lavoro.
Ferro 2 (f acc): pass1cfdavanti, tirate il filo verso il dietro al di sopra del f, dir fino a 2 m prima della fine del f, pass2cfdavanti.
Ferro 3 (f acc): dir fino al "punto doppio", lavorate a dir il "punto doppio", 3 dir, girate il lavoro.
Ferro 4 (f acc): ripetete il f 2.
Ripetete i f 3 e 4: ancora 8 (9, 10, 11, 12, 13) volte.
Prossimo ferro (DdL): dir fino al "punto doppio", lavorate a dir il "punto doppio", dir fino a 1 m prima della fine del f, 1 dir rit.

SEZIONE 2 - maglia legaccio:

A questo punto il collo e la spalla sinistra sono terminati e proseguirete lavorando il davanti sinistro.
Ferro 1 (RdL): dir fino a 2 m prima della fine del f, pass2cfdavanti.
Ferro 2 (DdL): dir fino a 1 m prima della fine del f, 1 dir rit.
Ripetete i f 1 e 2 fino a che il davanti sinistro misuri 13 (13.5, 14, 15, 16, 18) cm, misurando lungo quella che sarà l'apertura per il braccio, ovvero lungo il bordo esterno e terminando con il f 1.
Non tagliate il filo.

Corpo (lavorato in piano):

Ora unirete i davanti e il dietro e riprenderete la lavorazione in piano per il corpo.
Posizionate le 95 (105, 115, 125, 135, 145) m del dietro e le 68 (72, 81, 85, 93, 98) m del davanti destro lasciate in sospeso sul f circolare e rimuovete il filo di scarto.
Quando lavorate il corpo potete cambiare il f circolare con quello dal cavo più lungo quando le m sul f diventano troppe.
Ferro d'impostazione (DdL): lavorate a dir le 68 (72, 81, 85, 93, 98) m del davanti sinistro; girate il lavoro così che la parte appena lavorata si trovi sulla sinistra e, usando l'avvio *cable*, avviate 11 (12, 13, 14, 15, 16) m; girate nuovamente il lavoro in modo che la parte appena lavorata si trovi sulla destra, lavorate a dir le m del dietro; girate il lavoro così che la parte appena lavorata si trovi sulla sinistra e, usando l'avvio *cable*, avviate 11 (12, 13, 14, 15, 16) m; girate nuovamente il lavoro in modo che la parte appena lavorata si trovi sulla destra, lavorate a dir le m del davanti destro fino a 2 m prima della fine del f, pass2cfdietro.
(253 [273, 303, 323, 351, 373] m per il corpo).

SEZIONE 1 - maglia legaccio:

Ferro 1 (RdL): 2 rov, dir fino a 2 m prima della fine del f, pass2cfdavanti.
Ferro 2 (DdL): dir fino a 2 m prima della fine del f, pass2cfdietro.
Ripetete i f 1 e 2 fino a che il lavoro misuri 33 (33.5, 33, 34, 33, 33) cm dallo scalfo (o fino alla lunghezza desiderata, tenendo conto che il bordo finale misura 4 cm) terminando con il f 1.

Nota bene:
questo cardigan si presta a diventare una giacca lunga a metà coscia, o addirittura al ginocchio, allungando la sezione lavorata a maglia legaccio. Potrete indossarla come capospalla fino a quando il clima non diventerà troppo rigido ma considerate che vi occorrerà più filato!

SEZIONE 2 - bordo:

Ferro 1 (DdL): 2 dir, [1 rov, 1 dir rit] fino a 3 m prima della fine del f, 1 rov, pass2cfdietro.
Ferro 2 (RdL): 2 rov, [1 dir, 1 rov rit] fino a 3 m prima della fine del f, 1 dir, pass2cfdavanti.
Ripetete i f 1 e 2 fino a che il bordo a coste ritorte misuri 4 cm.
Chiudete tutte le m e tagliate il filo.
(37 [37.5, 37, 38, 37, 37] cm dallo scalfo).

Manica sinistra (lavorata in tondo):

Lavorando le maniche, usate il metodo preferito per la lavorazione di piccole circonferenze: 4 f a doppia punta, il *magic loop*, due f circolari ecc. Personalmente preferisco il *magic loop*!
Attenzione: le due maniche non sono lavorate nello stesso modo. Lavorando in tondo, infatti, la lavorazione a legaccio provoca una specie di irregolarità in corrispondenza dell'inizio/fine del giro. Per tenere il più possibile nascosta questa caratteristica inevitabile, l'inizio/fine del giro è posizionato in corrispondenza dell'angolo dell'ascella rivolto verso la schiena.
Unite il filo di un nuovo gomitolo per eseguire la lavorazione.
Tenendo il DdL rivolto verso di voi, incominciate in corrispondenza dell'angolo destro dello scalfo manica.
Usando il f circolare con il cavo lungo 80 cm, riprendete 11 (12, 13, 14, 15, 16) m lungo l'ascella, PM; poi riprendete 27 (28, 29, 32, 34, 38) m dello scalfo fino alla finta cucitura della spalla (spaziandole equamente); infine riprendete 27 (28, 29, 32,

34, 38) m dalla finta cucitura della spalla fino allo scalfo (spaziandole equamente). PM (questo è il M che segnala l'inizio del giro) e unite in tondo.
(65 [68, 71, 78, 83, 92] m per la manica).
Prossimo giro: SM, rov fino a M, SM, rov fino alla fine del giro.

SEZIONE 1 - maglia legaccio:
Giro 1: SM, dir fino a M, SM, dir fino alla fine del giro.
Giro 2: SM, rov fino a M, SM, rov fino alla fine del giro.
Ripetete i giri 1 e 2 fino a che il lavoro misuri 6 (5, 4, 4, 2, 1) cm dallo scalfo.

SEZIONE 2 - diminuzioni:
A questo punto lavorerete le diminuzioni che sagomano la manica.
Giro 1 (diminuzioni): SM, dir fino a M, SM, dim a dx, dir fino a 2 m prima della fine del giro, dim a sn (2 m diminuite).
Giro 2: SM, rov fino a M, SM, rov fino alla fine del giro.
Giro 3: SM, dir fino a M, SM, dir fino alla fine del giro.
Giro 4: ripetete il giro 2.
Giro 5: ripetete il giro 3.
Giro 6: ripetete il giro 2.
Giro 7: ripetete il giro 3.
Giro 8: ripetete il giro 2.
Ripetete i giri da 1 a 8: ancora 10 (11, 12, 13, 13, 16) volte.
(43 [44, 45, 50, 55, 58] m per la manica).
Ripetete i giri 7 e 8 fino a che la manica misuri 38 (38, 40, 40, 42, 42) cm dallo scalfo (o fino alla lunghezza desiderata, tenendo conto che il bordo finale misura 4 cm), terminando con il giro 7.

PER LE TAGLIE XS, M e XL:
Prossimo giro (diminuzione): SM, rov fino a M, SM, dim rov a dx, rov fino alla fine del giro (1 m diminuita).

PER LE TAGLIE S, L e XXL:
Prossimo giro: SM, rov fino a M, SM, rov fino alla fine del giro.

(42 [44, 44, 50, 54, 58] m per la manica).

SEZIONE 3 - bordo:
Giro 1: SM, [1 dir rit, 1 rov] fino alla fine del giro.
Ripetete il giro 1 fino a che il bordo a coste ritorte misuri 4 cm.
Nell'ultimo giro RM, chiudete tutte le m e tagliate il filo.
(42 [42, 44, 44, 46, 46] cm dallo scalfo).

Manica destra (lavorata in tondo):

Unite il filo di un nuovo gomitolo per eseguire la lavorazione.
Tenendo il DdL rivolto verso di voi, incominciate in corrispondenza dell'angolo sinistro dello scalfo manica.
Usando il f circolare con il cavo lungo 80 cm, riprendete 27 (28, 29, 32, 34, 38) m dello scalfo fino alla finta cucitura della spalla (spaziandole equamente); poi riprendete 27 (28, 29, 32, 34, 38) m dalla finta cucitura della spalla fino allo scalfo (spaziandole equamente), PM; infine riprendete 11 (12, 13, 14, 15, 16) m lungo l'ascella. PM (questo è il M che segnala l'inizio del giro) e unite in tondo.
(65 [68, 71, 78, 83, 92] m per la manica).
Prossimo giro: SM, rov fino a M, SM, rov fino alla fine del giro.

SEZIONE 1 - maglia legaccio:
Giro 1: SM, dir fino a M, SM, dir fino alla fine del giro.
Giro 2: SM, rov fino a M, SM, rov fino alla fine del giro.
Ripetete i giri 1 e 2 fino a che il lavoro misuri 6 (5, 4, 4, 2, 1) cm dallo scalfo.

SEZIONE 2 – diminuzioni:
A questo punto lavorerete le diminuzioni che sagomano la manica.
Giro 1 (diminuzioni): SM, dim a dx, dir fino a 2 m prima di M, dim a sn, SM, dir fino alla fine del giro (2 m diminuite).
Giro 2: SM, rov fino a M, SM, rov fino alla fine del giro.
Giro 3: SM, dir fino a M, SM, dir fino alla fine del giro.
Giro 4: ripetete il giro 2.
Giro 5: ripetete il giro 3.
Giro 6: ripetete il giro 2.
Giro 7: ripetete il giro 3.
Giro 8: ripetete il giro 2.
Ripetete i giri da 1 a 8: ancora 10 (11, 12, 13, 13, 16) volte.
(43 [44, 45, 50, 55, 58] m per la manica).
Ripetete i giri 7 e 8 fino a che la manica misuri 38 (38, 40, 40, 42, 42) cm dallo scalfo (o fino alla lunghezza desiderata, tenendo conto che il bordo finale misura 4 cm), terminando con il giro 7.

PER LE TAGLIE XS, M e XL:
Prossimo giro (diminuzione): SM, dim rov a dx, rov fino a M, SM, rov fino alla fine del giro (1 m diminuita).
PER LE TAGLIE S, L e XXL:
Prossimo giro: SM, rov fino a M, SM, rov fino alla fine del giro.

(42 [44, 44, 50, 54, 58] m per la manica).

SEZIONE 3 – bordo:

Giro 1: SM, [1 dir rit, 1 rov] fino alla fine del giro.
Ripetete il giro 1 fino a che il bordo a coste ritorte misuri 4 cm.
Nell'ultimo giro RM, chiudete tutte le m e tagliate il filo.
(42 [42, 44, 44, 46, 46] cm dallo scalfo).

Rifiniture:

Fissate i fili.
Procedete con il bloccaggio: dopo aver lavato e aver fatto perdere al cardigan autunnale la maggior parte dell'acqua come di norma, stendetelo su una grande superficie piatta.
A questo punto piegate a metà il collo a scialle nella parte del dietro e modellatelo per dargli la forma desiderata (guardate anche le foto), aiutandovi eventualmente con degli spilli.
Lasciatelo asciugare, indossatelo e... siate *chic*!

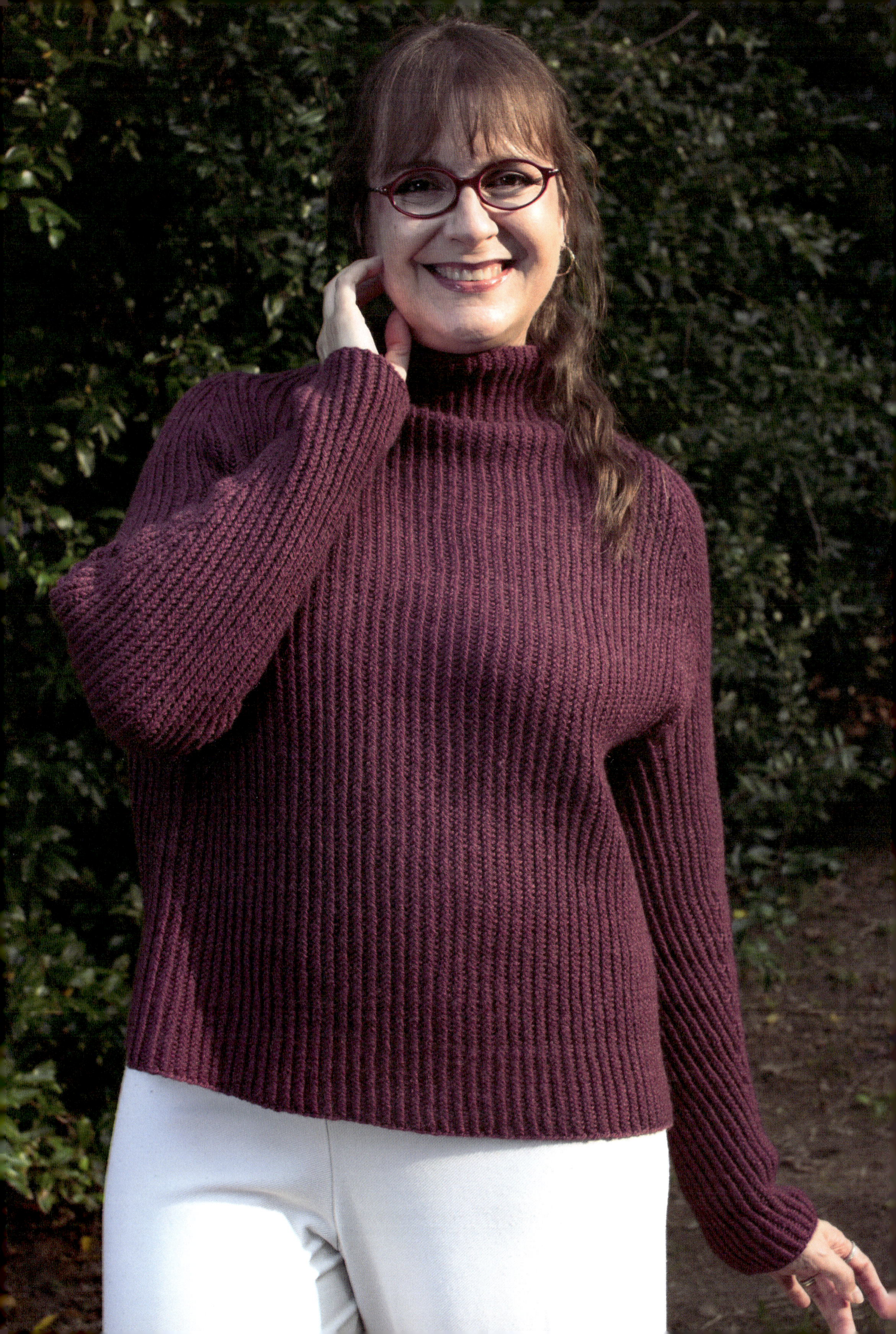

Dolcevita

Livello di difficoltà ★★★★

Il dolcevita è un capo che non può mancare nei mesi autunnali.

Devo confessare, però, che non amo molto il collo troppo alto e stretto: la mia versione, quindi, propone un mezzo collo alto non troppo aderente, che trovo molto elegante. L'ho realizzato in un colore scuro ma non neutro, che trovo molto adatto ai mesi freddi e che si riesce facilmente ad abbinare con molti capi del nostro guardaroba.

Il **dolcevita** è lavorato dall'alto verso il basso interamente a coste ritorte, che aiuteranno il capo a restare in forma anche dopo ripetuti lavaggi. Ha una linea leggermente *oversized*, bilanciata da una lunghezza non eccessiva.

La lavorazione inizia a partire dal collo; il dietro e le spalle sono modellati da una serie di ferri accorciati e di aumenti.

Alla fine di questa sezione si separano il davanti e il dietro, che vengono lavorati in piano separatamente, lasciando le maglie delle spalle in sospeso su un pezzo di filo di scarto.

In seguito verranno montate le maglie per le ascelle e il lavoro proseguirà in tondo per formare il corpo. Le maniche, molto lunghe, vengono riprese lungo lo scalfo e vengono lavorate dall'alto verso il basso, inserendo anche una serie di diminuzioni decorative. Tutti i bordi sono lavorati con un ferro più piccolo: questo contribuirà a non far sformare il capo.

Taglie:

XS (S, M, L, XL, XXL) vestono un giroseno di 76 (86, 96, 106, 117, 127) cm.

Le foto si riferiscono alla taglia M indossata da una modella con un giroseno di 96 con un agio di 31 cm. Se desiderate la stessa vestibilità del modello in foto, dovrete scegliere una misura che sia di 27-39 cm circa più ampia del vostro giroseno reale.

Misure finite:

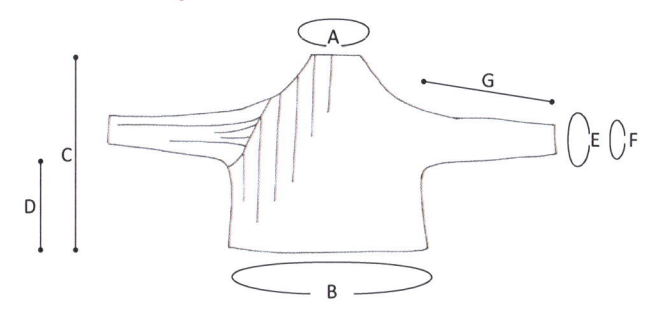

A - *circonferenza del collo:* 40 (44, 44, 48, 48, 52) cm.
B - *circonferenza del seno:* 103 (119, 127, 142, 150, 166) cm.
C - *lunghezza totale:* 38 (40, 40, 44, 44, 48) cm, prendendo la misura in corrispondenza della spalla.
D - *lunghezza dallo scalfo:* 28 (30, 30, 34, 34, 38) cm.
E - *circonferenza della manica:* 36 (40, 40, 43, 43, 47) cm.
F - *circonferenza del polsino:* 21 (23, 25, 27, 30, 32) cm.
G - *lunghezza della manica dallo scalfo:* 48 (50, 50, 52, 52, 54) cm.

Filato e ferri:

MYAK Baby Yak Medium: Night Flower (100% yak; 114 m per matassa da 50 gr): 9 (10, 10, 11, 12, 14) matasse (930 [1070, 1140, 1290, 1360, 1575] m). Il metraggio indicato è il consumo effettivo.

Ferri circolari numero 3 mm e 4 mm con il cavo lungo 40 cm, 60 cm e 80 cm. Se necessario modificate il numero dei f per ottenere il campione corretto.

5 marcapunti di cui uno diverso (che segnala l'inizio del giro).

Filo di scarto.

Ago da lana e forbici.

Spilli e metro da sarta per il bloccaggio.

Consigli sul filato:

nel mio guardaroba non poteva mancare il filato in yak, uno dei miei preferiti in assoluto: leggero e caldo, avvolge e scalda senza essere eccessivamente pesante. In questo caso la sua morbidezza per me è fondamentale: dovendolo portare così vicino al collo, non potevo certamente scegliere un filato ruvido. Un filato in yak di qualità, è vero, è anche piuttosto costoso. E quindi cosa scegliere in alternativa? Potrei rispondere semplicemente che un filato morbido che dia lo stesso campione andrebbe benissimo lo stesso, ma a mio parere non dovrebbe essere troppo molle. Ci vedo bene una lana *lambswool* o una merino spessa, preferibilmente non *superwash*.

Campione:

20.5 m x 26 f/giri = 10 cm lavorati a coste ritorte usando i f numero 4 mm (dopo il bloccaggio).

Spiegazioni - Si incomincia dall'alto
Bordo (lavorato in tondo):

Le spiegazioni sono date per la taglia XS, le taglie S, M, L, XL e XXL sono tra parentesi. Quando non appaiono le parentesi, la spiegazione è valida per tutte le taglie. Incominciate a lavorare in tondo il bordo del collo. Usando il f circolare numero 3 mm con il cavo lungo 40 cm, avviate 80 (88, 88, 96, 96, 104) m usando l'avvio *long tail*. PM (questo è il M che segnala l'inizio del giro e si trova in mezzo al collo dietro) e unite in tondo, stando attenti a non girare il lavoro.
Giro 1: SM, [1 dir rit, 1 rov] fino alla fine del giro.
Ripetete il giro 1: ancora quattro volte.

Collo (lavorato in tondo):

Attenzione: nel giro 1 posizionerete due marcapunti.
Giro 1 (aumenti): SM, [1 dir rit, 1 rov] 10 (11, 11, 12, 12, 13) volte, PM, aum rov a sn, [1 dir rit, 1 rov] 20 (22, 22, 24, 24, 26) volte, PM, aum rov a sn, [1 dir rit, 1 rov] 10 (11, 11, 12, 12, 13) volte (2 m aumentate).
Giro 2: SM, *[1 dir rit, 1 rov] fino a M, SM, 1 rov. Ripetete da * ancora una volta, [1 dir rit, 1 rov] fino alla fine del giro.
Attenzione: nel giro 3 posizionerete altri due marcapunti per delimitare le spalle. I marcapunti serviranno anche per segnalare la posizione degli aumenti.
Giro 3 (aumenti): SM, [1 dir rit, 1 rov] fino a M, SM, aum a sn, PM, 1 rov, [1 dir rit, 1 rov] fino a M, SM, aum a sn, PM, 1 rov, [1 dir rit, 1 rov] fino alla fine del giro (2 m aumentate).
Giro 4: SM, *[1 dir rit, 1 rov] fino a M, SM, 1 dir rit, SM, 1 rov. Ripetete da * ancora una volta, [1 dir rit, 1 rov] fino alla fine del giro.
(84 [92, 92, 100, 100, 108] m totali;
41 [45, 45, 49, 49, 53] m per il davanti e il dietro;
1 m per ogni spalla).
Il lavoro si dovrebbe presentare più o meno come nella figura qui sotto.

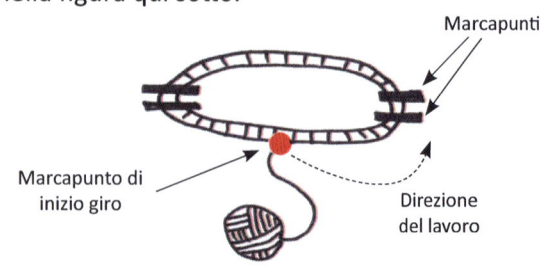

Sprone (lavorato in tondo e in piano):

A questo punto lavorerete gli aumenti che sagomano le spalle, il davanti e il dietro.
Quando lavorate lo sprone, potete cambiare il f circolare con quello dal cavo più lungo quando le m sul f diventano troppe.

SEZIONE 1 - aumenti per il davanti e il dietro:
Giro 1 (aumenti): SM, *[1 dir rit, 1 rov] fino a M, aum a dx, SM, 1 dir rit, SM, aum a sn, 1 rov. Ripetete da * ancora una volta, [1 dir rit, 1 rov] fino alla fine del giro (4 m aumentate).
Giro 2: SM, *1 dir rit, [1 rov, 1 dir rit] fino a M, SM, 1 dir rit, SM. Ripetete da * ancora una volta, [1 dir rit, 1 rov] fino alla fine del giro.
Giro 3 (aumenti): SM, *1 dir rit, [1 rov, 1 dir rit] fino a M, aum rov a dx, SM, 1 dir rit, SM, aum rov a sn. Ripetete da * ancora una volta, [1 dir rit, 1 rov] fino alla fine del giro (4 m aumentate).
Giro 4: SM, *[1 dir rit, 1 rov] fino a M, SM, 1 dir rit, SM, 1 rov. Ripetete da * ancora una volta, [1 dir rit, 1 rov] fino alla fine del giro.
Ripetete i giri da 1 a 4: ancora 3 (4, 5, 6, 7, 8) volte.
(116 [132, 140, 156, 164, 180] m totali;
57 [65, 69, 77, 81, 89] m per il davanti e il dietro;
1 m per ogni spalla).

SEZIONE 2 - aumenti per le spalle:
Proseguite con il f circolare numero 4 mm.
Giro 1 (aumenti): SM, *[1 dir rit, 1 rov] fino a M, SM, aum rov a sn, 1 dir rit, aum rov a dx, SM, 1 rov. Ripetete da * ancora una volta, [1 dir rit, 1 rov] fino alla fine del giro (4 m aumentate).
Giro 2: SM, *[1 dir rit, 1 rov] fino a M, SM, 1 rov, 1 dir rit, 1 rov, SM, 1 rov. Ripetete da * ancora una volta, [1 dir rit, 1 rov] fino alla fine del giro.
Giro 3 (aumenti): SM, *[1 dir rit, 1 rov] fino a M, SM, aum a sn, 1 rov, 1 dir rit, 1 rov, aum a dx, SM, 1 rov. Ripetete da * ancora una volta, [1 dir rit, 1 rov] fino alla fine del giro (4 m aumentate).
Giro 4: SM, *[1 dir rit, 1 rov] fino a M, SM, 1 dir rit, [1 rov, 1 dir rit] due volte, SM, 1 rov. Ripetete da * ancora una volta, [1 dir rit, 1 rov] fino alla fine del giro.
(124 [140, 148, 164, 172, 188] m totali;
5 m per ogni spalla).

SEZIONE 3 - aumenti per il davanti, il dietro e le spalle:
Giro 1 (aumenti): SM, *[1 dir rit, 1 rov] fino a M, aum a dx, SM, 1 dir rit, aum a sn, 1 rov, [1 dir rit, 1 rov] fino a 1 m prima di M, aum a dx, 1 dir rit,

SM, aum a sn, 1 rov. Ripetete da * ancora una volta, [1 dir rit, 1 rov] fino alla fine del giro (8 m aumentate).
Giro 2: SM, *1 dir rit, [1 rov, 1 dir rit] fino a M, SM, 2 dir rit, [1 rov, 1 dir rit] fino a 1 m prima di M, 1 dir rit, SM. Ripetete da * ancora una volta, [1 dir rit, 1 rov] alla fine del giro.
Giro 3 (aumenti): SM, *1 dir rit, [1 rov, 1 dir rit] fino a M, aum rov a dx, SM, 1 dir rit, aum rov a sn, 1 dir rit, [1 rov, 1 dir rit] fino a 1 m prima di M, aum rov a dx, 1 dir rit, SM, aum rov a sn. Ripetete da * ancora una volta, [1 dir rit, 1 rov] fino alla fine del giro (8 m aumentate).
Giro 4: SM, *[1 dir rit, 1 rov] fino a M, SM, 1 dir rit, [1 rov, 1 dir rit] fino a M, SM, 1 rov. Ripetete da * ancora una volta, [1 dir rit, 1 rov] fino alla fine del giro.
Ripetete i giri da 1 a 4: ancora 2 (3, 3, 4, 4, 5) volte. (172 [204, 212, 244, 252, 284] m totali; 69 [81, 85, 97, 101, 113] m per il davanti e il dietro; 17 [21, 21, 25, 25, 29] m per ogni spalla).

SEZIONE 4 - ferri accorciati - aumenti per il davanti e il dietro:

Ora lavorerete i f accorciati che sagomano il dietro e le spalle.
Ferro 1 (DdL - f acc - aumenti): SM, *[1 dir rit, 1 rov] fino a M, aum a dx, SM, 1 dir rit, [1 rov, 1 dir rit] fino a M, SM, aum a sn, 1 rov, girate il lavoro (2 m aumentate).

Ferro 2 (RdL - f acc): pass1cfdavanti, tirate il filo verso il dietro al di sopra del f, 1 rov rit, SM, 1 rov rit, [1 dir, 1 rov rit] fino a M, SM, 1 rov rit, [1 dir, 1 rov rit] fino a M, SM, 1 dir, [1 rov rit, 1 dir] fino a M, SM, 1 rov rit, [1 dir, 1 rov rit] fino a M, SM, 1 dir, girate il lavoro.
Ferro 3 (f acc - aumenti): pass1cfdavanti, tirate il filo verso il dietro al di sopra del f, aum a dx, SM, 1 dir rit, [1 rov, 1 dir rit] fino a M, SM, aum a sn, 1 dir rit, [1 rov, 1 dir rit] fino a M, SM, 1 dir rit, [1 rov, 1 dir rit] fino a M, aum rov a dx, SM, 1 dir rit, [1 rov, 1 dir rit] fino a M, SM, aum rov a sn, 1 dir rit, lavorate a rov il "punto doppio", 1 dir rit, 1 rov, girate il lavoro (4 m aumentate).
Ferro 4 (f acc): pass1cfdavanti, tirate il filo verso il dietro al di sopra del f, [1 rov rit, 1 dir] fino a M, SM, 1 rov rit, [1 dir, 1 rov rit] fino a M, SM, [1 dir, 1 rov rit] fino a M, SM, [1 dir, 1 rov rit] fino a M, SM, 1 rov rit, [1 dir, 1 rov rit] fino a M, SM, 1 rov rit, lavorate a dir il "punto doppio", 1 rov rit, 1 dir, girate il lavoro.
Ferro 5 (f acc - aumenti): pass1cfdavanti, tirate il filo verso il dietro al di sopra del f, 1 dir rit, [1 rov, 1 dir rit] fino a M, aum rov a dx, SM, 1 dir rit, [1 rov, 1 dir rit] fino a M, SM, aum rov a sn, [1 dir rit, 1 rov] fino a M, SM, [1 dir rit, 1 rov] fino a M, aum a dx, SM, 1 dir rit, [1 rov, 1 dir rit] fino a M, SM, aum a sn, [1 rov, 1 dir rit] fino al "punto doppio", lavorate a rov il "punto doppio", 1 dir rit, 1 rov, girate il lavoro (4 m aumentate).
Ferro 6 (f acc): pass1cfdavanti, tirate il filo verso il dietro al di sopra del f, 1 rov rit, [1 dir, 1 rov rit] fino a M, SM, 1 rov rit, [1 dir, 1 rov rit] fino a M, SM, 1 rov rit, [1 dir, 1 rov rit] fino a M, SM, 1 dir, [1 rov rit, 1 dir] fino a M, SM, 1 rov rit, [1 dir, 1 rov rit] fino a M, SM, [1 dir, 1 rov rit] fino al "punto doppio", lavorate a dir il "punto doppio", 1 rov rit, 1 dir, girate il lavoro.
Ferro 7 (f acc - aumenti): pass1cfdavanti, tirate il filo verso il dietro al di sopra del f, [1 dir rit, 1 rov] fino a M, aum a dx, SM, 1 dir rit, [1 rov, 1 dir rit] fino a M, SM, aum a sn, 1 rov, [1 dir rit, 1 rov] fino a M, SM, 1 dir rit, [1 rov, 1 dir rit] fino a M, aum rov a dx, SM, 1 dir rit, [1 rov, 1 dir rit] fino a M, SM, aum rov a sn, 1 dir rit, [1 rov, 1 dir rit] fino al "punto doppio", lavorate a rov il "punto doppio", 1 dir rit, 1 rov, girate il lavoro (4 m aumentate).
Ferro 8 (f acc): pass1cfdavanti, tirate il filo verso il dietro al di sopra del f, [1 rov rit, 1 dir] fino a M, SM, 1 rov rit, [1 dir, 1 rov rit] fino a M, SM, [1 dir, 1 rov rit] fino a M, SM, [1 dir, 1 rov rit] fino a M, SM, [1 dir, 1 rov rit] fino a M, SM, 1 rov rit, [1 dir, 1 rov rit] fino a M, SM, 1 rov rit, [1 dir, 1 rov rit] fino al "punto doppio", lavorate a dir il "punto doppio", 1 rov rit, 1 dir, girate il lavoro.
Ferro 9 (f acc - aumenti): pass1cfdavanti, tirate il filo verso il dietro al di sopra del f, 1 dir rit, [1 rov, 1 dir rit] fino a M, aum rov a dx, SM, 1 dir rit, [1 rov, 1 dir rit] fino a M, SM, aum rov a sn, [1 dir rit, 1 rov] fino a M (2 m aumentate).

(188 [220, 228, 260, 268, 300] m totali;
77 [89, 93, 105, 109, 121] m per il davanti e il dietro).

SEZIONE 5 - *aumenti per il davanti e il dietro:*

Attenzione: nel giro 1, quando incontrate il "punto doppio", lavoratelo a rov come se fosse una m normale.

Giro 1 (aumenti): SM, *[1 dir rit, 1 rov] fino a M, aum a dx, SM, 1 dir rit, [1 rov, 1 dir rit] fino a M, SM, aum a sn, 1 rov. Ripetete da * ancora una volta, [1 dir rit, 1 rov] fino alla fine del giro
(4 m aumentate).

Giro 2: SM, *1 dir rit, [1 rov, 1 dir rit] fino a M, SM, 1 dir rit, [1 rov, 1 dir rit] fino a M, SM. Ripetete da * ancora una volta, [1 dir rit, 1 rov] fino alla fine del giro.

Giro 3 (aumenti): SM, *1 dir rit, [1 rov, 1 dir rit] fino a M, aum rov a dx, SM, 1 dir rit, [1 rov, 1 dir rit] fino a M, SM, aum rov a sn. Ripetete da * ancora una volta, [1 dir rit, 1 rov] fino alla fine del giro
(4 m aumentate).

Giro 4: SM, *[1 dir rit, 1 rov] fino a M, SM, 1 dir rit, [1 rov, 1 dir rit] fino a M, SM, 1 rov. Ripetete da * ancora una volta, [1 dir rit, 1 rov] fino alla fine del giro.

Ripetete i giri da 1 a 4: ancora 2 (2, 3, 3, 4, 4) volte.
(212 [244, 260, 292, 308, 340] m totali;
89 [101, 109, 121, 129, 141] m per il davanti e il dietro;
17 [21, 21, 25, 25, 29] m per ogni spalla).

Il lavoro si dovrebbe presentare più o meno come nella figura qui sotto.

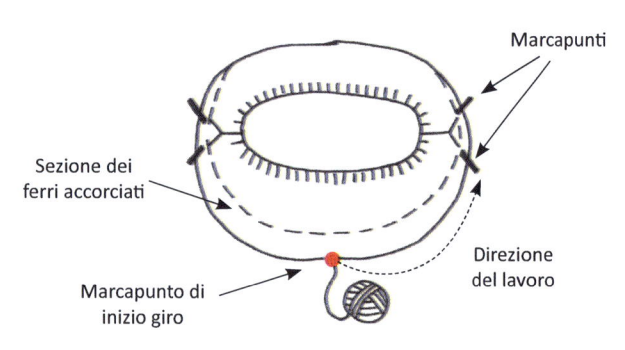

Marcapunti
Sezione dei ferri accorciati
Marcapunto di inizio giro
Direzione del lavoro

Davanti e dietro (lavorati in piano):

A questo punto non lavorerete più in tondo lo sprone; dividerete il davanti e il dietro per creare gli scalfi manica.

Giro d'impostazione: SM, lavorate nel modo seguente la prima metà delle m del dietro: [1 dir rit, 1 rov] fino a M, RM, lasciate le m del dietro appena lavorate sul ferro; lavorate nel modo seguente le 17 (21, 21, 25, 25, 29) m della prima spalla: 1 dir rit, [1 rov, 1 dir rit] fino a M, posizionate le m della spalla appena lavorate su un primo pezzo di filo di scarto, RM; lavorate nel modo seguente le 89 (101, 109, 121, 129, 141) m del davanti: 1 rov, [1 dir rit, 1 rov] fino a M, posizionate le m del davanti appena lavorate su un secondo pezzo di filo di scarto, RM; lavorate nel modo seguente le 17 (21, 21, 25, 25, 29) m della seconda spalla: 1 dir rit, [1 rov, 1 dir rit] fino a M, posizionate le m della spalla appena lavorate su un terzo pezzo di filo di scarto, RM; infine lavorate nel modo seguente la seconda metà delle m del dietro: 1 rov, [1 dir rit, 1 rov] fino alla fine del giro, RM.

(89 [101, 109, 121, 129, 141] m per il davanti e il dietro;
17 [21, 21, 25, 25, 29] m per ogni spalla).

DIETRO:

A questo punto lavorerete in piano il dietro.

Prossimo ferro (DdL - si inizia a metà del ferro): [1 dir rit, 1 rov] fino a 2 m prima della fine del f, 2 dir rit.

Ferro 1 (RdL): 1 dir, [1 rov rit, 1 dir] fino a 2 m prima della fine del f, 1 rov rit, 1 dir rit.

Ferro 2 (DdL): 1 dir, [1 rov rit, 1 dir] fino a 2 m prima della fine del f, 2 dir rit.

Ripetete i f 1 e 2 fino a che il lavoro misuri 10 cm dalla divisione delle spalle dal corpo, misurando lungo quella che sarà l'apertura per il braccio, ovvero lungo uno dei due bordi, e terminando con il f 1. Tagliate il filo e posizionate le m su un pezzo di filo di scarto.

DAVANTI:

A questo punto lavorerete in piano il davanti.
Unite il filo di un nuovo gomitolo per eseguire la lavorazione.
Tenendo il RdL rivolto verso di voi, posizionate le 89 (101, 109, 121, 129, 141) m del davanti lasciate in sospeso sul f circolare e rimuovete il filo di scarto. Ripetete come per il dietro, iniziando dal f 1. Non tagliate il filo e lasciate le m sul f.

Corpo (lavorato in tondo):

Ora unirete il davanti e il dietro e riprenderete la lavorazione in tondo per il corpo.
Posizionate le 89 (101, 109, 121, 129, 141) m del dietro sul f circolare lasciate in sospeso e rimuovete il filo di scarto.

Giro d'impostazione (DdL): lavorate nel modo seguente le 89 (101, 109, 121, 129, 141) m del davanti: 1 rov, [1 dir rit, 1 rov] fino alla fine del f; girate il lavoro così che la parte appena lavorata si trovi sulla sinistra e, usando l'avvio *cable*, avviate 17 (21, 21, 25, 25, 29) m; girate nuovamente il lavoro in modo che la parte appena lavorata si trovi sulla destra, lavorate nel modo seguente le m del dietro: 1 rov, [1 dir rit, 1 rov] fino alla fine del f; girate il lavoro così che la parte appena lavorata si trovi sulla sinistra e, usando l'avvio *cable*, avviate 17 (21, 21, 25, 25, 29) m; girate nuovamente il lavoro in modo che la parte appena lavorata si trovi sulla destra. PM (questo è il M che segnala l'inizio del giro) e unite in tondo. (212 [244, 260, 292, 308, 340] m per il corpo).

SEZIONE 1 - lavorazione a coste ritorte:

Giro 1: SM, [1 rov, 1 dir rit] fino alla fine del giro. Ripetete il giro 1 fino a che il lavoro misuri 21 (23, 23, 27, 27, 31) cm dallo scalfo (o fino alla lunghezza desiderata, tenendo conto che il bordo finale misura 7 cm).

> *Nota bene:*
> trovo che il corpo piuttosto corto stia bene a molte figure; tuttavia, se non doveste gradire questo dettaglio, siete libere di allungarlo per sentirvi più a vostro agio. Considerate attentamente il consumo del filato!

SEZIONE 2 - bordo:

Proseguite con il f circolare numero 3 mm.
Giro 1: SM, [1 rov, 1 dir rit] fino alla fine del giro.
Ripetete il giro 1 fino a che il lavoro misuri 28 (30, 30, 34, 34, 38) cm dall'unione del davanti e del dietro (lo scalfo).
Nell'ultimo giro RM, chiudete tutte le m e tagliate il filo.

Maniche (lavorate in tondo, entrambe alla stessa maniera):

Lavorando le maniche, usate il metodo preferito per la lavorazione di piccole circonferenze: 4 f a doppia punta, il *magic loop*, due f circolari ecc. Personalmente preferisco il *magic loop*!
Unite il filo di un nuovo gomitolo per eseguire la lavorazione.
Posizionate le 17 (21, 21, 25, 25, 29) m della spalla lasciate in sospeso sul f circolare numero 4 mm con il cavo lungo 80 cm.
Tenendo il DdL rivolto verso di voi, incominciate in corrispondenza dell'angolo destro dello scalfo manica. Riprendete 17 (21, 21, 25, 25, 29) m lungo l'ascella; poi riprendete 19 m dallo scalfo all'inizio della spalla (spaziandole equamente), PM; quindi lavorate nel modo seguente le m della spalla: 1 dir rit, [1 rov, 1 dir rit] fino alla fine del f, PM; infine riprendete 19 m dalla fine della spalla allo scalfo (spaziandole equamente). PM (questo è il M che segnala l'inizio del giro) e unite in tondo. (72 [80, 80, 88, 88, 96] m per la manica).

SEZIONE 1 - lavorazione a coste ritorte:

Giro 1: SM, [1 dir rit, 1 rov] fino alla fine del giro (passando i M).
Ripetete il giro 1 fino a che la manica misuri 13 (15, 15, 17, 17, 19) cm dallo scalfo.

> *Nota bene:*
> il dolcevita si presta anche ad una versione con le maniche a tre quarti o addirittura più corte. Se vi piace l'idea o magari non avete tanto filato, vi consiglio di provare.

SEZIONE 2 - diminuzioni:

A questo punto lavorerete le diminuzioni che sagomano la manica.
Giro 1 (diminuzioni): SM, [1 dir rit, 1 rov] fino a 2 m prima di M, dim a sn, SM, 1 dir rit [1 rov, 1 dir rit] fino a M, SM, dim a dx, 1 rov, [1 dir rit, 1 rov] fino alla fine del giro (2 m diminuite).
Giro 2: SM, 1 dir rit, [1 rov, 1 dir rit] fino a M, SM, 1 dir rit, [1 rov, 1 dir rit] fino a M, SM, [1 dir rit, 1 rov] fino alla fine del giro.
Giro 3 (diminuzioni): SM, 1 dir rit, [1 rov, 1 dir rit] fino a 2 m prima di M, dim rov a sn, SM, 1 dir rit, [1 rov, 1 dir rit] fino a M, SM, dim rov a dx, [1 dir rit, 1 rov] fino alla fine del giro (2 m diminuite).
Giri 4, 5 e 6: SM, [1 dir rit, 1 rov] fino alla fine del giro (passando i M).
Ripetete i giri da 1 a 6: ancora 6 (7, 6, 7, 6, 7) volte.
Nell'ultimo giro, RM eccetto quello che segnala l'inizio del giro.
(44 [48, 52, 56, 60, 64] m per la manica).

SEZIONE 3 - lavorazione a coste ritorte:

Giro 1: SM, [1 dir rit, 1 rov] fino alla fine del giro.
Ripetete il giro 1 fino a che la manica misuri 41 (43, 43, 45, 45, 47) cm dallo scalfo (o fino alla lunghezza desiderata, tenendo conto che il bordo finale misura 7 cm).

SEZIONE 4 - bordo:

Proseguite con il f circolare numero 3 mm.
Giro 1: SM, [1 dir rit, 1 rov] fino alla fine del giro.
Ripetete il giro 1 fino a che la manica misuri 48 (50, 50, 52, 52, 54) cm dallo scalfo.
Nell'ultimo giro RM, chiudete tutte le m e tagliate il filo.

Rifiniture:

Fissate i fili.
Bloccate aggressivamente il dolcevita per permettere alle coste di aprirsi (guardate anche il glossario), indossatelo e... siate *chic*!

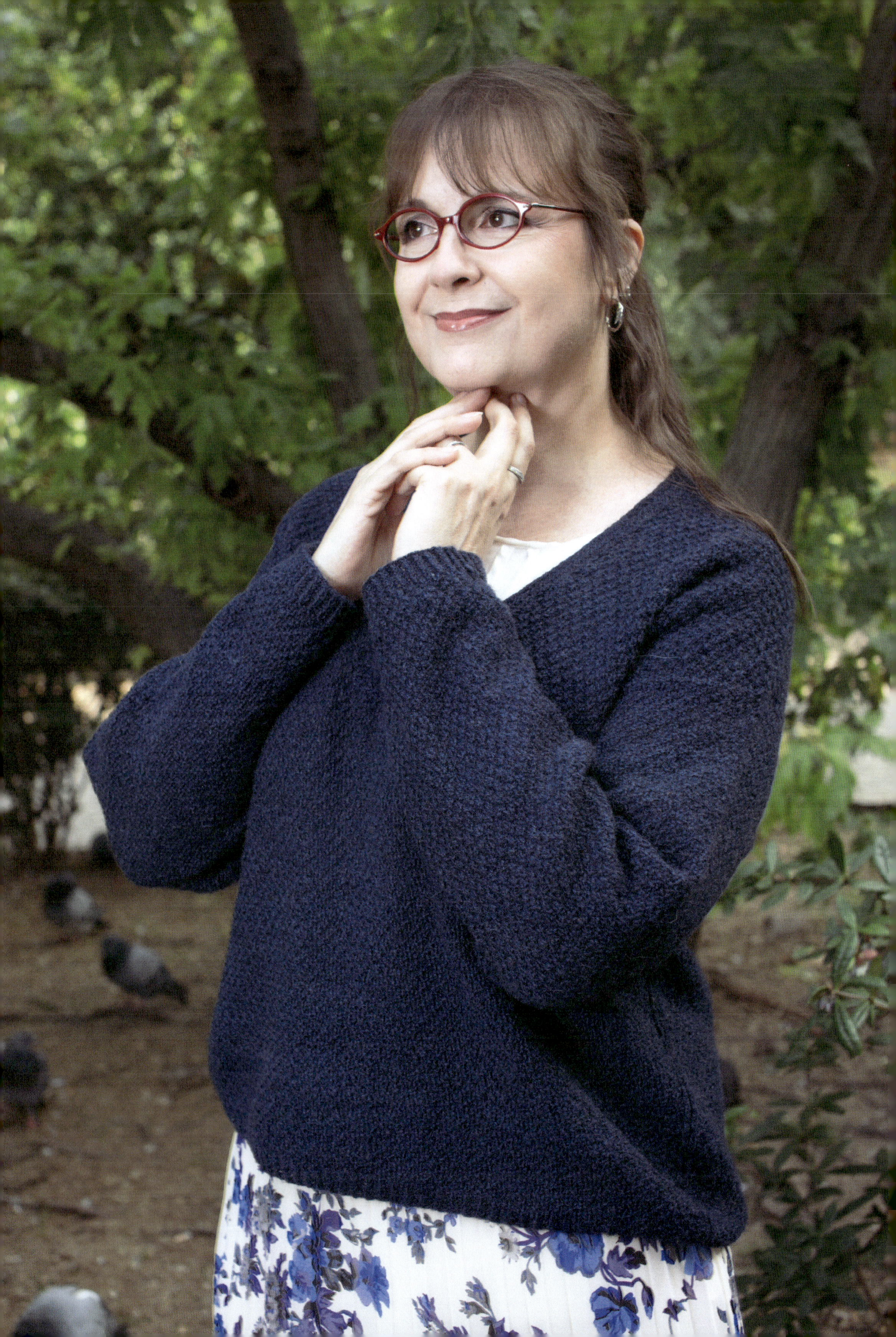

Maglione autunnale n° 1

Livello di difficoltà ★★

Durante la stagione fredda il maglione gioca sicuramente il ruolo del leone. Indossare un maglione caldo e confortevole è quasi un automatismo, ma facciamo in modo che non sia un maglione qualunque! Quello di cui abbiamo bisogno è un capo certamente confortevole, ma anche leggero, di buona qualità e ampio al punto giusto per poter, all'occorrenza, indossare sotto ulteriori strati di indumenti che ci aiutino a stare al calduccio.
E che sia di un colore neutro e scuro, da poter abbinare con facilità, perché le mattine in autunno sono già molto frenetiche e non abbiamo bisogno di ulteriori complicazioni!
Il **maglione autunnale n°1** è realizzato in un unico pezzo.
La lavorazione incomincia dal piccolo bordo a coste ritorte e continua dal basso verso l'alto con una semplice lavorazione a grana di riso doppia che si ripete sull'intero maglione.
Solo in corrispondenza dei fianchi ci sono due piccole strisce a coste ritorte che simulano le cuciture e donano eleganza e struttura al capo.
Il lavoro viene diviso in prossimità degli scalfi per creare lo sprone e i due davanti e il dietro vengono completati separatamente; i due davanti sono modellati da poche diminuzioni e sono rifiniti da un piccolo bordo a coste ritorte. Al raggiungimento dell'altezza dello scalfo, le maglie per le spalle vengono intrecciate e si prosegue la lavorazione dei bordi del collo, che si prolungano a creare due strisce di tessuto. Queste due strisce verranno cucite insieme a verranno fissate sulla parte superiore del collo dietro, creando una rifinitura molto piacevole e stabile.
Il dietro è lavorato senza diminuzioni ed ha la stessa misura dei due davanti. Le spalle andranno chiuse in diverse riprese, così da accompagnare elegantemente la lavorazione.
Alla fine della lavorazione dello sprone si cuciono le spalle e i due bordi del collo.
Si riprendono quindi le maglie per le maniche, che sono abbastanza larghe e comode e lavorate dall'alto verso il basso. Sono modellate da una serie di diminuzioni e terminano con un piccolo bordo a coste ritorte.

Taglie:

XS (S, M, L, XL, XXL) vestono un giroseno di 76 (86, 96, 106, 117, 127) cm.
Le foto si riferiscono alla taglia M indossata da una modella con un giroseno di 96 cm e con un agio di 20 cm.
Quando scegliete la taglia, bisogna considerare che il maglione ha una linea ampia.
Se desiderate la stessa vestibilità del modello in foto, dovrete scegliere una misura più grande di circa 18-22 cm del vostro attuale giroseno.

Misure finite:

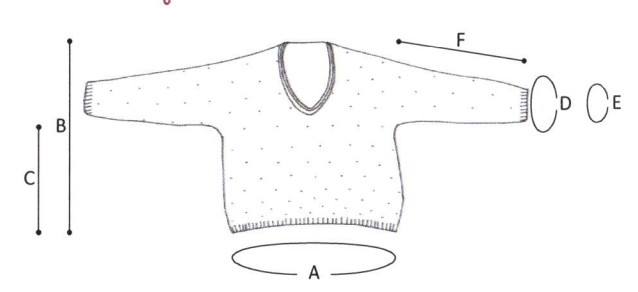

A - circonferenza del seno: 94 (104, 116, 126, 139, 149) cm.
B - lunghezza totale: 50 (51, 53, 55, 57, 59) cm misurati lungo il davanti; il maglione misurerà un paio di cm in più sui fianchi e nella parte dietro.
C - lunghezza dallo scalfo: 32 (32, 33, 34, 36, 37) cm.
D - circonferenza della manica: 36 (38, 42, 44, 46, 48) cm.
E - circonferenza del polsino: 23 (24, 25, 26, 28, 29) cm.
F - lunghezza della manica dallo scalfo: 45 (46, 47, 47, 49, 49) cm.

Filato e ferri:

TUKUWOOL Fingering: Tyyni (100% lana finlandese; 200 m per matassa da 50 gr): 6 (7, 8, 8, 9, 9) matasse (1088 [1224, 1360, 1526, 1682, 1800] m). Il metraggio indicato è il consumo effettivo.

Ferri circolari numero 3 mm con il cavo lungo 60 cm o 80 cm. Se necessario modificate il numero dei f per ottenere il campione corretto.
5 marcapunti di cui uno diverso (che segnala l'inizio del giro).
Filo di scarto.
Ago da lana e forbici.
Spilli e metro da sarta per il bloccaggio.

> **Consigli sul filato:**
> per questo maglione ho scelto una delle mie lane secche preferite, la Tukuwool. È un tipo di lana secca molto simile alla lana Shetland, che sapete adoro alla follia! È un filato davvero bellissimo, secco, leggero e con una leggera peluria che rende il capo finito leggermente voluminoso. Dato il prezzo non eccessivo, vi consiglio di provarla almeno una volta, anche perché rende tantissimo e potrete scegliere tra mille colori bellissimi. Se non riuscite a reperirla, però, potrete sostituirla con una qualsiasi lana secca a vostra scelta o anche con un'alpaca, se amate filati più morbidi.

Campione:

20.5 m x 32 f/giri = 10 cm lavorati a punto grana di riso doppia (dopo il bloccaggio).

Punto grana di riso doppia (per il campione):

Attenzione: il punto grana di riso doppia (per il campione) è lavorato in piano su un multiplo di 2 m (+1).
Ferro 1 (DdL): 1 dir, [1 dir, 1 rov] fino a 2 m prima della fine della fine del f, 2 dir.
Ferro 2 (RdL): 1 dir, [1 rov, 1 dir] fino a 2 m prima della fine del f, 1 rov, 1 dir.
Ferro 3: 1 dir, [1 rov, 1 dir] fino a 2 m prima della fine della fine del f, 1 rov, 1 dir.
Ferro 4: 1 dir, [1 dir, 1 rov] fino a 2 m prima della fine del f, 2 dir.
Ripetete i f da 1 a 4 per ottenere il punto grana di riso doppia.

Spiegazioni - Si incomincia dal basso
Bordo (lavorato in tondo):

Le spiegazioni sono date per la taglia XS, le taglie S, M, L, XL e XXL sono tra parentesi. Quando non appaiono le parentesi, la spiegazione è valida per tutte le taglie.

Incominciate a lavorare in tondo il bordo del corpo. Usando il f circolare con il cavo lungo 60 cm o 80 cm, avviate 192 (216, 240, 264, 288, 304) m usando l'avvio *long tail*. PM (questo è il M che segnala l'inizio del giro e si trova in corrispondenza del fianco destro) e unite in tondo, stando attenti a non girare il lavoro.
Giro 1: SM, [1 dir rit, 1 rov] fino alla fine del giro.
Ripetete il giro 1 fino a che il bordo a coste ritorte misuri 2 cm.

Corpo (lavorato in tondo):

A questo punto lavorerete a lavorare il corpo.
Attenzione: nel giro d'impostazione posizionerete altri tre marcapunti per delimitare le sezioni a coste ritorte in corrispondenza dei fianchi.
Giro d'impostazione: SM, 1 dir rit, 1 rov, 1 dir rit, PM, [1 rov, 1 dir] 46 (52, 58, 64, 70, 74) volte, 1 rov, PM, 1 dir rit, 1 rov, 1 dir rit, PM, [1 rov, 1 dir] 46 (52, 58, 64, 70, 74) volte, 1 rov.
Prossimo giro: *SM, 1 dir rit, 1 rov, 1 dir rit, SM, [1 rov, 1 dir] fino a 1 m prima di M, 1 rov. Ripetete da * ancora una volta.
(93 [105, 117, 129, 141, 149] m per il davanti e il dietro, 3 m per ogni sezione a coste ritorte in corrispondenza dei fianchi).
Giri 1 e 2: *SM, 1 dir rit, 1 rov, 1 dir rit, SM, [1 dir, 1 rov] fino a 1 m prima di M, 1 dir. Ripetete da * ancora una volta.
Giri 3 e 4: *SM, 1 dir rit, 1 rov, 1 dir rit, SM, [1 rov, 1 dir] fino a 1 m prima di M, 1 rov. Ripetete da * ancora una volta.
Ripetete i giri da 1 a 4 fino a che il maglione misuri 32 (32, 33, 34, 34, 35) cm dall'inizio del lavoro, terminando con il giro 1.
Prossimo giro: SM, 1 dir rit, 1 rov, 1 dir rit, SM, [1 dir, 1 rov] fino a 1 m prima di M, 1 dir, SM, 1 dir rit, 1 rov, 1 dir rit, SM, [1 dir, 1 rov] fino a 3 (3, 5, 5, 7, 7) m prima di M, 1 dir. Non lavorate le ultime 2 (2, 4, 4, 6, 6) m.

> **Nota bene:**
> misurare la lunghezza corretta del corpo in un capo lavorato dal basso verso l'alto è sempre un po' macchinoso. Vi consiglio innanzitutto di trasferire le maglie su un pezzo di filo di scarto così da poter infilare comodamente il corpo del maglione. A questo punto considerate che la parte alta del maglione che dovrete lavorare nelle sezioni successive misurerà circa 18 (19, 20, 21, 21, 22) cm e prendete nota di questa misura per osservare se la lunghezza del corpo vi pare sufficiente. In caso non lo fosse, potrete allungarla a vostro piacere!

Scalfi:

A questo punto non lavorerete più in tondo il corpo; dividerete il davanti e il dietro per creare gli scalfi manica. Allo stesso tempo imposterete lo scollo davanti.

Quando lavorate le sezioni successive, potete cambiare il f circolare con quello dal cavo più corto quando le m sul f diventano troppo poche.

Attenzione: dopo la chiusura delle m degli scalfi (e successivamente anche dopo la chiusura delle m dello scollo e del dietro), considerate la m che si trova sul f di destra come la prima m già lavorata.

Ferro d'impostazione (DdL): lavorate nel modo seguente le m del primo scalfo: chiudete 2 (2, 4, 4, 6, 6) m, RM, chiudete 3 m, RM, chiudete 2 (2, 4, 4, 6, 6) m; lavorate nel modo seguente le m del dietro (ricordate che la m sul f di destra è da considerare come la prima m a rov ed è posizionata in corrispondenza della m a dir del f precedente): [1 rov, 1 dir] fino a 3 (3, 5, 5, 7, 7) m prima di M, 1 rov, spostate le m appena lavorate su un primo pezzo di filo di scarto; lavorate nel modo seguente le m del secondo scalfo: chiudete 2 (2, 4, 4, 6, 6) m, RM, chiudete 3 m, RM, chiudete 2 (2, 4, 4, 6, 6) m; lavorate nel modo seguente le m del davanti (ricordate che la m sul f di destra è da considerare come la prima m a rov ed è posizionata in corrispondenza della m a dir del f precedente): [1 rov, 1 dir] 19 (22, 24, 27, 29, 31) volte, 1 rov, PM, [1 dir rit, 1 rov] cinque volte, 1 dir rit, PM, [1 rov, 1 dir] 19 (22, 24, 27, 29, 31) volte, 1 dir rit.

(89 [101, 109, 121, 129, 137] m per il davanti e il dietro).

Prossimo ferro (RdL): 1 dir, [1 rov, 1 dir] fino a M, SM, [1 rov rit, 1 dir] cinque volte, 1 rov rit, SM, [1 dir, 1 rov] fino a 1 m prima della fine del f, 1 dir rit.

Scollo:

A questo punto dividerete il davanti per creare lo scollo.

Ferro d'impostazione (DdL - diminuzioni): lavorate nel modo seguente le m del davanti sinistro: [1 dir, 1 rov] fino a 3 m prima di M, dim doppia a sn, SM, [1 dir rit, 1 rov] due volte, aum a dx, pass1cfdietro, spostate le m appena lavorate (e il M) su un secondo pezzo di filo di scarto; lavorate nel modo seguente le m del davanti destro: dim a dx, aum a sn, [1 rov, 1 dir rit] due volte, SM, dim doppia a dx, [1 rov, 1 dir] fino a 2 m prima della fine del f, 1 rov, 1 dir rit (3 m diminuite).

(43 [49, 53, 59, 63, 67] m per ogni davanti).

Davanti destro (lavorato in piano):

A questo punto lavorerete in piano il davanti destro e incomincerete a lavorare le diminuzioni che sagomano lo scollo.

Quanto lavorate le sezioni successive, potete cambiare il f circolare con quello dal cavo più corto quando le m sul f diventano troppo poche.

SEZIONE 1 - diminuzioni:

Ferro 1 (RdL): 1 dir, [1 dir, 1 rov] fino a M, SM, [1 rov rit, 1 dir] due volte, 1 rov rit, pass1cfdavanti.

Ferro 2 (DdL): 1 dir, [1 dir rit, 1 rov] due volte, 1 dir rit, SM, [1 rov, 1 dir] fino a 1 m prima della fine del f, 1 dir rit.

Ferro 3: 1 dir, [1 rov, 1 dir] fino a M, SM, [1 rov rit, 1 dir] due volte, 1 rov rit, pass1cfdavanti.

Ferro 4: 2 dir, aum a sn, [1 rov, 1 dir rit] due volte, SM, dim rov a dx, [1 dir, 1 rov] fino a 1 m prima della fine del f, 1 dir rit.

Ferro 5: 1 dir, [1 dir, 1 rov] fino a 1 m prima di M, 1 dir, SM, [1 rov rit, 1 dir] due volte, 1 rov rit, pass2cfdavanti.

Ferro 6: 2 dir, [1 dir rit, 1 rov] due volte, 1 dir rit, SM, [1 dir, 1 rov] fino a 2 m prima della fine del f, 1 dir, 1 dir rit.

Ferro 7: 1 dir, [1 rov, 1 dir] fino a 1 m prima di M, 1 rov, SM, [1 rov rit, 1 dir] due volte, 1 rov rit, pass2cfdavanti.

Ferro 8 (diminuzione): 2 dir, [1 dir rit, 1 rov] due volte, 1 dir rit, SM, dim a dx, [1 dir, 1 rov] fino a 2 m prima della fine del f, 1 rov, 1 dir rit (1 m diminuita).

Ferro 9: 1 dir, [1 dir, 1 rov] fino a M, SM, [1 rov rit, 1 dir] due volte, 1 rov rit, pass2cfdavanti.

Ferro 10: 2 dir, [1 dir rit, 1 rov] due volte, 1 dir rit, SM, [1 dir, 1 rov] fino a 1 m prima della fine del f, 1 dir rit.

Ferro 11: 1 dir, [1 rov, 1 dir] fino a M, SM, [1 rov rit, 1 dir] due volte, 1 rov rit, pass2cfdavanti.

Ferro 12 (diminuzione): 2 dir, [1 dir rit, 1 rov] due volte, 1 dir rit, SM, dim rov a dx, [1 dir, 1 rov] fino a 1 m prima della fine del f, 1 dir rit (1 m diminuita).

Ferro 13: ripetete il f 5.
Ferro 14: ripetete il f 6.
Ferro 15: ripetete il f 7.

Ripetete i f da 8 a 15: ancora 2 (3, 3, 3, 3, 4) volte, poi ripetete i f da 8 a 11 ancora una volta.

(36 [40, 44, 50, 54, 56] m per il davanti destro).

SEZIONE 2 - punto grana di riso doppia:

Ferro 1 (DdL): 2 dir, [1 dir rit, 1 rov] due volte, 1 dir rit, SM, [1 dir, 1 rov] fino a 1 m prima della fine del f, 1 dir rit.

Ferro 2 (RdL): 1 dir, [1 dir, 1 rov] fino a M, SM, [1 rov rit, 1 dir] due volte, 1 rov rit, pass2cfdavanti.

Ferro 3: 2 dir, [1 dir rit, 1 rov] due volte, 1 dir rit, SM, [1 rov, 1 dir] fino a 1 m prima della fine del f, 1 dir rit.
Ferro 4: 1 dir, [1 rov, 1 dir] fino a M, SM, [1 rov rit, 1 dir] due volte, 1 rov rit, pass2cfdavanti.
Ripetete i f da 1 a 4 fino a che il lavoro misuri 18 (19, 20, 21, 21, 22) cm dall'inizio degli scalfi, misurando lungo quella che sarà l'apertura per il braccio, ovvero lungo il bordo esterno, e terminando con il f 3.

SEZIONE 3 - bordo del collo:
A questo punto chiuderete le m della spalla e proseguirete la lavorazione del bordo del collo. L'altezza di questo equivale a un po' meno della metà della misura dello scollo dietro. Quando cucirete insieme le spalle dei davanti e del dietro, cucirete anche i lati corti dei due bordi laterali e andrete a fissare questa striscia così formata sulla sommità dello scollo dietro. La chiusura della spalla avviene sul RdL.
Ferro d'impostazione (RdL): chiudete 26 (28, 32, 38, 42, 42) m del davanti destro, 1 dir, [1 rov, 1 dir] 1 (2, 2, 2, 2, 3) volte, SM, [1 rov rit, 1 dir] due volte, 1 rov rit, pass2cfdavanti (restano 10 [12, 12, 12, 12, 14] m).
Ferro 1 (DdL): 2 dir, [1 dir rit, 1 rov] due volte, 1 dir rit, SM, [1 rov, 1 dir] fino a 1 m prima della fine del f, 1 dir rit.
Ferro 2: 1 dir, [1 dir, 1 rov] fino a M, SM, [1 rov rit, 1 dir] due volte, 1 rov rit, pass2cfdavanti.
Ferro 3: 2 dir, [1 dir rit, 1 rov] due volte, 1 dir rit, SM, [1 rov, 1 dir] fino a 1 m prima della fine del f, 1 dir rit.
Ferro 4: 1 dir, [1 rov, 1 dir] fino a M, SM, [1 rov rit, 1 dir] due volte, 1 rov rit, pass2cfdavanti.
Ripetete i f da 1 a 4 fino a che il lavoro misuri 8 (10, 10, 10, 10, 12) cm dall'inizio della lavorazione del bordo del collo.
Chiudete tutte le m (la chiusura avviene sul DdL) e tagliate il filo.

Davanti sinistro (lavorato in piano):

A questo punto lavorerete in piano il davanti sinistro, che avrà una lavorazione speculare rispetto al davanti destro.
Unite il filo di un nuovo gomitolo per eseguire la lavorazione.
Tenendo il RdL rivolto verso di voi, posizionate le 43 (49, 53, 59, 63, 67) m del davanti sinistro lasciate in sospeso (e il M) sul f circolare e rimuovete il filo di scarto.

SEZIONE 1 - diminuzioni:
Ferro 1 (RdL): 1 rov, [1 rov rit, 1 dir] due volte, 1 rov rit, SM, [1 rov, 1 dir] fino a 1 m prima della fine del f, 1 dir rit.
Ferro 2 (DdL): 1 dir, [1 dir, 1 rov] fino a M, SM, [1 dir rit, 1 rov] due volte, 1 dir rit, pass1cfdietro.
Ferro 3: 1 rov, [1 rov rit, 1 dir] due volte, 1 rov rit, SM, [1 dir, 1 rov] fino a 1 m prima della fine del f, 1 dir rit.
Ferro 4: 1 dir, [1 rov, 1 dir] fino a 2 m prima di M, dim rov a sn, SM, [1 dir rit, 1 rov] due volte, 1 dir rit, aum a dx, pass2cfdietro.
Ferro 5: 2 rov, [1 rov rit, 1 dir] due volte, 1 rov rit, SM, [1 dir, 1 rov] fino a 2 m prima della fine del f, 1 dir rit, 1 dir rit.
Ferro 6: 1 dir, [1 dir, 1 rov] fino a 1 m prima di M, 1 dir, SM, [1 rov, 1 dir] due volte, 1 rov rit, pass2cfdietro.
Ferro 7: 2 rov, [1 rov rit, 1 dir] due volte, 1 rov rit, SM, [1 dir, 1 rov] fino a 2 m prima della fine del f, 1 rov, 1 dir rit.
Ferro 8 (diminuzione): 1 dir, [1 rov, 1 dir] fino a 3 m prima di M, 1 rov, dim a sn, SM, [1 dir rit, 1 rov] due volte, 1 dir rit, pass2cfdietro (1 m diminuita).
Ferro 9: 2 rov, [1 rov rit, 1 dir] due volte, 1 rov rit, SM, [1 dir, 1 rov] fino a 1 m prima della fine del f, 1 dir rit.
Ferro 10: 1 dir, [1 dir, 1 rov] fino a M, SM, [1 dir rit, 1 rov] due volte, 1 dir rit, pass2cfdietro.
Ferro 11: 2 rov, [1 rov rit, 1 dir] due volte, 1 rov rit, SM, [1 dir, 1 rov] fino a 1 m prima della fine del f, 1 dir rit.
Ferro 12 (diminuzione): 1 dir, [1 rov, 1 dir] fino a 2 m prima di M, dim rov a sn, SM, [1 dir rit, 1 rov] due volte, 1 dir rit, pass2cfdietro (1 m diminuita).
Ferro 13: ripetete il f 5.
Ferro 14: ripetete il f 6.
Ferro 15: ripetete il f 7.
Ripetete i f da 8 a 15: ancora 2 (3, 3, 3, 3, 4) volte, poi ripetete i f da 8 a 11 ancora una volta.
(36 [40, 44, 50, 54, 56] m per il davanti sinistro).

SEZIONE 2 - punto grana di riso doppia:
Ferro 1 (DdL): 1 dir, [1 rov, 1 dir] fino a M, SM, [1 dir rit, 1 rov] due volte, 1 dir rit, pass2cfdietro.
Ferro 2 (RdL): 2 rov, [1 rov rit, 1 dir] due volte, 1 rov rit, SM, [1 rov, 1 dir] fino a 1 m prima della fine del f, 1 dir rit.
Ferro 3: 1 dir, [1 rov, 1 dir] fino a M, SM, [1 dir rit, 1 rov] due volte, 1 dir rit, pass2cfdietro.
Ferro 4: 2 rov, [1 rov rit, 1 dir] due volte, 1 rov rit, SM, [1 rov, 1 dir] fino a 1 m prima della fine del f, 1 dir rit.
Ripetete i f da 1 a 4 fino a che il lavoro misuri 18 (19, 20, 21, 21, 22) cm dall'inizio degli scalfi,

misurando lungo quella che sarà l'apertura per il braccio, ovvero lungo il bordo esterno e terminando con il f 4.

SEZIONE 3 - bordo del collo:
Come prima, a questo punto chiuderete le m della spalla e proseguirete la lavorazione del bordo del collo. La chiusura della spalla avviene sul DdL.
Ferro d'impostazione (DdL): chiudete 26 (28, 32, 38, 42, 42) m del davanti sinistro, [1 dir, 1 rov] 1 (2, 2, 2, 2, 3) volte, 1 dir, SM, [1 dir rit, 1 rov] due volte, 1 dir rit, pass2cfdietro (restano 10 [12, 12, 12, 12, 14] m).
Ferro 1 (RdL): 2 rov, [1 rov rit, 1 dir] due volte, 1 rov rit, SM, [1 rov, 1 dir] fino a 1 m prima della fine del f, 1 dir rit.
Ferro 2: 1 dir, [1 dir, 1 rov] fino a M, SM, [1 dir rit, 1 rov] due volte, 1 dir rit, pass2cfdietro.
Ferro 3: 2 rov, [1 rov rit, 1 dir] due volte, 1 rov rit, SM, [1 dir, 1 rov] fino a 1 m prima della fine del f, 1 dir rit.
Ferro 4: 1 dir, [1 rov, 1 dir] fino a M, SM, [1 dir rit, 1 rov] due volte, 1 dir rit, pass2cfdietro.
Ripetete i f da 1 a 4 fino a che il lavoro misuri 8 (10, 10, 10, 10, 12) cm dall'inizio della lavorazione del bordo del collo, terminando con il f 3.
Chiudete tutte le m (la chiusura avviene sul DdL) e tagliate il filo.

Dietro (lavorato in piano):
A questo punto lavorerete in piano il dietro.
Unite il filo di un nuovo gomitolo per eseguire la lavorazione.
Tenendo il RdL rivolto verso di voi, posizionate le 89 (101, 109, 121, 129, 137) m del dietro lasciate in sospeso sul f circolare e rimuovete il filo di scarto.
Ferro 1 (RdL): 1 dir, [1 rov, 1 dir] fino a 2 m prima della fine del f, 1 rov, 1 dir rit.
Ferro 2 (DdL): ripetete il f 1.
Ferro 3: 1 dir, [1 dir, 1 rov] fino a 2 m prima della fine del f, 1 dir, 1 dir rit.
Ferro 4: ripetete il f 3.
Ripetete i f da 1 a 4 fino a che il dietro misuri 18 (19, 20, 21, 21, 22) cm dall'inizio degli scalfi, misurando lungo quella che sarà l'apertura per il braccio, ovvero lungo uno dei due bordi, e terminando con il f 3.

CHIUSURA DELLE SPALLE:
A questo punto chiuderete le m delle spalle in tre riprese. Nell'ultima ripresa, lascerete due marcapunti a lucchetto incastrati nella chiusura. Vi aiuteranno nella fase successiva delle cuciture.

Ferro 1 (DdL): chiudete 9 (9, 11, 13, 15, 15) m; lavorate nel modo seguente le m del dietro (ricordate che la m sul f di destra è da considerare come la prima m a dir ed è posizionata in corrispondenza della m a rov del f precedente): [1 dir, 1 rov] fino a 2 m prima della fine del f, 1 dir, 1 dir rit.

Ferro 2 (RdL): chiudete 9 (9, 11, 13, 15, 15) m; lavorate nel modo seguente le m del dietro (ricordate che la m sul f di destra è da considerare come la prima m a rov ed è posizionata in corrispondenza della m a dir del f precedente): [1 rov, 1 dir] fino a 1 m prima della fine del f, 1 dir rit.

Ferro 3: ripetete il f 1.

Ferro 4: ripetete il f 2.

Ferro 5: chiudete 8 (10, 10, 12, 12, 12) m; lavorate nel modo seguente le m del dietro (ricordate che la m sul f di destra è da considerare come la prima m a rov ed è posizionata in corrispondenza della m a dir del f precedente): [1 rov, 1 dir] fino a 1 m prima della fine del f, 1 dir rit.

Ferro 6: chiudete 8 (10, 10, 12, 12, 12) m; lavorate nel modo seguente le m del dietro (ricordate che la m sul f di destra è da considerare come la prima m a dir ed è posizionata in corrispondenza della m a rov del f precedente): [1 dir, 1 rov] fino a 1 m prima della fine del f, 1 dir rit.

Inserite un M a lucchetto nel margine della chiusura, chiudete le restanti 37 (45, 45, 45, 45, 53) m, inserite un M a lucchetto nel margine della chiusura e tagliate il filo.

Cuciture:

Nell'allineare i due davanti e il dietro, fate combaciare gli angoli dei davanti con gli angoli del dietro e con i marcapunti a lucchetto. Alla fine della cucitura rimuovete i marcapunti.

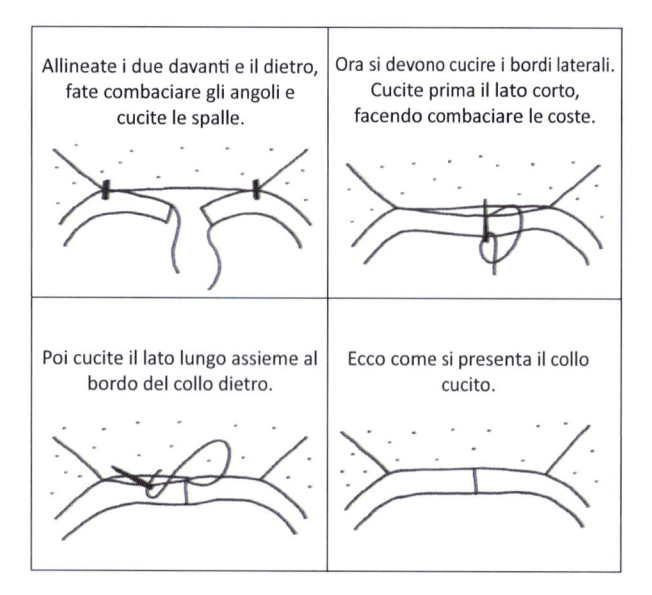

Allineate i due davanti e il dietro, fate combaciare gli angoli e cucite le spalle.	Ora si devono cucire i bordi laterali. Cucite prima il lato corto, facendo combaciare le coste.
Poi cucite il lato lungo assieme al bordo del collo dietro.	Ecco come si presenta il collo cucito.

Maniche (lavorate in tondo, entrambe alla stessa maniera):

Lavorando le maniche, usate il metodo preferito per la lavorazione di piccole circonferenze: 4 f a doppia punta, il *magic loop*, due f circolari ecc. Personalmente preferisco il *magic loop*!

Unite il filo di un nuovo gomitolo per eseguire la lavorazione.

Tenendo il DdL rivolto verso di voi, incominciate in corrispondenza della striscia lavorata a coste ritorte. La prima m a essere ripresa è la m della prima costa lavorata a dir rit.

Usando il f circolare con il cavo lungo 80 cm, riprendete 3 m in corrispondenza della striscia lavorata a coste ritorte, PM; riprendete 2 (2, 4, 4, 6, 6) m lungo l'ascella; riprendete 33 (35, 37, 39, 39, 41) m dallo scalfo fino alla cucitura della spalla (spaziandole equamente); poi riprendete 1 m proprio in corrispondenza della cucitura della spalla; quindi riprendete 33 (35, 37, 39, 39, 41) m dalla cucitura della spalla fino allo scalfo (spaziandole equamente); infine riprendete 2 (2, 4, 4, 6, 6) m lungo l'ascella. PM (questo è il M che segnala l'inizio del giro) e unite in tondo.

(74 [78, 86, 90, 94, 98] m per la manica).

SEZIONE 1 - punto grana di riso doppia:

Giri 1 e 2: SM, 1 dir rit, 1 rov, 1 dir rit, SM, [1 rov, 1 dir] fino a 1 m prima di M, 1 rov.

Giri 3 e 4: SM, 1 dir rit, 1 rov, 1 dir rit, SM, [1 dir, 1 rov] fino a 1 m prima di M, 1 dir.

Ripetete i giri da 1 a 4 fino a che il lavoro misuri 6 (6, 3, 3, 1, 1) cm dallo scalfo.

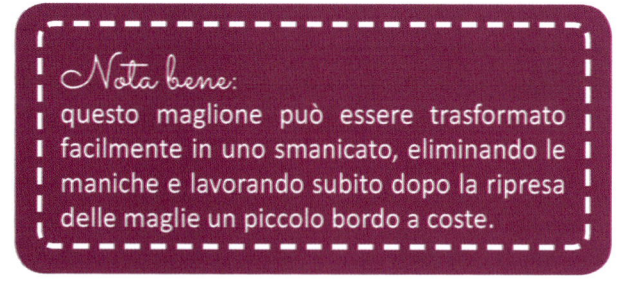

> *Nota bene:*
> questo maglione può essere trasformato facilmente in uno smanicato, eliminando le maniche e lavorando subito dopo la ripresa delle maglie un piccolo bordo a coste.

SEZIONE 2 - diminuzioni:

A questo punto lavorerete le diminuzioni che sagomano la manica.

Giro 1 (diminuzioni): SM, 1 dir rit, 1 rov, 1 dir rit, SM, dim a dx, [1 rov, 1 dir] fino a 3 m prima di M, 1 rov, dim a sn (2 m diminuite).

Giro 2: SM, 1 dir rit, 1 rov, 1 dir rit, SM, [1 dir, 1 rov] fino a 1 m prima di M, 1 dir.

Giri 3 e 4: SM, 1 dir rit, 1 rov, 1 dir rit, SM, [1 rov, 1 dir] fino a 1 m prima di M, 1 rov.

Giri 5 e 6: SM, 1 dir rit, 1 rov, 1 dir rit, SM, [1 dir, 1 rov] fino a 1 m prima di M, 1 dir.
Giri 7 e 8: ripetete i giri 3 e 4.
Giri 9 e 10: ripetete i giri 5 e 6.
Ripetete i giri da 1 a 10: ancora 5 (5, 5, 5, 2, 2) volte.
(62 [66, 74, 78, 88, 92] m per la manica).

SEZIONE 3 - diminuzioni:

Giro 1 (diminuzioni): SM, 1 dir rit, 1 rov, 1 dir rit, SM, dim a dx, [1 rov, 1 dir] fino a 3 m prima di M, 1 rov, dim a sn (2 m diminuite).
Giro 2: SM, 1 dir rit, 1 rov, 1 dir rit, SM, [1 dir, 1 rov] fino a 1 m prima di M, 1 dir.
Giri 3 e 4: SM, 1 dir rit, 1 rov, 1 dir rit, SM, [1 rov, 1 dir] fino a 1 m prima di M, 1 rov.
Giri 5 e 6: SM, 1 dir rit, 1 rov, 1 dir rit, SM, [1 dir, 1 rov] fino a 1 m prima di M, 1 dir.
Ripetete i giri da 1 a 6: ancora 6 (7, 10, 11, 14, 15) volte.
(48 [50, 52, 54, 58, 60] m per la manica).

SEZIONE 4 - punto grana di riso doppia:

Giri 1 e 2: SM, 1 dir rit, 1 rov, 1 dir rit, SM, [1 rov, 1 dir] fino a 1 m prima di M, 1 rov.
Giri 3 e 4: SM, 1 dir rit, 1 rov, 1 dir rit, SM, [1 dir, 1 rov] fino a 1 m prima di M, 1 dir.
Ripetete i giri da 1 a 4 fino a che la manica misuri 43 (44, 45, 45, 47, 47) cm dallo scalfo (o fino alla lunghezza desiderata, tenendo conto che il bordo finale misura 2 cm).

SEZIONE 5 - bordo:

Giro 1: SM, [1 dir rit, 1 rov] fino alla fine del giro.
Ripetete il giro 1 fino a che il bordo a coste ritorte misuri 2 cm. Nell'ultimo giro RM, chiudete tutte le m e tagliate il filo.
(45 [46, 47, 47, 49, 49] cm dallo scalfo).

Rifiniture:

Fissate i fili.
Bloccate leggermente il maglione autunnale n°1 (guardate anche il glossario), indossatelo e... siate *chic*!

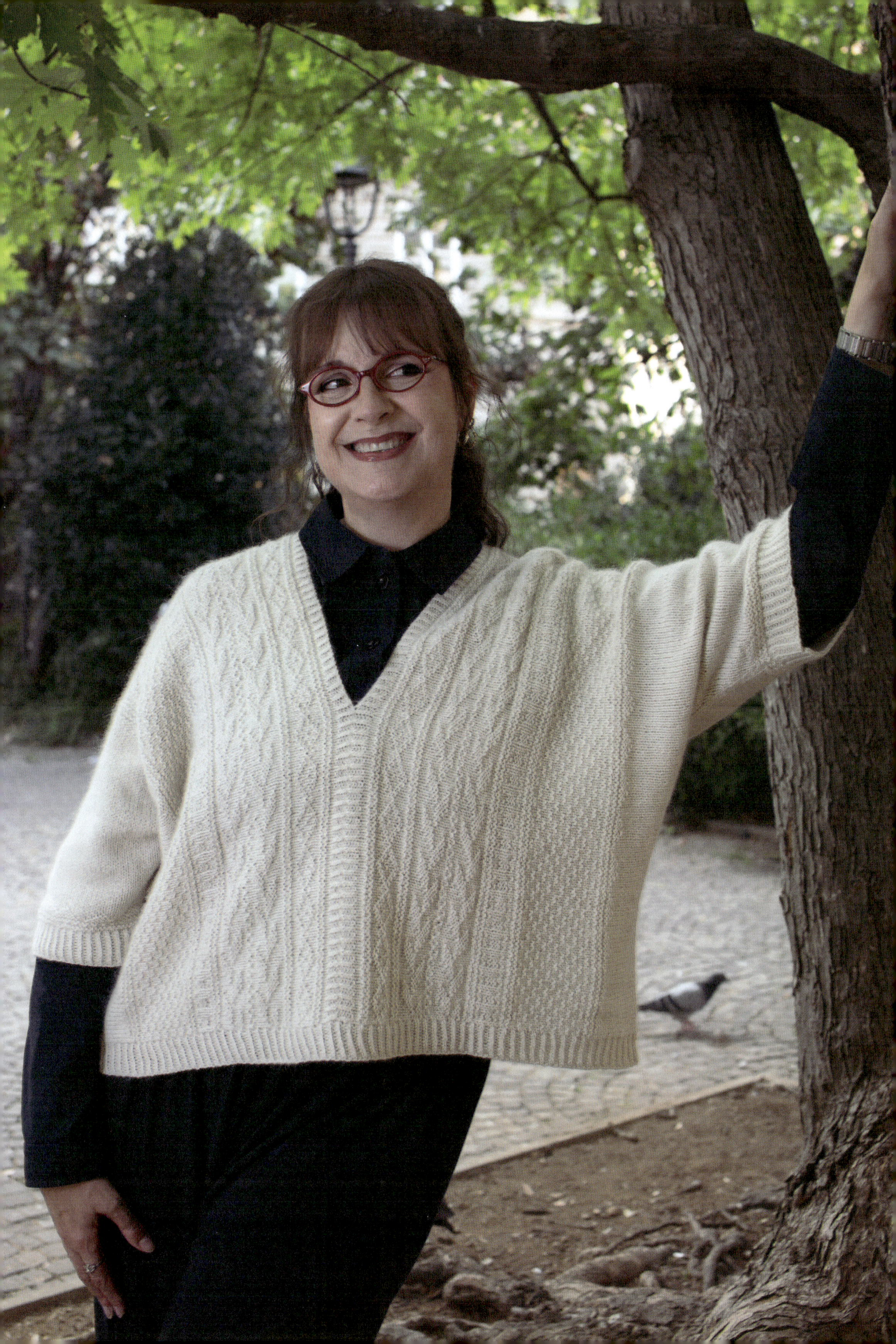

Maglione autunnale n°2

Livello di difficoltà ★★

Non so voi, ma io accolgo sempre con grande piacere l'arrivo dell'autunno: le giornate si accorciano, è vero, ma si possono tirare fuori dal cassettone i nostri amati maglioni! In certe circostanze o condizioni climatiche un maglione tradizionale può risultare un po' "troppo"; quello di cui avremmo bisogno è semplicemente uno strato in più da usare all'occorrenza, che sia pratico da infilare e che possa essere indossato anche sopra ai vestitini leggeri che tanto amiamo portare in estate. Ed ecco la soluzione: una maglia larga e corta, con le maniche ampie e comode da indossare sopra a camice e *t-shirt*, quasi fosse un poncho con le maniche! Il colore chiaro e neutro dona luce e prolunga la sensazione di vacanza: potremo indossarlo in tantissime combinazioni sportive e non!

Il **maglione autunnale n°2** è realizzato utilizzando una tecnica costruttiva insolita: si lavorerà il maglione in orizzontale, incominciando dal centro del corpo.

Si inizia montando le maglie che formeranno l'altezza del dietro e del davanti e lavorando un piccolo bordo a coste ritorte. Si continua con una serie di semplici motivi di diritti e di rovesci che si ispirano ai maglioni *Guernsey* per poi proseguire a maglia rasata fino a raggiungere la metà della larghezza del corpo. Quindi verranno chiuse le maglie dei fianchi e si modelleranno le ascelle, per poi continuare in piano la lavorazione della prima manica, sagomata da una serie di diminuzioni. Si terminerà con un piccolo bordo decorativo che riprende i motivi del corpo e con delle coste ritorte. A questo punto, sul bordo dell'avvio, si riprenderanno le maglie per il dietro e il davanti, montando allo stesso tempo le maglie che formeranno lo scollo. La lavorazione procederà in maniera speculare per la seconda metà del maglione.

Si cuciranno i fianchi e le maniche e, in corrispondenza della parte inferiore del corpo, si riprenderanno tutte le maglie. Si lavorerà, quindi, il bordo a coste ritorte.

Taglie:

XS (S, M, L, XL, XXL) vestono un giroseno di 76 (86, 96, 106, 117, 127) cm.

Le foto si riferiscono alla taglia M indossata da una modella con un giroseno di 96 cm e con un agio di 36 cm.

Quando scegliete la taglia, bisogna considerare che il maglione ha una linea *oversized*.

Se desiderate la stessa vestibilità del modello in foto, dovrete scegliere una misura più grande di circa 32-37 cm del vostro attuale giroseno.

Misure finite:

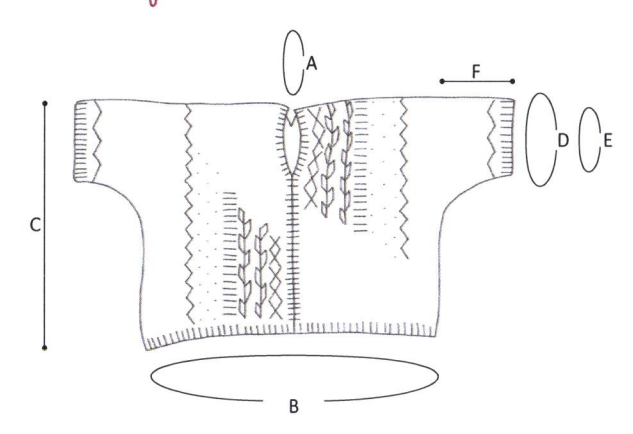

A - circonferenza del collo: 64 (64, 70, 70, 76, 76) cm.
B - circonferenza del seno: 108 (120, 132, 142, 152, 164) cm.
C - lunghezza totale: 49 (52, 52, 56, 56, 58) cm.
D - circonferenza della manica: 43 (43, 46, 46, 50, 53) cm.
E - circonferenza del polsino: 36 (36, 39, 39, 43, 46) cm.
F - lunghezza della manica dallo scalfo: 18 cm.

Filato e ferri:

LE WOOLLE Nocciole: 202304 (Brina) (75% lana e 25% angora; 180 m per gomitolo da 50 gr): 6 (7, 7, 8, 8, 9) gomitoli (1050 [1160, 1260, 1375, 1440, 1620] m). Il metraggio indicato è il consumo effettivo.
Ferri circolari numero 3 mm con il cavo lungo 40 cm, 60 cm e 80 cm.
Opzionale: ferri diritti delle stesse misure. Se necessario modificate il numero dei f per ottenere il campione corretto.
2 marcapunti.
Filo di scarto.
Ago da lana e forbici.
Spilli e metro da sarta per il bloccaggio.

Consigli sul filato:

sono stata a lungo indecisa se usare questo filato: è di difficile reperibilità, i colori sono discontinui e non è molto economico. Ma la verità è che ne sono letteralmente innamorata da sempre, è una miscela di angora e merino deliziosa ed è made in Italy! Se potessi, userei solo questo filato per l'intero mio guardaroba invernale. Se non riuscite a reperirlo o se vi sembra troppo dispendioso, potrete sostituirlo con una miriade di alternative, dalle lane secche (tipiche dei maglioni *Guernsey* a dire la verità) alle alpache più morbide. L'unica raccomandazione è di non usare dei filati con un eccessivo drappeggio, come i misti seta o la merino, perché potrebbero snaturare la struttura stessa del capo. E anche se il campione non sarà perfetto, si potrà facilmente adattare visto il grande agio e la struttura molto semplice che prevede il maglione.

Campione:

23 m e 32 f/giri = 10 cm lavorati a maglia rasata (dopo il bloccaggio).

Legenda:

- ☐ dir (f dispari, DdL) - rov (f pari, RdL)
- ● rov (f dispari, DdL) - dir (f pari, RdL)
- ℚ dir rit (f dispari, DdL)
- ℚ dir rit (f pari, RdL)

Grafico del punto Guernsey A:

Attenzione: il punto *Guernsey* A è lavorato in piano su un multiplo di 2 m (+ 3). Le linee rosse indicano le 2 m da ripetere per ottenere il motivo. Per questo, e per tutti i successivi punti *Guernsey*, non consiglio di posizionare dei marcapunti per segnalare i diversi motivi, poiché le ripetizioni sono numerose e i motivi molto semplici.

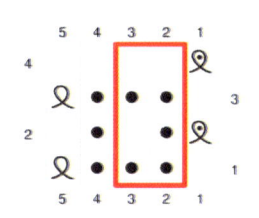

Istruzioni scritte:

Attenzione: il punto *Guernsey* A è lavorato in piano su un multiplo di 2 m (+ 3).
Ferro 1 (DdL): 1 dir, *2 rov. Ripetete da * fino a 2 m prima della fine del f, 1 rov, 1 dir rit.
Ferro 2 (RdL): 1 rov, 1 dir, *1 rov, 1 dir. Ripetete da * fino a 1 m prima della fine del f, 1 dir rit.
Ferro 3: ripetete il f 1.
Ferro 4: 2 rov, *2 rov. Ripetete da * fino a 1 m prima della fine del f, 1 dir rit.

Grafico del punto Guernsey B:

Attenzione: il punto *Guernsey* B è lavorato in piano su un multiplo di 8 m (+ 3). Le linee rosse indicano le 8 m da ripetere per ottenere il motivo.

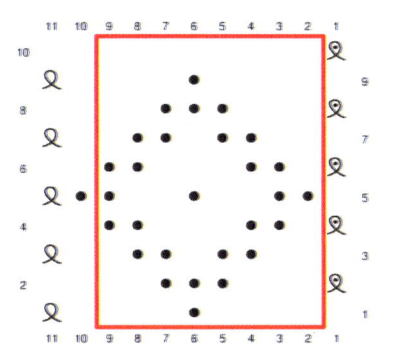

Istruzioni scritte:

Attenzione: il punto *Guernsey* B è lavorato in piano su un multiplo di 8 m (+ 3).
Ferro 1 (DdL): 1 dir, *4 dir, 1 rov, 3 dir. Ripetete da * fino a 2 m prima della fine del f, 1 dir, 1 dir rit.
Ferro 2 (RdL): 2 rov, *2 rov, 3 dir, 3 rov. Ripetete da * fino a 1 m prima della fine del f, 1 dir rit.
Ferro 3: 1 dir, *2 dir, [2 rov, 1 dir] due volte. Ripetete da * fino a 2 m prima della fine del f, 1 dir, 1 dir rit.

Ferro 4: 2 rov, *2 dir, 3 rov, 2 dir, 1 rov. Ripetete da * fino a 1 m prima della fine del f, 1 dir rit.
Ferro 5: 1 dir, *2 rov, [2 dir, 1 rov] due volte. Ripetete da * fino a 2 m prima della fine del f, 1 rov, 1 dir rit.
Ferro 6: ripetete il f 4.
Ferro 7: ripetete il f 3.
Ferro 8: ripetete il f 2.
Ferro 9: ripetete il f 1.
Ferro 10: 2 rov, *8 rov. Ripetete da * fino a 1 m prima della fine del f, 1 dir rit.

Grafico del punto Guernsey C:

Attenzione: il punto *Guernsey* C è lavorato in piano su un multiplo di 8 m (+ 2). Le linee rosse indicano le 8 m da ripetere per ottenere il motivo. La lavorazione completa si ottiene lavorando i 14 f della ripetizione e lavorando i f da 1 a 12 ancora una volta (26 f in tutto).

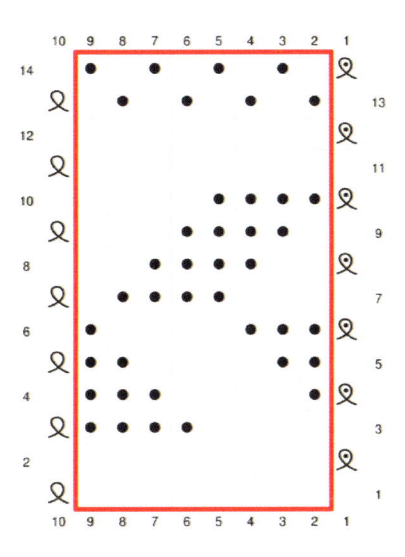

Istruzioni scritte:

Attenzione: il punto *Guernsey* C è lavorato in piano su un multiplo di 8 m (+ 2).
Ferro 1 (DdL): 1 dir, *8 dir. Ripetete da * fino a 1 m prima della fine del f, 1 dir rit.
Ferro 2 (RdL): 1 rov, *8 rov. Ripetete da * fino a 1 m prima della fine del f, 1 dir rit.
Ferro 3: 1 dir, *4 dir, 4 rov. Ripetete da * fino a 1 m prima della fine del f, 1 dir rit.
Ferro 4: 1 rov, *3 dir, 4 rov, 1 dir. Ripetete da * fino a 1 m prima della fine del f, 1 dir rit.
Ferro 5: 1 dir, *2 rov, 4 dir, 2 rov. Ripetete da * fino a 1 m prima della fine del f, 1 dir rit.
Ferro 6: 1 rov, *1 dir, 4 rov, 3 dir. Ripetete da * fino a 1 m prima della fine del f, 1 dir rit.
Ferro 7: 1 dir, *3 dir, 4 rov, 1 dir. Ripetete da * fino a 1 m prima della fine del f, 1 dir rit.

Ferro 8: 1 rov, *2 rov, 4 dir, 2 rov. Ripetete da * fino a 1 m prima della fine del f, 1 dir rit.
Ferro 9: 1 dir, *1 dir, 4 rov, 3 dir. Ripetete da * fino a 1 m prima della fine del f, 1 dir rit.
Ferro 10: 1 rov, *4 rov, 4 dir. Ripetete da * fino a 1 m prima della fine del f, 1 dir rit.
Ferro 11: ripetete il f 1.
Ferro 12: ripetete il f 2.
Ferro 13: 1 dir, *[1 rov, 1 dir] quattro volte. Ripetete da * fino a 1 m prima della fine del f, 1 dir rit.
Ferro 14: 1 rov, *[1 dir, 1 rov] quattro volte. Ripetete da * fino a 1 m prima della fine del f, 1 dir rit.
Ripetete i f da 1 a 12 ancora una volta per ottenere il punto *Guernsey* C (26 f in tutto).

Grafico del punto Guernsey D:

Attenzione: il punto *Guernsey* D è lavorato in piano su un multiplo di 8 m (+ 2). Le linee rosse indicano le 8 m da ripetere per ottenere il motivo. La lavorazione completa si ottiene lavorando i 14 f della ripetizione e lavorando i f da 1 a 12 ancora una volta (26 f in tutto).

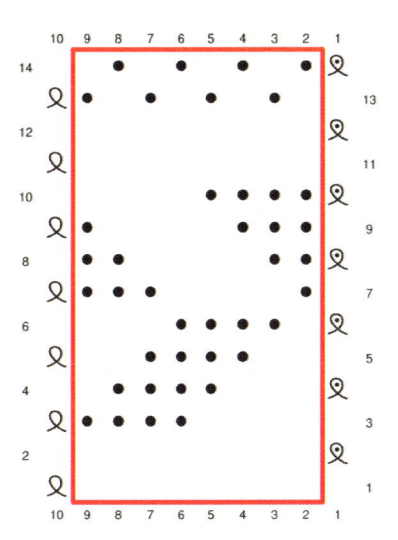

Istruzioni scritte:

Attenzione: il punto *Guernsey* D è lavorato in piano su un multiplo di 8 m (+ 2).
Ferro 1 (DdL): 1 dir, *8 dir. Ripetete da * fino a 1 m prima della fine del f, 1 dir rit.
Ferro 2 (RdL): 1 rov, *8 rov. Ripetete da * fino a 1 m prima della fine del f, 1 dir rit.
Ferro 3: 1 dir, *4 dir, 4 rov. Ripetete da * fino a 1 m prima della fine del f, 1 dir rit.
Ferro 4: 1 rov, *1 rov, 4 dir, 3 rov. Ripetete da * fino a 1 m prima della fine del f, 1 dir rit.
Ferro 5: 1 dir, *2 dir, 4 rov, 2 dir. Ripetete da * fino a 1 m prima della fine del f, 1 dir rit.

Ferro 6: 1 rov, *3 rov, 4 dir, 1 rov. Ripetete da * fino a 1 m prima della fine del f, 1 dir rit.
Ferro 7: 1 dir, *1 rov, 4 dir, 3 rov. Ripetete da * fino a 1 m prima della fine del f, 1 dir rit.
Ferro 8: 1 rov, *2 dir, 4 rov, 2 dir. Ripetete da * fino a 1 m prima della fine del f, 1 dir rit.
Ferro 9: 1 dir, *3 rov, 4 dir, 1 rov. Ripetete da * fino a 1 m prima della fine del f, 1 dir rit.
Ferro 10: 1 rov, *4 rov, 4 dir. Ripetete da * fino a 1 m prima della fine del f, 1 dir rit.
Ferro 11: ripetete il f 1.
Ferro 12: ripetete il f 2.
Ferro 13: 1 dir, *[1 dir, 1 rov] quattro volte. Ripetete da * fino a 1 m prima della fine del f, 1 dir rit.
Ferro 14: 1 rov, *[1 rov, 1 dir] quattro volte. Ripetete da * fino a 1 m prima della fine del f, 1 dir rit.
Ripetete i f da 1 a 12 ancora una volta per ottenere il punto *Guernsey* D (26 f in tutto).

Grafico del punto Guernsey E:

Attenzione: il punto *Guernsey* E è lavorato in piano su un multiplo di 2 m (+ 2). Le linee rosse indicano le 2 m da ripetere per ottenere il motivo.

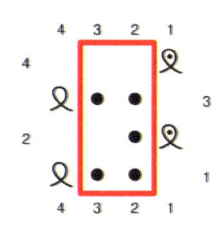

Istruzioni scritte:

Attenzione: il punto *Guernsey* E è lavorato in piano su un multiplo di 2 m (+ 2).
Ferro 1 (DdL): 1 dir, *2 rov. Ripetete da * fino a 1 m prima della fine del f, 1 dir rit.
Ferro 2 (RdL): 1 rov, *1 rov, 1 dir. Ripetete da * fino a 1 m prima della fine del f, 1 dir rit.
Ferro 3: ripetete il f 1.
Ferro 4: 1 rov, *2 rov. Ripetete da * fino a 1 m prima della fine del f, 1 dir rit.

Grafico del punto Guernsey F:

Attenzione: il punto *Guernsey* F è lavorato in piano su un multiplo di 2 m (+ 2). Le linee rosse indicano le 2 m da ripetere per ottenere il motivo.

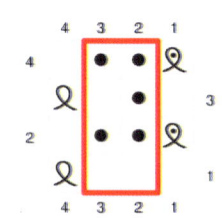

Istruzioni scritte:

Attenzione: il punto *Guernsey* F è lavorato in piano su un multiplo di 2 m (+ 2).
Ferro 1 (DdL): 1 dir, *2 dir. Ripetete da * fino a 1 m prima della fine del f, 1 dir rit.
Ferro 2 (RdL): 1 rov, *2 dir. Ripetete da * fino a 1 m prima della fine del f, 1 dir rit.
Ferro 3: 1 dir, *1 dir, 1 rov. Ripetete da * fino a 1 m prima della fine del f, 1 dir rit.
Ferro 4: ripetete il f 2.

Grafico del punto Guernsey G:

Attenzione: il punto *Guernsey* G è lavorato in piano su un multiplo di 4 m (+ 2). Le linee rosse indicano le 4 m da ripetere per ottenere il motivo.

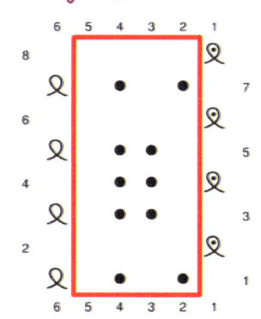

Istruzioni scritte:

Attenzione: il punto *Guernsey* G è lavorato in piano su un multiplo di 4 m (+ 2).
Ferro 1 (DdL): 1 dir, *[1 rov, 1 dir] due volte. Ripetete da * fino a 1 m prima della fine del f, 1 dir rit.
Ferro 2 (RdL): 1 rov, *4 rov. Ripetete da * fino a 1 m prima della fine del f, 1 dir rit.
Ferro 3: 1 dir, *1 dir, 2 rov, 1 dir. Ripetete da * fino a 1 m prima della fine del f, 1 dir rit.
Ferro 4: 1 rov, *1 rov, 2 dir, 1 rov. Ripetete da * fino a 1 m prima della fine del f, 1 dir rit.
Ferro 5: ripetete il f 3.
Ferro 6: ripetete il f 2.
Ferro 7: ripetete il f 1.
Ferro 8: ripetete il f 2.

Grafico del punto Guernsey H:

Attenzione: il punto *Guernsey* H è lavorato in piano su un multiplo di 4 m (+ 2). Le linee rosse indicano le 4 m da ripetere per ottenere il motivo.
La lavorazione completa si ottiene lavorando i 4 f della ripetizione 4 (5, 6, 6, 7, 8) volte in tutto (16 [20, 24, 24, 28, 32] f).

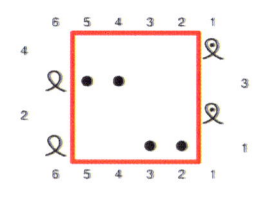

Istruzioni scritte:

Attenzione: il punto *Guernsey* H è lavorato in piano su un multiplo di 4 m (+ 2).
Ferro 1 (DdL): 1 dir, *2 rov, 2 dir. Ripetete da * fino a 1 m prima della fine del f, 1 dir rit.
Ferro 2 (RdL): 1 rov, *4 rov. Ripetete da * fino a 1 m prima della fine del f, 1 dir rit.

Ferro 3: 1 dir, *2 dir, 2 rov. Ripetete da * fino a 1 m prima della fine del f, 1 dir rit.
Ferro 4: ripetete il f 2.
Ripetete i f da 1 a 4: ancora 3 (4, 5, 5, 6, 7) volte per ottenere il punto *Guernsey* H (16 [20, 24, 24, 28, 32] f in tutto).

Grafico del punto Guernsey I:

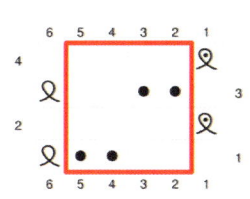

Attenzione: il punto *Guernsey* I è lavorato in piano su un multiplo di 4 m (+ 2). Le linee rosse indicano le 4 m da ripetere per ottenere il motivo. La lavorazione completa si ottiene lavorando i 4 f della ripetizione 4 (5, 6, 6, 7, 8) volte in tutto (16 [20, 24, 24, 28, 32] f).

Istruzioni scritte:

Attenzione: il punto *Guernsey* I è lavorato in piano su un multiplo di 4 m (+ 2).
Ferro 1 (DdL): 1 dir, *2 dir, 2 rov. Ripetete da * fino a 1 m prima della fine del f, 1 dir rit.
Ferro 2 (RdL): 1 rov, *4 rov. Ripetete da * fino a 1 m prima della fine del f, 1 dir rit.
Ferro 3: 1 dir, *2 rov, 2 dir. Ripetete da * fino a 1 m prima della fine del f, 1 dir rit.
Ferro 4: ripetete il f 2.
Ripetete i f da 1 a 4: ancora 3 (4, 5, 5, 6, 7) volte per ottenere il punto *Guernsey* I (16 [20, 24, 24, 28, 32] f in tutto).

Grafico del punto Guernsey L:

Attenzione: il punto *Guernsey* L è lavorato in piano su un multiplo di 8 m (+ 2). Le linee rosse indicano le 8 m da ripetere per ottenere il motivo.

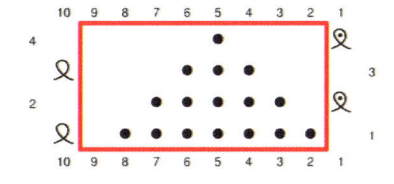

Istruzioni scritte:

Attenzione: il punto *Guernsey* L è lavorato in piano su un multiplo di 8 m (+ 2).
Ferro 1 (DdL): 1 dir, *7 rov, 1 dir. Ripetete da * fino a 1 m prima della fine del f, 1 dir rit.
Ferro 2 (RdL): 1 rov, *2 rov, 5 dir, 1 rov. Ripetete da * fino a 1 m prima della fine del f, 1 dir rit.
Ferro 3: 1 dir, *2 dir, 3 rov, 3 dir. Ripetete da * fino a 1 m prima della fine del f, 1 dir rit.
Ferro 4: 1 rov, *4 rov, 1 dir, 3 rov. Ripetete da * fino a 1 m prima della fine del f, 1 dir rit.

Grafico del punto Guernsey M:

Attenzione: il punto *Guernsey* M è lavorato in piano su un multiplo di 8 m (+ 2). Le linee rosse indicano le 8 m da ripetere per ottenere il motivo.

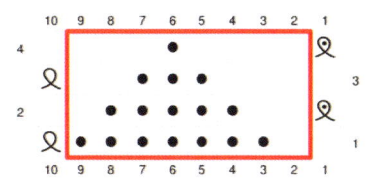

Istruzioni scritte:

Attenzione: il punto *Guernsey* M è lavorato in piano su un multiplo di 8 m (+ 2).
Ferro 1 (DdL): 1 dir, *1 dir, 7 rov. Ripetete da * fino a 1 m prima della fine del f, 1 dir rit.
Ferro 2 (RdL): 1 rov, *1 rov, 5 dir, 2 rov. Ripetete da * fino a 1 m prima della fine del f, 1 dir rit.
Ferro 3: 1 dir, *3 dir, 3 rov, 2 dir. Ripetete da * fino a 1 m prima della fine del f, 1 dir rit.
Ferro 4: 1 rov, *3 rov, 1 dir, 4 rov. Ripetete da * fino a 1 m prima della fine del f, 1 dir rit.

Grafico del punto Guernsey N:

Attenzione: il punto *Guernsey* N è lavorato in piano su un multiplo di 8 m (+ 2). Le linee rosse indicano le 8 m da ripetere per ottenere il motivo.

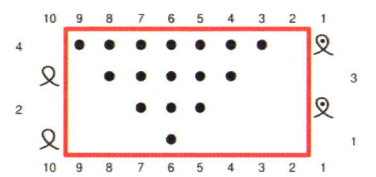

Istruzioni scritte:

Attenzione: il punto *Guernsey* N è lavorato in piano su un multiplo di 8 m (+ 2).
Ferro 1 (DdL): 1 dir, *4 dir, 1 rov, 3 dir. Ripetete da * fino a 1 m prima della fine del f, 1 dir rit.
Ferro 2 (RdL): 1 rov, *2 rov, 3 dir, 3 rov. Ripetete da * fino a 1 m prima della fine del f, 1 dir rit.
Ferro 3: 1 dir, *2 dir, 5 rov, 1 dir. Ripetete da * fino a 1 m prima della fine del f, 1 dir rit.
Ferro 4: 1 rov, *7 dir, 1 rov. Ripetete da * fino a 1 m prima della fine del f, 1 dir rit.

Grafico del punto Guernsey O:

Attenzione: il punto *Guernsey* O è lavorato in piano su un multiplo di 8 m (+ 2). Le linee rosse indicano le 8 m da ripetere per ottenere il motivo.

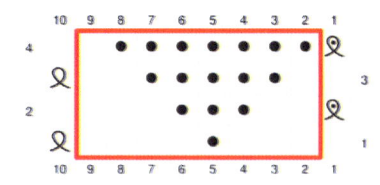

Istruzioni scritte:

Attenzione: il punto *Guernsey* O è lavorato in piano su un multiplo di 8 m (+ 2).
Ferro 1 (DdL): 1 dir, *3 dir, 1 rov, 4 dir. Ripetete da * fino a 1 m prima della fine del f, 1 dir rit.
Ferro 2 (RdL): 1 rov, *3 rov, 3 dir, 2 rov. Ripetete da * fino a 1 m prima della fine del f, 1 dir rit.
Ferro 3: 1 dir, *1 dir, 5 rov, 2 dir. Ripetete da * fino a 1 m prima della fine del f, 1 dir rit.
Ferro 4: 1 rov, *1 rov, 7 dir. Ripetete da * fino a 1 m prima della fine del f, 1 dir rit.

Spiegazioni - Si incomincia dal centro del corpo (lavorato in piano):

Le spiegazioni sono date per la taglia XS, le taglie S, M, L, XL e XXL sono tra parentesi. Quando non appaiono le parentesi, la spiegazione è valida per tutte le taglie.
Incominciate a lavorare la metà destra del corpo. È lavorata in piano, pertanto è possibile usare i f diritti; dato l'elevato numero di maglie, potrebbe essere necessario trasferire comunque il lavoro su un f circolare o usare f diritti lunghi 60 cm.
Attenzione: durante la fase dell'avvio posizionerete due marcapunti a lucchetto in maniera che rimangano incastrati sul bordo dell'avvio. Servono a segnalare le m da riprendere in una fase successiva per la seconda metà del corpo; indicano anche la larghezza dello scollo. Ecco perché sono a lucchetto: li rimuoverete alla fine di quest'ultima fase.
Usando il f circolare con il cavo lungo 80 cm, avviate 84 (92, 90, 98, 96, 100) m usando l'avvio *cable* e inserite un M a lucchetto nel margine dell'avvio (questa sarà la metà destra del dietro); avviate 72 (72, 80, 80, 88, 88) m usando l'avvio *cable* e inserite un M a lucchetto nel margine dell'avvio (questo sarà lo scollo); avviate 55 (63, 57, 65, 59, 63) m usando l'avvio *cable* (questa sarà la metà destra del davanti).
(211 [227, 227, 243, 243, 251] m).

Nota bene:

la lavorazione in orizzontale fa sì che la lunghezza del maglione sia determinata già dall'inizio; se quest'ultima non fosse di vostro gradimento, la struttura stessa del capo impedirebbe la personalizzazione in una fase successiva. Consiglio quindi di consultare bene le misure finite e il campione in modo da, se necessario, aggiungere o togliere delle maglie. Il numero delle maglie tolte o aggiunte sarà sempre un multiplo di 8 e bisognerà, naturalmente, tenere conto di questa variante nella fase degli scalfi e della lavorazione delle maniche.

Metà destra del corpo (lavorato in piano):

SEZIONE 1 - coste ritorte:
Ferro 1 (RdL): 1 rov, [1 rov rit, 1 dir rit] fino a 2 m prima della fine del f, 1 rov rit, 1 dir rit.
Ferro 2 (DdL): 1 dir, [1 dir rit, 1 rov rit] fino a 2 m prima della fine del f, 2 dir rit.
Ripetete i f 1 e 2 fino a quando il lavoro misuri 1.5 cm, terminando con il f 1.

SEZIONE 2 - punti Guernsey:
Ferro 1 (DdL): dir fino a 1 m prima della fine del f, 1 dir rit.
Ferro 2 (RdL): rov fino a 1 m prima della fine del f, 1 dir rit.
A questo punto lavorerete i punti *Guernsey*.
Seguendo il grafico o le istruzioni scritte, lavorate il punto *Guernsey* A.
Seguendo il grafico o le istruzioni scritte, lavorate il punto *Guernsey* B.
Seguendo il grafico o le istruzioni scritte, lavorate il punto *Guernsey* A.
Prossimo ferro (RdL - diminuzione): rov fino a 3 m prima della fine del f, dim rov a dx, 1 dir rit
(1 m diminuita).
(210 [226, 226, 242, 242, 250] m).
Seguendo il grafico o le istruzioni scritte, lavorate il punto *Guernsey* C.
Seguendo il grafico o le istruzioni scritte, lavorate il punto *Guernsey* E.
Seguendo il grafico o le istruzioni scritte, lavorate il punto *Guernsey* G.
Seguendo il grafico o le istruzioni scritte, lavorate il punto *Guernsey* E.

Seguendo il grafico o le istruzioni scritte, lavorate il punto *Guernsey* H.
Seguendo il grafico o le istruzioni scritte, lavorate il punto *Guernsey* E.
Seguendo il grafico o le istruzioni scritte, lavorate il punto *Guernsey* L.

SEZIONE 3 - maglia rasata:
Ferro 1 (DdL): dir fino a 1 m prima della fine del f, 1 dir rit.
Ferro 2 (RdL): rov fino a 1 m prima della fine del f, 1 dir rit.
Ripetete i f 1 e 2 fino a che la metà del maglione misuri 27 (30, 33, 35.5, 38, 41) cm dall'inizio del lavoro.

SEZIONE 4 - scalfi:
A questo punto chiuderete le m dei fianchi a più riprese, creando gli scalfi manica.
Quando lavorate le sezioni successive, potete cambiare il f circolare con quello dal cavo più corto quando le m sul f diventano troppo poche.
Ferro 1 (DdL - diminuzioni): chiudete 24 (32, 28, 36, 32, 32) m, dir fino a 1 m prima della fine del f, 1 dir rit.
(186 [194, 198, 206, 210, 218] m).
Ferro 2 (RdL - diminuzioni): chiudete 24 (32, 28, 36, 32, 32) m, rov fino a 1 m prima della fine del f, 1 dir rit.
(162 [162, 170, 170, 178, 186] m).
Ferro 3 (diminuzioni): chiudete 10 m, dir fino a 1 m prima della fine del f, 1 dir rit.
(152 [152, 160, 160, 168, 176] m).
Ferro 4 (diminuzioni): chiudete 10 m, rov fino a 1 m prima della fine del f, 1 dir rit.
(142 [142, 150, 150, 158, 166] m).
Ferro 5 (diminuzioni): chiudete 8 m, dir fino a 1 m prima della fine del f, 1 dir rit.
(134 [134, 142, 142, 150, 158] m).
Ferro 6 (diminuzioni): chiudete 8 m, rov fino a 1 m prima della fine del f, 1 dir rit.
(126 [126, 134, 134, 142, 150] m).
Ferro 7 (diminuzioni): chiudete 6 m, dir fino a 1 m prima della fine del f, 1 dir rit.
(120 [120, 128, 128, 136, 144] m).
Ferro 8 (diminuzioni): chiudete 6 m, rov fino a 1 m prima della fine del f, 1 dir rit.
(114 [114, 122, 122, 130, 138] m).
Ferro 9 (diminuzioni): chiudete 4 m, dir fino a 1 m prima della fine del f, 1 dir rit.
(110 [110, 118, 118, 126, 134] m).
Ferro 10 (diminuzioni): chiudete 4 m, rov fino a 1 m prima della fine del f, 1 dir rit.
(106 [106, 114, 114, 122, 130] m).
Ferro 11 (diminuzioni): chiudete 2 m, dir fino a 1 m prima della fine del f, 1 dir rit (2 m diminuite).
Ferro 12 (diminuzioni): chiudete 2 m, rov fino a 1 m prima della fine del f, 1 dir rit (2 m diminuite).
Ripetete i f 11 e 12 ancora una volta.
(98 [98, 106, 106, 114, 122] m).
Ferro 13 (diminuzioni): 1 dir, dim a sn, dir fino a 3 m prima della fine del f, dim a dx, 1 dir rit (2 m diminuite).
Ferro 14: rov fino a 1 m prima della fine del f, 1 dir rit.
Ripetete i f 13 e 14 ancora tre volte.
(90 [90, 98, 98, 106, 114] m).
Ferro 15: dir fino a 1 m prima della fine del f, 1 dir rit.
Ferro 16: ripetete il f 14.
Ferro 17 (diminuzioni): 1 dir, dim a sn, dir fino a 3 m prima della fine del f, dim a dx, 1 dir rit (2 m diminuite).
Ferro 18: ripetete il f 14.
Ripetete i f da 15 a 18 ancora tre volte.
(82 [82, 90, 90, 98, 106] m).

Nota bene:
se non gradite che le maniche siano così corte e larghe, potrete facilmente proseguire le diminuzioni e lavorare una manica più lunga e affusolata; se la manica vi piace di questa larghezza ma la desiderate solo più lunga, proseguite senza eseguire altre diminuzioni fino alla lunghezza desiderata! Naturalmente calcolate attentamente il dispendio di filato.

SEZIONE 5 - punti Guernsey:
Seguendo il grafico o le istruzioni scritte, lavorate il punto *Guernsey* N.
Seguendo il grafico o le istruzioni scritte, lavorate il punto *Guernsey* F.
Ferro 1 (DdL): dir fino a 1 m prima della fine del f, 1 dir rit.
Ferro 2 (RdL - diminuzione): rov fino a 3 m prima della fine del f, dim rov a dx, 1 dir rit (1 m diminuita).
(81 [81, 89, 89, 97, 105] m).

SEZIONE 6 - bordo:
Ferro 1 (DdL): 1 dir, [1 dir rit, 1 rov rit] fino a 2 m prima della fine del f, 2 dir rit.
Ferro 2 (RdL): 1 rov, [1 rov rit, 1 dir rit] fino a 2 m prima della fine del f, 1 rov rit, 1 dir rit.
Ripetete i f 1 e 2 fino a quando il bordo a coste ritorte misuri 3 cm.
Chiudete tutte le m e tagliate il filo.
(18 cm dallo scalfo).

Metà sinistra del corpo (lavorato in piano):

A questo punto lavorerete la metà sinistra del corpo.
La figura qui sotto può aiutare a capire meglio la ripresa delle maglie.

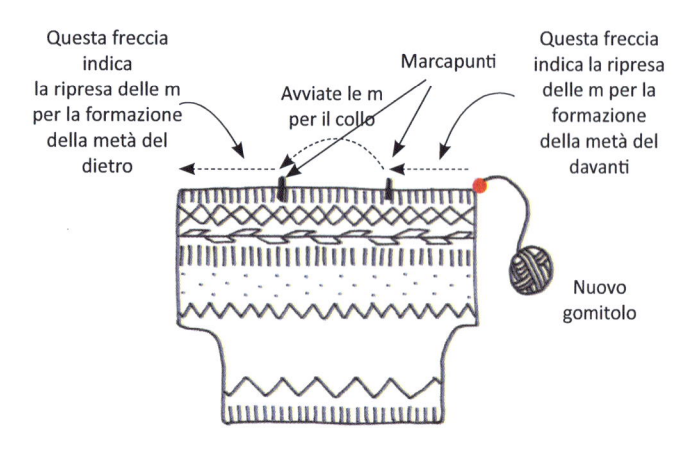

Unite il filo di un nuovo gomitolo per eseguire la lavorazione.
Orientate la prima metà del corpo tenendo il DdL rivolto verso di voi con il bordo a coste verso l'alto e incominciate dall'angolo in alto a destra.
Usando il f circolare con il cavo lungo 80 cm, riprendete 55 (63, 57, 65, 59, 63) m fino a raggiungere il primo M (questa sarà la metà sinistra del davanti); avviate, con lo stesso filo, 72 (72, 80, 80, 88, 88) m usando l'avvio *cable* (questo sarà lo scollo); infine, a partire dal secondo M e sempre con il medesimo filo, riprendete 84 (92, 90, 98, 96, 100) m fino a raggiungere l'angolo in alto a sinistra del bordo, RM (questa sarà la metà sinistra del dietro).
(211 [227, 227, 243, 243, 251] m).

SEZIONE 1 - coste ritorte:

Ferro 1 (RdL): 1 rov, [1 rov rit, 1 dir rit] fino a 2 m prima della fine del f, 1 rov rit, 1 dir rit.
Ferro 2 (DdL): 1 dir, [1 dir rit, 1 rov rit] fino a 2 m prima della fine del f, 2 dir rit.
Ripetete i f 1 e 2 fino a quando il lavoro misuri 1.5 cm dalla ripresa delle maglie, terminando con il f 1.

SEZIONE 2 - punti Guernsey:

Ferro 1 (DdL): dir fino a 1 m prima della fine del f, 1 dir rit.
Ferro 2 (RdL): rov fino a 1 m prima della fine del f, 1 dir rit.

A questo punto lavorerete i punti *Guernsey*.
Seguendo il grafico o le istruzioni scritte, lavorate il punto *Guernsey* A.
Seguendo il grafico o le istruzioni scritte, lavorate il punto *Guernsey* B.
Seguendo il grafico o le istruzioni scritte, lavorate il punto *Guernsey* A.
Prossimo ferro (RdL - diminuzione): 1 dir, rov fino a 3 m prima della fine del f, dim rov a dx, 1 dir rit (1 m diminuita).
(210 [226, 226, 242, 242, 250] m).
Seguendo il grafico o le istruzioni scritte, lavorate il punto *Guernsey* D.
Seguendo il grafico o le istruzioni scritte, lavorate il punto *Guernsey* E.
Seguendo il grafico o le istruzioni scritte, lavorate il punto *Guernsey* G.
Seguendo il grafico o le istruzioni scritte, lavorate il punto *Guernsey* E.
Seguendo il grafico o le istruzioni scritte, lavorate il punto *Guernsey* I.
Seguendo il grafico o le istruzioni scritte, lavorate il punto *Guernsey* E.
Seguendo il grafico o le istruzioni scritte, lavorate il punto *Guernsey* M.

SEZIONE 3 - maglia rasata:

Ripetete come per la sezione 3 della metà destra del corpo.

SEZIONE 4 - scalfi:

Ripetete come per la sezione 4 della metà destra del corpo.

SEZIONE 5 - punti Guernsey:

Seguendo il grafico o le istruzioni scritte, lavorate il punto *Guernsey* O.
Seguendo il grafico o le istruzioni scritte, lavorate il punto *Guernsey* F.
Ferro 1 (DdL): dir fino a 1 m prima della fine del f, 1 dir rit.
Ferro 2 (RdL – diminuzione): rov fino a 3 m prima della fine del f, dim rov a dx, 1 dir rit (1 m diminuita).
(81 [81, 89, 89, 97, 105] m).

SEZIONE 6 - bordo:

Ripetete come per la sezione 6 della metà destra del corpo.

Cuciture:

Piegate il maglione in modo da creare una scollatura verticale, facendo combaciare gli angoli dei bordi del corpo e delle maniche. Assicuratevi che i fianchi siano perfettamente allineati.
Incominciando dagli angoli, cucite a punto materasso i fianchi e le maniche.

Bordo inferiore (lavorato in tondo):

Unite il filo di un nuovo gomitolo per eseguire la lavorazione.
Tenendo il DdL rivolto verso di voi, incominciate a partire dal centro del dietro.

Usando il f circolare con il cavo lungo 80 cm, riprendete 246 (274, 300, 324, 348, 374) m lungo tutto la circonferenza. PM (questo è il M che segnala l'inizio del giro) e unite in tondo.
Giro 1: SM, [1 dir rit, 1 rov rit] fino alla fine del giro.
Ripetete il giro 1 fino a che il bordo a coste ritorte misuri 3 cm.
RM, chiudete tutte le m e tagliate il filo.

Rifiniture:

Fissate i fili.
Bloccate leggermente il maglione autunnale n°2 (guardate anche il glossario), indossatelo e... siate *chic*!

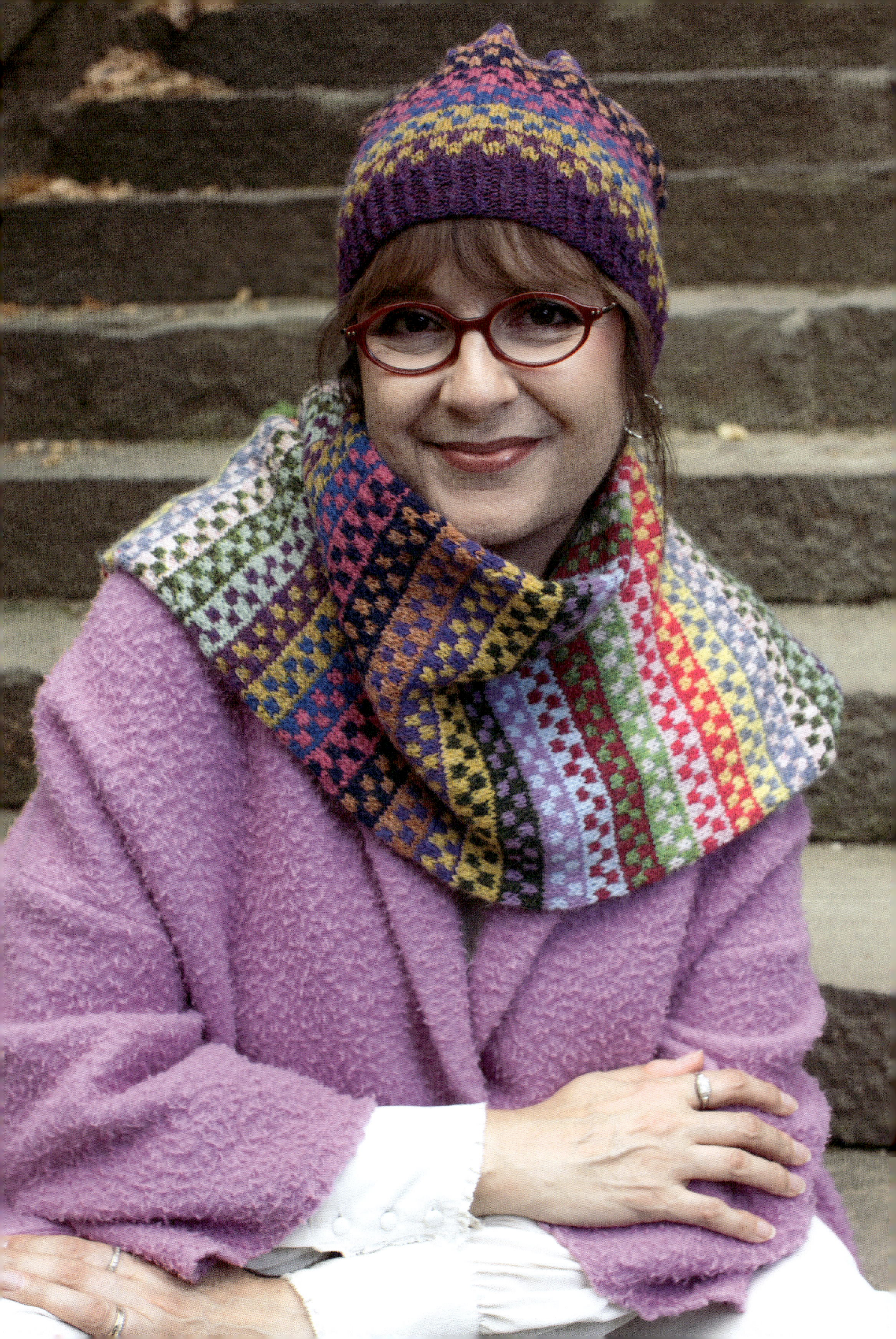

Set

Livello di difficoltà ★

Nella creazione del guardaroba ideale a maglia, non potevo esimermi di disegnare un accessorio che servisse a scaldarci e, al contempo, regalasse una sferzata di energia proprio quando ne abbiamo più bisogno perché le giornate si accorciano. Ecco come nasce il set, che è un vero e proprio inno all'allegria, dal momento che unisce ben venti colori! E consiglio vivamente di realizzarlo in tantissimi colori vivaci per dare fondo a tutti i gomitolini che giacciono inutilizzati nelle scatole di filati.
Il **set** si compone di un berretto e uno scaldacollo. Si incomincia a lavorare lo scaldacollo, avviando le maglie necessarie usando un avvio provvisorio. Si procede a lavorare in tondo, creando un lungo "tubo" le cui estremità, alla fine, verranno cucite a punto maglia, rendendo l'unione invisibile. Lavorando in questo modo, non essendoci un vero e proprio rovescio, lo scaldacollo sarà bello da vedere da entrambe le parti. Lo scaldacollo è lavorato interamente seguendo una lavorazione molto semplice a fili passati, alternando i colori in modo armonioso.
Il berretto è realizzato a partire dal basso. Si incomincia a lavorare con il primo colore il bordo a coste, in seguito si procede con lo stesso motivo a fili passati dello scaldacollo. Si finisce il berretto usando il penultimo colore e sagomando la calotta con delle diminuzioni.

Taglie:

PER LO SCALDACOLLO:
Taglia unica.

PER IL BERRETTO:
XS, S, M, L, XL, XXL e XXXL.
Le foto si riferiscono alla taglia L.
Il bordo del berretto può estendersi fino a 8 cm per vestire una testa di 46 (48, 50, 53, 56, 58, 61) cm.

Misure finite:

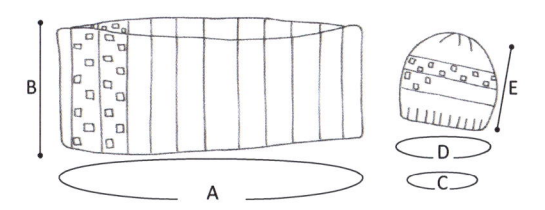

PER LO SCALDACOLLO:
A - circonferenza: 130 cm.
B - larghezza: 26 cm.

PER IL BERRETTO:
C - circonferenza del bordo: 38 (40, 43, 45, 48, 50, 53) cm.
D - circonferenza del berretto: 50 (54, 57, 60, 64, 67, 70) cm.
E - lunghezza: 22 cm.

Filato e ferri:

JAMIESON'S OF SHETLAND: Shetland Spindrift
(100% pura lana Shetland; 105 m per gomitolo da 25 gr).
PER LO SCALDACOLLO:
Colore 1 (C1): 259 (Leprechaun);
Colore 2 (C2): 547 (Orchid);
Colore 3 (C3): 585 (Plum);
Colore 4 (C4): 390 (Daffodill);
Colore 5 (C5): 170 (Fjord);
Colore 6 (C6): 268 (Dog Rose);
Colore 7 (C7): 147 (Moss);
Colore 8 (C8): 769 (Willow);
Colore 9 (C9): 1290 (Loganberry);
Colore 10 (C10): 230 (Yellow Ochre);
Colore 11 (C11): 684 (Cobalt);
Colore 12 (C12): 575 (Lipstick);
Colore 13 (C13): 707 (Eclipse);
Colore 14 (C14): 1200 (Nutmeg);
Colore 15 (C15): 1300 (Aubretia);
Colore 16 (C16): 1160 (Scotch Broom);
Colore 17 (C17): 234 (Pine);
Colore 18 (C18): 616 (Anemone);
Colore 19 (C19): 655 (China Blue);
Colore 20 (C20): 1260 (Raspberry);
1 gomitolo (60 m) ciascuno.

Attenzione: consiglio di usare colori contrastanti: questo accorgimento semplificherà il lavoro e renderà il motivo più bello e definito. I colori (o i filati) sono diversi da quelli proposti?
Annotateli nella tabella per non dimenticarvene.

C1	
C2	
C3	
C4	
C5	
C6	
C7	
C8	
C9	
C10	
C11	
C12	
C13	
C14	
C15	
C16	
C17	
C18	
C19	
C20	

PER IL BERRETTO:
Attenzione: lavorerete il berretto scegliendo la sequenza delle vostre 7 ripetizioni preferite. Non è necessario che siano le 7 ripetizioni iniziali. Io ho usato 7 ripetizioni a partire dal C9 per finire con il C16. Tenete presente che vi serviranno 8 colori per lavorare il berretto. Con quello che adesso diventerà il C1 lavorerete il bordo iniziale del berretto e con il penultimo, ovvero il C7, lavorerete la parte finale della calotta. Se desiderate lavorare sia lo scaldacollo che il berretto, saranno sufficienti un gomitolo per ciascun colore.

Colore 1 (C1): 1290 (Loganberry); 1 gomitolo (20 [21, 22, 23, 25, 26, 27] m);
Colore 2 (C2): 230 (Yellow Ochre); 1 gomitolo (13 [14, 15, 15, 16, 17, 18] m);
Colore 3 (C3: 684 (Cobalt); 1 gomitolo (13 [14, 15, 15, 16, 17, 18] m);
Colore 4 (C4): 575 (Lipstick); 1 gomitolo (13 [14, 15, 15, 16, 17, 18] m);
Colore 5 (C5): 707 (Eclipse); 1 gomitolo (13 [14, 15, 15, 16, 17, 18] m);
Colore 6 (C6): 1200 (Nutmeg); 1 gomitolo (13 [14, 15, 15, 16, 17, 18] m);
Colore 7 (C7): 1300 (Aubretia); 1 gomitolo (31 [33, 35, 37, 40, 42, 44] m);
Colore 8 (C8): 1160 (Scotch Broom); 1 gomitolo (10 [11, 12, 12, 13, 14, 14] m).

Due ferri circolari (uno serve solo per la chiusura dello scaldacollo):
numero 3 mm con il cavo lungo 40 cm, 60 cm e 80 cm (se preferite lavorare con il *magic loop*) oppure un gioco di ferri dello stesso calibro. Se necessario modificate il numero dei f per ottenere il campione corretto.
Ago da lana e forbici.
15 (16, 17, 18, 19, 20, 21) marcapunti.

Consigli sul filato:
chi negli anni non ha accumulato valanghe di filati? Personalmente sono piena di avanzi a cui non riesco a trovare mai una destinazione... per non parlare dei gomitoli singoli che ho acquistato perché mi piaceva il colore... ecco, questo è il progetto perfetto per usarli tutti. Io ne ho usati ben 20 e sono davvero soddisfatta, ma voi potreste usarne anche molti meno (o molti di più!), basta che siano in numero pari per poterli abbinare tra loro facilmente. Non abbiate paura di osare, abbinamenti anche insoliti daranno risultati sorprendenti, badate unicamente che ci sia un bel contrasto in modo che i colori si possano distinguere bene. Le lane secche tipo Shetland sono l'ideale per questo accessorio, ma se non amate i filati "pungenti" (che tuttavia si ammorbidiscono con i lavaggi), potreste provare con un'alpaca sottile morbidissima che vi avvolgerà in un caldo abbraccio.

Campione:

24 m x 39 giri = 10 cm lavorati a maglia rasata o seguendo il motivo a fili passati (dopo il bloccaggio).

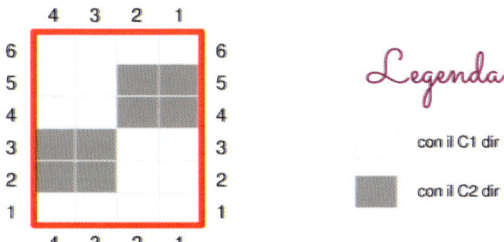

Grafico della lavorazione a colori:

Legenda:
con il C1 dir
con il C2 dir

Attenzione: il grafico è lavorato in tondo su un multiplo di 4 m. All'inizio dello schema potete posizionare dei marcapunti per segnalare le ripetizioni e facilitare il lavoro; ci saranno 32 ripetizioni nello scaldacollo e 30 (32, 34, 36, 38, 40, 42) ripetizioni a seconda della taglia nel berretto.

Per lo scaldacollo la lavorazione a colori completa si ottiene lavorando i 6 giri della prima ripetizione venti volte in tutto (120 giri), mentre per il berretto la lavorazione a colori completa si ottiene lavorando i 6 giri della prima ripetizione sette volte in tutto (42 giri).

In ogni ripetizione cambierete l'ordine dei colori usati.

Leggete le indicazioni per le ripetizioni successive nelle istruzioni scritte.

Istruzioni scritte per lo scaldacollo:

Attenzione: il grafico è lavorato in tondo su un multiplo di 4 m. All'inizio dello schema potete posizionare dei marcapunti per segnalare le ripetizioni e facilitare il lavoro. La lavorazione a colori completa si ottiene ripetendo i 6 giri della prima ripetizione venti volte in tutto (120 giri).

In ogni ripetizione cambierete l'ordine dei colori usati.

PRIMA RIPETIZIONE:
Giro 1: SM, *con il C1 4 dir. Ripetete da * fino alla fine del giro.
Giro 2: SM, *con il C1 2 dir, con il C2 2 dir. Ripetete da * fino alla fine del giro.
Giro 3: ripetete il giro 2.
Giro 4: SM, *con il C2 2 dir, con il C1 2 dir. Ripetete da * fino alla fine del giro.
Giro 5: ripetete il giro 4.
Giro 6: ripetete il giro 1.

La prima ripetizione è terminata. Ora cambierete l'ordine dei colori nel modo seguente:
SECONDA RIPETIZIONE: sostituite il C1 con il C2 e il C2 con il C3.
TERZA RIPETIZIONE: sostituite il C2 con il C3 e il C3 con il C4.
QUARTA RIPETIZIONE: sostituite il C3 con il C4 e il C4 con il C5.
QUINTA RIPETIZIONE: sostituite il C4 con il C5 e il C5 con il C6.
SESTA RIPETIZIONE: sostituite il C5 con il C6 e il C6 con il C7.
SETTIMA RIPETIZIONE: sostituite il C6 con il C7 e il C7 con il C8.
OTTAVA RIPETIZIONE: sostituite il C7 con il C8 e il C8 con il C9.
NONA RIPETIZIONE: sostituite il C8 con il C9 e il C9 con il C10.
DECIMA RIPETIZIONE: sostituite il C9 con il C10 e il C10 con il C11.
UNDICESIMA RIPETIZIONE: sostituite il C10 con il C11 e il C11 con il C12.
DODICESIMA RIPETIZIONE: sostituite il C11 con il C12 e il C12 con il C13.
TREDICESIMA RIPETIZIONE: sostituite il C12 con il C13 e il C13 con il C14.
QUATTORDICESIMA RIPETIZIONE: sostituite il C13 con il C14 e il C14 con il C15.
QUNDICESIMA RIPETIZIONE: sostituite il C14 con il C15 e il C15 con il C16.
SEDICESIMA RIPETIZIONE: sostituite il C15 con il C16 e il C16 con il C17.
DICIASSETTESIMA RIPETIZIONE: sostituite il C16 con il C17 e il C17 con il C18.
DICIOTTESIMA RIPETIZIONE: sostituite il C17 con il C18 e il C18 con il C19.
DICIANNOVESIMA RIPETIZIONE: sostituite il C18 con il C19 e il C19 con il C20.
VENTESIMA RIPETIZIONE: sostituite il C19 con il C20 e il C20 con il C1 (120 giri in tutto).

Istruzioni scritte per il berretto:

Attenzione: il grafico è lavorato in tondo su un multiplo di 4 m. All'inizio dello schema potete posizionare dei marcapunti per segnalare le ripetizioni e facilitare il lavoro. Come per lo scaldacollo, la lavorazione a colori completa si ottiene ripetendo i 6 giri della prima ripetizione sette volte in tutto (42 giri).

In ogni ripetizione cambierete l'ordine dei colori usati.

Attenzione: con C1 si indica il primo colore scelto per il bordo del berretto, potrebbe non essere lo stesso C1 dello scaldacollo.

PRIMA RIPETIZIONE:
Giro 1: SM, *con il C1 4 dir. Ripetete da * fino alla fine del giro.
Giro 2: SM, *con il C1 2 dir, con il C2 2 dir. Ripetete da * fino alla fine del giro.
Giro 3: ripetete il giro 2.
Giro 4: SM, *con il C2 2 dir, con il C1 2 dir. Ripetete da * fino alla fine del giro.
Giro 5: ripetete il giro 4.
Giro 6: ripetete il giro 1.

La prima ripetizione è terminata. Ora cambierete l'ordine dei colori nel modo seguente:
SECONDA RIPETIZIONE: sostituite il C1 con il C2 e il C2 con il C3.
TERZA RIPETIZIONE: sostituite il C2 con il C3 e il C3 con il C4.
QUARTA RIPETIZIONE: sostituite il C3 con il C4 e il C4 con il C5.
QUINTA RIPETIZIONE: sostituite il C4 con il C5 e il C5 con il C6.

SESTA RIPETIZIONE: sostituite il C5 con il C6 e il C6 con il C7.
SETTIMA RIPETIZIONE: sostituite il C6 con il C7 e il C7 con il C8 (42 giri in tutto).

Spiegazioni per lo scaldacollo - Si incomincia dal centro (lavorato in tondo):

Incominciate a lavorare in tondo lo scaldacollo.
Usando il C1 e il f circolare con il cavo lungo 60 cm, avviate 128 m usando l'avvio provvisorio. PM (questo è il M che segnala l'inizio del giro) e unite in tondo, stando attenti a non girare il lavoro.
A questo punto lavorerete in tondo a fili passati.
Seguendo il grafico o le istruzioni scritte, eseguite la lavorazione a colori completa (facendo attenzione a non tirare i fili passanti sul retro del lavoro) per tre volte in tutto (360 giri).
Tagliate il filo e lasciate una lunga "coda" per la cucitura finale, RM.

Rifiniture:

Con un secondo f circolare, riprendete le m lungo l'avvio provvisorio, infilate la "coda" su un ago da lana e cucite le m libere una per una a punto maglia, sfilando gradualmente i ferri.
Fissate i fili.
Bloccate leggermente lo scaldacollo (guardate anche il glossario), indossatelo e… siate *chic*!

Spiegazioni per il berretto - Si incomincia dal basso (lavorato in tondo):

Incominciate a lavorare in tondo il bordo del berretto.
Attenzione: il berretto viene lavorato scegliendo la sequenza delle 7 ripetizioni preferite. Non è necessario che siano le 7 ripetizioni iniziali, infatti io ho usato 7 ripetizioni a partire dal C9 per finire con il C16. Tenete presente, quindi, che vi serviranno 8 colori per lavorare il berretto.
Usando il colore da cui avete deciso di partire e che da adesso diventerà il C1 e il f circolare con il cavo lungo 40 cm, avviate 90 (96, 102, 108, 114, 120, 126) m usando l'avvio *long tail*. PM (questo è il M che segnala l'inizio del giro) e unite in tondo, stando attenti a non girare il lavoro.

SEZIONE 1 - bordo:
Giro 1: SM, [1 dir rit, 1 rov] fino alla fine del giro.
Ripetete il giro 1 fino a che il bordo a coste ritorte misuri 3 cm.

SEZIONE 2 - lavorazione a colori:
Giro d'impostazione (aumenti): SM, *aum a sn, 3 dir. Ripetete da * fino alla fine del giro (30 [32, 34, 36, 38, 40, 42] m aumentate).
(120 [128, 136, 144, 152, 160, 168] m per il berretto).
Seguendo il grafico o le istruzioni scritte, eseguite la lavorazione a colori completa (facendo attenzione a non tirare i fili passanti sul retro del lavoro) per una volta (42 giri).
Continuate a lavorare con il C7 (ovvero con il penultimo colore).
Giri da 1 a 3: SM, dir fino alla fine del giro.

SEZIONE 3 - diminuzioni:
Quando lavorate questa sezione, potete cambiare il f circolare con i f a doppia punta o usare il metodo del *magic loop* quando le m sul f diventano troppo poche.
Giro 1 (diminuzioni): SM, *6 dir, dim a dx, PM. Ripetete da * fino alla fine del giro.
(7 m tra i M; 105 [112, 119, 126, 133, 140, 147] m totali).
Giro 2 e tutti i giri pari: dir fino alla fine del giro (passando i M).
Giro 3 (diminuzioni): *SM, dir fino a 2 m prima di M, dim a dx. Ripetete da * fino alla fine del giro.
(6 m tra i M; 90 [96, 102, 108, 114, 120, 126] m totali).
Ripetete i giri 2 e 3 ancora quattro volte, poi ripetete il giro 2.
Prossimo giro (diminuzioni): SM, *dim a dx, RM. Ripetete da * fino alla fine del giro.
(15 [16, 17, 18, 19, 20, 21] m totali).

PER LE TAGLIE XS, M, XL e XXXL:
Ultimo giro (diminuzioni): SM, *dim a dx. Ripetete da * fino a 1 m prima della fine del giro, 1 dir.
PER LE TAGLIE S, L e XXL:
Ultimo giro (diminuzioni): SM, *dim a dx. Ripetete da * fino alla fine del giro.

(8 [8, 9, 9, 11, 10, 10] m totali).

Rifiniture:

Rompete il filo lasciando una coda di 20 cm e infilatelo, usando l'ago da lana, attraverso le m rimanenti per un paio di volte e tirate forte.
Fissate i fili.
Bloccate leggermente il berretto (guardate anche il glossario), indossatelo e… siate *chic*!

Inverno

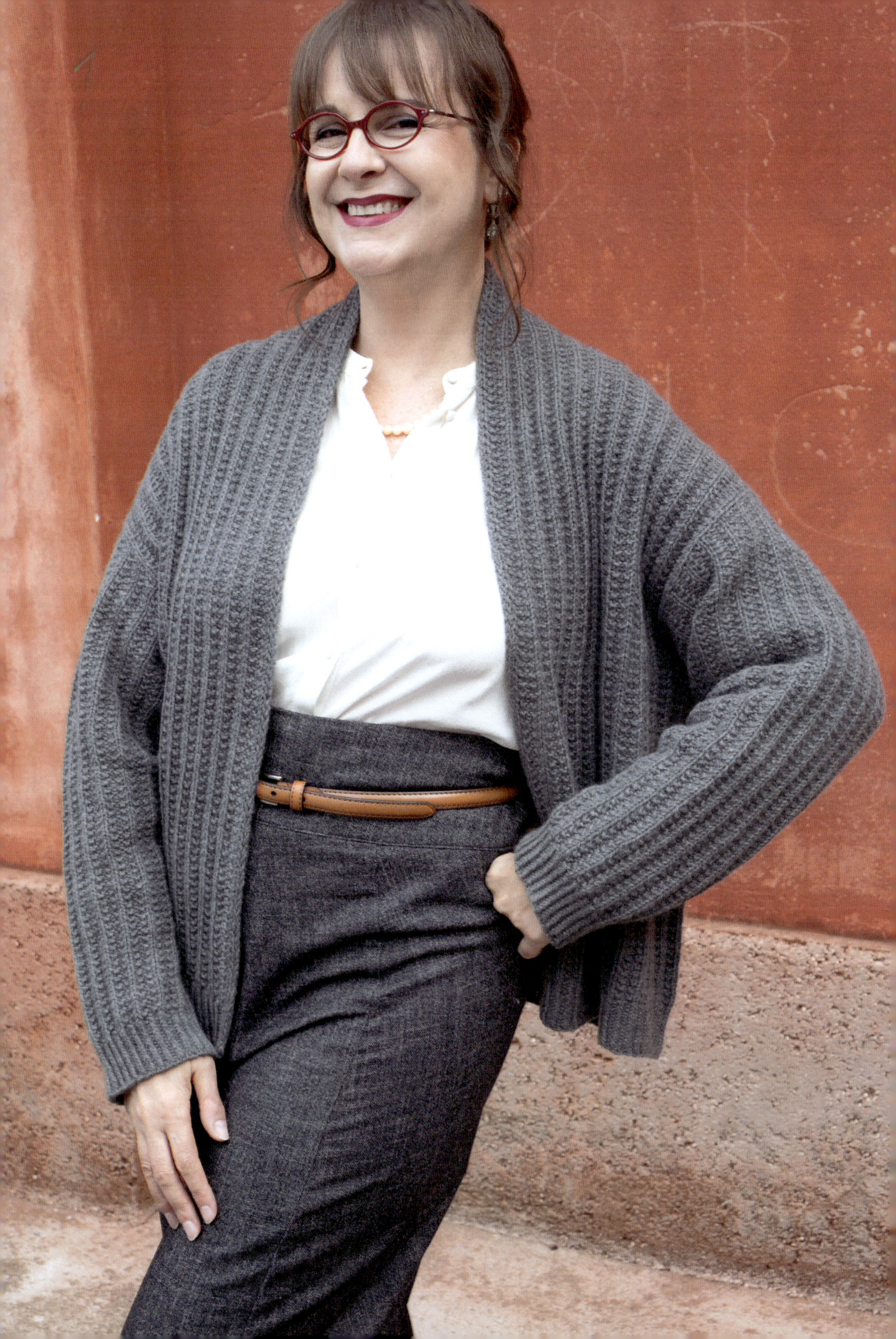

Cardigan invernale n° 1

Livello di difficoltà ★ ★ ★

Talvolta abbiamo bisogno di indossare un capospalla un po' più formale ed elegante. Quello di cui avremmo bisogno sarebbe una giacca; ma non tutti amano le giacche. Io per prima le trovo particolarmente scomode e con un tessuto rigido che male si abbina alla comodità a cui sono abituata. Questo cardigan è stato disegnato apposta per occasioni come queste. Coniuga un taglio essenziale e sartoriale con il *comfort* che solo un capo in maglia sa donare e realizzato in un colore scuro e neutro sarà il fedele compagno di molte occasioni.

Il **cardigan invernale n°1** ha una linea morbida e avvolgente ed è reso un po' più sportivo da un punto a finta costa inglese.

È lavorato in un colore scuro e neutro, perfetto per la stagione fredda e in modo da poterlo abbinare a una serie infinita di colori, che potranno ravvivare il nostro *outfit*.

Si incomincia a lavorare il collo dietro, che è una striscia di forma rettangolare. La striscia è rifinita da un *i-cord*, un cordino decorativo che servirà a rifinire il collo ed entrambi i davanti. Sull'altro lato verranno riprese le maglie per il dietro in un secondo momento. Si lavora prima la parte destra del collo. Alla fine di questo passaggio si taglia il filo e le maglie vengono lasciate in sospeso su un pezzo di filo di scarto. Si riprendono le maglie lungo il bordo dell'avvio della striscia e si lavora la parte sinistra. Alla fine anche queste maglie vengono lasciate in sospeso su un pezzo di filo di scarto ma non si taglia il filo, così da averlo pronto per un passaggio successivo. A questo punto dobbiamo impostare il dietro: si avviano le maglie necessarie e contemporaneamente si riprendono le maglie lungo il lato lungo del collo dietro. Si lavora il dietro dall'alto verso il basso e lo si modella con una serie di ferri accorciati, lavorando in piano fino alla fine dello sprone. A questo punto le maglie sono lasciate in sospeso su un pezzo di filo di scarto. Alla fine del lavoro, il dietro risulterà leggermente più lungo del davanti proprio a causa di questa costruzione.

Si continua riprendendo le maglie per i davanti lungo il bordo dell'avvio e le maglie del collo lasciate in sospeso; si lavorano i due davanti separatamente, modellando il collo con una serie di ferri accorciati. A questo punto si uniscono il davanti e il dietro, si montano le maglie per le ascelle e si continua a lavorare fino a raggiungere la lunghezza desiderata. Si termina con un bordo a coste ritorte.

Una volta terminato il corpo del cardigan, si riprendono le maglie lungo gli scalfi e si lavorano le maniche, sagomate da una serie di diminuzioni decorative e completate anch'esse da un bordo a coste ritorte.

Taglie:

XS (S, M, L, XL, XXL) vestono un giroseno di 76 (86, 96, 106, 117, 127) cm.

Le foto si riferiscono alla taglia M indossata da una modella con un giroseno di 96 cm e con un agio di 23 cm.

Se desiderate la stessa vestibilità del modello in foto, dovrete scegliere una misura più grande di circa 23-30 cm del vostro giroseno reale.

Misure finite:

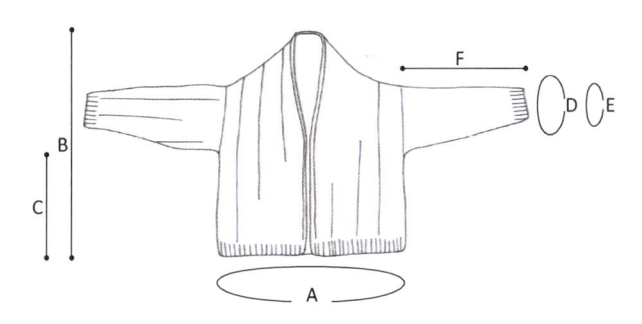

A - circonferenza del seno: 99 (107, 119, 134, 145, 160) cm.

B - lunghezza totale: 54 (60, 61, 66, 67, 71) cm misurati lungo il davanti; il cardigan misurerà un paio di cm in più sui fianchi e nella parte dietro.

C - lunghezza dallo scalfo: 30 (32, 32, 36, 36, 40) cm.

D - circonferenza della manica: 38 (38, 40, 40, 42, 42) cm.

E - circonferenza del polsino: 18 (20, 22, 22, 24, 26) cm.

F - lunghezza della manica dallo scalfo: 44 (46, 46, 48, 48, 50) cm.

Filato e ferri:

TROPICAL LANE Cashmere: 26 (95% cashmere e 5% lana; 70 m per gomitolo da 25 gr): 16 (17, 18, 21, 23, 25) gomitoli (1100 [1180, 1260, 1450, 1555, 1735] m). Il metraggio indicato è il consumo effettivo.

Ferri circolari numero 3 mm e 4 mm con il cavo lungo 40 cm, 60 cm e 80 cm. Se necessario modificate il numero dei f per ottenere il campione corretto.
2 marcapunti.
Filo di scarto.
Ago da lana e forbici.
Spilli e metro da sarta per il bloccaggio.
Per le rifiniture (opzionale):
nastro in *gros grain* alto circa 1.5 cm.
Filo da cucito in tinta.

Consigli sul filato:

sarò onesta: sono innamorata del cashmere. Quando lo indosso mi avvolge con una nuvola soffice e mi sento assolutamente favolosa! Ed è stata la scelta più naturale quando ho progettato questa giacca. Ma trovo che, in questo caso, sia facilmente sostituibile. Potremmo scegliere un filato morbido in lana *lambswool* o in merino non *superwash se* vogliamo conservare la morbidezza e il *comfort* sulla pelle oppure potremmo rivolgerci ad una lana secca se desideriamo un capo più strutturato! Il cardigan non si porta direttamente sulla pelle quindi potremo spaziare nella scelta del filato, sperimentando e uscendo dalla nostra *comfort zone*.

Campione:

21 m x 28 f/giri = 10 cm lavorati a punto "finta costa inglese" usando i f numero 4 mm (dopo il bloccaggio).

Punto "finta costa inglese" (per il campione):

Attenzione: il punto "finta costa inglese" (per il campione) è lavorato in piano su un multiplo di 4 m (+ 3).
Ferro 1 (DdL): 1 dir, [2 dir, 1 rov, 1 dir] fino a 2 m prima della fine del f, 1 dir, 1 dir rit.
Ferro 2 (RdL): 1 dir, 1 rov, [3 dir, 1 rov] fino a 1 m prima della fine del f, 1 dir rit.
Ripetete i f 1 e 2 per ottenere il punto "finta costa inglese".

Spiegazioni - Collo dietro (lavorato in piano):

Le spiegazioni sono date per la taglia XS, le taglie S, M, L, XL e XXL sono tra parentesi. Quando non appaiono le parentesi, la spiegazione è valida per tutte le taglie.
Incominciate a lavorare in piano la fascetta rettangolare che formerà il collo dietro.

COLLO DESTRO:

Attenzione: il collo destro è rifinito da un bordo *i-cord*, che si trova sul lato sinistro del DdL. Si forma passando le ultime due m senza lavorarle, tenendo il filo sul davanti del lavoro. Durante il f successivo le m verranno lavorate a dir e andranno a formare una rifinitura raffinata ed elegante.
Usando il f circolare numero 4 mm con il cavo lungo 40 cm, avviate 20 (24, 24, 28, 28, 28) m usando l'avvio *cable*.
Ferro d'impostazione (RdL): 2 dir, 1 rov, [3 dir, 1 rov] fino a 1 m prima della fine del f, 1 dir rit.
Ferro 1 (DdL): 1 dir, [2 dir, 1 rov, 1 dir] fino a 3 m prima della fine del f, 1 dir, pass2cfdavanti.
Ferro 2: 2 dir, 1 rov, [3 dir, 1 rov] fino a 1 m prima della fine del f, 1 dir rit.
Ripetete i f 1 e 2 fino a che il collo destro misuri 10 (11, 11, 13, 13, 13) cm.
Tagliate il filo e lasciate in sospeso le m su un pezzo di filo di scarto.

COLLO SINISTRO:

Ora riprenderete le m lungo il bordo dell'avvio e lavorerete il collo sinistro.
Attenzione: il collo sinistro è rifinito da un bordo *i-cord*, che si trova sul lato destro del DdL. Lo lavorerete come nel collo destro.
Girate il lavoro di 180° e, tenendo il DdL rivolto verso di voi e usando un nuovo gomitolo, riprendete 20 (24, 24, 28, 28, 28) m lungo il bordo dell'avvio fino a raggiungere l'altra estremità.
La figura qui sotto può aiutarvi a capire meglio la ripresa delle maglie.

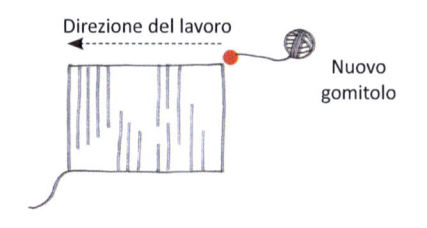

Ferro d'impostazione (RdL): 1 dir, 1 rov, [3 dir, 1 rov] fino a 2 m prima della fine del f, pass2cfdavanti.
Ferro 1 (DdL): 2 dir, [2 dir, 1 rov, 1 dir] fino a 2 m prima della fine del f, 1 dir, 1 dir rit.
Ferro 2: 1 dir, 1 rov, [3 dir, 1 rov] fino a 2 m prima della fine del f, pass2cfdavanti.
Ripetete i f 1 e 2 fino a che il collo sinistro misuri 10 (11, 11, 13, 13, 13) cm.
Non tagliate il filo e lasciate in sospeso le m su un pezzo di filo di scarto.

Dietro (lavorato in piano):

A questo punto lavorerete il dietro: avvierete le m necessarie e riprenderete le m lungo il lato lungo del collo dietro. Posizionerete anche i marcapunti che serviranno per la lavorazione dei f accorciati.

> **Nota bene:**
> non vi piacciono i ferri accorciati e pensate che non vi stiano bene? Lo capisco, tuttavia credo che in questo cardigan non si possano proprio eliminare. Se proprio non li gradite, potreste fare però meno ripetizioni!

La figura qui sotto può aiutarvi a capire meglio l'impostazione del lavoro.

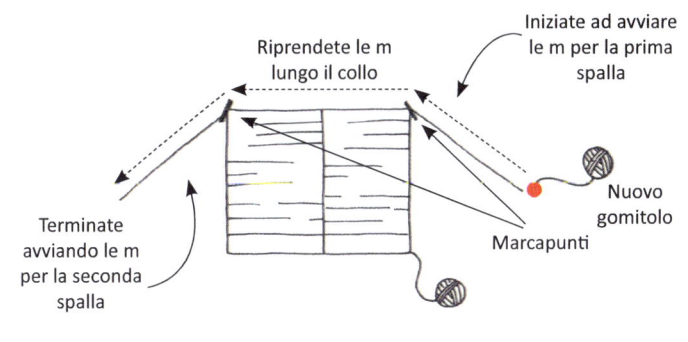

Riprendete le m lungo il collo
Iniziate ad avviare le m per la prima spalla
Nuovo gomitolo
Marcapunti
Terminate avviando le m per la seconda spalla

Unite il filo di un nuovo gomitolo per eseguire la lavorazione.
Usando il f circolare con il cavo lungo 60 cm, avviate 28 (28, 32, 36, 40, 48) m usando l'avvio *cable*, PM, girate il lavoro.
Orientate il collo dietro nel seguente modo: tenete il DdL rivolto verso di voi con il lato lungo dove non c'è l'*i-cord* verso l'alto; riprendete, con lo stesso filo con cui avete montato le precedenti m, 39 (47, 47, 55, 55, 55) m lungo questo lato, PM, girate nuovamente il lavoro.
Sempre con il medesimo filo, avviate 28 (28, 32, 36, 40, 48) m usando l'avvio *cable*.
(95 [103, 111, 127, 135, 151] m per il dietro).

SEZIONE 1 - *ferri accorciati:*
Ora lavorerete i f accorciati che sagomano il collo e le spalle del dietro.
Ferro d'impostazione (RdL): 1 dir, 1 rov, [3 dir, 1 rov] fino a 2 m prima di M, 2 dir, SM, [1 dir, 1 rov, 2 dir] fino a 3 m prima di M, 1 dir, 1 rov, 1 dir, SM, [2 dir, 1 rov, 1 dir] fino a 4 m prima della fine del f, 2 dir, 1 rov, 1 dir rit.
Ferro 1 (DdL - f acc): [3 dir, 1 rov] fino a M, SM, [3 dir, 1 rov] fino a 3 m prima di M, 3 dir, SM, 1 rov, girate il lavoro.
Ferro 2 (f acc): pass1cfdavanti, tirate il filo verso il dietro al di sopra del f, SM, [1 dir, 1 rov, 2 dir] fino a 3 m prima di M, 1 dir, 1 rov, 1 dir, SM, 1 dir, girate il lavoro.
Ferro 3 (f acc): pass1cfdavanti, tirate il filo verso il dietro al di sopra del f, SM, [3 dir, 1 rov] fino a 3 m prima di M, 3 dir, SM, lavorate a rov il "punto doppio", 2 dir, girate il lavoro.
Ferro 4 (f acc): pass1cfdavanti, tirate il filo verso il dietro al di sopra del f, 2 dir, SM, [1 dir, 1 rov, 2 dir] fino a 3 m prima di M, 1 dir, 1 rov, 1 dir, SM, lavorate a dir il "punto doppio", 1 dir, 1 rov, girate il lavoro.
Ferro 5 (f acc): pass1cfdavanti, tirate il filo verso il dietro al di sopra del f, 1 dir, 1 rov, SM, [3 dir, 1 rov] fino a 3 m prima di M, 3 dir, SM, 1 rov, 1 dir, lavorate a dir il "punto doppio", 1 dir, 1 rov, girate il lavoro.
Ferro 6 (f acc): pass1cfdavanti, tirate il filo verso il dietro al di sopra del f, 1 dir, 1 rov, 2 dir, SM, [1 dir, 1 rov, 2 dir] fino a 3 m prima di M, 1 dir, 1 rov, 1 dir, SM, 2 dir, lavorate a rov il "punto doppio", 2 dir, girate il lavoro.
Ferro 7 (f acc): pass1cfdavanti, tirate il filo verso il dietro al di sopra del f, 3 dir, 1 rov, SM, [3 dir, 1 rov] fino a 3 m prima di M, 3 dir, SM, 1 rov, 3 dir, lavorate a rov il "punto doppio", 2 dir, girate il lavoro.
Ferro 8 (f acc): pass1cfdavanti, tirate il filo verso il dietro al di sopra del f, 3 dir, 1 rov, 2 dir, SM, [1 dir, 1 rov, 2 dir] fino a 3 m prima di M, 1 dir, 1 rov, 1 dir, SM, 2 dir, 1 rov, 1 dir, lavorate a dir il "punto doppio", 1 dir, 1 rov, girate il lavoro.
Ferro 9 (f acc): pass1cfdavanti, tirate il filo verso il dietro al di sopra del f, [1 dir, 1 rov, 2 dir] fino a 2 m prima di M, 1 dir, 1 rov, SM, [3 dir, 1 rov] fino a 3 m prima di M, 3 dir, SM, [1 rov, 3 dir] fino a 2 m prima del "punto doppio", 1 rov, 1 dir, lavorate a dir il "punto doppio", 1 dir, 1 rov, girate il lavoro.
Ferro 10 (f acc): pass1cfdavanti, tirate il filo verso il dietro al di sopra del f, [1 dir, 1 rov, 2 dir] fino a M, SM, [1 dir, 1 rov, 2 dir] fino a 3 m prima di M, 1 dir, 1 rov, 1 dir, SM, [2 dir, 1 rov, 1 dir] fino a 2 m prima del "punto doppio", 2 dir, lavorate a rov il "punto doppio", 2 dir, girate il lavoro.

Ferro 11 (f acc): pass1cfdavanti, tirate il filo verso il dietro al di sopra del f, [3 dir, 1 rov] fino a M, SM, [3 dir, 1 rov] fino a 3 m prima di M, 3 dir, SM, [1 rov, 3 dir] fino al "punto doppio", lavorate a rov il "punto doppio", 2 dir, girate il lavoro.
Ferro 12 (f acc): pass1cfdavanti, tirate il filo verso il dietro al di sopra del f, [3 dir, 1 rov] fino a 2 m prima di M, 2 dir, SM, [1 dir, 1 rov, 2 dir] fino a 3 m prima di M, 1 dir, 1 rov, 1 dir, SM, [2 dir, 1 rov, 1 dir] fino al "punto doppio", lavorate a dir il "punto doppio", 1 dir, 1 rov, girate il lavoro.
Ripetete i f da 9 a 12: ancora 4 (4, 5, 6, 7, 9) volte.
Attenzione: nel f d'impostazione, quando incontrate il "punto doppio", lavoratelo a dir come se fosse una m normale.
Ferro d'impostazione (DdL - f acc): pass1cfdavanti, [1 dir, 1 rov, 2 dir] fino a 2 m prima di M, 1 dir, 1 rov, RM, [3 dir, 1 rov] fino a 3 m prima di M, 3 dir, RM, [1 rov, 3 dir] fino a 4 m prima della fine del f, 1 rov, 2 dir, 1 dir rit.
Attenzione: nel prossimo f, quando incontrate il "punto doppio", lavoratelo a rov come se fosse una m normale.
Prossimo ferro (RdL): 1 dir, 1 rov, [3 dir, 1 rov] fino a 1 m prima della fine del f, 1 dir rit.

SEZIONE 2 - lavorazione a finta costa inglese:

A questo punto il collo e le spalle sono terminati e proseguirete lavorando il dietro.
Ferro 1 (DdL): [3 dir, 1 rov] fino a 3 m prima della fine del f, 2 dir, 1 dir rit.
Ferro 2 (RdL): 1 dir, 1 rov, [3 dir, 1 rov] fino a 1 m prima della fine del f, 1 dir rit.
Ripetete i f 1 e 2 fino a che il lavoro misuri 16 (16, 17, 17, 18, 18) cm, misurando lungo quella che sarà l'apertura per il braccio, ovvero lungo uno dei due bordi.
Tagliate il filo e posizionate le m su un pezzo di filo di scarto.
La figura qui sotto vi può aiutare a capire meglio i prossimi passaggi per la ripresa delle m e la successiva formazione dei due davanti.

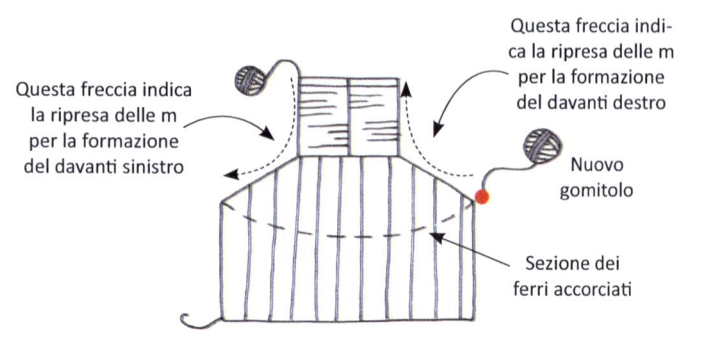

Questa freccia indica la ripresa delle m per la formazione del davanti sinistro

Questa freccia indica la ripresa delle m per la formazione del davanti destro

Nuovo gomitolo

Sezione dei ferri accorciati

Davanti destro (lavorato in piano):

Unite il filo di un nuovo gomitolo per eseguire la lavorazione.
Posizionate le 20 (24, 24, 28, 28, 28) m del collo destro lasciate in sospeso sul f circolare con il cavo lungo 60 cm e rimuovete il filo di scarto. Le m del collo si trovano sulla parte sinistra del f circolare. Tenendo il DdL rivolto verso di voi, incominciate dall'angolo in alto a destra del dietro.
Usando il f destro, riprendete 28 (28, 32, 36, 40, 48) m fino a raggiungere le m della fascetta del collo che si trovano ora sul f circolare, PM. Lavorate le m del collo nel modo seguente: [3 dir, 1 rov] fino a 4 m prima della fine della fascetta, 2 dir, pass2cfdavanti. (48 [52, 56, 64, 68, 76] m per il davanti destro).
Prossimo ferro (RdL): 2 dir, 1 rov, [3 dir, 1 rov] fino a 1 m prima della fine del f, 1 dir rit, passando il M.

SEZIONE 1 - ferri accorciati:

Ora lavorerete i f accorciati che sagomano il collo e la spalla destra.
Ferro 1 (DdL): [3 dir, 1 rov] fino a 4 m prima della fine del f, 2 dir, pass2cfdavanti, passando il M.
Ferro 2 (f acc): 2 dir, [1 rov, 3 dir] fino a 2 m prima di M, 1 rov, 1 dir, SM, 1 dir, girate il lavoro.
Ferro 3 (f acc): pass1cfdavanti, tirate il filo verso il dietro al di sopra del f, SM, [3 dir, 1 rov] fino a 4 m prima della fine del f, 2 dir, pass2cfdavanti.
Ferro 4 (f acc): 2 dir, [1 rov, 3 dir] fino a 2 m prima di M, 1 rov, 1 dir, SM, lavorate a dir il "punto doppio", 1 dir, 1 rov, girate il lavoro.
Ferro 5 (f acc): pass1cfdavanti, tirate il filo verso il dietro al di sopra del f, 1 dir, 1 rov, SM, [3 dir, 1 rov] fino a 4 m prima della fine del f, 2 dir, pass2cfdavanti.
Ferro 6 (f acc): 2 dir, [1 rov, 3 dir] fino a 2 m prima di M, 1 rov, 1 dir, SM, 2 dir, lavorate a rov il "punto doppio", 2 dir, girate il lavoro.
Ferro 7 (f acc): pass1cfdavanti, tirate il filo verso il dietro al di sopra del f, 3 dir, 1 rov, SM, [3 dir, 1 rov] fino a 4 m prima della fine del f, 2 dir, pass2cfdavanti.
Ferro 8 (f acc): 2 dir, [1 rov, 3 dir] fino a 2 m prima di M, 1 rov, 1 dir, SM, 2 dir, 1 rov, 1 dir, lavorate a dir il "punto doppio", 1 dir, 1 rov, girate il lavoro.
Ferro 9 (f acc): pass1cfdavanti, tirate il filo verso il dietro al di sopra del f, [1 dir, 1 rov, 2 dir] fino a 2 m prima di M, 1 dir, 1 rov, SM, [3 dir, 1 rov] fino a 4 m prima della fine del f, 2 dir, pass2cfdavanti.
Ferro 10 (f acc): 2 dir, [1 rov, 3 dir] fino a 2 m prima di M, 1 rov, 1 dir, SM, [2 dir, 1 rov, 1 dir] fino a 2 m prima del "punto doppio", 2 dir, lavorate a rov il "punto doppio", 2 dir, girate il lavoro.

Ferro 11 (f acc): pass1cfdavanti, tirate il filo verso il dietro al di sopra del f, [3 dir, 1 rov] fino a M, SM, [3 dir, 1 rov] fino a 4 m prima della fine del f, 2 dir, pass2cfdavanti.
Ferro 12 (f acc): 2 dir, [1 rov, 3 dir] fino a 2 m prima di M, 1 rov, 1 dir, SM, [2 dir, 1 rov, 1 dir] fino al "punto doppio", lavorate a dir il "punto doppio", 1 dir, 1 rov, girate il lavoro.
Ripetete i f da 9 a 12: ancora 1 (1, 2, 2, 3, 3) volte.
Ferro d'impostazione (DdL - f acc): pass1cfdavanti, tirate il filo verso il dietro al di sopra del f, [1 dir, 1 rov, 2 dir] fino a 2 m prima di M, 1 dir, 1 rov, RM, [3 dir, 1 rov] fino a 4 m prima della fine del f, 2 dir, pass2cfdavanti.
Attenzione: nel prossimo f, quando incontrate il "punto doppio", lavoratelo a rov come se fosse una m normale.
Prossimo ferro (RdL): 2 dir, 1 rov, [3 dir, 1 rov] fino a 1 m prima della fine del f, 1 dir rit.

SEZIONE 2 - lavorazione a finta costa inglese:

A questo punto il collo e la spalla sono terminati e proseguirete lavorando il davanti destro.
Ferro 1 (DdL): [3 dir, 1 rov] fino a 4 m prima della fine del f, 2 dir, pass2cfdavanti.
Ferro 2 (RdL): 2 dir, 1 rov, [3 dir, 1 rov] fino a 1 m prima della fine del f, 1 dir rit.
Ripetete i f 1 e 2 fino a che il davanti destro misuri 16 (16, 17, 17, 18, 18) cm, misurando lungo quella che sarà l'apertura per il braccio, ovvero lungo il bordo esterno.
Tagliate il filo e posizionate le m su un pezzo di filo di scarto.

Davanti sinistro (lavorato in piano):

Posizionate le 20 (24, 24, 28, 28, 28) m del collo sinistro lasciate in sospeso sul f circolare con il cavo lungo 60 cm e rimuovete il filo di scarto.
Tenendo il DdL rivolto verso di voi e con il filo lasciato in sospeso, lavoratele nel modo seguente:
2 dir, [2 dir, 1 rov, 1 dir] fino a 2 m prima della fine della fascetta, 2 dir, PM.
Con lo stesso filo, tenendo il DdL rivolto verso di voi e incominciando immediatamente vicino alla fine della fascetta del collo, riprendete 28 (28, 32, 36, 40, 48) m fino a raggiungere l'angolo in alto a sinistra del dietro.
(48 [52, 56, 64, 68, 76] m per il davanti sinistro).
Prossimo ferro (RdL): 1 dir, 1 rov, [3 dir, 1 rov] fino a 2 m prima della fine del f, pass2cfdavanti, passando il M.

SEZIONE 1 - ferri accorciati:

Ora lavorerete i f accorciati che sagomano il collo e la spalla sinistra.
Ferro 1 (DdL - f acc): 2 dir, [2 dir, 1 rov, 1 dir] fino a 2 m prima di M, 2 dir, SM, 1 rov, girate il lavoro.
Ferro 2 (f acc): pass1cfdavanti, tirate il filo verso il dietro al di sopra del f, SM, [1 dir, 1 rov, 2 dir] fino a 4 m prima della fine del f, 1 dir, 1 rov, pass2cfdavanti.
Ferro 3 (f acc): 2 dir, [2 dir, 1 rov, 1 dir] fino a 2 m prima di M, 2 dir, SM, lavorate a rov il "punto doppio", 2 dir, girate il lavoro.
Ferro 4 (f acc): pass1cfdavanti, tirate il filo verso il dietro al di sopra del f, 2 dir, SM, [1 dir, 1 rov, 2 dir] fino a 4 m prima della fine del f, 1 dir, 1 rov, pass2cfdavanti.
Ferro 5 (f acc): 2 dir, [2 dir, 1 rov, 1 dir] fino a 2 m prima di M, 2 dir, SM, 1 rov, 1 dir, lavorate a dir il "punto doppio", 1 dir, 1 rov, girate il lavoro.
Ferro 6 (f acc): pass1cfdavanti, tirate il filo verso il dietro al di sopra del f, 1 dir, 1 rov, 2 dir, SM, [1 dir, 1 rov, 2 dir] fino a 4 m prima della fine del f, 1 dir, 1 rov, pass2cfdavanti.
Ferro 7 (f acc): 2 dir, [2 dir, 1 rov, 1 dir] fino a 2 m prima di M, 2 dir, SM, 1 rov, 3 dir, lavorate a rov il "punto doppio", 2 dir, girate il lavoro.
Ferro 8 (f acc): pass1cfdavanti, tirate il filo verso il dietro al di sopra del f, [3 dir, 1 rov] fino a 2 m prima di M, 2 dir, SM, [1 dir, 1 rov, 2 dir] fino a 4 m prima della fine del f, 1 dir, 1 rov, pass2cfdavanti.
Ferro 9 (f acc): 2 dir, [2 dir, 1 rov, 1 dir] fino a 2 m prima di M, 2 dir, SM, [1 rov, 3 dir] fino a 2 m prima del "punto doppio", 1 rov, 1 dir, lavorate a dir il "punto doppio", 1 dir, 1 rov, girate il lavoro.
Ferro 10 (f acc): pass1cfdavanti, tirate il filo verso il dietro al di sopra del f, [1 dir, 1 rov, 2 dir] fino a M, SM, [1 dir, 1 rov, 2 dir] fino a 4 m prima della fine del f, 1 dir, 1 rov, pass2cfdavanti.
Ferro 11 (f acc): 2 dir, [2 dir, 1 rov, 1 dir] fino a 2 m prima di M, 2 dir, SM, [1 rov, 3 dir] fino al "punto doppio", lavorate a rov il "punto doppio", 2 dir, girate il lavoro.
Ripetete i f da 8 a 11: ancora 1 (1, 2, 2, 3, 3) volte.
Ferro d'impostazione (RdL - f acc): pass1cfdavanti, tirate il filo verso il dietro al di sopra del f, [3 dir, 1 rov] fino a 2 m prima di M, 2 dir, RM, [1 dir, 1 rov, 2 dir] fino a 4 m prima della fine del f, 1 dir, 1 rov, pass2cfdavanti.
Attenzione: nel prossimo f, quando incontrate il "punto doppio", lavoratelo a dir come se fosse una m normale.
Prossimo ferro (DdL): 2 dir, [2 dir, 1 rov, 1 dir] fino a 2 m prima della fine del f, 1 dir, 1 dir rit.

SEZIONE 2 - *lavorazione a finta costa inglese:*

A questo punto il collo e la spalla sono terminati e proseguirete lavorando il davanti sinistro.
Ferro 1 (RdL): 1 dir, 1 rov, [3 dir, 1 rov] fino a 2 m prima della fine del f, pass2cfdavanti.
Ferro 2 (DdL): 2 dir, [2 dir, 1 rov, 1 dir] fino a 2 m prima della fine del f, 1 dir, 1 dir rit.
Ripetete i f 1 e 2 fino a che il davanti sinistro misuri 16 (16, 17, 17, 18, 18) cm, misurando lungo quella che sarà l'apertura per il braccio, ovvero lungo il bordo esterno e terminando con il f 1.
Non tagliate il filo e lasciate le m sul f.

Corpo (lavorato in piano):

Ora unirete i davanti e il dietro e riprenderete la lavorazione in piano per il corpo.
Posizionate le 95 (103, 111, 127, 135, 151) m del dietro e le 48 (52, 56, 64, 68, 76) m del davanti destro lasciate in sospeso sul f circolare e rimuovete il filo di scarto.
Quando lavorate il corpo potete cambiare il f circolare con quello dal cavo più lungo quando le m sul f diventano troppe.
Ferro d'impostazione (DdL): lavorate nel modo seguente le 48 (52, 56, 64, 68, 76) m del davanti sinistro: 2 dir, [2 dir, 1 rov, 1 dir] fino a 2 m prima della fine del f, 2 dir; girate il lavoro così che la parte appena lavorata si trovi sulla sinistra e, usando l'avvio *cable*, avviate 13 m; girate nuovamente il lavoro in modo che la parte appena lavorata si trovi sulla destra, lavorate nel modo seguente le m del dietro: [3 dir, 1 rov] fino a 3 m prima della fine del f, 3 dir; girate il lavoro così che la parte appena lavorata si trovi sulla sinistra e, usando l'avvio *cable*, avviate 13 m; girate nuovamente il lavoro in modo che la parte appena lavorata si trovi sulla destra, lavorate nel modo seguente le m del davanti destro: [3 dir, 1 rov] fino a 4 m prima della fine del f, 2 dir, pass2cfdavanti.
(217 [233, 249, 281, 297, 329] m per il corpo).
Prossimo ferro (RdL): 2 dir, [1 rov, 3 dir] fino a 3 m prima della fine del f, 1 rov, pass2cfdavanti.

SEZIONE 1 - *lavorazione a finta costa inglese:*

Ferro 1 (DdL): 2 dir, [2 dir, 1 rov, 1 dir] fino a 3 m prima della fine del f, 1 dir, pass2cfdavanti.
Ferro 2 (RdL): 2 dir, [1 rov, 3 dir] fino a 3 m prima della fine del f, 1 rov, pass2cfdavanti.
Ripetete i f 1 e 2 fino a che il lavoro misuri 26 (28, 28, 32, 32, 36) cm dallo scalfo (o fino alla lunghezza desiderata, tenendo conto che il bordo finale misura 4 cm).

> *Nota bene:*
> la lunghezza data è piuttosto classica. Se lo desiderate, potreste valutare l'opportunità di accorciare il corpo per dare un *twist* di modernità al cardigan!

SEZIONE 2 - bordo:

Proseguite con il f circolare numero 3 mm.
Ferro 1 (DdL): 2 dir, [1 dir rit, 1 rov] fino a 3 m prima della fine del f, 1 dir rit, pass2cfdavanti.
Ferro 2 (RdL): 2 dir, [1 rov rit, 1 dir] fino a 3 m prima della fine del f, 1 rov rit, pass2cfdavanti.
Ripetete i f 1 e 2 fino a che il bordo a coste ritorte misuri 4 cm.
Chiudete tutte le m e tagliate il filo.
(30 [32, 32, 36, 36, 40] cm dallo scalfo).

Maniche (lavorate in tondo, entrambe alla stessa maniera):

Lavorando le maniche, usate il metodo preferito per la lavorazione di piccole circonferenze: 4 f a doppia punta, il *magic loop*, due f circolari ecc. Personalmente preferisco il *magic loop*!
Unite il filo di un nuovo gomitolo per eseguire la lavorazione.
Tenendo il DdL rivolto verso di voi, incominciate dal centro dello scalfo manica. La prima m a essere ripresa è la m della costa lavorata a dir.
Usando il f circolare numero 4 mm con il cavo lungo 80 cm, riprendete 7 m lungo la prima metà dell'ascella; riprendete 33 (33, 35, 35, 37, 37) m dello scalfo fino alla finta cucitura della spalla (spaziandole equamente); poi riprendete 1 m proprio in corrispondenza della finta cucitura della spalla; quindi riprendete 33 (33, 35, 35, 37, 37) m dalla finta cucitura della spalla fino allo scalfo (spaziandole equamente); infine riprendete 6 m lungo la seconda metà dell'ascella. PM (questo è il M che segnala l'inizio del giro) e unite in tondo.
(80 [80, 84, 84, 88, 88] m per la manica).

SEZIONE 1 - diminuzioni:
Giro 1: SM, [1 dir, 3 rov] fino alla fine del giro.
Giro 2: SM, [2 dir, 1 rov, 1 dir] fino alla fine del giro.
Ripetete i giri 1 e 2 fino a che la manica misuri 13 (15, 15, 17, 17, 19) cm dallo scalfo, terminando con il giro 1.
A questo punto incomincerete le diminuzioni che sagomano la manica.
Giro 3 (diminuzioni): SM, 1 dir, dim a dx, 1 dir, [2 dir, 1 rov, 1 dir] fino a 4 m prima della fine del giro, 2 dir, dim a sn (2 m diminuite).
Giro 4: SM, 1 dir, 2 rov, [1 dir, 3 rov] fino a 3 m prima della fine del giro, 1 dir, 2 rov.
Giro 5: SM, 1 dir, 1 rov, 1 dir, [2 dir, 1 rov, 1 dir] fino a 3 m prima della fine del giro, 2 dir, 1 rov.
Giro 6: ripetete il giro 4.
Giro 7 (diminuzioni): SM, 1 dir, dim a dx, 1 dir, [1 dir, 1 rov, 2 dir] fino a 2 m prima della fine del giro, dim a sn (2 m diminuite).
Giro 8: SM, 1 dir, 1 rov, [1 dir, 3 rov] fino a 2 m prima della fine del giro, 1 dir, 1 rov.
Giro 9: SM, 2 dir, [2 dir, 1 rov, 1 dir] fino a 2 m prima della fine del giro, 2 dir.
Giro 10: ripetete il giro 8.
Giro 11 (diminuzioni): SM, 1 dir, dim a dx, [1 dir, 1 rov, 2 dir] fino a 5 m prima della fine del giro, 1 dir, 1 rov, 1 dir, dim a sn (2 m diminuite).
Giro 12: SM, 1 dir, [1 dir, 3 rov] fino a 1 m prima della fine del giro, 1 dir.
Giro 13: SM, 1 dir, [2 dir, 1 rov, 1 dir] fino a 1 m prima della fine del giro, 1 dir.
Giro 14: SM, 1 dir, [1 dir, 3 rov] fino a 1 m prima della fine del giro. Passate l'ultima m del giro 14 sul f destro senza lavorarla, RM, passate nuovamente la m sul f di sinistra (questa m diventa la prima m del giro 15), PM.
Giro 15 (diminuzioni): SM, dim doppia centrata, [1 dir, 1 rov, 2 dir] fino a 3 m prima della fine del giro, 1 dir, 1 rov, 1 dir (2 m diminuite).
Giro 16: SM, [1 dir, 3 rov] fino alla fine del giro.
Giro 17: SM, [2 dir, 1 rov, 1 dir] fino alla fine del giro.
Giro 18: ripetete il giro 16.
Ripetete i giri da 3 a 18: ancora 3 (2, 2, 2, 2, 1) volte.
(48 [56, 60, 60, 64, 72] m per la manica).

SEZIONE 2 - lavorazione a finta costa inglese:
Giro 1: SM, [2 dir, 1 rov, 1 dir] fino alla fine del giro.
Giro 2: SM, [1 dir, 3 rov] fino alla fine del giro.
Ripetete i giri 1 e 2 fino a che la manica misuri 40 (42, 42, 44, 44, 46) cm dallo scalfo (o fino alla lunghezza desiderata, tenendo conto che il bordo finale misura 4 cm).

SEZIONE 3 - bordo:
Proseguite con il f circolare numero 3 mm.
Giro 1: SM, [1 dir rit, 1 rov] fino alla fine del giro.
Ripetete il giro 1 fino a quando il bordo a coste ritorte misuri 4 cm.
Nell'ultimo giro RM, chiudete tutte le m e tagliate il filo.
(44 [46, 46, 48, 48, 50] cm dallo scalfo).

Rifiniture:

Fissate i fili.
Bloccate leggermente il cardigan invernale n°1 (guardate anche il glossario), indossatelo e... siate *chic*!

Rifiniture di sartoria (opzionale):

Nella prefazione a questo modello ho detto di volere un cardigan formale e piuttosto elegante. È essenziale, quindi, che conservi la forma in modo perfetto. Ho pensato di cucire lungo tutto lo scollo e nella parte interna della fascetta del collo un nastro in *gros grain* in tinta. Questo piccolo intervento di cucito farà in modo che il risultato sia davvero perfetto.

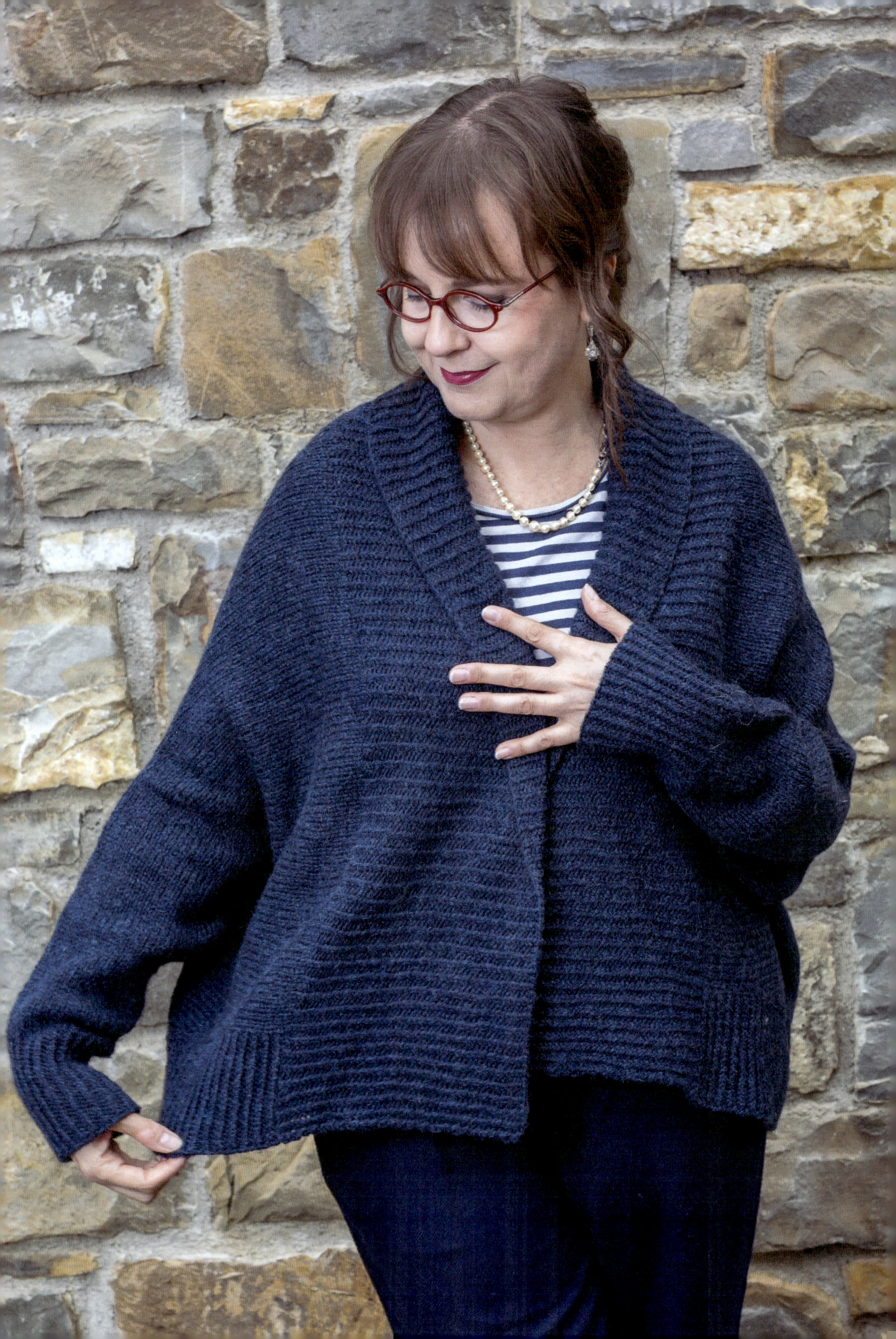

Cardigan invernale n° 2

Livello di difficoltà ★★

Un capo *passepartout* da inserire nel nostro guardaroba è di sicuro un cardigan molto ampio, caldo e avvolgente. Perfetto d'inverno, ci accompagnerà anche durante le mezze stagioni come giacca da indossare al posto del cappotto.
Il **cardigan invernale n°2** è stato disegnato appositamente per soddisfare queste esigenze: è *oversized* e avvolgente, ha un ampio collo sciallato che gli regala struttura e raffinatezza, è lavorato con una lana spessa ma leggera e molto calda. È realizzato in un colore scuro e neutro che potremo abbinare a tutti i capi del nostro guardaroba. Inoltre, dettaglio non trascurabile, è molto semplice da realizzare, dal momento che è lavorato completamente a maglia rasata e solo i bordi sono a coste ritorte.
La lavorazione inizia con un avvio provvisorio per montare le maglie che serviranno per la parte dietro. Questa parte è lavorata dal basso verso l'alto e, alla fine della stessa, si montano le maglie per i due davanti, facendo assumere al pezzo la forma di una T. Le "braccia" sono sagomate da una serie di diminuzioni che renderanno il cardigan leggermente più corto sul davanti. Alla fine della lavorazione della T, si lasciano in sospeso le maglie, che saranno riprese alla fine per formare il collo.
Quindi il capo viene ripiegato e cucito lungo i fianchi, creando l'apertura per le braccia.
Lungo questa apertura vengono riprese le maglie per le maniche, che sono lavorate dall'alto verso il basso e modellate da una serie di diminuzioni.
Le maniche sono molto lunghe e il bordo a coste è molto alto per permettere di risvoltarle, accentuando l'aspetto informale del capo.
Lungo il bordo inferiore si riprendono le maglie e si lavora un alto bordo a coste ritorte. Infine si riprendono le maglie lungo il davanti e si lavora un bordo alto il doppio di quello inferiore e delle maniche.
Alla fine questo bordo verrà ripiegato a metà per formare il collo a scialle.

Taglie:

XS (S, M, L, XL, XXL) vestono un giroseno di 76 (86, 96, 106, 117, 127) cm.
Le foto si riferiscono alla taglia M indossata da una modella con un giroseno di 96 cm e con un agio di 40 cm.
Quando scegliete la taglia, bisogna considerare che il cardigan ha una linea *oversized*.
Se desiderate la stessa vestibilità del modello in foto, dovrete scegliere una misura più grande di circa 35-40 cm del vostro attuale giroseno.

Misure finite:

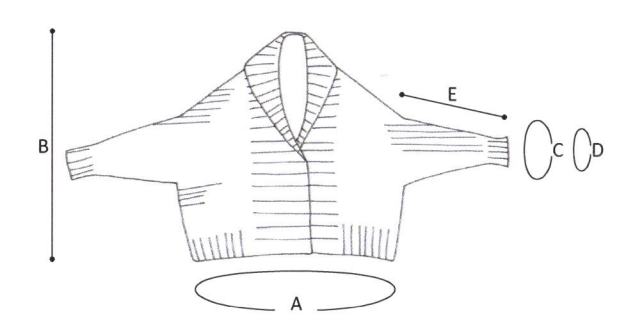

A - circonferenza del seno: 111 (121, 136, 146, 157, 167) cm.
B - lunghezza totale: 60 (66, 72, 75, 86, 89) cm misurati lungo il collo sul davanti.
C - circonferenza della manica: 36 (36, 40, 40, 44, 44) cm.
D - circonferenza del polsino: 23 (25, 28, 28, 30, 30) cm.
E - lunghezza della manica dallo scalfo: 34 (34, 36, 36, 38, 38) cm dallo scalfo; 29 (29, 31, 31, 33, 33) cm se portate con il bordo risvoltato.

Filato e ferri

THE FIBRE CO. Lore: Reliable (100% lana [Romney]; 250 m per matassa da 100 gr); 4 (5, 5, 6, 7, 7) matasse (1000 [1060, 1200, 1350, 1540, 1580] m). Il metraggio indicato è il consumo effettivo.
Ferri circolari numero 4.5 mm e 5 mm con il cavo lungo 80 cm e 100 cm.
Opzionale: ferri diritti delle stesse misure. Se necessario modificate il numero dei f per ottenere il campione corretto.
4 marcapunti a lucchetto e 1 marcapunto ad anellino (opzionale).
Filo di scarto.
Ago da lana e forbici.
Spilli e metro da sarta per il bloccaggio.

Consigli sul filato:

adoro le lane secche, questo ormai è noto, ma fino a poco tempo fa le preferivo sottili, pensando che lane secche e grosse dessero al capo un aspetto un po' goffo e sgraziato, non so se mi spiego. E invece mi sono dovuta ricredere del tutto! Questa lana secca e grossa è meravigliosa, leggera e calda. Davvero perfetta per un cardigan che possa essere usato indifferentemente sia all'esterno che all'interno. Il filato che ho usato io non è di facile reperibilità, ormai sapete che amo usare dei materiali un po' particolari. Cosa usare in alternativa? A chi ama i filati rustici, propongo un qualsiasi filato secco, anche sottile, da lavorare messo in doppio per raggiungere lo spessore richiesto, per chi invece desidera la morbidezza, suggerisco un bel filato in lambswool che si trova anche di diversi spessori. Un ultimo suggerimento: provate a immaginarlo in una variante raffinata, lavorando una lana unita a un filo di mohair che gli donerà un *allure* decisamente *chic*!

Campione:

16.5 m x 26 f/giri = 10 cm lavorati a maglia rasata usando i f numero 5 mm (dopo il bloccaggio).

Spiegazioni - Si incomincia dal basso (lavorato in piano):

Le spiegazioni sono date per la taglia XS, le taglie S, M, L, XL e XXL sono tra parentesi. Quando non appaiono le parentesi, la spiegazione è valida per tutte le taglie.
Incominciate a lavorare il dietro e quindi il davanti. Sono lavorati in piano, pertanto è possibile usare i f diritti; dato l'elevato numero di maglie, nella sezione che comprende i due davanti potrebbe essere necessario trasferire comunque il lavoro su un f circolare o usare f diritti lunghi 60 cm.
Usando il f circolare numero 5 mm con il cavo lungo 80 cm, avviate 91 (101, 113, 121, 131, 139) m usando l'avvio provvisorio.

SEZIONE 1 - dietro - maglia rasata:

Ferro 1 (DdL): dir fino a 1 m prima della fine del f, 1 dir rit.
Ferro 2 (RdL): 1 dir, rov fino a 1 m prima della fine del f, 1 dir rit.
Ripetete i f 1 e 2 fino a quando il lavoro misuri 29 (29, 34, 34, 43, 43) cm dall'inizio del lavoro.

SEZIONE 2 - davanti - diminuzioni:

Attenzione: ora si montano le m sia sul lato destro che sul lato sinistro, dando al lavoro una forma a T. La misura di entrambe le "braccia" della T deve essere uguale alla lunghezza del lavoro che abbiamo appena completato (cioè 29 [29, 34, 34, 43, 43] cm). Per cui, se il campione non è esattamente corrispondente al mio, fate in modo di ricalcolare il numero esatto delle m da montare.
Quando lavorate le prossime sezioni potete cambiare il f circolare con quello dal cavo più lungo quando le m sul f diventano troppe.
Ferro d'impostazione (DdL): usando l'avvio *cable*, avviate sul f di sinistra 48 (48, 56, 56, 70, 70) m; dir fino alla fine del f.
Prossimo ferro (RdL): usando l'avvio *cable*, avviate sul f di sinistra 48 (48, 56, 56, 70, 70) m; 1 dir, rov fino a 1 m prima della fine del f, 1 dir rit.
(187 [197, 225, 233, 271, 279] m).
A questo punto incomincerete le diminuzioni che sagomano i due davanti.
Ferro 1 (DdL - diminuzioni): 1 dir, dim a sn, dir fino a 3 m prima della fine del f, dim a dx, 1 dir rit (2 m diminuite).
Ferri 2 e 4 (RdL): 1 dir, rov fino a 1 m prima della fine del f, 1 dir rit.
Ferro 3: dir fino a 1 m prima della fine del f, 1 dir rit.
Ripetete i f da 1 a 4: ancora otto volte.
(169 [179, 207, 215, 253, 261] m).
Ripetete i soli f 3 e 4 fino a che il lavoro misuri 18 (20, 24, 26, 29, 31) cm dall'inizio della lavorazione dei due davanti.

Tagliate il filo e posizionate le m su un pezzo di filo di scarto.
Lavate e bloccate (eventualmente aiutandovi con degli spilli) seguendo le misure date nel diagramma per il bloccaggio.

DIAGRAMMA PER IL BLOCCAGGIO:

113.5 (118.5, 136, 141, 164.5, 169.5) cm

47 (49, 58, 60, 72, 74) cm

18 (20, 24, 26, 29, 31) cm

18 (18, 20, 20, 22, 22) cm

29 (29, 34, 34, 43, 43) cm

11 (11, 14, 14, 21, 21) cm

29 (29, 34, 34, 43, 43) cm

55.5 (60.5, 68, 73, 78.5, 83.5) cm

18 (18, 20, 20, 22, 22) cm

11 (11, 14, 14, 21, 21) cm

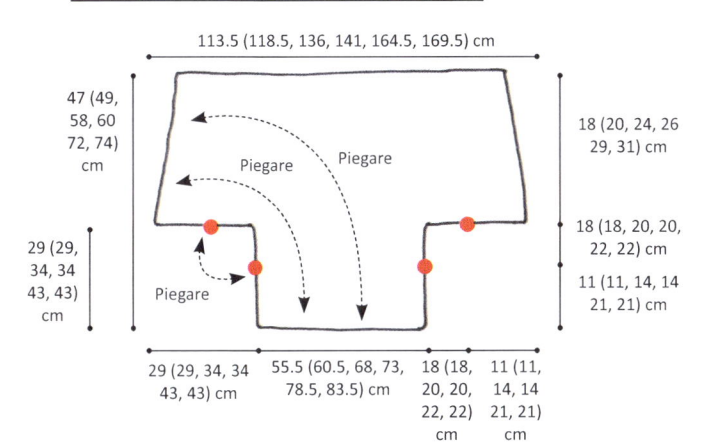

Cuciture:

Usando i marcapunti a lucchetto, segnate i lati corti della figura come indicato dai puntini rossi nel DIAGRAMMA PER IL BLOCCAGGIO.
Piegate la figura, fate combaciare gli angoli e i marcapunti e, incominciando dagli angoli, cucite a punto materasso i lati corti per 11 (11, 14, 14, 21, 21) cm, lasciando un'apertura per il braccio di 36 (36, 40, 40, 44, 44) cm di circonferenza, quindi rimuovete i marcapunti.

Maniche (lavorate in tondo, entrambe alla stessa maniera):

Lavorando le maniche, usate il metodo preferito per la lavorazione di piccole circonferenze: 4 f a doppia punta, il *magic loop*, due f circolari ecc. Personalmente preferisco il *magic loop*!
Unite il filo di un nuovo gomitolo per eseguire la lavorazione.

Tenendo il DdL rivolto verso di voi, incominciate dal centro dello scalfo manica.
Usando il f circolare con il cavo lungo 80 cm, riprendete 60 (60, 66, 66, 72, 72) m lungo tutto lo scalfo (spaziandole equamente). PM (questo è il M che segnala l'inizio del giro) e unite in tondo.

SEZIONE 1 - *diminuzioni*:

A questo punto incomincerete le diminuzioni che sagomano la manica.
Giri 1, 2 e 3: SM, dir fino alla fine del giro.
Giro 4 (diminuzioni): SM, 1 dir, dim a dx, dir fino a 3 m prima della fine del giro, dim a sn, 1 dir (2 m diminuite).
Ripetete i giri da 1 a 4: ancora 10 (8, 9, 9, 10, 10) volte.
(38 [42, 46, 46, 50, 50] m per la manica).

SEZIONE 2 - *maglia rasata*:

Giro 1: SM, dir fino alla fine del giro.
Ripetete il giro 1 fino a che la manica misuri 24 (24, 26, 26, 28, 28) cm dallo scalfo (o fino alla lunghezza desiderata, tenendo conto che il bordo finale misura 10 cm).

SEZIONE 3 - *bordo*:

Proseguite con il f circolare numero 4.5 mm.
Giro 1: SM, [1 dir rit, 1 rov rit] fino alla fine del giro.
Ripetete il giro 1 fino a che il bordo a coste ritorte misuri 10 cm.
Nell'ultimo giro RM, chiudete tutte le m e tagliate il filo.
(34 [34, 36, 36, 38, 38] cm dallo scalfo).

> *Nota bene:*
> Le coste ritorte sono lunghe da lavorare. Se non volete perdere troppo tempo, potete sostituirle con delle coste normali! Se decidete di farlo, ricordatevi di ripetere questa variante anche nei bordi successivi. Inoltre il bordo è così alto perché è pensato per essere portato risvoltato. Se non vi piace questo dettaglio, potete tranquillamente ridurlo a 5 cm.

Bordo inferiore (lavorato in piano):

Posizionate le 91 (101, 113, 121, 131, 139) m dall'avvio provvisorio del dietro sul f circolare numero 4.5 mm con il cavo lungo 80 cm e rimuovete il filo di scarto.

Unite il filo di un nuovo gomitolo per eseguire la lavorazione.
Tenendo il DdL rivolto verso di voi, incominciate a partire dall'angolo destro del bordo inferiore sinistro.
Riprendete 35 (37, 43, 47, 51, 55) m lungo il davanti sinistro; poi lavorate [1 dir rit, 1 rov rit] fino a 1 m prima della fine del dietro, 1 dir rit; quindi riprendete 35 (37, 43, 47, 51, 55) m lungo il davanti destro.
(161 [175, 199, 215, 233, 249] m).
Ferro 1 (RdL): 1 dir, [1 rov rit, 1 dir rit] fino a 2 m prima della fine del f, 1 rov rit, 1 dir rit.
Ferro 2 (DdL): 1 dir, [1 dir rit, 1 rov rit] fino a 2 m prima della fine del f, 2 dir rit.
Ripetete i f 1 e 2 fino a che il bordo a coste ritorte misuri 10 cm, terminando con il f 1.
Chiudete tutte le m e non tagliate il filo.

Collo (lavorato in piano):

Si adopera il filo già in uso, la prima m è sul f.
Posizionate le 169 (179, 207, 215, 253, 261) m dei davanti lasciate in sospeso sul f circolare numero 4.5 mm con il cavo lungo 100 cm e rimuovete il filo di scarto.
Tenendo il DdL rivolto verso di voi, incominciate a partire dall'angolo del bordo inferiore del davanti destro.
Riprendete 15 m lungo il primo bordo inferiore; poi lavorate [1 rov rit, 1 dir rit] fino a 1 m prima della fine delle m dei davanti, 1 rov rit; quindi riprendete 16 m lungo il secondo bordo inferiore.
(201 [211, 239, 247, 285, 293] m per il collo).
Ferro 1 (RdL): 1 dir, [1 rov rit, 1 dir rit] fino a 2 m prima della fine del f, 1 rov rit, 1 dir rit.
Ferro 2 (DdL): 1 dir, [1 dir rit, 1 rov rit] fino a 2 m prima della fine del f, 2 dir rit.
Ripetete i f 1 e 2 fino a che il collo a coste ritorte misuri 20 cm, terminando con il f 1.
Chiudete tutte le m e tagliate il filo.

Rifiniture:

Fissate i fili.
Procedete con il bloccaggio: dopo aver lavato e aver fatto perdere al cardigan invernale n°2 la maggior parte dell'acqua come di norma (guardate anche il glossario), stendetelo su una grande superficie piatta.
A questo punto piegate a metà il collo a scialle nella parte del dietro e modellatelo per dargli la forma desiderata (guardate anche le foto), aiutandovi eventualmente con degli spilli.
Lasciatelo asciugare, indossatelo e… siate *chic*!

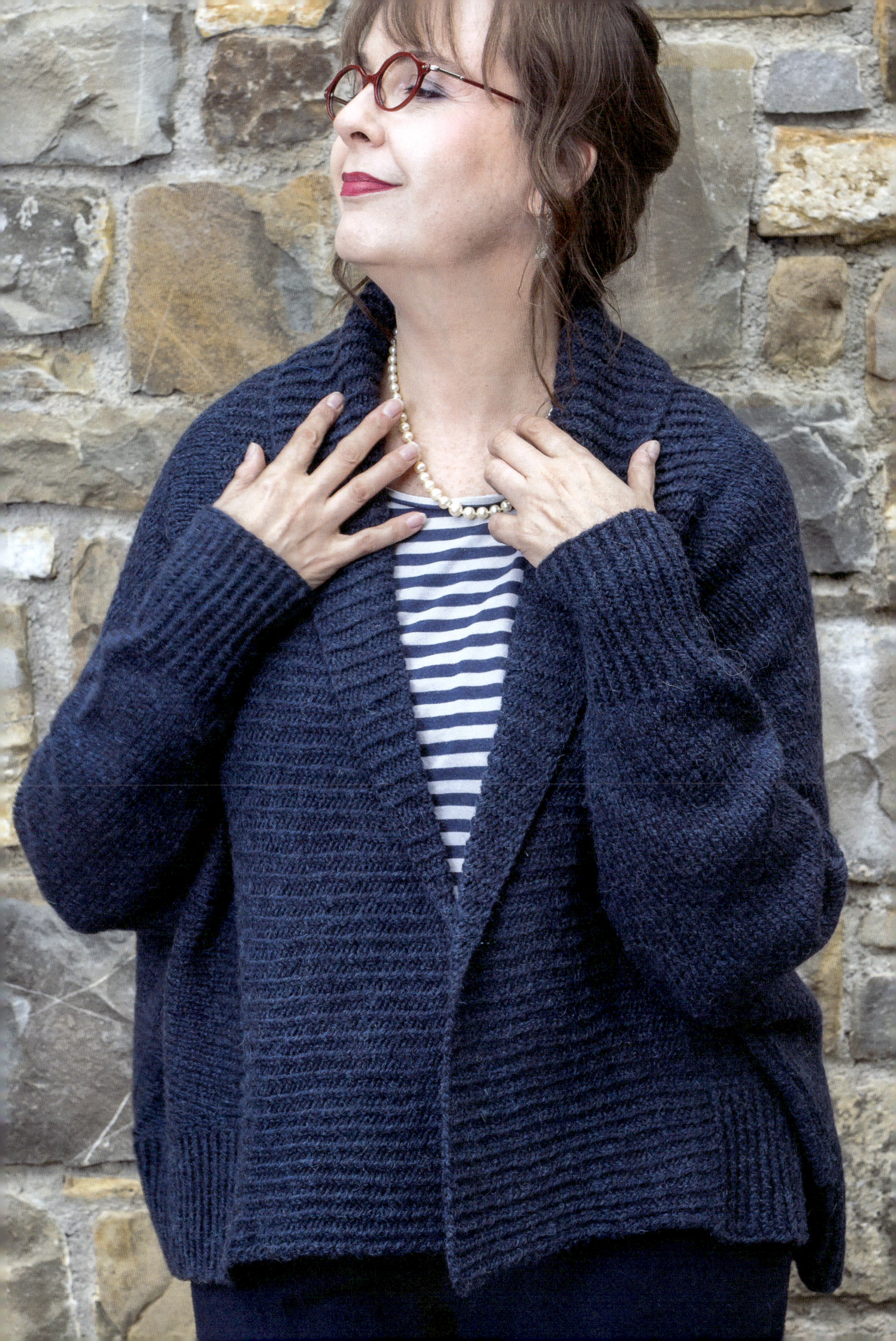

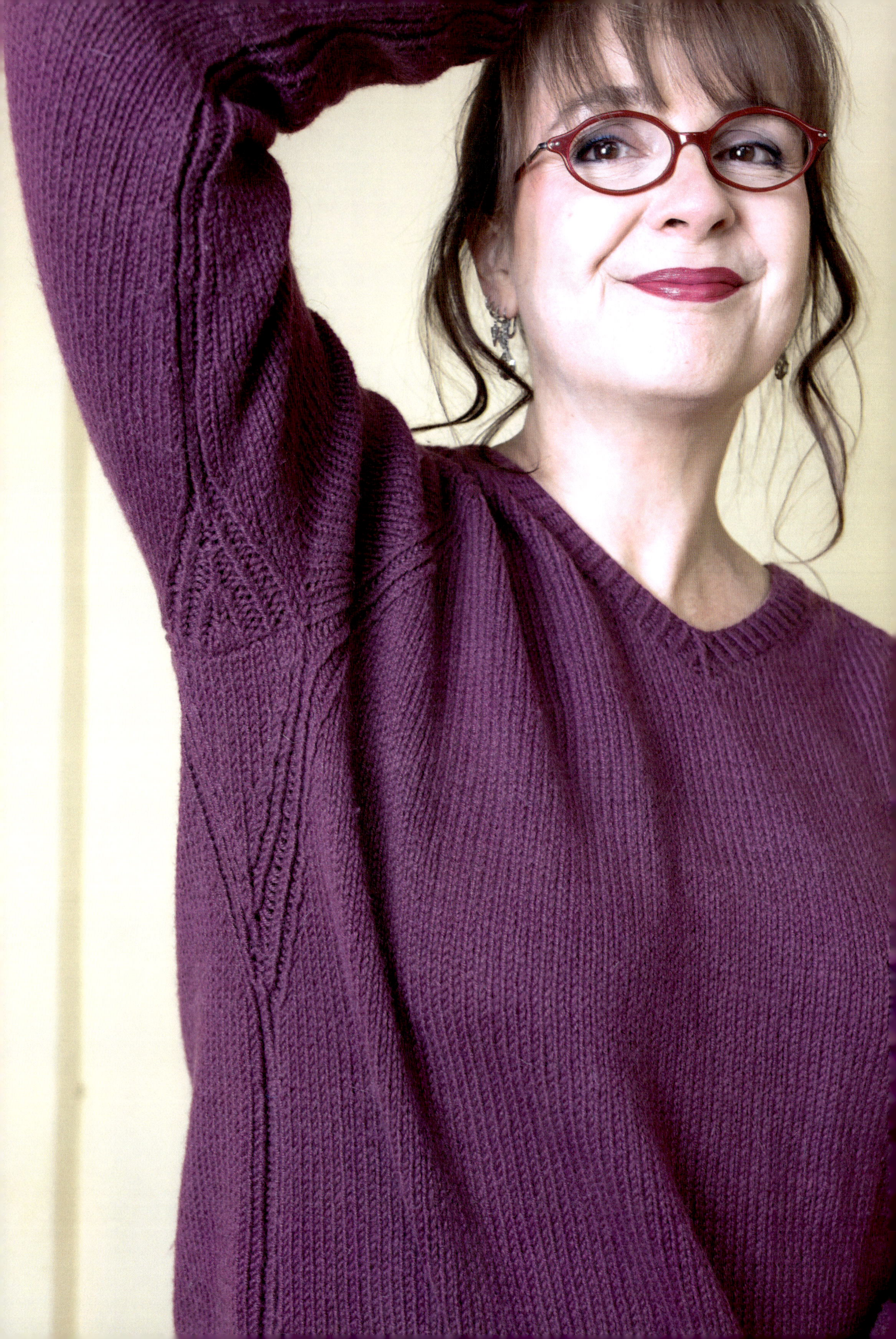

Maglione invernale

Livello di difficoltà ★★

Il maglione con lo scollo a V è sempre stato uno dei miei capi favoriti. E in questo senso la profondità dello scollo gioca un ruolo fondamentale nel capo! Non deve essere troppo profondo perché sarebbe scomodo ma nemmeno troppo poco, perché penalizzerebbe la figura. Trovare la giusta profondità è essenziale, insomma! In questa mia versione ho giocato su questo fattore e su piccoli dettagli nascosti perché, si sa, sono proprio questi che fanno la differenza. Il colore, poi, è molto importante anch'esso: scuro perché d'inverno trovo perfetto questo tipo di tonalità, ma non neutro, per dare il giusto tocco di personalità al nostro guardaroba.

Il **maglione invernale** è realizzato in tondo dall'alto verso il basso in un unico pezzo senza cuciture.

La lavorazione incomincia dallo scollo e lo sprone è raglan. I raglan sono decorati da un semplice bordo a coste ritorte. Contemporaneamente ai raglan decorativi, viene sagomato anche lo scollo, che è a V ma non troppo profondo.

Alla fine della lavorazione dello sprone, le maniche e il corpo vengono divisi in corrispondenza delle ascelle e i tre pezzi vengono terminati separatamente.

In corrispondenza dei fianchi si lavora un motivo a coste ritorte che, mediante un gioco di aumenti e diminuzioni, si vanno a unire, formando un triangolo decorativo molto interessante. Subito prima del bordo a coste ritorte si lavora una serie di ferri accorciati per allungare il dietro. Se non si ama questo dettaglio, il passaggio può venire tranquillamente omesso.

A questo punto vengono riprese le maglie per le maniche, che vengono lavorate dall'alto verso il basso. In corrispondenza degli scalfi viene lavorato un triangolo decorativo più piccolo che riprende il motivo dei fianchi.

Alla fine si riprendono le maglie lungo lo scollo, che viene lavorato con un piccolo bordo a coste ritorte, come del resto tutti gli altri bordi.

Taglie:

XS (S, M, L, XL, XXL) vestono un giroseno di 76 (86, 96, 106, 117, 127) cm.

Le foto si riferiscono alla taglia M indossata da una modella con un giroseno di 96 cm e con un agio di 30 cm.

Quando scegliete la taglia, bisogna considerare che il maglione ha una linea *oversized*.

Se desiderate la stessa vestibilità del modello in foto, dovrete scegliere una misura più grande di circa 28-33 cm del vostro attuale giroseno.

Misure finite:

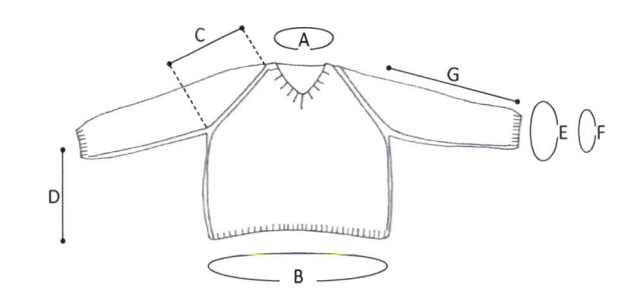

A - circonferenza del collo: 54 (56, 63, 63, 70, 72) cm.
B - circonferenza del seno: 104 (115, 126, 138, 149, 160) cm.
C - lunghezza dello sprone: 24 (25, 26, 27, 27, 28) cm misurati lungo i raglan posti sul davanti.
D - lunghezza dallo scalfo: 26 (27, 27, 29, 29, 31) cm misurati lungo il davanti; il maglione misurerà un paio di cm in più sui fianchi e nella parte dietro.
E - circonferenza della manica: 32 (36, 40, 43, 48, 51) cm.
F - circonferenza del polsino: 24 (28, 29, 30, 32, 34) cm.
G - lunghezza della manica dallo scalfo: 39 (41, 43, 44, 44, 46) cm.

Filato e ferri:

MYAK Ra-Ku Fiocco di Cashmere Medium: Mindful Mood (100% cashmere; 114 m per gomitolo da 50 gr): 7 (8, 9, 10, 11, 12) gomitoli (798 [912, 1025, 1138, 1250, 1360] m). Il metraggio indicato è il consumo effettivo.
Ferri circolari numero:
3 mm con il cavo lungo 40 cm e 80 cm;
4 mm con il cavo lungo 60 cm e 80 cm. Se necessario modificate il numero dei f per ottenere il campione corretto.
8 marcapunti di cui uno diverso (che segnala l'inizio del giro).
1 marcapunto a lucchetto.
Filo di scarto.
Ago da lana e forbici.
Spilli e metro da sarta per il bloccaggio.

Consigli sul filato:

di certo il cashmere è uno dei miei filati preferiti in assoluto e non potevo fare a meno di proporlo nel mio guardaroba perfetto. Questo in particolare è un filato eccezionale, che unisce morbidezza e corpo. Dona struttura a un design basico e lo rende raffinatissimo. Il mio consiglio è di provarlo almeno una volta per rendersi conto della qualità eccezionale di questo filato. Se, tuttavia, desideriamo sostituirlo, la questione è davvero semplice. Potremo rivolgerci a una bella merino corposa e non trattata oppure a un'alpaca se un po' di peluria non ci disturba! Non sottovalutiamo l'idea di rivolgerci anche a una bella lana secca se vogliamo accentuare l'aspetto rustico del maglione.

Campione:

18 m x 26 f/giri = 10 cm lavorati a maglia rasata usando i f numero 4 mm (dopo il bloccaggio).

Spiegazioni - Si incomincia dall'alto
Scollo (lavorato in piano):

Le spiegazioni sono date per la taglia XS, le taglie S, M, L, XL e XXL sono tra parentesi. Quando non appaiono le parentesi, la spiegazione è valida per tutte le taglie.

Attenzione: durante la lavorazione dello schema, troverete delle tabelle con all'interno delle indicazioni da apportare per la vostra taglia. Cercatela con attenzione e seguite le istruzioni per avere un risultato perfetto!
Incominciate a lavorare in tondo lo sprone, sagomando lo scollo.
Usando il f circolare numero 4 mm con il cavo lungo 60 cm, avviate 59 (61, 65, 65, 69, 71) m usando l'avvio *long tail*.
Attenzione: nel f d'impostazione posizionerete otto marcapunti per delimitare il dietro, i raglan decorativi e i due davanti. I marcapunti serviranno anche per segnalare la posizione degli aumenti. Quanto lavorate lo sprone, potete cambiare il f circolare con quello dal cavo più lungo quando le m sul f diventano troppe.
Ferro d'impostazione (RdL): 1 dir, 1 rov, PM, [1 rov rit, 1 dir] due volte, 1 rov rit, PM (questo è il primo davanti, compreso di un raglan decorativo); 3 rov, PM (questa è la prima manica); [1 rov rit, 1 dir] due volte, 1 rov rit, PM, 29 (31, 35, 35, 39, 41) rov, PM, [1 rov rit, 1 dir] due volte, 1 rov rit, PM (questo è il dietro, compreso di due raglan decorativi); 3 rov, PM (questa è la seconda manica); [1 rov rit, 1 dir] due volte, 1 rov rit, PM, 1 rov, 1 dir rit (questo è il secondo davanti, compreso di un raglan decorativo).
(39 [41, 45, 45, 49, 51] m per il dietro,
7 m per ciascuno dei due davanti,
3 m per ogni manica).

SEZIONE 1 - aumenti per i raglan:

Ferro 1 (DdL - aumenti): dir fino a M, aum a dx, *SM, [1 dir rit, 1 rov] due volte, 1 dir rit, SM, aum a sn, dir fino a M, aum a dx. Ripetete da * ancora due volte, SM, [1 dir rit, 1 rov] due volte, 1 dir rit, SM, aum a sn, dir fino a 1 m prima della fine del f, 1 dir rit (8 m aumentate: 2 per il dietro, 1 per ciascuno dei due davanti e 2 per ciascuna manica).
Ferro 2 (RdL): 1 dir, rov fino a M, *SM, [1 rov rit, 1 dir] due volte, 1 rov rit, SM, rov fino a M. Ripetete da * ancora due volte, SM, [1 rov rit, 1 dir] due volte, 1 rov rit, SM, rov fino a 1 m prima della fine del f, 1 dir rit.
Ripetete i f 1 e 2: ancora 2 (2, 4, 4, 6, 6) volte.
(83 [85, 105, 105, 125, 127] m totali,
45 [47, 55, 55, 63, 65] m per il dietro,
10 [10, 12, 12, 14, 14] m per ciascuno dei due davanti,
9 [9, 13, 13, 17, 17] m per ogni manica).

SEZIONE 2 - aumenti per lo scollo e i raglan:

Ferro 1 (DdL - aumenti): 1 dir, aum a sn, dir fino a M, aum a dx, *SM, [1 dir rit, 1 rov] due volte, 1 dir rit, SM, aum a sn, dir fino a M, aum a dx. Ripetete da * ancora due volte, SM, [1 dir rit, 1 rov] due volte, 1 dir rit, SM, aum a sn, dir fino a 1 m prima della fine del f, aum a dx, 1 dir rit (10 m aumentate: 2 per il dietro, 2 per ciascuno dei due davanti e 2 per ciascuna manica).

Ferro 2 (RdL): 1 dir, rov fino a M, *SM, [1 rov rit, 1 dir] due volte, 1 rov rit, SM, rov fino a M. Ripetete da * ancora due volte, SM, [1 rov rit, 1 dir] due volte, 1 rov rit, SM, rov fino a 1 m prima della fine del f, 1 dir rit.
Ripetete i f 1 e 2: ancora 12 (13, 15, 15, 17, 18) volte.
(213 [225, 265, 265, 305, 317] m totali,
71 [75, 87, 87, 99, 103] m per il dietro,
36 [38, 44, 44, 50, 52] m per ciascuno dei due davanti,
35 [37, 45, 45, 53, 55] m per ogni manica).

Sprone (lavorato in tondo):

Ora unirete il lavoro in tondo, dando la forma finale allo scollo.

Giro d'impostazione (aumenti): dir fino a M, aum a dx, *SM, [1 dir rit, 1 rov] due volte, 1 dir rit, SM, aum a sn, dir fino a M, aum a dx. Ripetete da * ancora due volte, SM, [1 dir rit, 1 rov] due volte, 1 dir rit, SM, aum a sn, dir fino a 1 m prima della fine del f.
A questo punto unite in tondo, lavorando una dim a dx che prenda insieme l'ultima e la prima m del f appena lavorato, poi lavorate a dir fino a M, ovvero il M che si trova subito prima del raglan decorativo posto sulla parte davanti sinistra. Ora questo è il M che segnala l'inizio del giro (8 m aumentate: 2 per il dietro, 2 per il davanti e 2 per ciascuna manica; 1 m diminuita per il davanti).
(220 [232, 272, 272, 312, 324] m totali,
73 [77, 89, 89, 101, 105] m per il davanti e il dietro,
37 [39, 47, 47, 55, 57] m per ogni manica).
Alla fine di questo passaggio il lavoro si dovrebbe presentare più o meno come nella figura qui sotto.

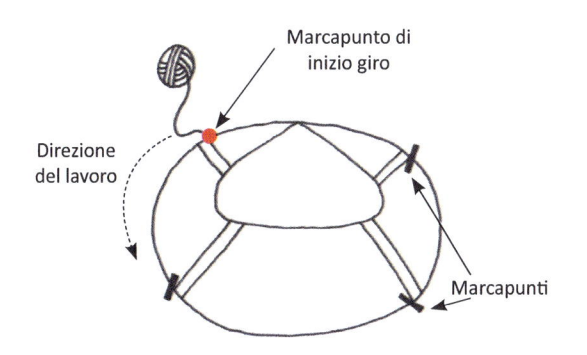

SEZIONE 1 - aumenti per i raglan:

A questo punto proseguirete gli aumenti che sagomano lo sprone.

Giro 1: *SM, [1 dir rit, 1 rov] due volte, 1 dir rit, SM, dir fino a M. Ripetete da * ancora tre volte.

Giro 2 (aumenti): *SM, [1 dir rit, 1 rov] due volte, 1 dir rit, SM, aum a sn, dir fino a M, aum a dx. Ripetete da * ancora tre volte (8 m aumentate: 2 per il dietro, 2 per il davanti e 2 per ciascuna manica).
Ripetete i giri 1 e 2: ancora 4 (7, 5, 8, 7, 9) volte, poi ripetete il giro 1.
(260 [296, 320, 344, 376, 404] m totali,
83 [93, 101, 107, 117, 125] m per il davanti e il dietro,
47 [55, 59, 65, 71, 77] m per ogni manica).

SOLO PER LE TAGLIE L, XL e XXL:
Giro 3 (aumenti): *SM, [1 dir rit, 1 rov] due volte, 1 dir rit, SM, dir fino a M, SM, [1 dir rit, 1 rov] due volte, 1 dir rit, SM, aum a sn, dir fino a M, aum a dx. Ripetete da * ancora una volta (4 m aumentate: 2 per il dietro e 2 per il davanti).
Giro 4: *SM, [1 dir rit, 1 rov] due volte, 1 dir rit, SM, dir fino a M. Ripetete da * ancora tre volte.
Ripetete i giri 3 e 4: ancora -- (--, --, 1, 0, 1) volta.

(260, 296, 320, 352, 380, 412] m totali,
83 [93, 101, 111, 119, 129] m per il davanti e il dietro).

SEZIONE 2 - maglia rasata:

Giro 1: *SM, [1 dir rit, 1 rov] due volte, 1 dir rit, SM, dir fino a M. Ripetete da * ancora tre volte.
Ripetete il giro 1 fino a che lo sprone misuri 24 (25, 26, 27, 27, 28) cm, prendendo la misura <u>in obliquo</u> lungo uno dei due raglan decorativi posti sul davanti.

Divisione delle maniche dal corpo:

A questo punto dividerete le maniche e unirete le m del davanti e del dietro per creare il corpo.

Giro d'impostazione: SM (questo è il M che segnala l'inizio del giro), [1 dir rit, 1 rov] due volte, 1 dir rit, RM; posizionate le 47 (55, 59, 65, 71, 77) m della prima manica su un pezzo di filo di scarto; girate il lavoro, avviate 11 (11, 13, 13, 15, 15) m usando l'avvio *cable*, girate nuovamente il lavoro, RM; lavorate nel modo seguente le m del dietro: [1 dir rit, 1 rov] due volte, 1 dir rit, SM; 73 (83, 91, 101, 109, 119) dir, SM; [1 dir rit, 1 rov] due volte, 1 dir rit, RM; spostate le 47 (55, 59, 65, 71, 77) m della seconda manica su un pezzo di filo di scarto; girate il lavoro, avviate 11 (11, 13, 13, 15, 15) m

usando l'avvio *cable*, girate nuovamente il lavoro, RM; lavorate nel modo seguente le m del davanti: [1 dir rit, 1 rov] due volte, 1 dir rit, SM; 73 (83, 91, 101, 109, 119) dir.
(188 [208, 228, 248, 268, 288] m per il corpo).

Corpo (lavorato in tondo e in piano):

A questo punto proseguirete a lavorare il corpo.

SEZIONE 1 - motivo decorativo:

PRIMO PASSAGGIO - PARTONO DA QUI LE TAGLIE XL e XXL:

Giri 1, 2 e 3: *SM, [1 dir rit, 1 rov] due volte, 1 dir rit, dir fino a 5 m prima di M, [1 dir rit, 1 rov] due volte, 1 dir rit, SM, dir fino a M. Ripetete da * ancora una volta.

Giro 4: *SM, [1 dir rit, 1 rov] due volte, 1 dir rit, dim a sn, 11 dir, dim a dx, [1 dir rit, 1 rov] due volte, 1 dir rit, SM, aum a sn, dir fino a M, aum a dx. Ripetete da * ancora una volta.

SECONDO PASSAGGIO - PARTONO DA QUI LE TAGLIE M e L.
LO LAVORANO ANCHE LE TAGLIE XL e XXL DOPO AVER LAVORATO IL PRIMO PASSAGGIO:

Giri 5, 6 e 7: *SM, [1 dir rit, 1 rov] due volte, 1 dir rit, dir fino a 5 m prima di M, [1 dir rit, 1 rov] due volte, 1 dir rit, SM, dir fino a M. Ripetete da * ancora una volta.

Giro 8: *SM, [1 dir rit, 1 rov] due volte, 1 dir rit, dim a sn, 9 dir, dim a dx, [1 dir rit, 1 rov] due volte, 1 dir rit, SM, aum a sn, dir fino a M, aum a dx. Ripetete da * ancora una volta.

TERZO PASSAGGIO - PARTONO DA QUI LE TAGLIE XS e S.
LO LAVORANO ANCHE LE TAGLIE M, L, XL e XXL DOPO AVER LAVORATO IL SECONDO PASSAGGIO:

Giri 9, 10 e 11: *SM, [1 dir rit, 1 rov] due volte, 1 dir rit, dir fino a 5 m prima di M, [1 dir rit, 1 rov] due volte, 1 dir rit, SM, dir fino a M. Ripetete da * ancora una volta.

Giro 12: *SM, [1 dir rit, 1 rov] due volte, 1 dir rit, dim a sn, 7 dir, dim a dx, [1 dir rit, 1 rov] due volte, 1 dir rit, SM, aum a sn, dir fino a M, aum a dx. Ripetete da * ancora una volta.

Giri 13, 14 e 15: ripetete i giri 9, 10 e 11.

Giro 16: *SM, [1 dir rit, 1 rov] due volte, 1 dir rit, dim a sn, 5 dir, dim a dx, [1 dir rit, 1 rov] due volte, 1 dir rit, SM, aum a sn, dir fino a M, aum a dx. Ripetete da * ancora una volta.

Giri 17, 18 e 19: ripetete i giri 9, 10 e 11.

Giro 20: *SM, [1 dir rit, 1 rov] due volte, 1 dir rit, dim a sn, 3 dir, dim a dx, [1 dir rit, 1 rov] due volte, 1 dir rit, SM, aum a sn, dir fino a M, aum a dx. Ripetete da * ancora una volta.

Giri 21, 22 e 23: ripetete i giri 9, 10 e 11.

Giro 24: *SM, [1 dir rit, 1 rov] due volte, 1 dir rit, dim a sn, 1 dir, dim a dx, [1 dir rit, 1 rov] due volte, 1 dir rit, SM, aum a sn, dir fino a M, aum a dx. Ripetete da * ancora una volta.

Giri 25, 26 e 27: ripetete i giri 9, 10 e 11.

Giro 28: *SM, [1 dir rit, 1 rov] due volte, 1 dir rit, dim doppia centrata, [1 dir rit, 1 rov] due volte, 1 dir rit, SM, aum a sn, dir fino a M, aum a dx. Ripetete da * ancora una volta.

Giri 29, 30 e 31: *SM, [1 dir rit, 1 rov] due volte, 1 dir rit, 1 dir, [1 dir rit, 1 rov] due volte, 1 dir rit, SM, dir fino a M. Ripetete da * ancora una volta.

Giro 32: *SM, [1 dir rit, 1 rov] due volte, dim doppia centrata, [1 rov, 1 dir rit] due volte, SM, aum a sn, dir fino a M, aum a dx. Ripetete da * ancora una volta.

Giri 33, 34 e 35: *SM, [1 dir rit, 1 rov] quattro volte, 1 dir rit, SM, dir fino a M. Ripetete da * ancora una volta.

Giro 36: *SM, 1 dir rit, 1 rov, 1 dir rit, dim doppia rov a dx, 1 dir rit, 1 rov, 1 dir rit, SM, aum a sn, dir fino a M, aum a dx. Ripetete da * ancora una volta.

Giri 37, 38 e 39: *SM, [1 dir rit, 1 rov] tre volte, 1 dir rit, SM, dir fino a M. Ripetete da * ancora una volta.

Giro 40: *SM, 1 dir rit, 1 rov, dim doppia centrata, 1 rov, 1 dir rit, SM, aum a sn, dir fino a M, aum a dx. Ripetete da * ancora una volta.

SEZIONE 2 - maglia rasata:

Giro 1: *SM, [1 dir rit, 1 rov] due volte, 1 dir rit, SM, dir fino a M. Ripetete da * ancora una volta.
Ripetete il giro 1 fino a che il lavoro misuri 24 (25, 25, 27, 27, 29) cm dallo scalfo (o fino alla lunghezza desiderata, tenendo conto che il bordo finale misura 2 cm).

SEZIONE 3 - ferri accorciati:

Ora lavorerete i f accorciati che sagomano il dietro.

> **Nota bene:**
> amo i maglioni con la parte dietro più lunga di quella davanti, ma se voi non gradite questo dettaglio, potete tralasciare di lavorare questa sezione e passare direttamente alla sezione del bordo. Potreste anche decidere di lavorare meno ripetizioni per avere un dietro solo leggermente più lungo!

Ferro 1 (DdL - f acc): SM, [1 dir rit, 1 rov] due volte, 1 dir rit, SM, dir fino a M, SM, [1 dir rit, 1 rov] due volte, 1 dir rit, SM, 24 (30, 30, 36, 36, 42) dir, girate il lavoro.

Ferro 2 (RdL - f acc): pass1cfdavanti, tirate il filo verso il dietro al di sopra del f, rov fino a M, SM, [1 rov rit, 1 dir] due volte, 1 rov rit, SM, rov fino a M, SM, [1 rov rit, 1 dir] due volte, 1 rov rit, SM, 24 (30, 30, 36, 36, 42) rov, girate il lavoro.

Ferro 3 (f acc): pass1cfdavanti, tirate il filo verso il dietro al di sopra del f, dir fino a M, SM, [1 dir rit, 1 rov] due volte, 1 dir rit, SM, dir fino a M, SM, [1 dir rit, 1 rov] due volte, 1 dir rit, SM, dir fino a 5 m prima del "punto doppio", girate il lavoro.

Ferro 4 (f acc): pass1cfdavanti, tirate il filo verso il dietro al di sopra del f, rov fino a M, SM, [1 rov rit, 1 dir] due volte, 1 rov rit, SM, rov fino a M, SM, [1 rov rit, 1 dir] due volte, 1 rov rit, SM, rov fino a 5 m prima del "punto doppio", girate il lavoro.

Ripetete i f 3 e 4: ancora 2 (3, 3, 4, 4, 5) volte.

Prossimo ferro (DdL - f acc): pass1cfdavanti, tirate il filo verso il dietro al di sopra del f, dir fino a M (cioè 5 dir).

Attenzione: nel prossimo giro, quando incontrate i "punti doppi", lavorateli a dir come se fossero delle m normali.

Prossimo giro: *SM, [1 dir rit, 1 rov] due volte, 1 dir rit, SM, dir fino a M. Ripetete da * ancora una volta.

SEZIONE 4 - bordo:

Proseguite con il f circolare numero 3 mm.

Giro 1: SM, [1 dir rit, 1 rov] fino alla fine del giro.

Ripetete il giro 1 fino che il bordo a coste ritorte misuri 2 cm.

Nell'ultimo giro RM, chiudete tutte le m e tagliate il filo.

(26 [27, 27, 29, 29, 31] cm dallo scalfo misurati lungo il davanti).

Maniche (lavorate in tondo, entrambe alla stessa maniera):

Lavorando le maniche, usate il metodo preferito per la lavorazione di piccole circonferenze: 4 f a doppia punta, il *magic loop*, due f circolari ecc. Personalmente preferisco il *magic loop*!

Unite il filo di un nuovo gomitolo per eseguire la lavorazione.

Posizionate le 47 (55, 59, 65, 71, 77) m della manica lasciate in sospeso sul f circolare numero 4 mm con il cavo lungo 80 cm e rimuovete il filo di scarto.

Tenendo il DdL rivolto verso di voi, PM (questo è il M che segnala l'inizio del giro); poi riprendete 11 (11, 13, 13, 15, 15) m dallo scalfo, PM; infine dir fino alla fine del giro.

(58 [66, 72, 78, 86, 92] m per la manica).

SEZIONE 1 - motivo decorativo:

> **PRIMO PASSAGGIO - PARTONO DA QUI LE TAGLIE XL e XXL:**
>
> ***Giri 1, 2 e 3:*** SM, [1 dir rit, 1 rov] due volte, 1 dir rit, dir fino a 5 m prima di M, [1 dir rit, 1 rov] due volte, 1 dir rit, SM, dir fino a M.
>
> ***Giro 4:*** SM, [1 dir rit, 1 rov] due volte, 1 dir rit, dim a sn, 1 dir, dim a dx, [1 dir rit, 1 rov] due volte, 1 dir rit, SM, aum a sn, dir fino a M, aum a dx.

> **SECONDO PASSAGGIO - PARTONO DA QUI LE TAGLIE M e L.**
> **LO LAVORANO ANCHE LE TAGLIE XL e XXL DOPO AVER LAVORATO IL PRIMO PASSAGGIO:**
>
> ***Giri 5, 6 e 7:*** SM, [1 dir rit, 1 rov] due volte, 1 dir rit, dir fino a 5 m prima di M, [1 dir rit, 1 rov] due volte, 1 dir rit, SM, dir fino a M.
>
> ***Giro 8:*** SM, [1 dir rit, 1 rov] due volte, 1 dir rit, dim doppia centrata, [1 dir rit, 1 rov] due volte, 1 dir rit, SM, aum a sn, dir fino a M, aum a dx.

TERZO PASSAGGIO - PARTONO DA QUI LE TAGLIE XS e S.
LO LAVORANO ANCHE LE TAGLIE M, L, XL e XXL DOPO AVER LAVORATO IL SECONDO PASSAGGIO:

Giri 9, 10 e 11: SM, [1 dir rit, 1 rov] due volte, 1 dir, [1 dir rit, 1 rov] due volte, 1 dir rit, SM, dir fino a M.

Giro 12: SM, [1 dir rit, 1 rov] due volte, dim doppia centrata, [1 rov, 1 dir rit] due volte, SM, aum a sn, dir fino a M, aum a dx.

Giri 13, 14 e 15: SM, [1 dir rit, 1 rov] quattro volte, 1 dir rit, SM, dir fino a M.

Giro 16: SM, 1 dir rit, 1 rov, 1 dir rit, dim doppia rov a dx, 1 dir rit, 1 rov, 1 dir rit, SM, aum a sn, dir fino a M, aum a dx.

Giri 17, 18 e 19: SM, [1 dir rit, 1 rov] tre volte, 1 dir rit, SM, dir fino a M.

Giro 20: SM, 1 dir rit, 1 rov, dim doppia centrata, 1 rov, 1 dir rit, SM, aum a sn, dir fino a M, aum a dx.

Giro 21: SM, [1 dir rit, 1 rov] due volte, 1 dir rit, SM, dir fino a M.

Ripetete il giro 21 fino a che la manica misuri 13 (13, 11, 9, 9, 7) cm dallo scalfo.

SEZIONE 2 - diminuzioni:

A questo punto lavorerete le diminuzioni che sagomano la manica.

Giro 1 (diminuzioni): SM, [1 dir rit, 1 rov] due volte, 1 dir rit, SM, dim a dx, dir fino a 2 m prima di M, dim a sn (2 m diminuite).
Giri da 2 a 8: SM, [1 dir rit, 1 rov] due volte, 1 dir rit, SM, dir fino a M.
Ripetete i giri da 1 a 8: ancora 4 (5, 6, 8, 10, 11) volte.
(48 [54, 58, 60, 64, 68] m per la manica).

SEZIONE 3 - maglia rasata:
Giro 1: SM, [1 dir rit, 1 rov] due volte, 1 dir rit, SM, dir fino a M.
Ripetete il giro 1 fino a che la manica misuri 37 (39, 41, 42, 42, 44) cm dallo scalfo (o fino alla lunghezza desiderata, tenendo conto che il bordo finale misura 2 cm).

SEZIONE 4 - bordo:
Proseguite con il f circolare numero 3 mm.

> **PER LE TAGLIE XS, S e XXL:**
> *Giro 1 (diminuzioni):* SM, [1 dir rit, 1 rov] due volte, 1 dir rit, RM, 3 (9, --, --, --, 3) dir, [8 dir, dim a sn] fino alla fine del giro (4 [4, --, --, --, 6] m diminuite).

> **PER LE TAGLIE M, L e XL:**
> *Giro 1 (diminuzioni):* SM, [1 dir rit, 1 rov] due volte, 1 dir rit, RM, dim a dx, -- (--, 1, 3, 7, --) dir, [8 dir, dim a sn] fino alla fine del giro (-- [--, 6, 6, 6, --] m diminuite).

(44 [50, 52, 54, 58, 62] m per la manica).

Giro 2: SM, [1 dir rit, 1 rov] fino alla fine del giro.
Ripetete il giro 2 fino che il bordo a coste ritorte misuri 2 cm.
Nell'ultimo giro RM, chiudete tutte le m e tagliate il filo.
(39 [41, 43, 44, 44, 46] cm dallo scalfo).

Collo (lavorato in tondo):

Unite il filo di un nuovo gomitolo per eseguire la lavorazione.
Tenendo il DdL rivolto verso di voi, incominciate in corrispondenza dell'angolo destro dello scollo dietro.
Usando il f circolare numero 3 mm con il cavo lungo 40 cm, riprendete 29 (31, 35, 35, 39, 41) m lungo lo scollo dietro; riprendete 5 m lungo il primo raglan decorativo; riprendete 3 m lungo la manica sinistra; riprendete 5 m lungo il secondo raglan decorativo; riprendete 23 (25, 29, 29, 33, 35) m lungo la prima parte obliqua dello scollo davanti; riprendete 1 m nel vertice dello scollo a V (e lasciate un M a lucchetto incastrato nella maglia); riprendete 23 (25, 29, 29, 33, 35) m lungo la seconda parte obliqua dello scollo davanti; poi riprendete 5 m lungo il terzo raglan decorativo; quindi riprendete 3 m lungo la manica destra; infine riprendete 5 m lungo il quarto raglan decorativo. PM (questo è il M che segnala l'inizio del giro) e unite in tondo.
(102 [108, 120, 120, 132, 138] m per il collo).
A questo punto incomincerete le diminuzioni che sagomano il collo. Sono poste in corrispondenza del vertice dello scollo a V.
Giro 1: SM, [1 rov, 1 dir rit] fino alla fine del giro.
Giro 2 (diminuzioni): SM, [1 rov, 1 dir rit] fino a 1 m prima della m posta sul vertice dello scollo a V (la m contrassegnata con il M a lucchetto), dim doppia centrata, [1 dir rit, 1 rov] fino a 1 m prima della fine del giro, 1 dir rit (2 m diminuite).
Giro 3: SM, [1 rov, 1 dir rit] fino alla m posta sul vertice dello scollo a V, 1 dir rit, [1 dir rit, 1 rov] fino a 1 m prima della fine del giro, 1 dir rit.
Giro 4 (diminuzioni): SM, [1 rov, 1 dir rit] fino a 2 m prima della m posta sul vertice dello scollo a V, 1 rov, dim doppia centrata, [1 rov, 1 dir rit] fino alla fine del giro (2 m diminuite).
Giro 5: SM, [1 rov, 1 dir rit] fino alla fine del giro.
Giro 6 (diminuzioni): SM, [1 rov, 1 dir rit] fino a 1 m prima della m posta sul vertice dello scollo a V, dim doppia centrata, [1 dir rit, 1 rov] fino a 1 m prima della fine del giro, 1 dir rit (2 m diminuite).
(96 [102, 114, 114, 126, 132] m per il collo).
Nell'ultimo giro RM, chiudete tutte le m e tagliate il filo.

Rifiniture:

Fissate i fili.
Bloccate leggermente il maglione invernale (guardate anche il glossario), indossatelo e... siate *chic*!

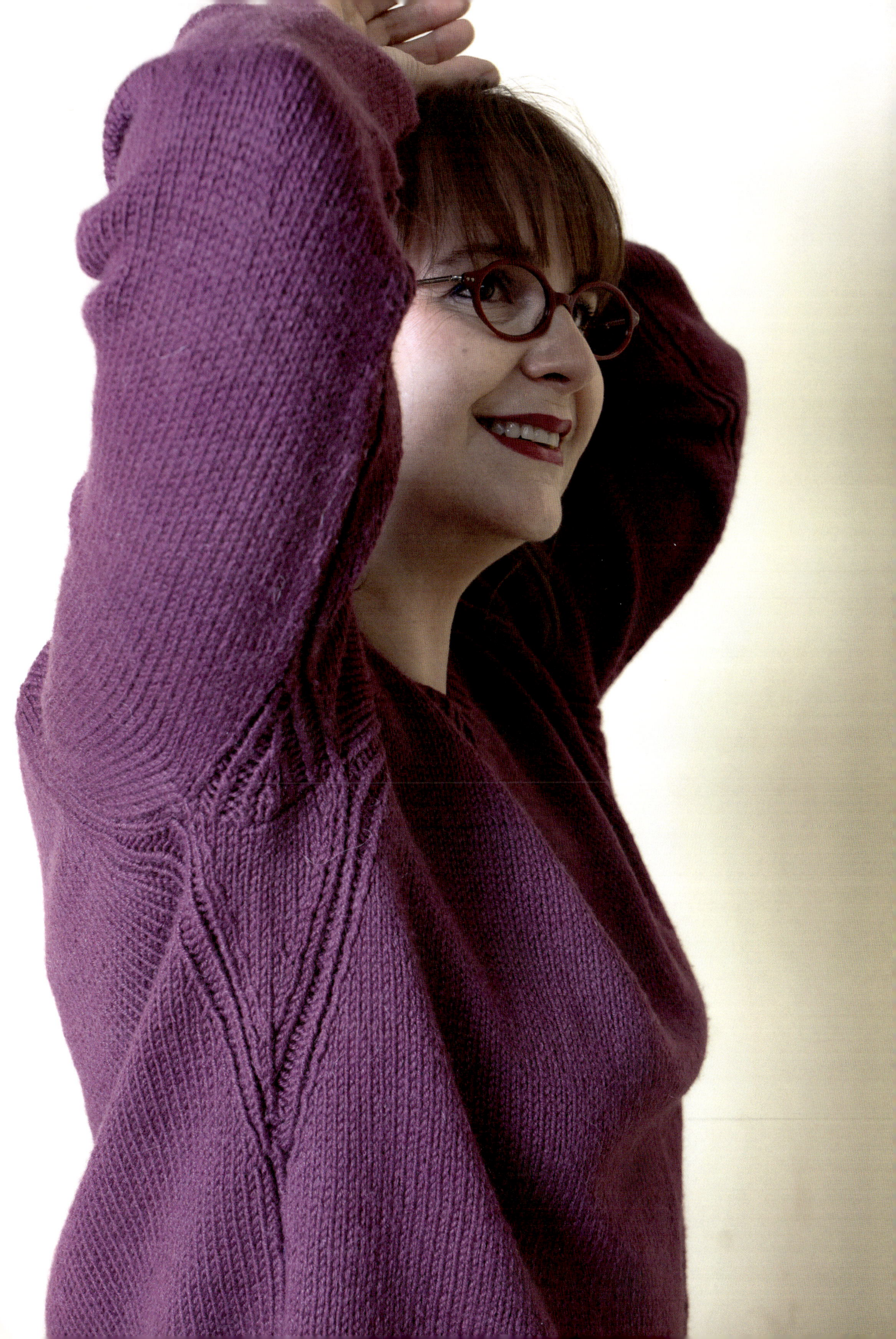

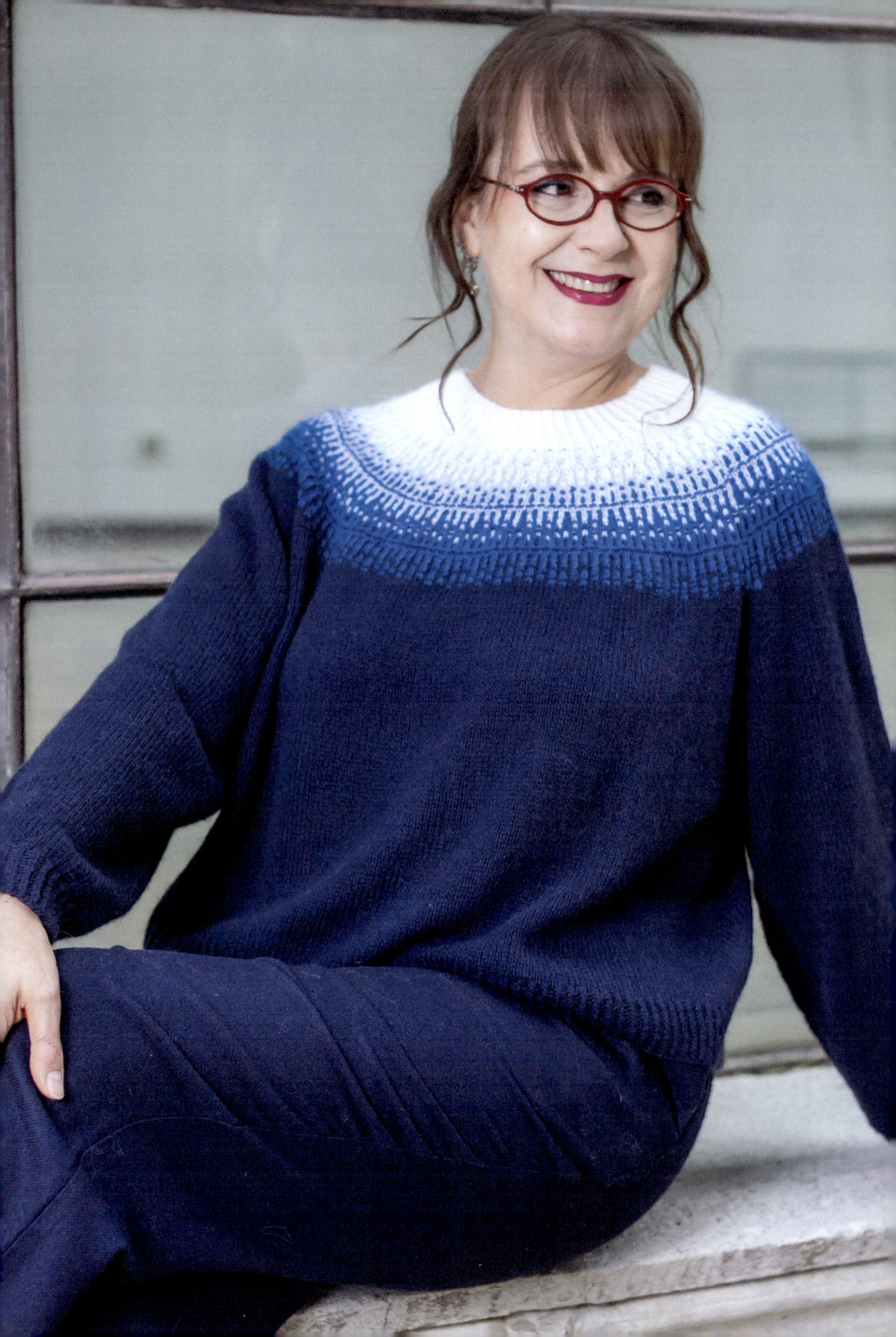

Maglione multicolore

Livello di difficoltà ★ ★ ★ ★

Nei confronti dei maglioni lavorati a più colori ho sempre provato un sentimento ambivalente. Da un lato mi attraggono e ne sono affascinata, dall'altro li rifuggo perché temo di stancarmi dei disegni e delle fantasie. A lungo ho cercato una tecnica che mi soddisfacesse totalmente! E dopo tante ricerche, ho trovato la risposta: la lavorazione a colori *Bohus*. È una tecnica non molto conosciuta, che impiega motivi molto piccoli e geometrici, giochi di maglie diritte e rovesce e l'uso di colori in gradazione o con al massimo piccole variazioni. Insomma, l'ideale per avere un risultato che possa soddisfare la voglia di colore con un tocco di raffinatezza. Naturalmente potrete scegliere anche colori più contrastanti, ma trovo che utilizzare tonalità in accordo accentui l'eleganza del capo.

Il **maglione multicolore** è un maglione *oversized*, lavorato dall'alto verso il basso in un unico pezzo senza cuciture.

Si incomincia con il primo colore, montando le maglie per il collo e lavorando un bordo a coste ritorte. La lavorazione dello sprone si divide in varie fasi. Innanzitutto si lavora la prima serie di ferri accorciati per alzare il dietro e le spalle, poi si incomincia a lavorare anche con gli altri colori e con la tecnica *Bohus* (a fili passati), inserendo anche gli aumenti per modellare lo sprone, infine si prosegue con gli aumenti secondo uno sprone raglan e con dei ferri accorciati per modellare le maniche e il dietro. Dopo la separazione delle maniche dal corpo, i tre pezzi sono completati separatamente.

Le maniche sono lunghe e ampie; i bordi del corpo e delle maniche sono lavorati con un bordo a coste ritorte uguale a quello del collo.

Taglie:

XS (S, M, L, XL, XXL) vestono un giroseno di 76 (86, 96, 106, 117, 127) cm.
Le foto si riferiscono alla taglia M indossata da una modella con un giroseno di 96 cm con un agio di 30 cm.
Se desiderate la stessa vestibilità del modello in foto, dovrete scegliere una misura che sia di 25-35 cm circa più ampia del vostro giroseno reale.

Misure finite:

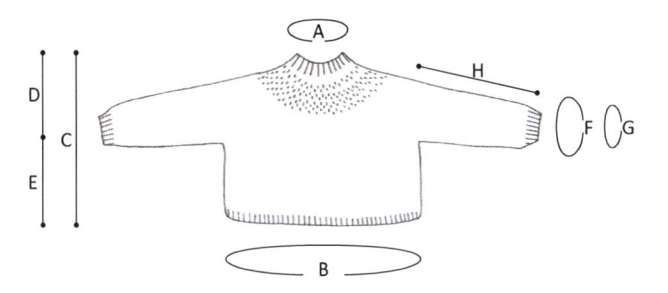

A - circonferenza del collo: 49 (51, 53, 55, 58, 61) cm.
B - circonferenza del seno: 101 (111, 126, 136, 152, 162) cm.
C - lunghezza totale: 47 (48, 49, 52, 53, 56) cm misurati lungo il davanti; il maglione misurerà un paio di cm nella parte dietro.
D - lunghezza dello sprone: 22 (23, 24, 25, 26, 27) cm misurati lungo il davanti.
E - lunghezza dallo scalfo: 25 (25, 25, 27, 27, 29) cm.
F - circonferenza della manica: 34 (37, 41, 45, 51, 55) cm.
G - circonferenza del polsino: 21 (23, 25, 27, 31, 33) cm.
H - lunghezza della manica dallo scalfo: 41 (43, 43, 44, 45, 46) cm.

Filato e ferri:

CARDIFF CASHMERE Classic (100% cashmere; 112 m per gomitolo da 25 gr).
Colore 1 (C1): 623 (Candido); 1 (1, 1, 1, 1, 2) gomitoli (84 [88, 90, 103, 112, 125] m);
Colore 2 (C2): 644 (Baby); 1 gomitolo (66 [68, 70, 83, 90, 105] m);
Colore 3 (C3): 592 (Garçonne); 1 (1, 1, 1, 1, 2) gomitoli (84 [88, 90, 103, 112, 125] m);
Colore 4 (C4): 647 (Cosmo); 12 (12, 12, 13, 14, 15) gomitoli (1260 [1305, 1340, 1440, 1540, 1655] m).
Il metraggio indicato è il consumo effettivo.
Ferri circolari:
numero 3 mm con il cavo lungo 40 cm, 60 cm e 80 cm.

(Opzionale, se avete una mano particolarmente stretta, per la lavorazione *Bohus*: numero 3.5 mm o 4 mm con il cavo lungo 40 cm, 60 cm e 80 cm). Se necessario modificate il numero dei f per ottenere il campione corretto.
4 marcapunti di cui uno diverso (che segnala l'inizio del giro).
Filo di scarto.
Ago da lana e forbici.
Spilli e metro da sarta per il bloccaggio.
Opzionale:
14 (16, 18, 20, 22, 24, 26) marcapunti.

> **Consigli sul filato:**
> tradizionalmente i maglioni lavorati con la tecnica *Bohus* richiedono un filato di angora: sottile, leggero e con una presenza di pelo decisamente importante. L'angora, però, ha il difetto di perdere davvero tanti peli e molti, me compresa, trovano questa caratteristica fastidiosa. Quindi io ho scelto un cashmere: più pregiato e costoso, dotato di una pelosità non invasiva, ma altrettanto morbido e leggero. Anche questo filato, però, può non mettere d'accordo tutti, i più sensibili dal punto di vista ecosostenibile potrebbero avere dei problemi a lavorarlo. Con cosa sostituirlo, quindi? Con un filato di alpaca, se vogliamo conservare la caratteristica della pelosità o con un filato in lana Shetland, se vogliamo conservare la caratteristica della leggerezza: a voi la scelta! Una parola sui colori: se desiderate un effetto raffinato ed elegante, scegliete i colori in gradazione e non sarete delusi, se desiderate un effetto più d'impatto, scegliete dei colori a contrasto.

Attenzione: i colori (o il filato) sono diversi da quelli proposti?
Annotateli nella tabella per non dimenticarvene.

C1	
C2	
C3	
C4	

Campione:

24 m e 36 f/giri = 10 cm lavorati a maglia rasata (dopo il bloccaggio) usando i f numero 3 mm.

Grafico dello sprone:

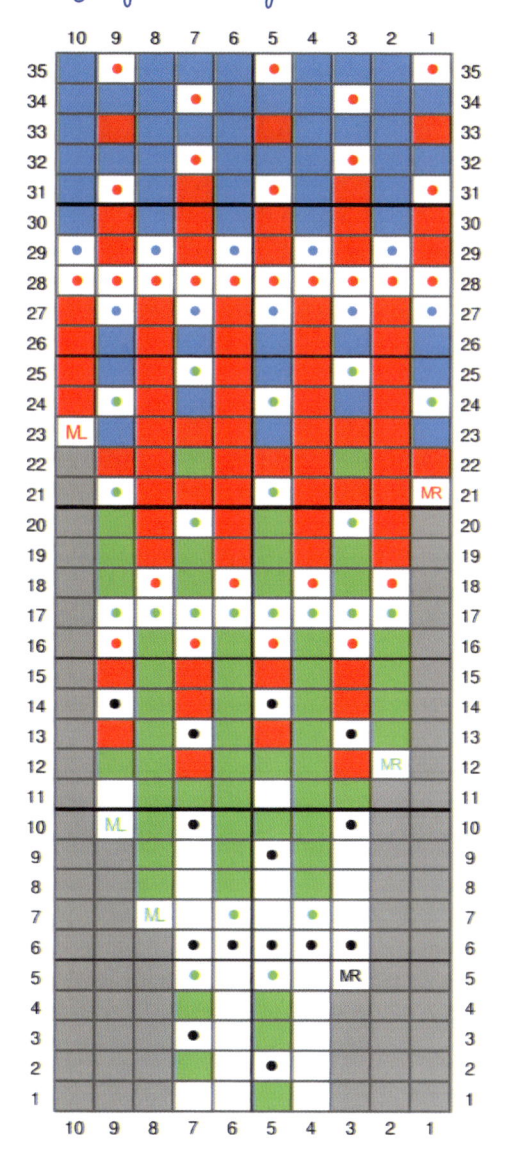

Legenda:

- ☐ con il C1 dir
- 🟩 con il C2 dir
- 🟥 con il C3 dir
- 🟦 con il C4 dir
- • con il C1 rov
- • con il C2 rov
- • con il C3 rov
- • con il C4 rov
- MR con il C1 aum a dx
- ML con il C2 aum a sn
- MR con il C2 aum a dx
- ML con il C3 aum a sn
- MR con il C3 aum a dx
- ▓ nessuna maglia

Attenzione: il grafico è lavorato in tondo, gli aumenti sono compresi nelle ripetizioni del motivo per lo sprone, consiglio di prestare particolare attenzione durante la lavorazione dello schema. All'inizio dello schema potete posizionare dei marcapunti ogni 4 m per segnalare le ripetizioni e facilitare il lavoro; ci saranno 30 (31, 32, 33, 35, 37) ripetizioni.
Alla fine del giro 14 tagliate il C1, alla fine del giro 25 tagliate il C2 e alla fine del giro 35 tagliate il C3.

Istruzioni scritte dello sprone:

Attenzione: il grafico è lavorato in tondo, gli aumenti sono compresi nelle ripetizioni del motivo per lo sprone, consiglio di prestare particolare attenzione durante la lavorazione dello schema. All'inizio dello schema potete posizionare dei marcapunti ogni 4 m per segnalare le ripetizioni e facilitare il lavoro.

Giro 1: SM, *con il C1 1 dir, con il C2 1 dir, con il C1 2 dir. Ripetete da * fino alla fine del giro.

Giro 2: SM, *con il C1 1 dir, con il C1 1 rov, con il C1 1 dir, con il C2 1 dir. Ripetete da * fino alla fine del giro.

Giro 3: SM, *con il C1 1 dir, con il C2 1 dir, con il C1 1 dir, con il C1 1 rov. Ripetete da * fino alla fine del giro.

Giro 4: SM, *[con il C1 1 dir, con il C2 1 dir] due volte. Ripetete da * fino alla fine del giro.

Giro 5 (aumenti): SM, *con il C1 aum a dx, [con il C1 1 dir, con il C2 1 rov] due volte. Ripetete da * fino alla fine del giro (5 m per ripetizione).

Giro 6: SM, *con il C1 5 rov. Ripetete da * fino alla fine del giro.

Giro 7 (aumenti): SM, *[con il C1 1 dir, con il C2 1 rov] due volte, con il C1 1 dir, con il C2 aum a sn. Ripetete da * fino alla fine del giro (6 m per ripetizione).

Giro 8: SM, *[con il C1 1 dir, con il C2 1 dir] tre volte. Ripetete da * fino alla fine del giro.

Giro 9: SM, *con il C1 1 dir, con il C2 1 dir, con il C1 1 rov, con il C2 1 dir, con il C1 1 dir, con il C2 1 dir. Ripetete da * fino alla fine del giro.

Giro 10 (giro degli aumenti): SM, *con il C1 1 rov, con il C2 3 dir, con il C1 1 rov, con il C2 1 dir, con il C2 aum a sn. Ripetete da * fino alla fine del giro (7 m per ripetizione).

Giro 11: SM, *con il C2 2 dir, con il C1 1 dir, con il C2 3 dir, con il C1 1 dir. Ripetete da * fino alla fine del giro.

Giro 12 (giro degli aumenti): SM, *con il C2 aum a dx, con il C3 1 dir, con il C2 3 dir, con il C3 1 dir, con il C2 2 dir. Ripetete da * fino alla fine del giro (8 m per ripetizione).

Giro 13: SM, *[con il C2 1 dir, con il C1 1 rov, con il C2 1 dir, con il C3 1 dir] due volte. Ripetete da * fino alla fine del giro.

Giro 14: SM, *[con il C2 1 dir, con il C3 1 dir, con il C2 1 dir, con il C1 1 rov] due volte. Ripetete da * fino alla fine del giro. Tagliate il C1.

Giro 15: SM, *[con il C2 1 dir, con il C3 1 dir] quattro volte. Ripetete da * fino alla fine del giro.

Giro 16: SM, *[con il C2 1 dir, con il C3 1 rov] quattro volte. Ripetete da * fino alla fine del giro.

Giro 17: SM, *con il C2 8 rov. Ripetete da * fino alla fine del giro.

Giro 18: SM, *[con il C3 1 rov, con il C2 1 dir] quattro volte. Ripetete da * fino alla fine del giro.

Giro 19: SM, *[con il C3 1 dir, con il C2 1 dir] quattro volte. Ripetete da * fino alla fine del giro.

Giro 20: SM, *[con il C3 1 dir, con il C2 1 rov, con il C3 1 dir, con il C2 1 dir] due volte. Ripetete da * fino alla fine del giro.

Giro 21 (giro degli aumenti): SM, *con il C3 aum a dx, [con il C3 3 dir, con il C2 1 rov] due volte. Ripetete da * fino alla fine del giro (9 m per ripetizione).

Giro 22: SM, *con il C3 2 dir, con il C2 1 dir, con il C3 3 dir, con il C2 1 dir, con il C3 2 dir. Ripetete da * fino alla fine del giro.

Giro 23 (giro degli aumenti): SM, *[con il C4 1 dir, con il C3 3 dir] due volte, con il C4 1 dir, con il C3 aum a sn. Ripetete da * fino alla fine del giro (10 m per ripetizione).

Giro 24: SM, *[con il C2 1 rov, con il C3 1 dir, con il C4 1 dir, con il C3 1 dir, con il C2 1 rov, con il C3 1 dir. Ripetete da * fino alla fine del giro.

Giro 25: SM, *[con il C4 1 dir, con il C3 1 dir, con il C2 1 rov, con il C3 1 dir] due volte, con il C4 1 dir, con il C3 1 dir. Ripetete da * fino alla fine del giro. Tagliate il C2.

Giro 26: SM, *[con il C4 1 dir, con il C3 1 dir] cinque volte. Ripetete da * fino alla fine del giro.

Giro 27: SM, *[con il C4 1 rov, con il C3 1 dir] cinque volte. Ripetete da * fino alla fine del giro.

Giro 28: SM, *con il C3 10 rov. Ripetete da * fino alla fine del giro.

Giro 29: SM, *[con il C3 1 dir, con il C4 1 rov] cinque volte. Ripetete da * fino alla fine del giro.

Giro 30: SM, *[con il C3 1 dir, con il C4 1 dir] cinque volte. Ripetete da * fino alla fine del giro.

Giro 31: SM, *[con il C3 1 rov, con il C4 1 dir, con il C3 1 dir, con il C4 1 dir] due volte, con il C3 1 rov, con il C4 1 dir. Ripetete da * fino alla fine del giro.

Giro 32: SM, *con il C4 2 dir, [con il C3 1 rov, con il C4 3 dir] due volte. Ripetete da * fino alla fine del giro.

Giro 33: SM, *[con il C3 1 dir, con il C4 3 dir] due volte, con il C3 1 dir, con il C4 1 dir. Ripetete da * fino alla fine del giro.

Giro 34: SM, *con il C4 2 dir, [con il C3 1 rov, con il C4 3 dir] due volte. Ripetete da * fino alla fine del giro.

Giro 35: SM, *[con il C3 1 rov, con il C4 3 dir] due volte, con il C3 1 rov, con il C4 1 dir. Ripetete da * fino alla fine del giro. Tagliate il C3.
(300 [310, 320, 330, 350, 370] m totali).

Spiegazioni - Si incomincia dall'alto
Bordo (lavorato in tondo):

Le spiegazioni sono date per la taglia XS, le taglie S, M, L, XL e XXL sono tra parentesi. Quando non appaiono le parentesi, la spiegazione è valida per tutte le taglie.

Attenzione: durante la lavorazione dello schema, troverete delle tabelle con all'interno delle indicazioni da apportare per la vostra taglia. Cercatela con attenzione e seguite le istruzioni per avere un risultato perfetto!

Incominciate a lavorare in tondo il bordo del collo. Usando il C1 e il f circolare con il cavo lungo 40 cm, avviate 120 (124, 128, 132, 140, 148) m usando l'avvio *long tail*. PM (questo è il M che segnala l'inizio del giro) e unite in tondo, stando attenti a non girare il lavoro.

Quando lavorate lo sprone, potete cambiare il f circolare con quello dal cavo più lungo quando le m sul f diventano troppe.

Giro d'impostazione: SM, [1 dir rit, 1 rov] fino alla fine del giro.

Ripetete questo giro fino che il collo a coste ritorte misuri 4 cm (se desiderate, è possibile variare a piacere l'altezza del collo).

Sprone (lavorato in piano e in tondo):

SEZIONE 1 - ferri accorciati:
Ora lavorerete i f accorciati che sagomano il dietro e le spalle.

> **Nota bene:**
> questa sezione è facoltativa. La consiglio per una migliore vestibilità, ma nel caso non se ne abbia bisogno o se non si gradisca che la parte dietro risulti così alta, si può ometterla o anche diminuire il numero di ripetizioni dei ferri accorciati. Dopo aver completato la lavorazione dello sprone, consiglio caldamente una prova e, se dovesse risultare necessario, si potrà incrementare il numero dei ferri accorciati nella sezione 3 dello sprone.

Ferro 1 (DdL - f acc): SM, 81 (84, 86, 89, 94, 99) dir, girate il lavoro.
Ferro 2 (RdL - f acc): pass1cfdavanti, tirate il filo verso il dietro al di sopra del f, rov fino a M, SM, 1 rov, girate il lavoro.
Ferro 3 (f acc): pass1cfdavanti, tirate il filo verso il dietro al di sopra del f, dir fino al "punto doppio" (passando il M), lavorate a dir il "punto doppio", 4 dir, girate il lavoro.
Ferro 4 (f acc): pass1cfdavanti, tirate il filo verso il dietro al di sopra del f, lavorate a rov fino al "punto doppio" (passando il M), lavorate a rov il "punto doppio", 4 rov, girate il lavoro.
Ripetete i f 3 e 4: ancora 2 (2, 2, 3, 3, 3) volte.
Alla fine di questo passaggio il lavoro si dovrebbe presentare più o meno come nella figura qui sotto.

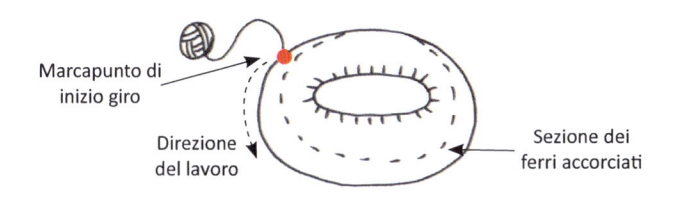

Prossimo ferro (f acc): pass1cfdavanti, tirate il filo verso il dietro al di sopra del f, dir fino alla fine del f (cioè fino al M).
A questo punto il collo e le spalle sono terminati e proseguirete lavorando lo sprone.

SEZIONE 2 - lavorazione a colori e aumenti:

Attenzione: a questo punto, se avete la mano particolarmente stretta, proseguite con il f circolare numero 3.5 mm o 4 mm. Nel giro d'impostazione, se lo desiderate, potete anche posizionare i marcapunti per segnalare le ripetizioni e facilitare il lavoro. I marcapunti vanno posizionati ogni 4 m (ci saranno 30 [31, 32, 33, 35, 37] ripetizioni).
Giro d'impostazione: SM, dir fino alla fine del giro e quando incontrate i "punti doppi", lavorateli a dir come se fossero delle m normali.
Seguendo il grafico o le istruzioni scritte, lavorate i giri da 1 a 35 del grafico dello sprone, facendo attenzione a non tirare i fili passanti sul retro del lavoro.
(300 [310, 320, 330, 350, 370] m).

Nota bene:
terminato il grafico, è assolutamente necessaria una prova. Trasferite quindi le maglie su un pezzo di filo di scarto e provate il lavoro, facendolo passare per la testa e allargandolo bene sulle spalle. Se lo sprone cede, si allarga e si adatta bene alla forma delle spalle, si può proseguire con il lavoro, altrimenti sarà necessario disfare e rifare il lavoro a colori usando un ferro di diametro maggiore. Inoltre, se non si sono lavorati i ferri accorciati subito dopo il bordo del collo (o se ne sono stati lavorati meno del numero indicato), controllate attentamente la vestibilità: se dovesse risultare necessario si potrà facilmente incrementare il numero dei ferri accorciati nella successiva sezione 3 dello sprone.

Se avete usato un f circolare numero 3.5 mm o 4 mm, proseguite con il f circolare numero 3 mm. Proseguite con il C4.
Attenzione: nel giro d'impostazione posizionerete altri tre marcapunti per delimitare le maniche. I marcapunti serviranno sia per segnalare la posizione degli aumenti che per la lavorazione dei f accorciati.
Giro d'impostazione: SM, 50 (51, 53, 55, 58, 62) dir, PM (questa è la prima manica); 100 (104, 107, 110, 117, 123) dir, PM (questo è il dietro); 50 (51, 53, 55, 58, 62) dir, PM (questa è la seconda manica); 99 (103, 106, 109, 116, 122) dir, aum a dx, 1 dir (questo è il davanti).
(301 [311, 321, 331, 351, 371] m totali,
101 [105, 108, 111, 118, 124] m per il davanti,
100 [104, 107, 110, 117, 123] m per il dietro,
50 [51, 53, 55, 58, 62] m per ogni manica).

SEZIONE 3 - ferri accorciati e aumenti per i raglan:

Ora lavorerete i f accorciati e incomincerete a lavorare anche gli aumenti che sagomano il dietro e le spalle.
Ferro 1 (DdL - f acc - aumenti per i raglan): *SM, 1 dir, aum a sn, dir fino a 1 m prima di M, aum a dx, 1 dir. Ripetete da * ancora due volte, SM, 1 dir, aum a sn, 2 dir, girate il lavoro (7 m aumentate: 2 per il dietro e le spalle, 1 per il davanti).
Ferro 2 (RdL - f acc): pass1cfdavanti, tirate il filo verso il dietro al di sopra del f, *rov fino a M, SM. Ripetete da * ancora tre volte, 4 rov, girate il lavoro.

Ferro 3 (f acc - aumenti per i raglan): pass1cfdavanti, tirate il filo verso il dietro al di sopra del f, *dir fino a 1 m prima di M, aum a dx, 1 dir, SM, 1 dir, aum a sn. Ripetete da * ancora tre volte, dir fino al "punto doppio", lavorate a dir il "punto doppio", 2 dir, girate il lavoro (8 m aumentate).
Ferro 4 (f acc): pass1cfdavanti, tirate il filo verso il dietro al di sopra del f, *rov fino a M, SM. Ripetete da * ancora tre volte, rov fino al "punto doppio", lavorate a rov il "punto doppio", 2 rov, girate il lavoro.
Ripetete i f 3 e 4: ancora quattro volte.
(348 [358, 368, 378, 398, 418] m totali,
112 [116, 119, 122, 129, 135] m per il davanti e il dietro,
62 [63, 65, 67, 70, 74] m per ogni manica).
Prossimo ferro (f acc): pass1cfdavanti, tirate il filo verso il dietro al di sopra del f, dir fino alla fine del f (cioè fino al M).

SEZIONE 4 - aumenti per i raglan:
Attenzione: nel giro 1, quando incontrate i "punti doppi", lavorateli a dir come se fossero delle m normali.
Giro 1 (aumenti per i raglan): *SM, 1 dir, aum a sn, dir fino a 1 m prima di M, aum a dx, 1 dir. Ripetete da * ancora tre volte (8 m aumentate).
Giro 2: dir fino alla fine del giro (passando i M).
Ripetete i giri 1 e 2: ancora -- (3, 9, 11, 14, 17) volte.
(356 [390, 448, 474, 518, 562] m totali,
114 [124, 139, 146, 159, 171] m per il davanti e il dietro,
64 [71, 85, 91, 100, 110] m per ogni manica).

> **SOLO PER LE TAGLIE XS, S e M (aumenti per le maniche):**
> *Giro 1 (aumenti):* *SM, 1 dir, aum a sn, dir fino a 1 m prima di M, aum a dx, 1 dir, SM, dir fino a M. Ripetete da * ancora una volta. (4 m aumentate).
> *Giro 2:* dir fino alla fine del giro (passando i M).
> Ripetete i giri 1 e 2: ancora 4 (3, --, --, --, --) volte.

(376 [406, 452, 474, 518, 562] m totali,
114 [124, 139, 146, 159, 171] m per il davanti e il dietro,
74 [79, 87, 91, 100, 110] m per ogni manica).

SEZIONE 5 - maglia rasata:
Giro 1: dir fino alla fine del giro (passando i M).
Ripetete il giro 1 fino a quando il maglione misuri 22 (23, 24, 25, 26, 27) cm dall'inizio del lavoro, prendendo la misura lungo il davanti.

Divisione delle maniche dal corpo:

A questo punto dividerete le maniche e unirete le m del davanti e del dietro per creare il corpo.
Giro d'impostazione: SM (questo è il M che segnala l'inizio del giro), spostate le 74 (79, 87, 91, 100, 110) m della prima manica su un pezzo di filo di scarto, RM; girate il lavoro, avviate 8 (10, 13, 18, 24, 24) m usando l'avvio *cable*, girate nuovamente il lavoro; lavorate a dir le 114 (124, 139, 146, 159, 171) m del dietro, RM; spostate le 74 (79, 87, 91, 100, 110) m della seconda manica su un pezzo di filo di scarto, RM; girate il lavoro, avviate 8 (10, 13, 18, 24, 24) m usando l'avvio *cable*; girate nuovamente il lavoro e lavorate a dir le 114 (124, 139, 146, 159, 171) m del davanti.
(244 [268, 304, 328, 366, 390] m per il corpo).
Prossimo giro: SM, dir fino alla fine del giro.

Corpo (lavorato in tondo):

A questo punto proseguirete a lavorare in tondo il corpo.

SEZIONE 1 - maglia rasata:
Giro 1: SM, dir fino alla fine del giro.
Ripetete il giro 1 fino a che il maglione misuri 21 (21, 21, 23, 23, 25) cm dallo scalfo (o fino alla lunghezza desiderata, tenendo conto che il bordo finale misura 4 cm).

SEZIONE 2 - bordo:
Giro 1: SM, [1 dir rit, 1 rov] fino alla fine del giro.
Ripetete il giro 1 fino che il bordo a coste ritorte misuri 4 cm.
Nell'ultimo giro RM, chiudete tutte le m e tagliate il filo.
(25 [25, 25, 27, 27, 29] cm dallo scalfo).

Maniche (lavorate in tondo, entrambe alla stessa maniera):

Lavorando le maniche, usate il metodo preferito per la lavorazione di piccole circonferenze: 4 f a doppia punta, il *magic loop*, due f circolari ecc. Personalmente preferisco il *magic loop*!
Unite il filo di un nuovo gomitolo del C4 per eseguire la lavorazione.
Posizionate le 74 (79, 87, 91, 100, 110) m della manica lasciate in sospeso sul f circolare con il cavo lungo 80 cm e rimuovete il filo di scarto.

Riprendete 4 (5, 7, 9, 12, 12) m dalla prima metà dello scalfo, PM (questo è il M che segnala l'inizio del giro); quindi riprendete 4 (5, 6, 9, 12, 12) m dalla seconda metà dello scalfo; infine dir fino a M.
(82 [89, 100, 109, 124, 134] m per la manica).

SEZIONE 1 - maglia rasata:
Giro 1: SM, dir fino alla fine del giro.
Ripetete il giro 1 fino a che la manica misuri 6 (6, 5, 5, 1, 1) cm dallo scalfo.

SEZIONE 2 - diminuzioni:
A questo punto incomincerete le diminuzioni che sagomano la manica.
Giro 2 (diminuzioni): SM, dim a dx, dir fino a 3 m prima di M, dim a sn, 1 dir (2 m diminuite).

Giri da 3 a 9: SM, dir fino alla fine del giro.
Ripetete i giri da 2 a 9: ancora 9 (10, 9, 10, 15, 16) volte.
(62 [67, 80, 87, 92, 100] m per la manica).
Prossimo giro: SM, dir fino alla fine del giro.
Ripetete quest'ultimo giro fino a che la manica misuri 37 (39, 39, 40, 41, 42) cm dallo scalfo (o fino alla lunghezza desiderata, tenendo conto che il bordo finale misura 4 cm).

SEZIONE 3 - bordo:

PER LA TAGLIA XS:
Prossimo giro (diminuzioni): SM, 2 dir, [dim a dx, 3 dir] fino alla fine del giro (12 m diminuite).
PER LA TAGLIA S:
Prossimo giro (diminuzioni): SM, 1 dir, [dim a dx, 4 dir] fino alla fine del giro (11 m diminuite).
PER LA TAGLIA M:
Prossimo giro (diminuzioni): SM, [dim a dx, 2 dir] fino alla fine del giro (20 m diminuite).
PER LA TAGLIA L:
Prossimo giro (diminuzioni): SM, 3 dir, [dim a dx, 2 dir] fino alla fine del giro (21 m diminuite).
PER LA TAGLIA XL:
Prossimo giro (diminuzioni): SM, 2 dir, [dim a dx, 3 dir] fino alla fine del giro (18 m diminuite).
PER LA TAGLIA XXL:
Prossimo giro (diminuzioni): SM, [dim a dx, 3 dir] fino alla fine del giro (20 m diminuite).

(50 [56, 60, 66, 74, 80] m per la manica).

Giro 1: SM, [1 dir rit, 1 rov] fino alla fine del giro.
Ripetete il giro 1 fino che il bordo a coste ritorte misuri 4 cm.
Nell'ultimo giro RM, chiudete tutte le m e tagliate il filo.
(41 [43, 43, 44, 45, 46] cm dallo scalfo).

Rifiniture:

Fissate i fili.
Bloccate leggermente il maglione multicolore (guardate anche il glossario), indossatelo e... siate *chic*!

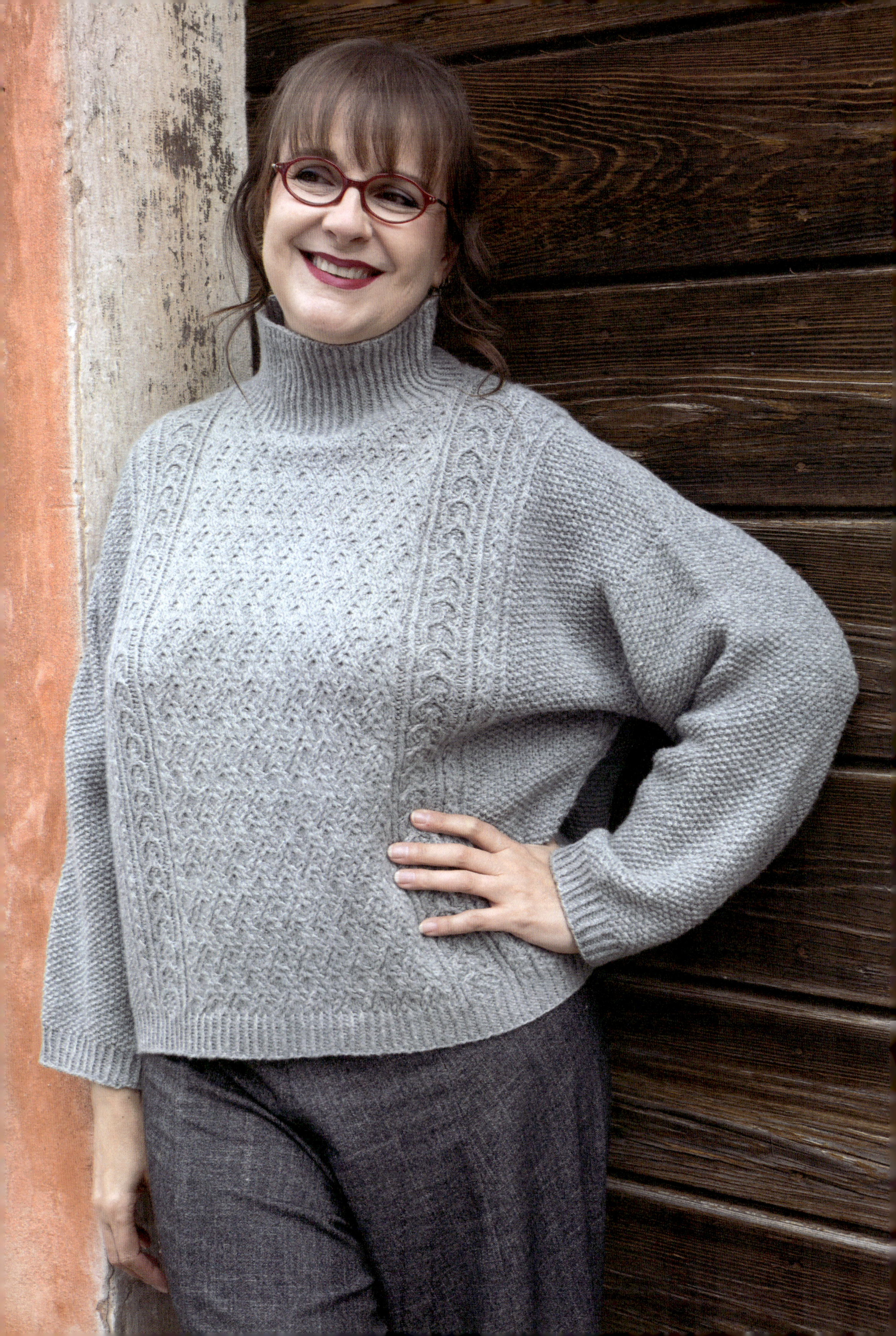

Maglione a trecce

Livello di difficoltà ★★★★

Il **maglione a trecce** è uno dei capi base che più amo possedere nel guardaroba. Lo trovo estremamente versatile, perché può essere molto sportivo se abbinato a un paio di jeans, ma anche protagonista di un'eleganza informale se abbinato a capi più classici.

Il maglione ha una linea morbida senza essere troppo ampia ed è caratterizzato da una combinazione di punti intricati e non banali. L'ho realizzato in un colore chiaro e neutro, in modo da far risaltare i punti operati.

Si incomincia dall'alto verso il basso a partire dal dietro, montando tutte le maglie necessarie e impostando la lavorazione dei motivi a trecce e a grana di riso. Si prosegue con una serie di ferri accorciati, che sagomano le spalle e si lavora in piano fino alla fine dello sprone. A questo punto le maglie sono lasciate in sospeso su un pezzo di filo di scarto. Alla fine del lavoro il dietro risulterà più lungo del davanti proprio a causa di questa costruzione. Si continua riprendendo le maglie per i davanti lungo il bordo dell'avvio, lavorandoli separatamente, modellando il collo con una serie di aumenti e impostando i motivi a trecce e a grana di riso. Si prosegue montando le restanti maglie per il collo, unendo i due davanti e si lavora, in piano come per il dietro, fino alla fine dello sprone.

A questo punto si uniscono il davanti e il dietro e si montano le maglie per le ascelle. In corrispondenza di queste si lavora una treccia uguale a quella del motivo centrale e si continua a lavorare in tondo fino a raggiungere la lunghezza desiderata. Si termina con un piccolo bordo a coste ritorte.

Una volta terminato il corpo del maglione, si riprendono le maglie lungo lo scollo e si lavora un alto collo a coste ritorte. Le persone che non amano il collo alto potranno facilmente optare per un collo più basso, così come gli amanti del dolcevita classico, che potranno proseguire la lavorazione fino all'altezza desiderata.

Infine si riprendono le maglie lungo gli scalfi e si lavorano le maniche a grana di riso. Anche qui troviamo la treccia a grana di riso. Proprio lungo questo motivo sono inserite le diminuzioni che sagomano leggermente la manica. Ho previsto una manica piuttosto larga e ampia, ma se non si ama questa caratteristica, si potranno facilmente effettuare diminuzioni più ravvicinate per renderla più affusolata. Le maniche sono completate anch'esse da un piccolo bordo a coste ritorte.

Taglie:

XS (S, M, L, XL, XXL) vestono un giroseno di 76 (86, 96, 106, 117, 127) cm.
Le foto si riferiscono alla taglia M indossata da una modella con un giroseno di 96 con un agio di 31 cm. Se desiderate la stessa vestibilità del modello in foto, dovrete scegliere una misura che sia di 29-36 cm circa più ampia del vostro giroseno reale.

Misure finite:

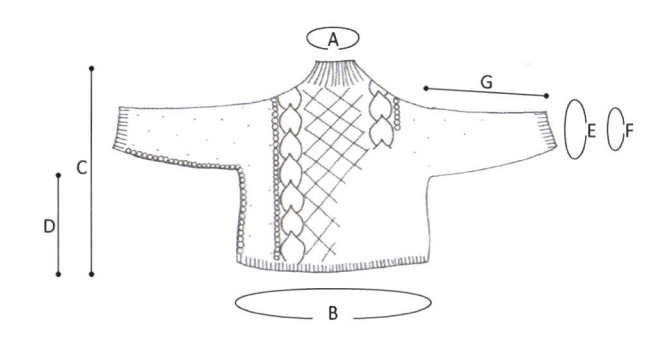

A - circonferenza del collo: 46 (46, 50, 50, 55, 55) cm.
B - circonferenza del seno: 108 (115, 127, 141, 153, 160) cm.
C - lunghezza totale: 45 (47, 50, 52, 54, 57) cm prendendo la misura in corrispondenza della spalla; il maglione misurerà un paio di cm in più lungo i fianchi e la parte dietro.
D - lunghezza dallo scalfo: 27 (27, 30, 30, 30, 33) cm.
E - circonferenza della manica: 42 (46, 46, 50, 54, 54) cm.
F - circonferenza del polsino: 27 (28, 28, 30, 33, 33) cm.
G - lunghezza della manica dallo scalfo: 37 (39, 39, 41, 41, 43) cm.

Filato e ferri:

DI GILPIN Lalland Sport: Silver Birch (100% lana [lambswool scozzese]; 175 m per gomitolo da 50 gr): 8 (9, 9, 10, 11, 12) gomitoli (1340 [1425, 1575, 1750, 1925, 2100] m). Il metraggio indicato è il consumo effettivo.

Ferri circolari numero 3 mm e 4 mm con il cavo lungo 40 cm, 60 cm e 80 cm. Se necessario modificate il numero dei f per ottenere il campione corretto.

8 marcapunti di cui uno diverso (che segnala l'inizio del giro).

2 marcapunti a lucchetto.

Filo di scarto.

Ago da lana e forbici.

Spilli e metro da sarta per il bloccaggio.

Campione:

20 m x 30 f/giri = 10 cm lavorati a maglia rasata usando i f numero 4 mm (dopo il bloccaggio).
21 m x 36 f/giri = 10 cm lavorati a grana di riso usando i f numero 4 mm (dopo il bloccaggio).

Legenda del punto trecce A:

- □ dir (f dispari, DdL) - rov (f pari, RdL)
- • rov (f dispari, DdL) - dir (f pari, RdL)
- ℞ dir rit (f dispari, DdL) - rov rit (f pari, RdL)
- ⋈ 2 m inc a sn
- ⋈ 2 m inc a dx
- ⟋⟍ 4 m inc a sn riso
- ⟍⟋ 4 m inc a dx riso

Legenda dei punti trecce B e C:

- □ dir
- • rov
- ℞ dir rit
- ⋈ 2 m inc a sn
- ⋈ 2 m inc a dx
- ⟋⟍ 4 m inc a sn riso
- ⟍⟋ 4 m inc a dx riso

Consigli sul filato:

la scelta del filato nel caso di questo capo in particolare è davvero cruciale. Consiglio vivamente di utilizzare un filato dal colore il più possibile uniforme che possa far risaltare i punti treccia e che non penalizzi la lavorazione. La lambswool da me usata è davvero unica nel suo genere, ma in commercio se ne trovano diverse abbastanza simili senza dover spendere una follia! Un'alternativa possibile è, se non vi disturba troppo sulla pelle, una bella lana secca, un po' ruvida e pungente. Generalmente questo tipo di filati si ammorbidiscono con i lavaggi e renderanno il vostro maglione praticamente eterno!

Grafico del punto trecce A (lavorato in piano):

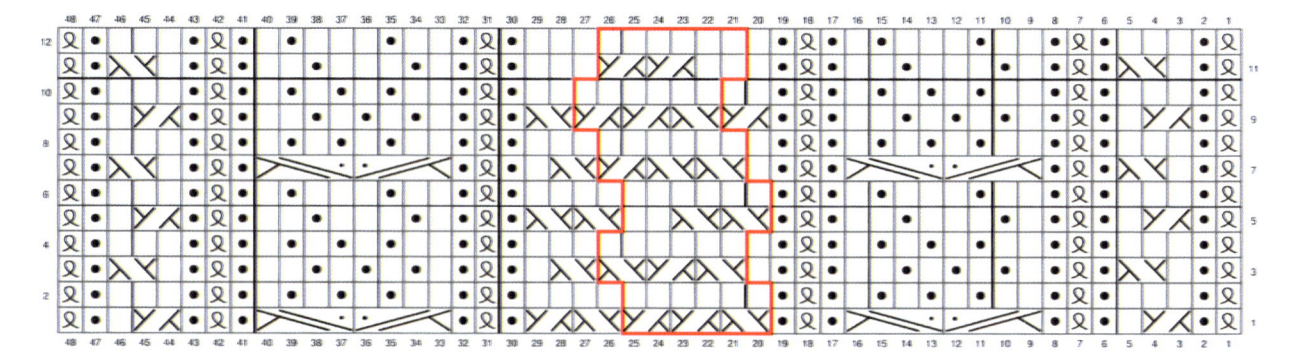

Attenzione: il punto trecce A è lavorato in piano su 90 (90, 96, 96, 102, 102) m, consiglio di prestare particolare attenzione durante la lavorazione dello schema. Le linee rosse indicano le 6 m da ripetere per ottenere il motivo centrale; ci saranno 8 (8, 9, 9, 10, 10) ripetizioni a seconda della taglia.

Istruzioni scritte:

Attenzione: il punto trecce A è lavorato in piano su 90 (90, 96, 96, 102, 102) m, consiglio di prestare particolare attenzione durante la lavorazione dello schema.

Ferro 1 (DdL): 1 dir rit, 1 rov, 2 m inc a dx, 1 dir, 1 rov, 1 dir rit, 1 rov, 4 m inc a dx riso, 4 m inc a sn riso, 1 rov, 1 dir rit, 1 rov, *2 m inc a sn, [2 m inc a dx] due volte. Ripetete da * ancora 7 (7, 8, 8, 9, 9) volte, 2 m inc a sn, 2 m inc a dx, 1 rov, 1 dir rit, 1 rov, 4 m inc a dx riso, 4 m inc a sn riso, 1 rov, 1 dir rit, 1 rov, 2 m inc a dx, 1 dir, 1 rov, 1 dir rit.

Ferro 2 (RdL): 1 rov rit, 1 dir, 3 rov, 1 dir, 1 rov rit, [1 dir, 1 rov] quattro volte, 1 rov, 1 dir, 1 rov rit, 1 dir, 52 (52, 58, 58, 64, 64) rov, 1 dir, 1 rov rit, [1 dir, 1 rov] quattro volte, 1 rov, 1 dir, 1 rov rit, 1 dir, 3 rov, 1 dir, 1 rov rit.

Ferro 3: 1 dir rit, 1 rov, 1 dir, 2 m inc a sn, 1 rov, 1 dir rit, [1 rov, 1 dir] quattro volte, 1 dir, 1 rov, 1 dir rit, 1 rov, 1 dir, *2 m inc a sn, 2 m inc a dx, 2 m inc a sn. Ripetete da * ancora 7 (7, 8, 8, 9, 9) volte, 2 m inc a sn, 1 dir, 1 rov, 1 dir rit, [1 rov, 1 dir] quattro volte, 1 dir, 1 rov, 1 dir rit, 1 rov, 1 dir, 2 m inc a sn, 1 rov, 1 dir rit.

Ferro 4: ripetete il f 2.

Ferro 5: 1 dir rit, 1 rov, 2 m inc a dx, 1 dir, 1 rov, 1 dir rit, [1 rov, 1 dir] due volte, [2 dir, 1 rov] due volte, 1 dir rit, 1 rov, *[2 m inc a sn] due volte, 2 dir. Ripetete da * ancora 7 (7, 8, 8, 9, 9) volte, [2 m inc a sn] due volte, 1 rov, 1 dir rit, [1 rov, 1 dir] due volte, [2 dir, 1 rov] due volte, 1 dir rit, 1 rov, 2 m inc a dx, 1 dir, 1 rov, 1 dir rit.

Ferro 6: 1 rov rit, 1 dir, 3 rov, 1 dir, 1 rov rit, [1 dir, 1 rov] due volte, [2 rov, 1 dir] due volte, 1 rov rit, 1 dir, 52 (52, 58, 58, 64, 64) rov, 1 dir, 1 rov rit, [1 dir, 1 rov] due volte, [2 rov, 1 dir] due volte, 1 rov rit, 1 dir, 3 rov, 1 dir, 1 rov rit.

Ferro 7: 1 dir rit, 1 rov, 1 dir, 2 m inc a sn, 1 rov, 1 dir rit, 1 rov, 4 m inc a dx riso, 4 m inc a sn riso, 1 rov, 1 dir rit, 1 rov, 1 dir, *[2 m inc a sn] due volte, 2 m inc a dx. Ripetete da * ancora 7 (7, 8, 8, 9, 9) volte, 2 m inc a sn, 1 dir, 1 rov, 1 dir rit, 1 rov, 4 m inc a dx riso, 4 m inc a sn riso, 1 rov, 1 dir rit, 1 rov, 1 dir, 2 m inc a sn, 1 rov, 1 dir rit.

Ferro 8: ripetete il f 2.

Ferro 9: 1 dir rit, 1 rov, 2 m inc a dx, 1 dir, 1 rov, 1 dir rit, [1 rov, 1 dir] quattro volte, 1 dir, 1 rov, 1 dir rit, 1 rov, 2 m inc a dx, *2 m inc a sn, [2 m inc a dx] due volte. Ripetete da * ancora 7 (7, 8, 8, 9, 9) volte, 2 m inc a sn, 1 rov, 1 dir rit, [1 rov, 1 dir] quattro volte, 1 dir, 1 rov, 1 dir rit, 1 rov, 2 m inc a dx, 1 dir, 1 rov, 1 dir rit.

Ferro 10: ripetete il f 2.

Ferro 11: 1 dir rit, 1 rov, 1 dir, 2 m inc a sn, 1 rov, 1 dir rit, [1 rov, 1 dir] due volte, [2 dir, 1 rov] due volte, 1 dir rit, 1 rov, 1 dir, *2 dir, [2 m inc a dx] due volte. Ripetete da * ancora 7 (7, 8, 8, 9, 9) volte, 3 dir, 1 rov, 1 dir rit, [1 rov, 1 dir] due volte, [2 dir, 1 rov] due volte, 1 dir rit, 1 rov, 1 dir, 2 m inc a sn, 1 rov, 1 dir rit.

Ferro 12: ripetete il f 6.

Ripetete i f da 1 a 12 per ottenere il punto trecce A.

Grafico del punto trecce B (lavorato in tondo):

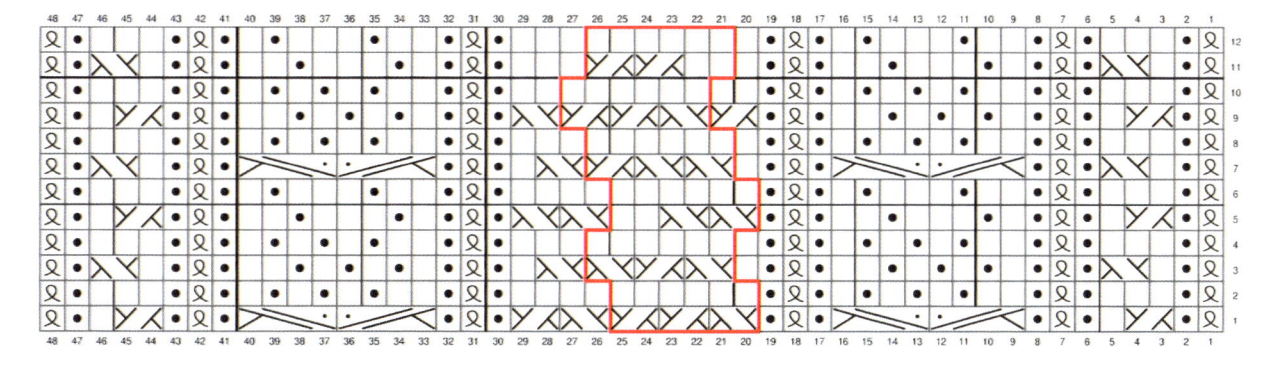

Attenzione: il punto trecce B è lavorato in tondo su 90 (90, 96, 96, 102, 102) m, consiglio di prestare particolare attenzione durante la lavorazione dello schema. Le linee rosse indicano le 6 m da ripetere per ottenere il motivo centrale; ci saranno 8 (8, 9, 9, 10, 10) ripetizioni a seconda della taglia.

Istruzioni scritte:

Attenzione: il punto trecce B è lavorato in tondo su 90 (90, 96, 96, 102, 102) m, consiglio di prestare particolare attenzione durante la lavorazione dello schema.

Giro 1: 1 dir rit, 1 rov, 2 m inc a dx, 1 dir, 1 rov, 1 dir rit, 1 rov, 4 m inc a dx riso, 4 m inc a sn riso, 1 rov, 1 dir rit, 1 rov, *2 m inc a sn, [2 m inc a dx] due volte. Ripetete da * ancora 7 (7, 8, 8, 9, 9) volte, 2 m inc a sn, 2 m inc a dx, 1 rov, 1 dir rit, 1 rov, 4 m inc a dx riso, 4 m inc a sn riso, 1 rov, 1 dir rit, 1 rov, 2 m inc a dx, 1 dir, 1 rov, 1 dir rit.

Giro 2: 1 dir rit, 1 rov, 3 dir, 1 rov, 1 dir rit, 1 rov, 2 dir, [1 rov, 1 dir] tre volte, 1 rov, 1 dir rit, 1 rov, 52 (52, 58, 58, 64, 64) dir, 1 rov, 1 dir rit, 1 rov, 2 dir, [1 rov, 1 dir] tre volte, 1 rov, 1 dir rit, 1 rov, 3 dir, 1 rov, 1 dir rit.

Giro 3: 1 dir rit, 1 rov, 1 dir, 2 m inc a sn, 1 rov, 1 dir rit, [1 rov, 1 dir] quattro volte, 1 dir, 1 rov, 1 dir rit, 1 rov, 1 dir, *2 m inc a sn, 2 m inc a dx, 2 m inc a sn. Ripetete da * ancora 7 (7, 8, 8, 9, 9) volte, 2 m inc a sn, 1 dir, 1 rov, 1 dir rit, [1 rov, 1 dir] quattro volte, 1 dir, 1 rov, 1 dir rit, 1 rov, 1 dir, 2 m inc a sn, 1 rov, 1 dir rit.

Giro 4: ripetete il giro 2.

Giro 5: 1 dir rit, 1 rov, 2 m inc a dx, 1 dir, 1 rov, 1 dir rit, [1 rov, 1 dir] due volte, [2 dir, 1 rov] due volte, 1 dir rit, 1 rov, *[2 m inc a sn] due volte, 2 dir. Ripetete da * ancora 7 (7, 8, 8, 9, 9) volte, [2 m inc a sn] due volte, 1 rov, 1 dir rit, [1 rov, 1 dir] due volte, [2 dir, 1 rov] due volte, 1 rov, 1 dir rit, 1 rov, 2 m inc a dx, 1 dir, 1 rov, 1 dir rit.

Giro 6: 1 dir rit, 1 rov, 3 dir, 1 rov, 1 dir rit, 1 rov, 2 dir, 1 rov, 3 dir, 1 rov, 1 dir, 1 rov, 1 dir rit, 1 rov, 52 (52, 58, 58, 64, 64) dir, 1 rov, 1 dir rit, 1 rov, 2 dir, 1 rov, 3 dir, 1 rov, 1 dir, 1 rov, 1 dir rit, 1 rov, 3 dir, 1 rov, 1 dir rit.

Giro 7: 1 dir rit, 1 rov, 1 dir, 2 m inc a sn, 1 rov, 1 dir rit, 1 rov, 4 m inc a dx riso, 4 m inc a sn riso, 1 rov, 1 dir rit, 1 rov, 1 dir, *[2 m inc a sn] due volte, 2 m inc a dx. Ripetete da * ancora 7 (7, 8, 8, 9, 9) volte, 2 m inc a sn, 1 dir, 1 rov, 1 dir rit, 1 rov, 4 m inc a dx riso, 4 m inc a sn riso, 1 rov, 1 dir rit, 1 rov, 1 dir, 2 m inc a sn, 1 rov, 1 dir rit.

Giro 8: ripetete il giro 2.

Giro 9: 1 dir rit, 1 rov, 2 m inc a dx, 1 dir, 1 rov, 1 dir rit, [1 rov, 1 dir] quattro volte, 1 dir, 1 rov, 2 m inc a dx, *2 m inc a sn, [2 m inc a dx] due volte. Ripetete da * ancora 7 (7, 8, 8, 9, 9) volte, 2 m inc a sn, 1 rov, 1 dir rit, [1 rov, 1 dir] quattro volte, 1 dir, 1 rov, 1 dir rit, 1 rov, 2 m inc a dx, 1 dir, 1 rov, 1 dir rit.

Giro 10: ripetete il giro 2.

Giro 11: 1 dir rit, 1 rov, 1 dir, 2 m inc a sn, 1 rov, 1 dir rit, [1 rov, 1 dir] due volte, [2 dir, 1 rov] due volte, 1 dir rit, 1 rov, 1 dir, *2 dir, [2 m inc a dx] due volte. Ripetete da * ancora 7 (7, 8, 8, 9, 9) volte, 3 dir, 1 rov, 1 dir rit, [1 rov, 1 dir] due volte, [2 dir, 1 rov] due volte, 1 dir rit, 1 rov, 1 dir, 2 m inc a sn, 1 rov, 1 dir rit.

Giro 12: ripetete il giro 6.

Ripetete i giri da 1 a 12 per ottenere il punto trecce B.

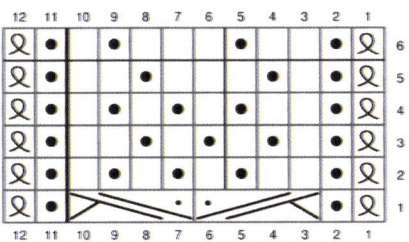

Grafico del punto trecce C (lavorato in tondo):

Attenzione: il punto trecce C è lavorato in tondo su 12 m.

Istruzioni scritte:

Attenzione: il punto trecce C è lavorato in tondo su 12 m.

Giro 1: 1 dir rit, 1 rov, 4 m inc a dx riso, 4 m inc a sn riso, 1 rov, 1 dir rit.

Giro 2: 1 dir rit, 1 rov, 2 dir, [1 rov, 1 dir] tre volte, 1 rov, 1 dir rit.

Giro 3: 1 dir rit, [1 rov, 1 dir] quattro volte, 1 dir, 1 rov, 1 dir rit.

Giro 4: ripetete il giro 2.

Giro 5: 1 dir rit, [1 rov, 1 dir] due volte, [2 dir, 1 rov] due volte, 1 dir rit.

Giro 6: 1 dir rit, 1 rov, 2 dir, 1 rov, 3 dir, 1 rov, 1 dir rit, 1 rov, 1 dir rit.

Ripetete i giri da 1 a 6 per ottenere il punto trecce C.

Spiegazioni - Si incomincia dall'alto Dietro (lavorato in piano):

Le spiegazioni sono date per la taglia XS, le taglie S, M, L, XL e XXL sono tra parentesi. Quando non appaiono le parentesi, la spiegazione è valida per tutte le taglie.

Incominciate a lavorare in piano il dietro.

Usando il f circolare numero 4 mm con il cavo lungo 60 cm, avviate 112 (120, 134, 150, 164, 172) m usando l'avvio *long tail*.

Attenzione: nel f 1 posizionerete due marcapunti a lucchetto in maniera che rimangano incastrati sul bordo dell'avvio. Servono a segnalare le m da riprendere in una fase successiva, ovvero la lavorazione dei due davanti. Ecco perché sono a lucchetto: verranno rimossi alla fine di quest'ultima fase.

Ferro 1 (RdL): 1 dir, [1 dir, 1 rov] 5 (7, 9, 13, 15, 17) volte, 1 rov rit, 1 dir, 3 rov, 1 dir, 1 rov rit, [1 dir, 1 rov] quattro volte, 1 rov, 1 dir, 1 rov rit, 1 dir, 1 rov, inserite un M a lucchetto nel margine dell'avvio, 50 (50, 56, 56, 62, 62) rov, inserite un M a lucchetto nel margine dell'avvio, 1 rov, 1 dir, 1 rov rit, [1 dir, 1 rov] quattro volte, 1 rov, 1 dir, 1 rov rit, 1 dir, 3 rov, 1 dir, 1 rov rit, [1 dir, 1 rov] 5 (7, 9, 13, 15, 17) volte, 1 dir rit.

SEZIONE 1 - ferri accorciati:

Ora lavorerete i f accorciati che sagomano il dietro.

Ferro 1 (DdL - f acc): 1 dir, [1 dir, 1 rov] 5 (7, 9, 13, 15, 17) volte, 1 dir rit, 1 rov, 3 dir, 1 rov, 1 dir rit, [1 rov, 1 dir] quattro volte, 1 dir, 1 rov, 1 dir rit, 1 rov, *2 m inc a sn, [2 m inc a dx] due volte. Ripetete da * ancora 7 (7, 8, 8, 9, 9) volte, 2 m inc a sn, 2 m inc a dx, 1 rov, girate il lavoro.

Ferro 2 (RdL - f acc): pass1cfdavanti, tirate il filo verso il dietro al di sopra del f, 52 (52, 58, 58, 64, 64) rov, 1 dir, girate il lavoro.

Ferro 3 (f acc): pass1cfdavanti, tirate il filo verso il dietro al di sopra del f, 1 dir, [2 m inc a sn, 2 m inc a dx, 2 m inc a sn] 8 (8, 9, 9, 10, 10) volte, 2 m inc a sn, 1 dir, lavorate a rov il "punto doppio", 1 dir rit, 1 rov, 1 dir, 1 rov, girate il lavoro.

Ferro 4 (f acc): pass1cfdavanti, tirate il filo verso il dietro al di sopra del f, 1 rov, 1 dir, 1 rov rit, 1 dir, 52 (52, 58, 58, 64, 64) rov, lavorate a dir il "punto doppio", 1 rov rit, 1 dir, 1 rov, 1 dir, girate il lavoro.

Ferro 5 (f acc): pass1cfdavanti, tirate il filo verso il dietro al di sopra del f, 1 dir, 1 rov, 1 dir rit, 1 rov, *[2 m inc a sn] due volte, 2 dir. Ripetete da * ancora 7 (7, 8, 8, 9, 9) volte, [2 m inc a sn] due volte, 1 rov, 1 dir rit, 1 rov, 1 dir, lavorate a rov il "punto doppio", [1 dir, 1 rov] due volte, girate il lavoro.

Ferro 6 (f acc): pass1cfdavanti, tirate il filo verso il dietro al di sopra del f, [2 rov, 1 dir] due volte, 1 rov rit, 1 dir, 52 (52, 58, 58, 64, 64) rov, 1 dir, 1 rov rit, 1 dir, 1 rov, lavorate a dir il "punto doppio", 3 rov, 1 dir, girate il lavoro.

Ferro 7 (f acc): pass1cfdavanti, tirate il filo verso il dietro al di sopra del f, 1 rov, 4 m inc a sn riso, 1 rov, 1 dir rit, 1 rov, 1 dir, *[2 m inc a sn] due volte, 2 m inc a dx. Ripetete da * ancora 7 (7, 8, 8, 9, 9) volte, 2 m inc a sn, 1 dir, 1 dir rit, 1 rov, 4 m inc a dx riso, 1 dir, lavorate a rov il "punto doppio", 2 dir, 1 rov, 1 dir rit, girate il lavoro.

Ferro 8 (f acc): pass1cfdavanti, tirate il filo verso il dietro al di sopra del f, [1 dir, 1 rov] quattro volte, 1 rov, 1 dir, 1 rov rit, 1 dir, 52 (52, 58, 58, 64, 64) rov, 1 dir, 1 rov rit, [1 dir, 1 rov] tre volte, lavorate a dir il "punto doppio", 2 rov, 1 dir, 1 rov rit, girate il lavoro.

Ferro 9 (f acc): pass1cfdavanti, tirate il filo verso il dietro al di sopra del f, [1 rov, 1 dir] quattro volte, 1 dir, 1 rov, 1 dir rit, 1 rov, 2 m inc a dx, *2 m inc a sn, [2 m inc a dx] due volte. Ripetete da * ancora 7 (7, 8, 8, 9, 9) volte, 2 m inc a sn, 1 rov, 1 dir rit, [1 rov, 1 dir] quattro volte, 1 dir, 1 rov, lavorate a dir il "punto doppio", 1 rov, 3 dir, girate il lavoro.

Ferro 10 (f acc): pass1cfdavanti, tirate il filo verso il dietro al di sopra del f, 2 rov, 1 dir, 1 rov rit, [1 dir, 1 rov] quattro volte, 1 rov, 1 dir, 1 rov rit, 1 dir, 52 (52, 58, 58, 64, 64) rov, 1 dir, 1 rov rit, [1 dir, 1 rov] quattro volte, 1 rov, 1 dir, lavorate a rov il "punto doppio", 1 dir, 3 rov, girate il lavoro.

Ferro 11 (f acc): pass1cfdavanti, tirate il filo verso il dietro al di sopra del f, 2 dir, 1 rov, 1 dir rit, [1 rov, 1 dir] due volte, [2 dir, 1 rov] due volte, 1 dir rit, 1 rov, 1 dir, *2 dir, [2 m inc a dx] due volte. Ripetete da * ancora 7 (7, 8, 8, 9, 9) volte, 3 dir, 1 rov, 1 dir rit, [1 rov, 1 dir] due volte, [2 dir, 1 rov] due volte, 1 dir rit, 1 rov, 2 dir, lavorate a dir il "punto doppio", 1 rov, 1 dir rit, PM, 1 rov, 1 dir, girate il lavoro.

Ferro 12 (f acc): pass1cfdavanti, tirate il filo verso il dietro al di sopra del f, 1 rov, SM, 1 rov rit, 1 dir, 3 rov, 1 dir, 1 rov rit, [1 dir, 1 rov] due volte, [2 rov, 1 dir] due volte, 1 rov rit, 1 dir, 52 (52, 58, 58, 64, 64) rov, 1 dir, 1 rov rit, [1 dir, 1 rov] due volte, [2 rov, 1 dir] due volte, 1 rov rit, 1 dir, 2 rov, lavorate a rov il "punto doppio", 1 dir, 1 rov rit, PM, 1 rov, 1 dir, girate il lavoro.

Ferro 13 (f acc): pass1cfdavanti, tirate il filo verso il dietro al di sopra del f, 1 rov, SM, lavorate il punto trecce A partendo dal f 1, SM, 1 rov, lavorate a dir il "punto doppio", [1 rov, 1 dir] due volte, girate il lavoro.

Ferro 14 (f acc): pass1cfdavanti, tirate il filo verso il dietro al di sopra del f, [1 rov, 1 dir] due volte, 1 rov, SM, lavorate il punto trecce A, SM, 1 rov, lavorate a dir il "punto doppio", [1 rov, 1 dir] due volte, girate il lavoro.

Ferro 15 (f acc): pass1cfdavanti, tirate il filo verso il dietro al di sopra del f, [1 rov, 1 dir] fino a 1 m prima di M, 1 rov, SM, lavorate il punto trecce A, SM, [1 rov, 1 dir] fino a 1 m prima del "punto doppio", 1 rov, lavorate a dir il "punto doppio", [1 rov, 1 dir] due volte, girate il lavoro.

Ferro 16 (f acc): pass1cfdavanti, tirate il filo verso il dietro al di sopra del f, [1 rov, 1 dir] fino a 1 m prima di M, 1 rov, SM, lavorate il punto trecce A, SM,

[1 rov, 1 dir] fino a 1 m prima del "punto doppio", 1 rov, lavorate a dir il "punto doppio", [1 rov, 1 dir] due volte, girate il lavoro.
Ripetete i f 15 e 16: ancora -- (1, 2, 4, 5, 6) volte.
Prossimo ferro (f acc): pass1cfdavanti, tirate il filo verso il dietro al di sopra del f, [1 rov, 1 dir] fino a 1 m prima di M, 1 rov, SM, lavorate il punto trecce A, SM, [1 rov, 1 dir] fino a 1 m prima del "punto doppio", 1 rov, lavorate a dir il "punto doppio", 1 dir rit.
Ferro d'impostazione: 1 dir, [1 dir, 1 rov] fino a M, SM, lavorate il punto trecce A, SM, [1 rov, 1 dir] fino a 1 m prima del "punto doppio", 1 rov, lavorate a dir il "punto doppio", 1 dir rit.

SEZIONE 2 - punto trecce:

A questo punto il collo e le spalle sono terminati e proseguirete lavorando il dietro.
Ferro 1 (DdL): 1 dir, [1 dir, 1 rov] fino a M, SM, lavorate il punto trecce A, SM, [1 rov, 1 dir] fino a 1 m prima della fine del f, 1 dir rit.
Ferro 2 (RdL): 1 dir, [1 dir, 1 rov] fino a M, SM, lavorate il punto trecce A, SM, [1 rov, 1 dir] fino a 1 m prima della fine del f, 1 dir rit.
Ripetete i f da 1 e 2 fino a che il lavoro misuri 18 (20, 20, 22, 24, 24) cm, misurando lungo quella che sarà l'apertura per il braccio, ovvero lungo uno dei due bordi.
Tagliate il filo e posizionate le m su un pezzo di filo di scarto.
Attenzione: ricordate di segnare su un foglio il numero del f del punto trecce A a cui si è arrivati.
La figura qui sotto vi può aiutare a capire meglio i prossimi passaggi per la ripresa delle m e la successiva formazione delle due spalle davanti.

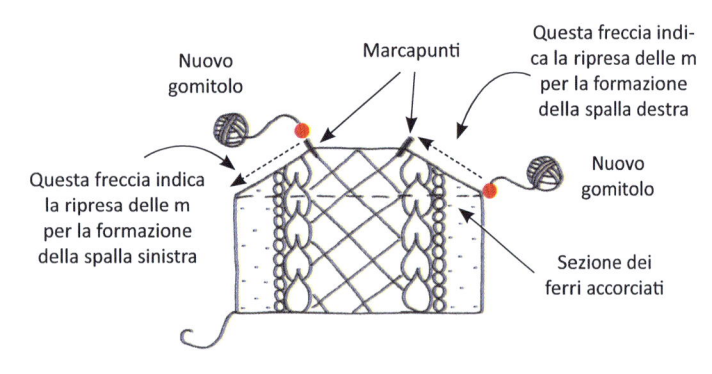

Scollo e spalle davanti (lavorati in piano):

SPALLA SINISTRA:

Unite il filo di un nuovo gomitolo per eseguire la lavorazione.
Tenendo il DdL rivolto verso di voi, incominciate dal punto in cui si trova il secondo M a lucchetto. Usando il f circolare con il cavo lungo 60 cm, riprendete 31 (35, 39, 47, 51, 55) m fino a raggiungere l'angolo in alto a sinistra del dietro, RM.
Ferro d'impostazione (RdL): 1 dir, [1 dir, 1 rov] 5 (7, 9, 13, 15, 17) volte, 1 rov rit, 1 dir, 3 rov, 1 dir, 1 rov rit, [1 dir, 1 rov] due volte, [2 rov, 1 dir] due volte, 1 rov rit, 1 dir, 1 dir rit.
Ferro 1 (DdL - aumento): 1 dir, aum a sn, 1 rov, 1 dir rit, 1 rov, 4 m inc a dx riso, 4 m inc a sn riso, 1 rov, 1 dir rit, 1 rov, 2 m inc a dx, 1 dir, 1 rov, 1 dir rit, [1 rov, 1 dir] fino a 1 m prima della fine del f, 1 dir rit (1 m aumentata).
Ferro 2: 1 dir, [1 dir, 1 rov] 5 (7, 9, 13, 15, 17) volte, 1 rov rit, 1 dir, 3 rov, 1 dir, 1 rov rit, [1 dir, 1 rov] quattro volte, 1 rov, 1 dir, 1 rov rit, 1 dir, 1 rov, 1 dir rit.
Ferro 3 (aumento): 1 dir, aum a sn, 1 dir, 1 rov, 1 dir rit, [1 rov, 1 dir] quattro volte, 1 dir, 1 rov, 1 dir rit, 1 rov, 1 dir, 2 m inc a sn, 1 rov, 1 dir rit, [1 rov, 1 dir] fino a 1 m prima della fine del f, 1 dir rit (1 m aumentata).
Ferro 4: 1 dir, [1 dir, 1 rov] 5 (7, 9, 13, 15, 17) volte, 1 rov rit, 1 dir, 3 rov, 1 dir, 1 rov rit, [1 dir, 1 rov] quattro volte, 1 rov, 1 dir, 1 rov rit, 1 dir, 2 rov, 1 dir rit.
Ferro 5 (aumenti): avviate 2 m usando l'avvio *cable*, 3 dir, 2 m inc a sn, 1 rov, 1 dir rit, [1 rov, 1 dir] due volte, [2 dir, 1 rov] due volte, 1 dir rit, 1 rov, 2 m inc a dx, 1 dir, 1 rov, 1 dir rit, [1 rov, 1 dir] fino a 1 m prima della fine del f, 1 dir rit (2 m aumentate).
Ferro 6: 1 dir, [1 dir, 1 rov] 5 (7, 9, 13, 15, 17) volte, 1 rov rit, 1 dir, 3 rov, 1 dir, 1 rov rit, [1 dir, 1 rov] due volte, [2 rov, 1 dir] due volte, 1 rov rit, 1 dir, 4 rov, 1 dir rit.
Ferro 7 (aumenti): avviate 3 m usando l'avvio *cable*, 5 dir, 2 m inc a sn, 1 dir, 1 rov, 1 dir rit, 1 rov, 4 m inc a dx riso, 4 m inc a sn riso, 1 rov, 1 dir rit, 1 rov, 1 dir, 2 m inc a sn, 1 rov, 1 dir rit, [1 rov, 1 dir] fino a 1 m prima della fine del f, 1 dir rit (3 m aumentate).
Ferro 8: 1 dir, [1 dir, 1 rov] 5 (7, 9, 13, 15, 17) volte, 1 rov rit, 1 dir, 3 rov, 1 dir, 1 rov rit, [1 dir, 1 rov] quattro volte, 1 rov, 1 dir, 1 rov rit, 1 dir, 7 rov, 1 dir rit.
Ferro 9 (aumenti): avviate 4 m usando l'avvio *cable*, 6 dir, [2 m inc a dx] due volte, 2 m inc a sn, 1 rov, 1 dir rit, [1 rov, 1 dir] quattro volte, 1 dir,

1 rov, 1 dir rit, 1 rov, 2 m inc a dx, 1 dir, 1 rov, 1 dir rit, [1 rov, 1 dir] fino a 1 m prima della fine del f, 1 dir rit (4 m aumentate).

Ferro 10: 1 dir, [1 dir, 1 rov] 5 (7, 9, 13, 15, 17) volte, 1 rov rit, 1 dir, 3 rov, 1 dir, 1 rov rit, [1 dir, 1 rov] quattro volte, 1 rov, 1 dir, 1 rov rit, 1 dir, 11 rov, 1 dir rit.

Ferro 11 (aumenti): avviate 5 m usando l'avvio *cable*, 6 dir, 2 m inc a dx, 2 dir, [2 m inc a dx] due volte, 3 dir, 1 rov, 1 dir rit, [1 rov, 1 dir] due volte, [2 dir, 1 rov] due volte, 1 dir rit, 1 rov, 1 dir, 2 m inc a sn, 1 rov, 1 dir rit, [1 rov, 1 dir] fino a 1 m prima della fine del f, 1 dir rit (5 m aumentate).

Ferro 12: 1 dir, [1 dir, 1 rov] 5 (7, 9, 13, 15, 17) volte, 1 rov rit, 1 dir, 3 rov, 1 dir, 1 rov rit, [1 dir, 1 rov] due volte, [2 rov, 1 dir] due volte, 1 rov rit, 1 dir, 16 rov, 1 dir rit.

(47 [51, 55, 63, 67, 71] m per la spalla sinistra). Tagliate il filo e posizionate le m su un pezzo di filo di scarto.

SPALLA DESTRA:

Unite il filo di un nuovo gomitolo per eseguire la lavorazione.

Tenendo il DdL rivolto verso di voi, incominciate dall'angolo in alto a destra del dietro.

Usando il f circolare con il cavo lungo 60 cm, riprendete 31 (35, 39, 47, 51, 55) m fino a raggiungere il primo M a lucchetto, RM.

Ferro d'impostazione (RdL): 2 dir, 1 rov rit, [1 dir, 1 rov] due volte, [2 rov, 1 dir] due volte, 1 rov rit, 1 dir, 3 rov, 1 dir, 1 rov rit, [1 dir, 1 rov] 5 (7, 9, 13, 15, 17) volte, 1 dir rit.

Ferro 1 (DdL – aumento): 1 dir, [1 dir, 1 rov] 5 (7, 9, 13, 15, 17) volte, 1 dir rit, 1 rov, 2 m inc a dx, 1 dir, 1 rov, 1 dir rit, 1 rov, 4 m inc a dx riso, 4 m inc a sn riso, 1 rov, 1 dir rit, 1 rov, aum a dx, 1 dir rit (1 m aumentata).

Ferro 2 (RdL): 1 dir, 1 rov, 1 dir, 1 rov rit, [1 dir, 1 rov] quattro volte, 1 rov, 1 dir, 1 rov rit, 1 dir, 3 rov, 1 rov rit, [1 dir, 1 rov] fino a 1 m prima della fine del f, 1 dir rit.

Ferro 3 (aumento): 1 dir, [1 dir, 1 rov] 5 (7, 9, 13, 15, 17) volte, 1 dir rit, 1 rov, 2 m inc a sn, 1 rov, 1 dir rit, [1 rov, 1 dir] quattro volte, 1 rov, 1 dir rit, 1 rov, 1 dir, aum a dx, 1 dir rit (1 m aumentata).

Ferro 4: 1 dir, 2 rov, 1 dir, 1 rov rit, [1 dir, 1 rov] quattro volte, 1 rov, 1 dir, 1 rov rit, 1 dir, 3 rov, 1 dir, 1 rov rit, [1 dir, 1 rov] fino a 1 m prima della fine del f, 1 dir rit.

Ferro 5: 1 dir, [1 dir, 1 rov] 5 (7, 9, 13, 15, 17) volte, 1 dir rit, 1 rov, 2 m inc a dx, 1 dir, 1 rov, 1 dir rit, [1 rov, 1 dir] due volte, [2 dir, 1 rov] due volte, 1 dir rit, 1 rov, 2 m inc a sn, 1 dir rit.

Ferro 6 (aumenti): avviate 2 m usando l'avvio *cable*, 1 dir, 4 rov, 1 dir, 1 rov rit, [1 dir, 1 rov] due volte, [2 rov, 1 dir] due volte, 1 rov rit, 1 dir, 3 rov, 1 dir, 1 rov rit, [1 dir, 1 rov] fino a 1 m prima della fine del f, 1 dir rit (2 m aumentate).

Ferro 7: 1 dir, [1 dir, 1 rov] 5 (7, 9, 13, 15, 17) volte, 1 dir rit, 1 rov, 2 m inc a sn, 1 rov, 1 dir rit, 1 rov, 4 m inc a dx riso, 4 m inc a sn riso, 1 rov, 1 dir rit, 1 rov, 1 dir, 2 m inc a sn, 1 dir, 1 dir rit.

Ferro 8 (aumenti): avviate 3 m usando l'avvio *cable*, 1 dir, 7 rov, 1 dir, 1 rov rit, [1 dir, 1 rov] quattro volte, 1 dir, 1 rov rit, 1 dir, 3 rov, 1 dir, 1 rov rit, [1 dir, 1 rov] fino a 1 m prima della fine del f, 1 dir rit (3 m aumentate).

Ferro 9: 1 dir, [1 dir, 1 rov] 5 (7, 9, 13, 15, 17) volte, 1 dir rit, 1 rov, 2 m inc a dx, 1 rov, 1 dir rit, [1 rov, 1 dir] quattro volte, 1 dir, 1 rov, 1 dir rit, 1 rov, 2 m inc a dx, 2 m inc a sn, 2 m inc a dx, 1 dir, 1 dir rit.

Ferro 10 (aumenti): avviate 4 m usando l'avvio *cable*, 1 dir, 11 rov, 1 dir, 1 rov rit, [1 dir, 1 rov] quattro volte, 1 rov, 1 dir, 1 rov rit, 1 dir, 3 rov, 1 dir, 1 rov rit, [1 dir, 1 rov] fino a 1 m prima della fine del f, 1 dir rit (4 m aumentate).

Ferro 11: 1 dir, [1 dir, 1 rov] 5 (7, 9, 13, 15, 17) volte, 1 dir rit, 1 rov, 1 dir, 2 m inc a sn, 1 rov, 1 dir rit, [1 rov, 1 dir] due volte, [2 dir, 1 rov] due volte, 1 dir rit, 1 rov, 3 dir, [2 m inc a dx] due volte, 2 dir, 2 m inc a dx, 1 dir rit.

Ferro 12 (aumenti): avviate 5 m usando l'avvio *cable*, 1 dir, 16 rov, 1 dir, 1 rov rit, [1 dir, 1 rov] due volte, [2 rov, 1 dir] due volte, 1 rov rit, 1 dir, 3 rov, 1 dir, 1 rov rit, [1 dir, 1 rov] fino a 1 m prima della fine del f, 1 dir rit (5 m aumentate).

(47 [51, 55, 63, 67, 71] m per la spalla destra). Non tagliate il filo e lasciate le m sul f.

Davanti (lavorato in piano):

Ora unirete le due spalle per formare il davanti. La figura qui sotto può aiutare a capire meglio il passaggio della lavorazione delle due spalle e del successivo avvio delle m dello scollo.

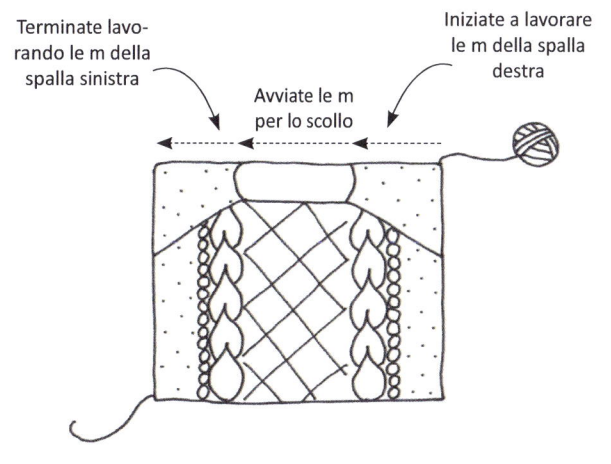

Posizionate le 47 (51, 55, 63, 67, 71) m della spalla sinistra lasciate in sospeso sul f circolare e rimuovete il filo di scarto.
Ferro d'impostazione (DdL): lavorate nel modo seguente le 47 (51, 55, 63, 67, 71) m della spalla destra: 1 dir, [1 dir, 1 rov] 5 (7, 9, 13, 15, 17) volte, PM, 1 dir rit, 1 rov, 2 m inc a dx, 1 dir, 1 rov, 1 dir rit, 1 rov, 4 m inc a dx riso, 4 m inc a sn riso, 1 rov, 1 dir rit, 1 rov, *2 m inc a sn, [2 m inc a dx] due volte. Ripetete da * ancora una volta, 2 m inc a sn, 2 m inc a dx, 1 dir; girate il lavoro così che la parte appena lavorata si trovi sulla sinistra e, usando l'avvio *cable*, avviate 18 (18, 24, 24, 30, 30) m per lo scollo, girate nuovamente il lavoro in modo che la parte appena lavorata si trovi sulla destra; lavorate nel modo seguente le m della spalla sinistra: 1 dir, *2 m inc a sn, [2 m inc a dx] due volte. Ripetete da * ancora una volta, 2 m inc a sn, 2 m inc a dx, 1 rov, 1 dir rit, 1 rov, 4 m inc a dx riso, 4 m inc a sn riso, 1 rov, 1 dir rit, 1 rov, 2 m inc a dx, 1 dir, 1 rov, 1 dir rit, PM, [1 rov, 1 dir] fino a 1 m prima della fine del f, 1 dir rit.
(112 [120, 134, 150, 164, 172] m per il davanti).
Ora proseguirete lavorando il davanti.
Ferro 1 (RdL): 1 dir, [1 dir, 1 rov] fino a M, SM, lavorate il punto trecce A partendo dal f 2, SM, [1 rov, 1 dir] fino a 1 m prima della fine del f, 1 dir rit.
Ferro 2 (DdL): 1 dir, [1 dir, 1 rov] fino a M, SM, lavorate il punto trecce A, SM, [1 rov, 1 dir] fino a 1 m prima della fine del f, 1 dir rit.
Ripetete i f da 1 e 2 fino a che il lavoro misuri 18 (20, 20, 22, 24, 24) cm, misurando lungo quella che

sarà l'apertura per il braccio, ovvero lungo uno dei due bordi, terminando in ogni caso con il f 1.
Attenzione: terminate con lo stesso f a cui si è arrivati nella sezione del dietro. A causa della particolare lavorazione del maglione, per arrivare allo stesso f della sezione del dietro potrebbe esserci una differenza di un paio di cm.
Non tagliate il filo.

Corpo (lavorato in tondo):

Ora unirete il davanti e il dietro e riprenderete la lavorazione in tondo per il corpo.
Posizionate le 112 (120, 134, 150, 164, 172) m del dietro lasciate in sospeso sul f circolare e rimuovete il filo di scarto.
Si passa a lavorare il punto trecce B (lavorato in tondo), stando attenti a incominciare con il giro successivo a cui si è arrivati con il punto trecce A (lavorato in piano). Per esempio, se si è terminato il punto trecce A con il f numero 6, ora si lavorerà il giro numero 7 del punto trecce B.
Quando lavorate il corpo potete cambiare il f circolare con quello dal cavo più lungo quando le m sul f diventano troppe.
Giro d'impostazione (DdL): lavorate nel modo seguente le 112 (120, 134, 150, 164, 172) m del davanti: 1 dir, [1 dir, 1 rov] fino a M, SM, lavorate il punto trecce B, SM, lavorate [1 rov, 1 dir] fino a 1 m prima della fine del f, 1 rov, PM; girate il lavoro così che la parte appena lavorata si trovi sulla sinistra e, usando l'avvio *cable*, avviate 12 m; girate nuovamente il lavoro in modo che la parte appena lavorata si trovi sulla destra, PM; lavorate nel modo seguente le m del dietro: [1 rov, 1 dir] fino a 1 m prima di M, 1 rov, SM, lavorate il punto trecce B, SM, lavorate [1 rov, 1 dir] fino a 1 m prima della prima della fine del f, 1 rov, PM; girate il lavoro così che la parte appena lavorata si trovi sulla sinistra e, usando l'avvio *cable*, avviate 12 m. PM (questo è il M che segnala l'inizio del giro) e unite in tondo.
(248 [264, 292, 324, 352, 368] m per il corpo).

SEZIONE 1 - punto trecce:

A questo punto incomincerete a lavorare anche il punto trecce C, posizionato in corrispondenza dei fianchi.
Se si osservano i due punti, si potrà notare che il punto trecce C è uguale alle piccole trecce a punto riso del punto trecce B; l'unica differenza è che nel punto trecce B i giri sono 12 mentre nel punto trecce C i f sono 6. Per far combaciare, quindi, i motivi dei due punti trecce, considerate che i giri da 7 a 12 del punto trecce B corrispondono ai giri da 1 a 6 del punto trecce C.
Osservate quindi il giro che avete appena lavorato nel punto trecce B e incominciate a lavorare il punto trecce C dal giro successivo, che sarà in ogni caso un giro pari del punto trecce C.
Giro 1: *SM, [1 dir, 1 rov] fino a 1 m prima di M, 1 dir, SM, lavorate il punto trecce B, SM, [1 dir, 1 rov] fino a 1 m prima di M, 1 dir, SM, lavorate il punto trecce C. Ripetete da * ancora una volta.
Giro 2: *SM, [1 rov, 1 dir] fino a 1 m prima di M, 1 rov, SM, lavorate il punto trecce B, SM, [1 rov, 1 dir] fino a 1 m prima di M, 1 rov, SM, lavorate il punto trecce C. Ripetete da * ancora una volta.
Ripetete i giri 1 e 2 fino a che il lavoro misuri 24 (24, 27, 27, 27, 30) cm dallo scalfo (o fino alla lunghezza desiderata, tenendo conto che il bordo finale misura 3 cm), terminando in ogni caso con il giro 12 del punto trecce B.

SEZIONE 2 - bordo:

Proseguite con il f circolare numero 3 mm.
Giro d'impostazione (diminuzioni): SM, *[1 rov rit, 1 dir rit] fino a 1 m prima di M, 1 rov rit, RM, [1 dir rit, 1 rov rit] cinque volte, 1 dir rit, dim rov a dx, [1 dir rit, 1 rov rit] 28 (28, 31, 31, 34, 34) volte, 1 dir rit, dim rov a dx, [1 dir rit, 1 rov rit] due volte, 1 dir rit, dim rov a dx, [1 dir rit, 1 rov rit] cinque volte, 1 dir rit, RM, [1 rov rit, 1 dir rit] fino a 1 m prima di M, 1 rov rit, RM, [1 dir rit, 1 rov rit] due volte, 1 dir rit, dim rov a dx, [1 dir rit, 1 rov rit] due volte, 1 dir rit, RM. Ripetete da * ancora una volta (8 m diminuite).
(240 [256, 284, 316, 344, 360] m per il corpo).
Giro 1: SM, [1 rov rit, 1 dir rit] fino alla fine del giro.
Ripetete il giro 1 fino a che il bordo a coste ritorte misuri 3 cm.
Nell'ultimo giro RM, chiudete tutte le m e tagliate il filo.
(27 [27, 30, 30, 30, 30, 33] cm dallo scalfo).

Maniche (lavorate in tondo, entrambe alla stessa maniera):

Lavorando le maniche, usate il metodo preferito per la lavorazione di piccole circonferenze: 4 f a doppia punta, il *magic loop*, due f circolari ecc. Personalmente preferisco il *magic loop*!
Unite il filo di un nuovo gomitolo per eseguire la lavorazione.
Tenendo il DdL rivolto verso di voi, incominciate in corrispondenza dell'angolo destro dello scalfo manica.

Usando il f circolare numero 4 mm con il cavo lungo 80 cm, riprendete 12 m lungo l'ascella, PM; poi riprendete 41 (44, 44, 48, 52, 52) m dallo scalfo fino alla finta cucitura della spalla (spaziandole equamente); quindi riprendete 1 m proprio in corrispondenza della finta cucitura della spalla; infine riprendete 41 (44, 44, 48, 52, 52) m dalla finta cucitura della spalla fino allo scalfo (spaziandole equamente). PM (questo è il M che segnala l'inizio del giro) e unite in tondo.
(95 [101, 101, 109, 117, 117] m per la manica).
Prossimo giro: SM, 1 dir rit, 1 rov, 2 dir, 1 rov, 3 dir, 1 rov, 1 dir, 1 rov, 1 dir rit, SM, [1 rov, 1 dir] fino a 1 m prima di M, 1 rov.

SEZIONE 1 - punto trecce - diminuzioni:
Giro 1: SM, lavorate il punto trecce C, SM, [1 dir, 1 rov] fino a 1 m prima di M, 1 dir.
Giro 2: SM, lavorate il punto trecce C, SM, [1 rov, 1 dir] fino a 1 m prima di M, 1 rov.
Ripetete i giri 1 e 2 fino a che il lavoro misuri 3 (3, 4, 4, 3, 3) cm dallo scalfo, terminando in ogni caso con il giro 1.
A questo punto incomincerete le diminuzioni che sagomano la manica.

> **Nota bene:**
> il modello prevede una manica piuttosto ampia e larga. Se questo tipo di vestibilità non vi piace e desiderate una manica più stretta, prevedete di fare delle diminuzioni più ravvicinate e/o una serie di diminuzioni subito prima del bordo del polsino.

Giro 3 (diminuzioni): SM, lavorate il punto trecce C, SM, dim a dx, [1 rov, 1 dir] fino a 3 m prima di M, 1 rov, dim a sn (2 m diminuite).
Giro 4: SM, lavorate il punto trecce C, SM, [1 rov, 1 dir] fino a 1 m prima di M, 1 rov.
Giro 5: SM, lavorate il punto trecce C, SM, [1 dir, 1 rov] fino a 1 m prima di M, 1 dir.
Giro 6: ripetete il giro 4.
Giro 7: ripetete il giro 5.
Giro 8: ripetete il giro 4.
Giro 9 (diminuzioni): SM, lavorate il punto trecce C, SM, dim rov a dx, [1 dir, 1 rov] fino a 3 m prima di M, 1 dir, dim rov a sn (2 m diminuite).
Giro 10: SM, lavorate il punto trecce C, SM, [1 dir, 1 rov] fino a 1 m prima di M, 1 dir.
Giro 11: SM, lavorate il punto trecce C, SM, [1 rov, 1 dir] fino a 1 m prima di M, 1 rov.
Giro 12: ripetete il giro 10.
Giro 13: ripetete il giro 11.
Giro 14: ripetete il giro 10.
Ripetete i giri da 3 a 14: ancora 7 (8, 8, 9, 9, 9) volte.
(63 [65, 65, 69, 77, 77] m per la manica).
Ripetete i soli giri 13 e 14 fino a che la manica misuri 34 (36, 36, 38, 38, 40) cm dallo scalfo (o fino alla lunghezza desiderata, tenendo conto che il bordo finale misura 3 cm).

SEZIONE 2 - bordo:
Proseguite con il f circolare numero 3 mm.
Giro d'impostazione (diminuzione): SM, [1 dir rit, 1 rov rit] due volte, 1 dir rit, dim rov a dx, [1 dir rit, 1 rov rit] due volte, 1 dir rit, RM, [1 rov rit, 1 dir rit] fino a 1 m prima di M, 1 rov rit (1 m diminuita).
(62 [64, 64, 68, 76, 76] m per la manica).
Giro 1: SM, [1 dir rit, 1 rov rit] fino alla fine del giro.
Ripetete il giro 1 fino a che il bordo a coste ritorte misuri 3 cm.
Nell'ultimo giro RM, chiudete tutte le m e tagliate il filo.
(37 [39, 39, 41, 41, 43] cm dallo scalfo).

Collo (lavorato in tondo):

Unite il filo di un nuovo gomitolo per eseguire la lavorazione.
Tenendo il DdL rivolto verso di voi, incominciate in corrispondenza dell'angolo destro dello scollo dietro.
Usando il f circolare numero 3 mm con il cavo lungo 40 cm, riprendete 50 (50, 56, 56, 62, 62) m lungo lo scollo dietro; poi riprendete 18 m lungo la prima parte obliqua dello scollo davanti; quindi riprendete 18 (18, 24, 24, 30, 30) m lungo lo scollo davanti; infine riprendete 18 m lungo la seconda parte obliqua dello scollo davanti. PM (questo è il M che segnala l'inizio del giro) e unite in tondo.
(104 [104, 116, 116, 128, 128] m per il collo).
Giro 1: SM, [1 dir rit, 1 rov rit] fino alla fine del giro.
Ripetete il giro 1 fino a che il collo a coste ritorte misuri 9 cm; nell'ultimo giro RM.
Chiudete tutte le m e tagliate il filo.

Rifiniture:

Fissate i fili.
Bloccate leggermente il maglione a trecce (guardate anche il glossario), indossatelo e... siate *chic*!

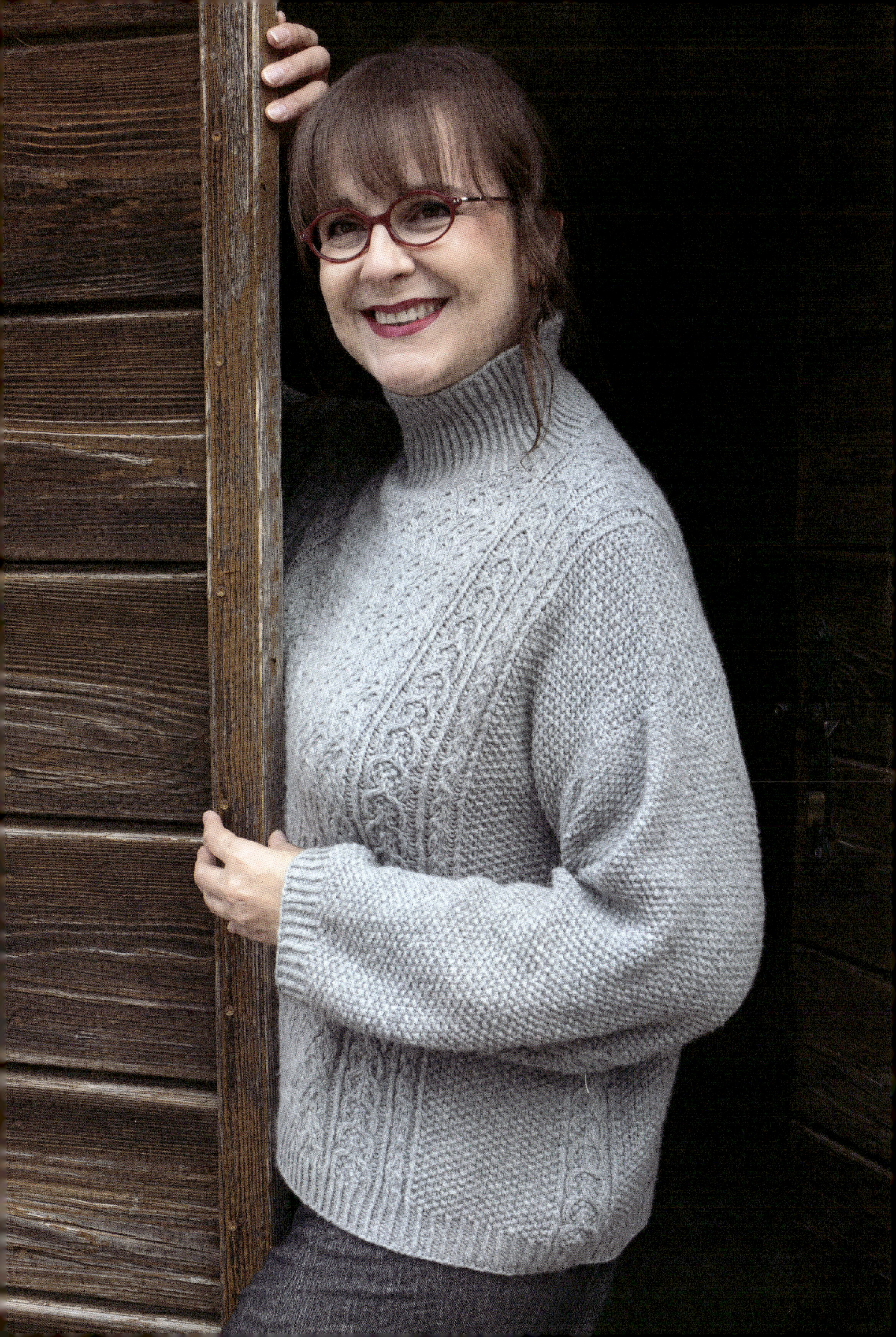

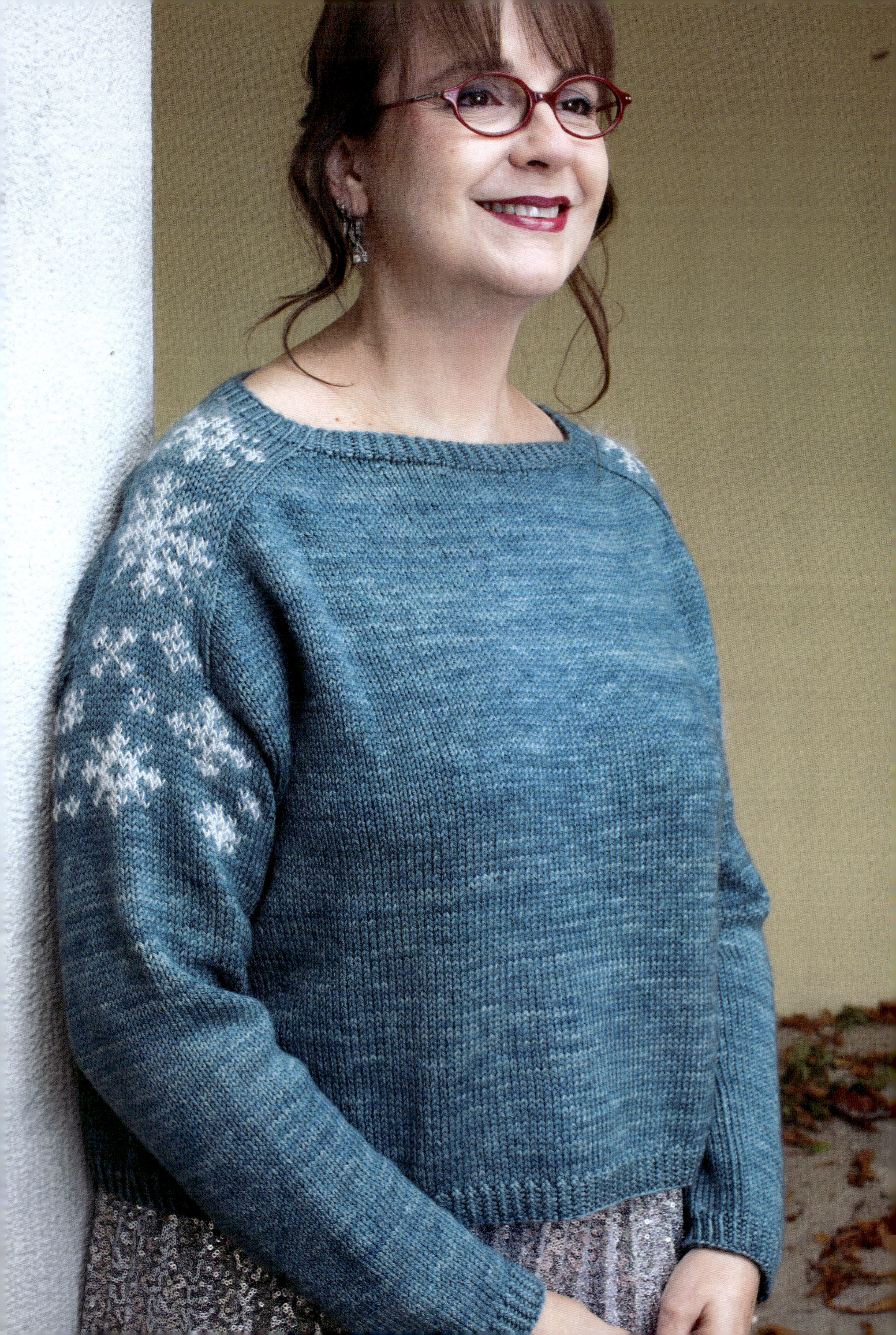

Maglione natalizio

Livello di difficoltà ★★★

Da sempre sono innamorata del concetto di "maglione natalizio": un maglione che sia festivo e allegro ma allo stesso tempo elegante e raffinato. Insomma, desideravo qualcosa di indossabile tutti i giorni nel periodo delle festività, ma che non fosse un capo ridicolo o, peggio ancora, pacchiano. E credo proprio di aver trovato la soluzione del mio dilemma con questo capo delizioso! Io ho scelto un colore scuro che richiami la foresta innevata, ma se lo vorrete realizzare più allegro, scegliete colori vivaci che lo renderanno immediatamente molto festoso!

Il **maglione natalizio** è lavorato quasi interamente a maglia rasata con solo dei piccoli dettagli a coste ritorte che donano interesse al capo. È lavorato in una spessa lana merino morbidissima ed è reso particolare da un ricamo realizzato in lana mohair in corrispondenza delle spalle e della parte superiore delle maniche.

Si inizia la lavorazione a partire dal collo: si montano tutte le maglie necessarie e si lavora un piccolo bordo a coste ritorte.

In seguito il dietro e lo scollo sono modellati da una serie di ferri accorciati. Durante questa fase si incominciano anche gli aumenti, che saranno ad ogni ferro, sia sul diritto del lavoro che sul rovescio. In corrispondenza delle spalle si trovano i tasselli lavorati a maglia rasata e delimitati da due coste ritorte (per spalla) che donano alla struttura maggiore definizione.

Quando si raggiunge la forma del collo desiderata, si continua a lavorare in tondo fino a raggiungere l'ampiezza dello sprone richiesta.

A questo punto si separano il davanti e il dietro, che vengono lavorati in piano separatamente, lasciando le maglie delle spalle in sospeso su un pezzo di filo di scarto.

Successivamente verranno montate le maglie per le ascelle e il lavoro proseguirà in tondo per formare il corpo. Si continuerà a lavorare a maglia rasata fino a raggiungere la lunghezza desiderata, lavorando in corrispondenza di ogni fianco anche due coste ritorte che riprendono il motivo delle spalle. Si termina il corpo con un altro piccolo bordo a coste ritorte.

Una volta terminato il corpo del maglione, si riprendono le maglie lungo gli scalfi e si lavorano le maniche a maglia rasata.

Le maniche sono lunghe e modellate da diminuzioni lungo tutta la lunghezza; i bordi sono lavorati a coste ritorte.

Taglie:

XS (S, M, L, XL, XXL) vestono un giro seno di 76 (86, 96, 106, 117, 127) cm.

Le foto si riferiscono alla taglia M indossata da una modella con un giro seno di 96 cm e con un agio di 26 cm.

Se desiderate la stessa vestibilità del modello in foto, dovrete scegliere una misura più grande di circa 24-30 cm del vostro attuale giroseno.

Misure finite:

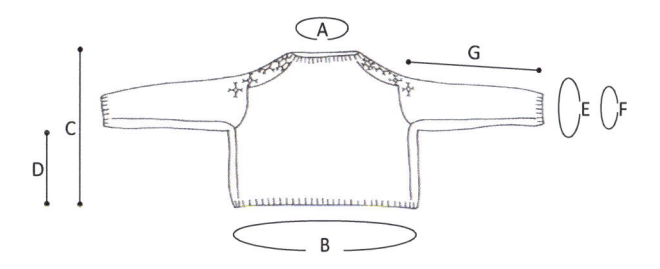

A - circonferenza del collo: 51 (55, 55, 58, 58, 62) cm.
B - circonferenza del seno: 100 (112, 122, 134, 145, 157) cm.
C - lunghezza totale: 31 (34, 35, 40, 41, 47) cm, prendendo la misura in corrispondenza della spalla.
D - lunghezza dallo scalfo: 23 (25, 25, 29, 29, 33) cm.
E - circonferenza della manica: 32 (34, 36, 38, 42, 45) cm.
F - circonferenza del polsino: 21 (23, 25, 27, 30, 32) cm.
G - lunghezza della manica dallo scalfo: 41 (43, 45, 46, 46, 47) cm.

Filato e ferri:

COWGIRLBLUES Merino DK: Rainforest (100% lana; 170 m per matassa da 100 gr): 5 (6, 6, 7, 8, 8) matasse (840 [900, 1000, 1120, 1245, 1360] m). Il metraggio indicato è il consumo effettivo.
Per il ricamo (opzionale, ma consigliatissimo):
COWGIRLBLUES Kidsilk: Natural (70% mohair e 30% seta; 205 m per gomitolo da 25 gr): 1 gomitolo. Anche se la quantità indicata è di un gomitolo, ne userete molto meno.
Ferri circolari numero 3.5 mm con il cavo lungo 40 cm, 60 cm e 80 cm. Se necessario modificate il numero dei f per ottenere il campione corretto.
4 marcapunti di cui uno diverso (che segnala l'inizio del giro).
Filo di scarto.
Ago da lana e forbici.
Spilli e metro da sarta per il bloccaggio.

Consigli sul filato:

per questo maglione fiabesco e affascinante ho scelto un filato morbidissimo, quasi setoso e tinto a mano in un meraviglioso verde scuro. E vi consiglio caldamente di scegliere la lana merino come base per il nostro maglione natalizio! È un filato che sa essere molto elegante e soprattutto non è eccessivamente caldo, quindi perfetto da indossare durante le feste in famiglia. Nel caso non siate amanti della lana merino, potreste scegliere un lambswool o un costoso cashmere, altrettanto belli e raffinati. Per quanto riguarda il filato per i ricami, scegliete un mohair sottile se volete l'effetto del bosco innevato oppure più spesso se volete rimarcarli con più intensità. Una validissima e raffinatissima alternativa è un filo di lamé, sberluccicante e fastaioso più che mai, singolo o abbinato a un altro filato sottilissimo in tinta.

Campione:

22 m x 30 f/giri = 10 cm lavorati a maglia rasata (dopo il bloccaggio).

Spiegazioni - Si incomincia dall'alto
Collo (lavorato in tondo):

Le spiegazioni sono date per la taglia XS, le taglie S, M, L, XL e XXL sono tra parentesi. Quando non appaiono le parentesi, la spiegazione è valida per tutte le taglie.
Incominciate a lavorare in tondo il bordo del collo. Usando il f circolare con il cavo lungo 40 cm, avviate 112 (120, 120, 128, 128, 136) m usando l'avvio *long tail*. PM (questo è il M che segnala l'inizio del giro e si trova sulla spalla sinistra, spostato verso il davanti) e unite in tondo, stando attenti a non girare il lavoro.
Giro 1: SM, [1 dir rit, 1 rov] fino alla fine del giro.
Ripetete il giro 1 fino a che il collo a coste ritorte misuri 2 cm.

Sprone (lavorato in piano e in tondo):

Attenzione: nel giro d'impostazione posizionerete altri tre marcapunti per delimitare le spalle. I marcapunti serviranno anche per segnalare la posizione degli aumenti.
Giro d'impostazione: SM, 1 dir rit, 19 dir, 1 dir rit, PM (questa è la prima spalla); 31 (35, 35, 39, 39, 43) dir, PM (questo è il dietro); 1 dir rit, 19 dir, 1 dir rit, PM (questa è la seconda spalla); 39 (43, 43, 47, 47, 51) dir (questo è il davanti).
(39 [43, 43, 47, 47, 51] m per il davanti,
31 [35, 35, 39, 39, 43] m per il dietro,
21 m per ogni spalla).
Il lavoro si dovrebbe presentare più o meno come nella figura qui sotto.

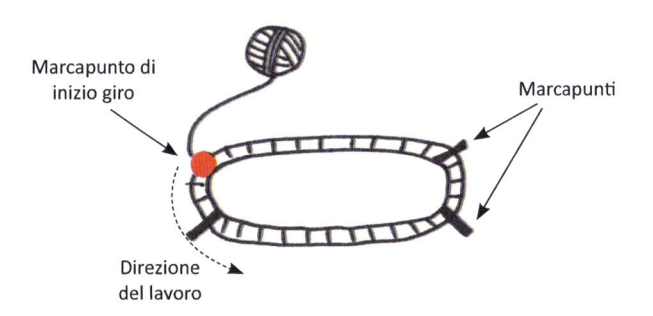

Quando lavorate lo sprone, potete cambiare il f circolare con quello dal cavo più lungo quando le m sul f diventano troppe.

SEZIONE 1 - ferri accorciati - aumenti per il dietro:

A questo punto lavorerete in piano lo sprone; lavorerete anche i f accorciati e gli aumenti che sagomano il dietro.
Ferro 1 (DdL - f acc - aumenti): SM, 1 dir rit, dir fino a 1 m prima di M, 1 dir rit, SM, aum a sn, dir fino a M, aum a dx, SM, 1 dir rit, 9 dir, girate il lavoro (2 m aumentate per il dietro).
Ferro 2 (RdL - f acc - aumenti): pass1cfdavanti,

tirate il filo verso il dietro al di sopra del f, rov fino a 1 m prima di M, 1 rov rit, SM, aum rov a dx, rov fino a M, aum rov a sn, SM, 1 rov rit, 9 rov, girate il lavoro (2 m aumentate per il dietro).
Ferro 3 (f acc - aumenti): pass1cfdavanti, tirate il filo verso il dietro al di sopra del f, dir fino a 1 m prima di M, 1 dir rit, SM, aum a sn, dir fino a M, aum a dx, SM, 1 dir rit, dir fino al "punto doppio", lavorate a dir il "punto doppio", 7 dir, girate il lavoro (2 m aumentate per il dietro).
Ferro 4 (f acc - aumenti): pass1cfdavanti, tirate il filo verso il dietro al di sopra del f, rov fino a 1 m prima di M, 1 rov rit, SM, aum rov a dx, rov fino a M, aum rov a sn, SM, 1 rov rit, rov fino al "punto doppio", lavorate a rov il "punto doppio", 7 rov, girate il lavoro (2 m aumentate per il dietro).
(120 [128, 128, 136, 136, 144] m totali;
39 [43, 43, 47, 47, 51] m per il davanti e il dietro).

SEZIONE 2 - ferri accorciati - aumenti per il davanti e il dietro:

Ora proseguirete i f accorciati e incomincerete a lavorare anche gli aumenti che sagomano il davanti.
Ferro 1 (DdL - f acc - aumenti): pass1cfdavanti, tirate il filo verso il dietro al di sopra del f, dir fino a 1 m prima di M, 1 dir rit, SM, aum a sn, dir fino a M, aum a dx, SM, 1 dir rit, dir fino al "punto doppio", lavorate a dir il "punto doppio", dir fino a 1 m prima di M, 1 dir rit, SM, aum a sn, 2 dir, girate il lavoro (3 m aumentate: 2 per il dietro e 1 per il davanti).
Ferro 2 (RdL - f acc - aumenti): pass1cfdavanti, tirate il filo verso il dietro al di sopra del f, rov fino a M, aum rov a sn, SM, 1 rov rit, rov fino a 1 m prima di M, 1 rov rit, SM, aum rov a dx, rov fino a M, aum rov a sn, SM, 1 rov rit, rov fino al "punto doppio", lavorate a rov il "punto doppio", rov fino a 1 m prima di M, 1 rov rit, SM, aum rov a dx, 2 rov, girate il lavoro (4 m aumentate: 2 per il dietro e 2 per il davanti).
Ferro 3 (f acc - aumenti): pass1cfdavanti, tirate il filo verso il dietro al di sopra del f, dir fino a M, aum a dx, SM, 1 dir rit, dir fino a 1 m prima di M, 1 dir rit, SM, aum a sn, dir fino a M, aum a dx, SM, 1 dir rit, dir fino a 1 m prima di M, 1 dir rit, SM, aum a sn, dir fino al "punto doppio", lavorate a dir il "punto doppio", 5 (6, 7, 7, 7, 8) dir, girate il lavoro (4 m aumentate).
Ferro 4 (f acc - aumenti): pass1cfdavanti, tirate il filo verso il dietro al di sopra del f, rov fino a M, aum rov a sn, SM, 1 rov rit, rov fino a 1 m prima di M, 1 rov rit, SM, aum rov a dx, rov fino a M, aum rov a sn, SM, 1 rov rit, rov fino a 1 m prima di M, 1 rov rit, SM, aum rov a dx, rov fino al "punto doppio", lavorate a rov il "punto doppio", 5 (6, 7, 7, 7, 8) rov, girate il lavoro (4 m aumentate).
Ripetete i f 3 e 4 ancora una volta.
Ferro 5 (f acc - aumento): pass1cfdavanti, tirate il filo verso il dietro al di sopra del f, dir fino a M, aum a dx (1 m aumentata per il davanti).
(144 [152, 152, 160, 160, 168] m totali,
51 [55, 55, 59, 59, 63] m per il davanti e il dietro).

SEZIONE 3 - aumenti per il davanti e il dietro:

A questo punto proseguirete a lavorare in tondo lo sprone.
Attenzione: nel giro 1, quando incontrate i "punti doppi", lavorateli a dir come se fossero delle m normali.
Giro 1 (aumenti): *SM, 1 dir rit, dir fino a 1 m prima di M, 1 dir rit, SM, aum a sn, dir fino a M, aum a dx. Ripetete da * ancora una volta (4 m aumentate: 2 per il davanti e 2 per il dietro).
Ripetete il giro 1: ancora 22 (26, 31, 35, 41, 46) volte.
(236 [260, 280, 304, 328, 356] m totali,
97 [109, 119, 131, 143, 157] m per il davanti e il dietro,
21 m per ogni spalla).
Alla fine di questo passaggio il lavoro si dovrebbe presentare più o meno come nella figura qui sotto.

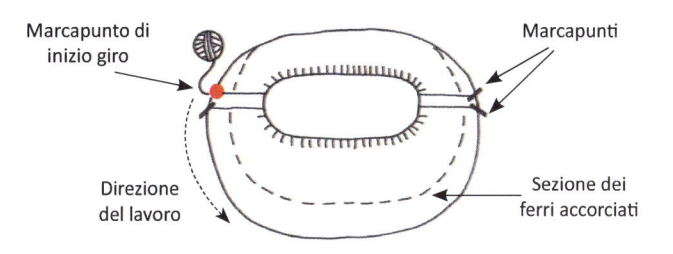

Davanti e dietro (lavorati in piano):

A questo punto non lavorerete più in tondo lo sprone; dividerete il davanti e il dietro per creare gli scalfi manica.
Giro d'impostazione: SM (questo è il M che segnala l'inizio del giro), lavorate nel modo seguente le 21 m della prima spalla: 1 dir rit, dir fino a 1 m prima di M, 1 dir rit, posizionate le m della spalla appena lavorate su un primo pezzo di filo di scarto, RM; lavorate a dir le 97 (109, 119, 131, 143, 157) m del dietro, posizionate le m del dietro appena lavorate su un secondo pezzo di filo di scarto, RM; lavorate nel modo seguente le 21 m della seconda spalla: 1 dir rit, dir fino a 1 m prima di M, 1 dir rit, posizionate le m della spalla appena lavorate su un terzo pezzo di filo di scarto, RM; infine lavorate a

dir le 97 (109, 119, 131, 143, 157) m del davanti, RM.
(97 [109, 119, 131, 143, 157] m per il davanti e il dietro,
21 m per ogni spalla).

DAVANTI:
A questo punto lavorerete in piano il davanti.
Ferro 1 (RdL): 1 dir, rov fino a 1 m prima della fine del f, 1 dir rit.
Ferro 2 (DdL): dir fino a 1 m prima della fine del f, 1 dir rit.
Ripetete i f 1 e 2 fino a che il lavoro misuri 8 (9, 10, 11, 12, 14) cm dalla divisione delle spalle dal corpo, misurando lungo quella che sarà l'apertura per il braccio, ovvero lungo uno dei due bordi, e terminando con il f 1.
Tagliate il filo e posizionate le m su un pezzo di filo di scarto.

DIETRO:
A questo punto lavorerete in piano il dietro.
Unite il filo di un nuovo gomitolo per eseguire la lavorazione.
Tenendo il RdL rivolto verso di voi, posizionate le m del dietro lasciate in sospeso sul f circolare e rimuovete il filo di scarto.
Ripetete come per il davanti. Non tagliate il filo e lasciate le m sul f.

Corpo (lavorato in tondo):
Ora unirete il davanti e il dietro e riprenderete la lavorazione in tondo per il corpo.
Posizionate le 97 (109, 119, 131, 143, 157) m del davanti lasciate in sospeso sul f circolare e rimuovete il filo di scarto.
Giro d'impostazione (DdL): lavorate a dir le 97 (109, 119, 131, 143, 157) m del dietro, PM; girate il lavoro così che la parte appena lavorata si trovi sulla sinistra e, usando l'avvio *cable*, avviate 13 (13, 15, 15, 17, 17) m; girate nuovamente il lavoro in modo che la parte appena lavorata si trovi sulla destra, PM; lavorate a dir le m del davanti, PM; girate il lavoro così che la parte appena lavorata si trovi sulla sinistra e, usando l'avvio *cable*, avviate 13 (13, 15, 15, 17, 17) m; girate nuovamente il lavoro in modo che la parte appena lavorata si trovi sulla destra, PM (questo è il M che segnala l'inizio del giro) e unite in tondo.
(220 [244, 268, 292, 320, 348] m per il corpo).

SEZIONE 1 - maglia rasata:
Giro 1: *SM, dir fino a M, SM, 1 dir rit, dir fino a 1 m prima di M, 1 dir rit, SM. Ripetete da * ancora una volta.
Ripetete il giro 1 fino a che il lavoro misuri 21 (23, 23, 27, 27, 31) cm dallo scalfo (o fino alla lunghezza desiderata, tenendo conto che il bordo finale misura 2 cm).
Nell'ultimo giro RM, eccetto quello che segnala l'inizio del giro.

SEZIONE 2 - bordo:
Giro 1: SM, [1 rov, 1 dir rit] fino alla fine del giro.
Ripetete il giro 1 fino che il bordo a coste ritorte misuri 2 cm.
Nell'ultimo giro RM, chiudete tutte le m e tagliate il filo.
(23 [25, 25, 29, 29, 33] cm dallo scalfo).

Maniche (lavorate in tondo, entrambe alla stessa maniera):

Lavorando le maniche, usate il metodo preferito per la lavorazione di piccole circonferenze: 4 f a doppia punta, il *magic loop*, due f circolari ecc. Personalmente preferisco il *magic loop*!
Unite il filo di un nuovo gomitolo per eseguire la lavorazione.
Posizionate le 21 m della spalla lasciate in sospeso sul f circolare con il cavo lungo 80 cm e rimuovete il filo di scarto.
Tenendo il DdL rivolto verso di voi, incominciate in corrispondenza dell'angolo destro dello scalfo manica.
Riprendete 13 (13, 15, 15, 17, 17) m lungo l'ascella, PM; poi riprendete 18 (20, 22, 24, 27, 31) m dallo scalfo all'inizio della spalla (spaziandole equamente); quindi lavorate a dir le m della spalla; infine riprendete 18 (20, 22, 24, 27, 31) m dalla fine della spalla allo scalfo (spaziandole equamente). PM (questo è il M che segnala l'inizio del giro) e unite in tondo.
(70 [74, 80, 84, 92, 100] m per la manica).

SEZIONE 1 - maglia rasata:
Giro 1: SM, 1 dir rit, dir fino a 1 m prima di M, 1 dir rit, SM, dir fino a M.
Ripetete il giro 1 fino a che la manica misuri 11 (11, 9, 7, 7, 5) cm dallo scalfo.

SEZIONE 2 - diminuzioni:

A questo punto incomincerete le diminuzioni che sagomano la manica.

Giro 1 (diminuzioni): SM, 1 dir rit, dir fino a 1 m prima di M, 1 dir rit, SM, dim a dx, dir fino a 2 m prima di M, dim a sn (2 m diminuite).

Giri da 2 a 6: SM, 1 dir rit, dir fino a 1 m prima di M, 1 dir rit, SM, dir fino a M.

Ripetete i giri da 1 a 6: ancora 11 (11, 12, 11, 12, 14) volte.

(46 [50, 54, 60, 66, 70] m per la manica).

SEZIONE 3 - maglia rasata:

Giro 1: SM, 1 dir rit, dir fino a 1 m prima di M, 1 dir rit, SM, dir fino a M.

Ripetete il giro 1 fino a che la manica misuri 39 (41, 43, 44, 44, 45) cm dallo scalfo (o fino alla lunghezza desiderata, tenendo conto che il bordo finale misura 2 cm).

Nell'ultimo giro RM, eccetto quello che segnala l'inizio del giro.

SEZIONE 4 - bordo:

Giro 1: SM, [1 dir rit, 1 rov] fino alla fine del giro.

Ripetete il giro 1 fino che il bordo a coste ritorte misuri 2 cm.

Nell'ultimo giro RM, chiudete tutte le m e tagliate il filo.

(41 [43, 45, 46, 46, 47] cm dallo scalfo).

Rifiniture:

Fissate i fili.

Bloccate leggermente il maglione natalizio (guardate anche il glossario) e, se lo desiderate, procedete con il ricamo.

MOTIVI PER IL RICAMO:

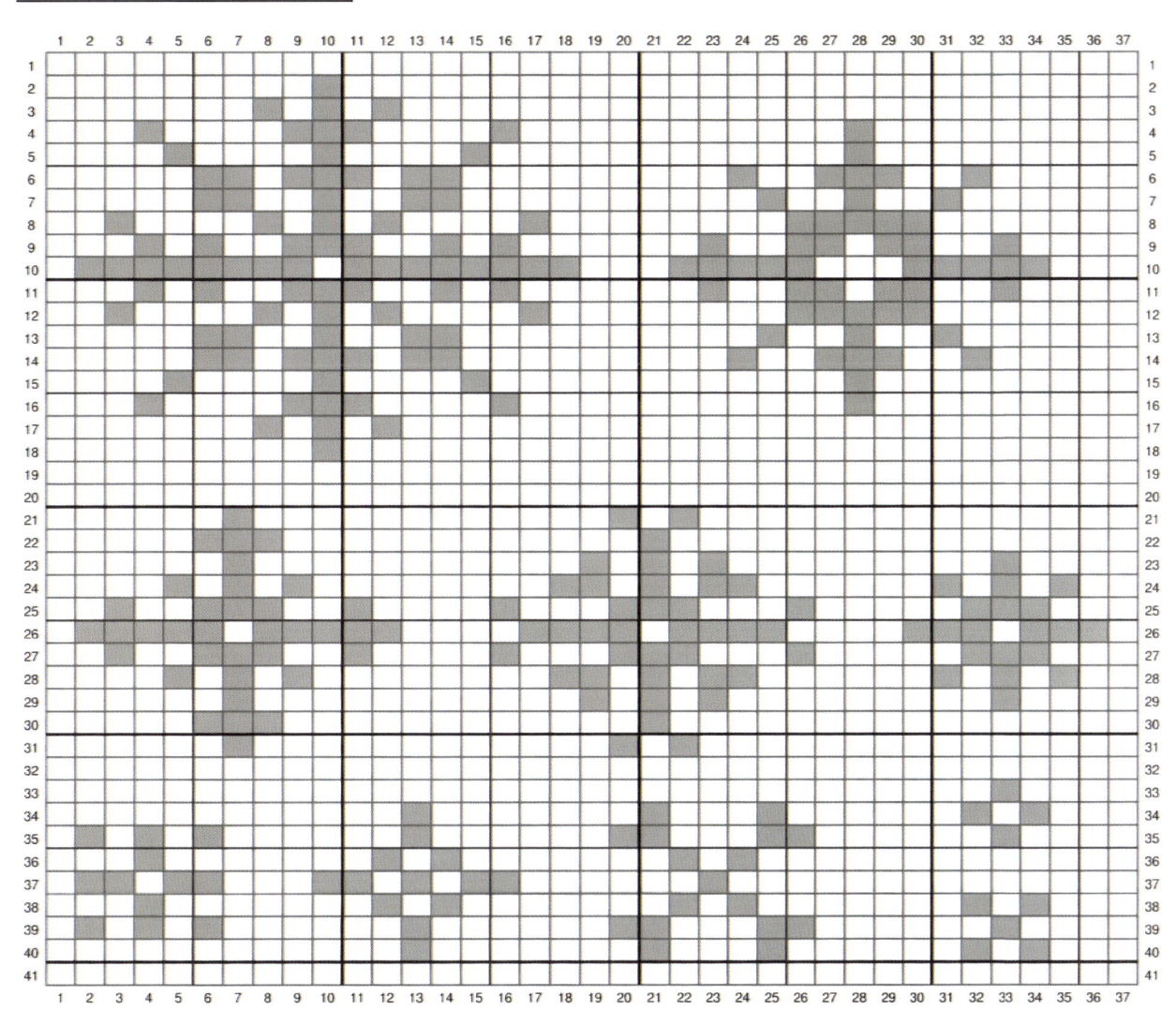

Ricamo:

Ora potete procedere a ricamare i fiocchi di neve che trovate nello schema MOTIVI PER IL RICAMO con il mohair, usando il punto maglia. Ad ogni casella corrisponde una maglia.
Ricamate i motivi dei fiocchi di neve in corrispondenza delle spalle e della prima parte delle maniche, seguendo il vostro estro creativo.
Volutamente non ho seguito nessun ordine particolare né alcuna simmetria, amo che i due lati siano diversi: questo rende il maglione ancora più interessante e particolare! Consiglio anche voi di fare altrettanto.
Allego qua di seguito diverse foto delle due maniche che vi siano d'ispirazione.
Naturalmente, se non amate questa aggiunta, potrete lasciare il maglione esattamente così com'è e sarà semplice, ma ugualmente splendido.
Terminato il ricamo, fissate i fili.
Indossatelo e... siate *chic*!!!

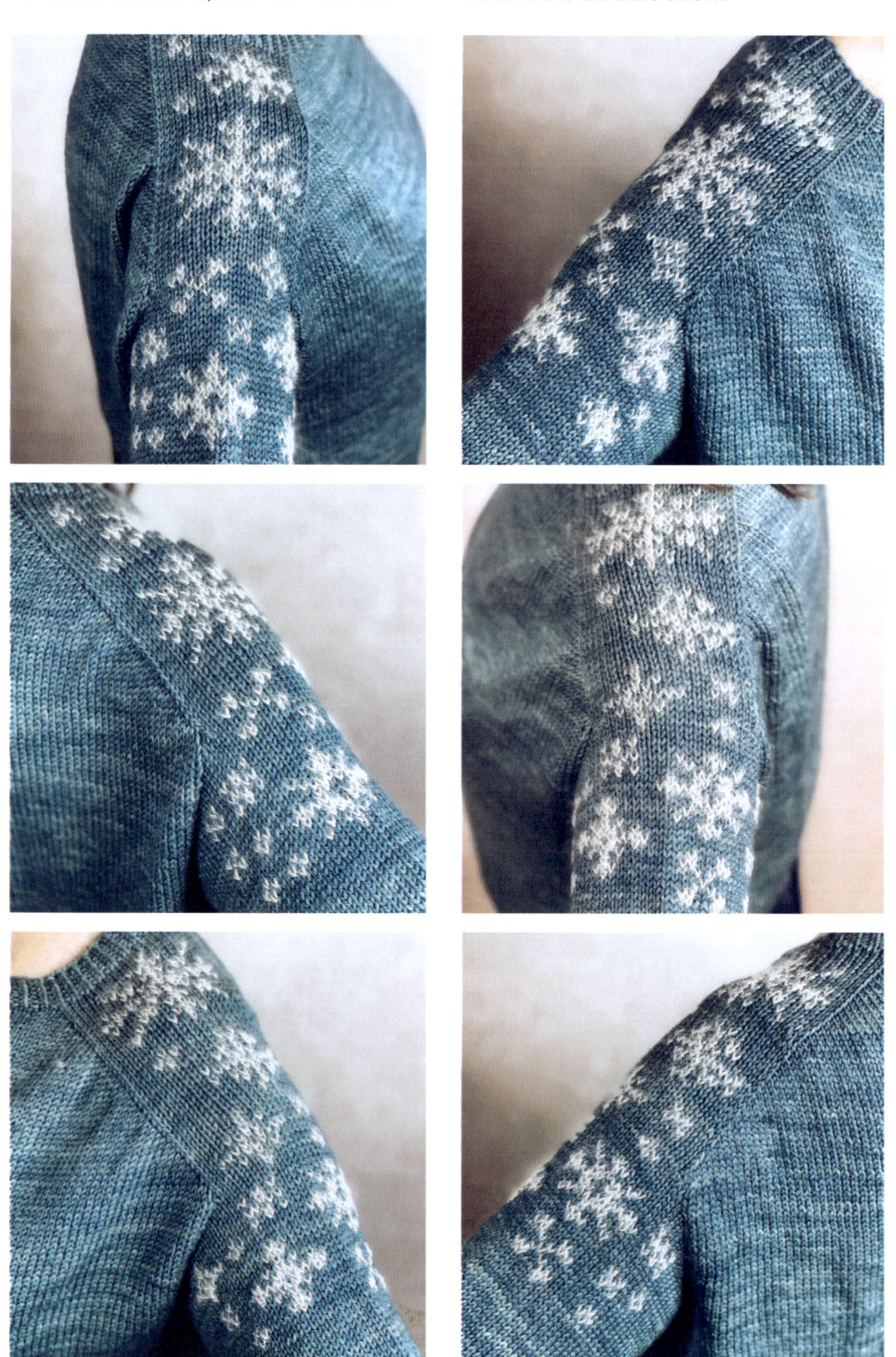

Primavera

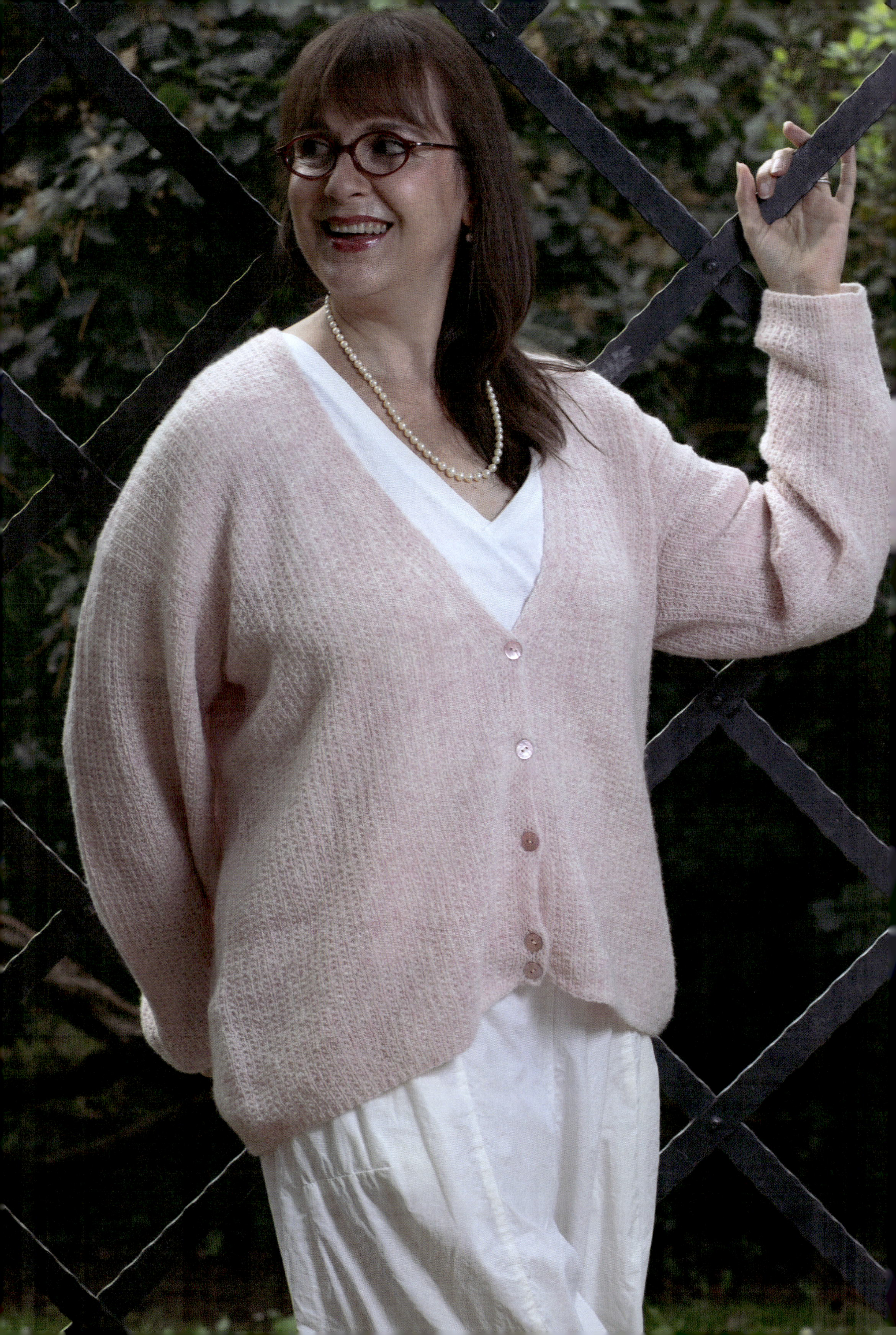

Cardingan primaverile n°1

Livello di difficoltà ★★

Diciamo la verità: di cardigan non ce ne sono mai abbastanza. Credo che sia l'indumento che uso di più in assoluto perché risolve moltissime situazioni. E in primavera questo capo è il più versatile in assoluto perché può essere usato sia come strato aggiuntivo nelle giornate uggiose sia come una giacca all'aperto nelle giornate soleggiate. Un filato non troppo spesso e un colore chiaro saranno perfetti per celebrare i primi caldi!

Il **cardigan primaverile n°1** è realizzato in un unico pezzo.

La lavorazione incomincia dal minuscolo bordo a maglie passate e continua dal basso verso l'alto con una lavorazione a coste spezzate sull'intero cardigan.

I bordi, dove andremo ad inserire le asole e a cucire i bottoni, sono lavorati a maglie passate e si lavorano contemporaneamente al corpo. Questo tipo di lavorazione crea una sorta di tessuto doppiato molto stabile che non si slabbrerà con l'uso. La scollatura a V viene modellata da una serie di diminuzioni ed è molto profonda.

Il lavoro viene diviso in prossimità degli scalfi per creare lo sprone e i tre pezzi vengono completati separatamente; i due davanti continuano ad essere modellati dalle diminuzioni fino a raggiungere la dimensione desiderata. Al raggiungimento dell'altezza dello scalfo, le maglie per le spalle vengono intrecciate e si prosegue la lavorazione dei bordi laterali, che si prolungano a creare due strisce di tessuto. Queste due strisce verranno cucite insieme e verranno fissate sulla parte superiore del collo dietro, creando una rifinitura molto piacevole e stabile.

Il dietro, una volta raggiunta l'altezza dello scalfo, potrà venire sagomato da una serie di ferri accorciati (se non si ama questo dettaglio, il passaggio può venire tranquillamente omesso). Si cuciono quindi le spalle e i due bordi laterali. Nelle spiegazioni troverete anche un utile tutorial.

Si riprendono quindi le maglie per le maniche, che sono davvero molto larghe e comode e che sono lavorate dall'alto verso il basso. Sono modellate da una serie di diminuzioni e terminano con un minuscolo bordo a maglie passate.

Alla fine della lavorazione si cuciranno i bottoni e, se lo si desidera, si ricameranno le asole.

Taglie:

XS (S, M, L, XL, XXL) vestono un giroseno di 76 (86, 96, 106, 117, 127) cm.

Le foto si riferiscono alla taglia M indossata da una modella con un giroseno di 96 cm e con un agio di 33 cm.

Quando scegliete la taglia, bisogna considerare che il cardigan ha una linea *oversized*.

Se desiderate la stessa vestibilità del modello in foto, dovrete scegliere una misura più grande di circa 31-36 cm del vostro attuale giroseno.

Misure finite:

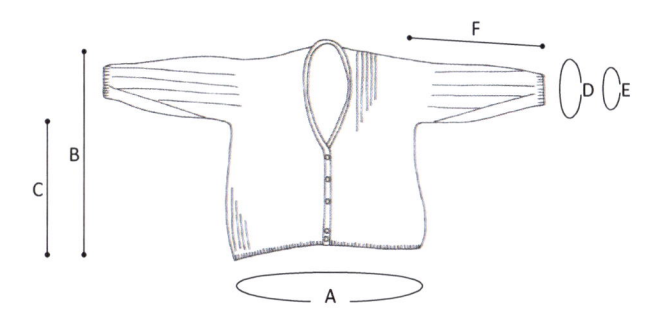

A - circonferenza del seno: 107 (119, 129, 141, 153, 159) cm.
B - lunghezza totale: 58 (59, 63, 65, 69, 73) cm misurati lungo il davanti; il cardigan misurerà un paio di cm in più sui fianchi e nella parte dietro.
C - lunghezza dallo scalfo: 41 (41, 44, 44, 47, 50) cm.
D - circonferenza della manica: 39 (43.5, 45, 49, 52.5, 55) cm.
E - circonferenza del polsino: 22.5 (23.5, 25, 26, 26, 26.5) cm.
F - lunghezza della manica dallo scalfo: 47 (48, 48, 49, 49, 50) cm.

Filato e ferri:

BICHES & BÛCHES Le Petit Lambswool: Very Light Pink (100% lana; 248 m per matassa da 50 gr): 5 (6, 6, 7, 8, 8) matasse (1235 [1375, 1485, 1635, 1850, 1900] m). Il metraggio indicato è il consumo effettivo.

Ferri circolari numero 3 mm con il cavo lungo 40 cm, 60 cm e 80 cm. Se necessario modificate il numero dei f per ottenere il campione corretto.
2 marcapunti di cui uno diverso (che segnala l'inizio del giro).
Filo di scarto.
Ago da lana e forbici.
5 bottoni con 1.4 cm di diametro circa.
Spilli e metro da sarta per il bloccaggio.

> *Consigli sul filato:*
> per questo cardigan ho pensato che il filato perfetto potrebbe essere un lambswool molto sottile: certamente caldo, ma anche molto leggero. Insomma, perfetto per andare incontro alla bella stagione. E se volessimo un'alternativa? Puntando il focus sulla mezza stagione, potremmo pensare a un filato misto, tipo un lana-cotone o un cotone-mohair. Sono composizioni molto interessanti perché creano un tessuto non molto caldo e quindi perfetto per la primavera. Anche un misto seta potrebbe essere molto interessante, sempre che vi piaccia un cardigan molto morbido e dalle linee scivolate.

Campione:

24 m x 38 f/giri = 10 cm lavorati a punto "coste spezzate" (dopo il bloccaggio).

Punto "coste spezzate" (per il campione):

Attenzione: il punto "coste spezzate" (per il campione) è lavorato in piano su un multiplo di 2 m (+ 1).
Ferro 1 (DdL): 1 dir, [1 dir, 1 rov] fino a 2 m prima della fine del f, 2 dir.
Ferro 2 (RdL): rov fino alla fine del f.
Ripetete i f 1 e 2 per ottenere il punto "coste spezzate".

Spiegazioni - Si incomincia dal basso
Bordo (lavorato in piano):

Le spiegazioni sono date per la taglia XS, le taglie S, M, L, XL e XXL sono tra parentesi. Quando non appaiono le parentesi, la spiegazione è valida per tutte le taglie.
Attenzione: durante la lavorazione dello schema, troverete delle tabelle con all'interno delle indicazioni da apportare per la vostra taglia. Cercatela con attenzione e seguite le istruzioni per avere un risultato perfetto!

Incominciate a lavorare in piano il bordo del corpo. Usando il f circolare con il cavo lungo 60 cm o 80 cm, avviate 257 (285, 309, 339, 367, 381) m usando l'avvio *long tail*.
A questo punto si posizionano due marcapunti per delimitare i bordi laterali. Sul bordo destro successivamente saranno lavorate le asole.
Ferro 1 (DdL): [1 dir, pass1cfdavanti] quattro volte, 1 dir, PM, [1 dir, pass1cfdavanti] fino a 10 m prima della fine del f, 1 dir, PM, [1 dir, pass1cfdavanti] quattro volte, 1 dir.
Ferro 2 (RdL): [pass1cfdavanti, 1 dir] quattro volte, pass1cfdavanti, SM, [pass1cfdavanti, 1 dir] fino a 1 m prima di M, pass1cfdavanti, SM, [pass1cfdavanti, 1 dir] quattro volte, pass1cfdavanti.
Ferro 3: [1 dir, pass1cfdavanti] quattro volte, 1 dir, SM, [1 dir, pass1cfdavanti] fino a 10 m prima della fine del f, 1 dir, SM, [1 dir, pass1cfdavanti] quattro volte, 1 dir.
Ferro 4: ripetete il f 2.

Corpo (lavorato in piano):

A questo punto lavorerete il corpo.

ASOLE:

Il corpo è lavorato a coste spezzate mentre i bordi laterali sono lavorati a m passate. Questa particolare lavorazione evita che i bordi del cardigan risultino troppo molli o slambricciati una volta terminato il lavoro. Per rendere il lavoro più uniforme, consiglio di non tirare troppo le m dei bordi.
Sul bordo destro si lavoreranno le asole.
Ferro 1 (DdL): [1 dir, pass1cfdavanti] quattro volte, 1 dir, SM, [1 dir, 1 rov] fino a 1 m prima di M, 1 dir, SM, [1 dir, pass1cfdavanti] quattro volte, 1 dir.
Ferro 2 (RdL): [pass1cfdavanti, 1 dir] quattro volte, pass1cfdavanti, SM, rov fino a M, SM, [pass1cfdavanti, 1 dir] quattro volte, pass1cfdavanti.
Ripetete i f 1 e 2 fino a che il cardigan misuri 2 cm dall'inizio del lavoro. Questo è il punto in cui si lavorerà la prima asola.
Ferro dell'asola (DdL): [1 dir, pass1cfdavanti] due volte, 1 dir, gettato, dim a dx, pass1cfdavanti, 1 dir, SM, [1 dir, 1 rov] fino a 1 m prima di M, 1 dir, SM, [1 dir, pass1cfdavanti] quattro volte, 1 dir.
Prossimo ferro (RdL): [pass1cfdavanti, 1 dir] quattro volte, pass1cfdavanti, SM, rov fino a M, SM, [pass1cfdavanti, 1 dir] quattro volte, pass1cfdavanti.
Ripetete i f 1 e 2; contemporaneamente si lavoreranno le asole fino a che il cardigan misuri 27 (27, 30, 30, 33, 36) cm dall'inizio. Per un corretto posizionamento delle asole può essere d'aiuto seguire lo schema del bordo nella prossima pagina.

SCHEMA DEL BORDO:

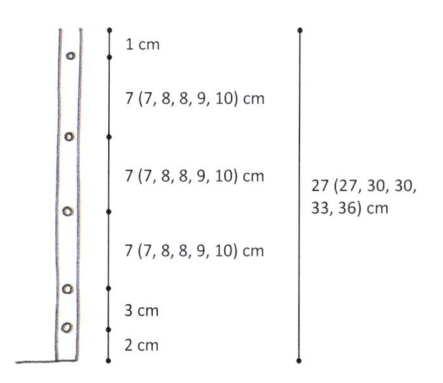

1 cm
7 (7, 8, 8, 9, 10) cm
7 (7, 8, 8, 9, 10) cm
7 (7, 8, 8, 9, 10) cm
3 cm
2 cm
27 (27, 30, 30, 33, 36) cm

Le asole in tutto sono 5. La prima (quella che è stata appena lavorata) è posizionata 2 cm dall'inizio del lavoro, la successiva 3 cm sopra questa. Le altre vengono distribuite a seconda della taglia.
Secondo le misure date, la terza asola verrà posizionata 7 (7, 8, 8, 9, 10) cm dopo la seconda e così si ripeterà anche per la quarta e la quinta.
Una volta terminata la quinta asola, lavorate i f 1 e 2 ancora per un cm.

SCOLLO:

A questo punto incomincerete a lavorare le diminuzioni che sagomano lo scollo.
Quanto lavorate le sezioni successive, potete cambiare il f circolare con quello dal cavo più corto quando le m sul f diventano troppo poche.
Ferro 1 (DdL - diminuzioni): [1 dir, pass1cfdavanti] quattro volte, 1 dir, SM, [1 dir, 1 rov] due volte, dim a sn, [1 dir, 1 rov] fino a 7 m prima di M, 1 dir, dim a dx, [1 rov, 1 dir] due volte, SM, [1 dir, pass1cfdavanti] quattro volte, 1 dir (2 m diminuite).
Ferro 2 e tutti i f pari (RdL): [pass1cfdavanti, 1 dir] quattro volte, pass1cfdavanti, SM, rov fino a M, SM, [pass1cfdavanti, 1 dir] quattro volte, pass1cfdavanti.
Ferro 3: [1 dir, pass1cfdavanti] quattro volte, 1 dir, SM, [1 dir, 1 rov] due volte, 1 dir, [1 dir, 1 rov] fino a 6 m prima di M, 2 dir, [1 rov, 1 dir] due volte, SM, [1 dir, pass1cfdavanti] quattro volte, 1 dir.
Ferro 5 (diminuzioni): [1 dir, pass1cfdavanti] quattro volte, 1 dir, SM, [1 dir, 1 rov] due volte, dim a sn, [1 rov, 1 dir] fino a 7 m prima di M, 1 rov, dim a dx, [1 rov, 1 dir] due volte, SM, [1 dir, pass1cfdavanti] quattro volte, 1 dir (2 m diminuite).
Ferro 7: [1 dir, pass1cfdavanti] quattro volte, 1 dir, SM, [1 dir, 1 rov] fino a 1 m prima di M, 1 dir, SM, [1 dir, pass1cfdavanti] quattro volte, 1 dir.
Ripetete i f da 1 a 8: ancora cinque volte, poi ripetete i f da 1 a 4.
(231 [259, 283, 313, 341, 355] m totali - il cardigan misura circa 14 cm dall'inizio delle diminuzioni per lo scollo).

Scalfi:

Ora dividerete i davanti e il dietro per creare gli scalfi manica.
Attenzione: dopo la chiusura delle m degli scalfi, considerate la m che si trova già sul f di destra come la prima m a dir.
Ferro d'impostazione (DdL - diminuzioni): lavorate nel modo seguente le m del davanti destro: [1 dir, pass1cfdavanti] quattro volte, 1 dir, SM, [1 dir, 1 rov] due volte, dim a sn, [1 rov, 1 dir] 17 (20, 23, 26, 30, 31) volte, spostate le m appena lavorate (e il M) su un pezzo di filo di scarto; chiudete le 13 (15, 15, 17, 17, 19) m del primo scalfo; lavorate nel modo seguente le m del dietro (ricordate che la m sul f di destra è da considerare come la prima m a dir): [1 dir, 1 rov] 53 (59, 65, 72, 78, 81) volte, 1 dir, spostate le m appena lavorate su un pezzo di filo di scarto; chiudete le 13 (15, 15, 17, 17, 19) m del secondo scalfo; lavorate nel modo seguente le m del davanti sinistro (ricordate che la m sul f di destra è da considerare come la prima m a dir): [1 dir, 1 rov] 17 (20, 23, 26, 30, 31) volte, dim a dx, [1 rov, 1 dir] due volte, SM, [1 dir, pass1cfdavanti] quattro volte, 1 dir (2 m diminuite).
(107 [119, 131, 145, 157, 163] m per il dietro, 48 [54, 60, 66, 74, 76] m per ciascuno dei due davanti, 13 [15, 15, 17, 17, 19] m per gli scalfi).

Davanti sinistro (lavorato in piano):

A questo punto lavorerete il davanti sinistro; solo per alcune taglie proseguirete le diminuzioni per lo scollo. La taglia XS passa direttamente al passaggio successivo.

SOLO PER LE TAGLIE S, M, L, XL e XXL:
SEZIONE 1 - diminuzioni:
Ferro 1 e tutti i f dispari (RdL): [pass1cfdavanti, 1 dir] quattro volte, pass1cfdavanti, SM, rov fino a 1 m prima della fine del f, 1 dir rit.
Ferro 2 (DdL): [1 dir, 1 rov] fino a 1 m prima di M, 1 dir, SM, [1 dir, pass1cfdavanti] quattro volte, 1 dir.
Ferro 4 (diminuzione): [1 dir, 1 rov] fino a 7 m prima di M, dim a dx, [1 rov, 1 dir] due volte, SM, [1 dir, pass1cfdavanti] quattro volte, 1 dir (1 m diminuita).
Ferro 6: [1 dir, 1 rov] fino a 6 m prima di M, 2 dir, [1 rov, 1 dir] due volte, SM, [1 dir, pass1cfdavanti] quattro volte, 1 dir.
Ferro 8 (diminuzione): [1 dir, 1 rov] fino a 6 m prima di M, dim a dx, [1 rov, 1 dir] due volte, SM, [1 dir, pass1cfdavanti] quattro volte, 1 dir (1 m diminuita).
Ripetete i f da 1 a 8: ancora -- (--, 1, 1, 2, 2) volte.
(48 [52, 56, 62, 68, 70] m per il davanti sinistro).

PER TUTTE LE TAGLIE:
SEZIONE 2 - punto a coste spezzate:
Ferro 1 (RdL): [pass1cfdavanti, 1 dir] quattro volte, pass1cfdavanti, SM, rov fino a 1 m prima della fine del f, 1 dir rit.
Ferro 2 (DdL): [1 dir, 1 rov] fino a 1 m prima di M, 1 dir, SM, [1 dir, pass1cfdavanti] quattro volte, 1 dir.
Ripetete i f 1 e 2 fino a che il davanti sinistro misuri 17 (18, 19, 21, 22, 23) cm dall'inizio degli scalfi, misurando lungo quella che sarà l'apertura per il braccio, ovvero lungo il bordo esterno, e terminando con il f 1.

SEZIONE 3 - bordo del collo:
A questo punto chiuderete le m della spalla e proseguirete la lavorazione del bordo del collo. L'altezza di questo equivale alla metà della misura dello scollo dietro. Quando cucirete insieme le spalle dei davanti e del dietro, cucirete anche i lati corti dei due bordi laterali e andrete a fissare questa striscia così formata sulla sommità dello scollo dietro. La chiusura della spalla avviene sul DdL.
Ferro d'impostazione (DdL): chiudete 38 (42, 46, 52, 58, 60) m del davanti sinistro, 1 dir, RM, [1 dir, pass1cfdavanti] quattro volte, 1 dir (restano 10 m).
Ferro 1 (RdL): [pass1cfdavanti, 1 dir] quattro volte, pass1cfdavanti, 1 dir rit.
Ferro 2: 1 dir, [1 dir, pass1cfdavanti] quattro volte, 1 dir.
Ripetete i f 1 e 2 fino a che il bordo del collo misuri 6 (7, 7.5, 8, 8, 8.5) cm dall'inizio della lavorazione del bordo laterale, terminando con il f 1.
Chiudete tutte le m (la chiusura avviene sul DdL) e tagliate il filo.

Davanti destro (lavorato in piano):

A questo punto lavorerete il davanti destro, che avrà una lavorazione speculare rispetto al davanti sinistro.
Unite il filo di un nuovo gomitolo per eseguire la lavorazione.
Tenendo il RdL rivolto verso di voi, posizionate le 48 (54, 60, 66, 74, 76) m del davanti destro lasciate in sospeso (e il M) sul f circolare e rimuovete il filo di scarto.

SOLO PER LE TAGLIE S, M, L, XL e XXL:
SEZIONE 1 - diminuzioni:
Ferro 1 e tutti i f dispari (RdL): 1 dir, rov fino a M, SM, [pass1cfdavanti, 1 dir] quattro volte, pass1cfdavanti.
Ferro 2 (DdL): [1 dir, pass1cfdavanti] quattro volte, 1 dir, SM, [1 dir, 1 rov] fino a 1 m prima della fine del f, 1 dir rit.
Ferro 4 (diminuzione): [1 dir, pass1cfdavanti] quattro volte, 1 dir, SM, [1 dir, 1 rov] due volte, dim a sn, [1 dir, 1 rov] fino a 1 m prima della fine del f, 1 dir rit (1 m diminuita).
Ferro 6: [1 dir, pass1cfdavanti] quattro volte, 1 dir, SM, [1 dir, 1 rov] due volte, 1 dir, [1 dir, 1 rov] fino a 1 m prima della fine del f, 1 dir rit.
Ferro 8 (diminuzione): [1 dir, pass1cfdavanti] quattro volte, 1 dir, SM, [1 dir, 1 rov] due volte, dim a sn, [1 rov, 1 dir] fino a 1 m prima della fine del f, 1 dir rit (1 m diminuita).
Ripetete i f da 1 a 8: ancora -- (--, 1, 1, 2, 2) volte.
(48 [52, 56, 62, 68, 70] m per il davanti destro).

PER TUTTE LE TAGLIE:
SEZIONE 2 - punto a coste spezzate:
Ferro 1 (RdL): 1 dir, rov fino a M, SM, [pass1cfdavanti, 1 dir] quattro volte, pass1cfdavanti.
Ferro 2 (DdL): [1 dir, pass1cfdavanti] quattro volte, 1 dir, SM, [1 dir, 1 rov] fino a 1 m prima della fine del f, 1 dir rit.
Ripetete i f 1 e 2 fino a che il davanti destro misuri 17 (18, 19, 21, 22, 23) cm dall'inizio degli scalfi, misurando lungo quella che sarà l'apertura per il braccio, ovvero lungo il bordo esterno, e terminando con il f 2.

SEZIONE 3 - bordo del collo:
Come prima, a questo punto chiuderete le m della spalla e proseguirete la lavorazione del bordo del collo. La chiusura della spalla avviene sul RdL.
Ferro d'impostazione (RdL): chiudete 38 (42, 46, 52, 58, 60) m del davanti destro, 1 dir, RM, [pass1cfdavanti, 1 dir] quattro volte, pass1cfdavanti (restano 10 m).
Ferro 1 (DdL): [1 dir, pass1cfdavanti] quattro volte, 1 dir, 1 dir rit.
Ferro 2: 1 dir, [pass1cfdavanti, 1 dir] quattro volte, pass1cfdavanti.
Ripetete i f 1 e 2 fino a che il bordo laterale misuri 6 (7, 7.5, 8, 8, 8.5) cm dall'inizio della lavorazione del bordo del collo, terminando con il f 1.
Chiudete tutte le m (la chiusura avviene sul RdL) e tagliate il filo.

Dietro (lavorato in piano):

A questo punto lavorerete il dietro.
Unite il filo di un nuovo gomitolo per eseguire la lavorazione.
Tenendo il RdL rivolto verso di voi, posizionate le 107 (119, 131, 145, 157, 163) m del dietro lasciate in sospeso sul f circolare e rimuovete il filo di scarto.

SEZIONE 1 - punto a coste spezzate:
Ferro 1 (RdL): 1 dir, rov fino a 1 m prima della fine del f, 1 dir rit.
Ferro 2 (DdL): [1 dir, 1 rov] fino a 1 m prima della fine del f, 1 dir rit.
Ripetete i f 1 e 2 fino a che il dietro misuri 16 (17, 18, 20, 21, 22) cm dall'inizio degli scalfi, misurando lungo quella che sarà l'apertura per il braccio, ovvero lungo uno dei due bordi, e terminando con il f 1.

> **Nota bene:**
> se non desiderate lavorare i f accorciati per il dietro, potete semplicemente lavorare un cm in più della misura indicata e quindi passare direttamente a chiudere le maglie.

SEZIONE 2 - ferri accorciati:
Ora lavorerete i f accorciati che sagomano il dietro.
Ferro 1 (DdL - f acc): [1 dir, 1 rov] 19 (21, 23, 26, 29, 30) volte, 1 dir, PM, [1 rov, 1 dir] 14 (16, 18, 19, 19, 20) volte, 1 rov, PM, 1 dir, girate il lavoro.
Ferro 2 (RdL - f acc): pass1cfdavanti, tirate il filo verso il dietro al di sopra del f, SM, rov fino a M, SM, 1 rov, girate il lavoro.
Ferro 3 (f acc): pass1cfdavanti, tirate il filo verso il dietro al di sopra del f, SM, [1 rov, 1 dir] fino a 1 m prima di M, 1 rov, SM, lavorate a dir il "punto doppio", [1 rov, 1 dir] due volte, girate il lavoro.
Ferro 4 (f acc): pass1cfdavanti, tirate il filo verso il dietro al di sopra del f, *rov fino a M, SM. Ripetete da * ancora una volta, lavorate a rov il "punto doppio", 4 rov, girate il lavoro.
Ferro 5 (f acc): pass1cfdavanti, tirate il filo verso il dietro al di sopra del f, [1 rov, 1 dir] fino a M, SM, [1 rov, 1 dir] fino a 1 m prima di M, 1 rov, SM, [1 dir, 1 rov] fino al "punto doppio", lavorate a dir il "punto doppio", [1 rov, 1 dir] due volte, girate il lavoro.
Ferro 6 (f acc): pass1cfdavanti, tirate il filo verso il dietro al di sopra del f, *rov fino a M, SM. Ripetete da * ancora una volta, rov fino al "punto doppio", lavorate a rov il "punto doppio", 4 rov, girate il lavoro.
Ripetete i f 5 e 6: ancora 4 (4, 5, 5, 6, 6) volte.

Prossimo ferro (DdL - f acc): pass1cfdavanti, tirate il filo verso il dietro al di sopra del f, [1 rov, 1 dir] fino a M, RM, [1 rov, 1 dir] fino a 1 m prima di M, 1 rov, RM, [1 dir, 1 rov] fino al "punto doppio", lavorate a dir il "punto doppio", [1 rov, 1 dir] fino a 2 m prima della fine del f, 1 rov, 1 dir rit.
Ultimo ferro (RdL): 1 dir, rov fino al "punto doppio", lavorate a rov il "punto doppio", rov fino a 1 m prima della fine del f, 1 dir rit.
Chiudete tutte le m e tagliate il filo.

Cuciture:

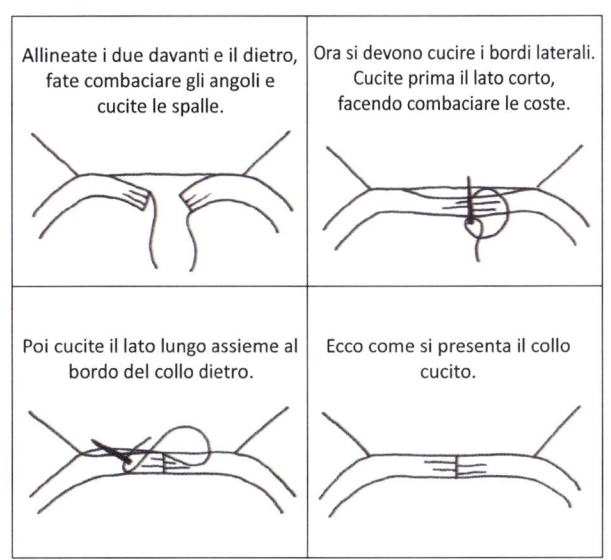

Allineate i due davanti e il dietro, fate combaciare gli angoli e cucite le spalle.	Ora si devono cucire i bordi laterali. Cucite prima il lato corto, facendo combaciare le coste.
Poi cucite il lato lungo assieme al bordo del collo dietro.	Ecco come si presenta il collo cucito.

Maniche (lavorate in tondo, entrambe alla stessa maniera):

Lavorando le maniche, usate il metodo preferito per la lavorazione di piccole circonferenze: 4 f a doppia punta, il *magic loop*, due f circolari ecc. Personalmente preferisco il *magic loop*!
Unite il filo di un nuovo gomitolo per eseguire la lavorazione.
Tenendo il DdL rivolto verso di voi, incominciate in corrispondenza dell'angolo destro dello scalfo manica.
Usando il f circolare con il cavo lungo 80 cm, riprendete 13 (15, 15, 17, 17, 19) m lungo l'ascella, PM; poi riprendete 40 (44, 46, 50, 54, 56) m dallo scalfo fino alla finta cucitura della spalla (spaziandole equamente); quindi riprendete 1 m proprio in corrispondenza della finta cucitura della spalla; infine riprendete 40 (44, 46, 50, 54, 56) m dalla finta cucitura della spalla fino allo scalfo (spaziandole equamente). PM (questo è il M che segnala l'inizio del giro) e unite in tondo.
(94 [104, 108, 118, 126, 132] m per la manica).

SEZIONE 1 - punto a coste spezzate:
Giro 1: SM, [1 rov, 1 dir] fino a 1 m prima di M, 1 rov, SM, [1 dir, 1 rov] fino a 1 m prima di M, 1 dir.
Giro 2: [SM, dir fino a M] due volte.
Ripetete i giri 1 e 2 fino a che la manica misuri circa 18.5 (15, 15, 12, 7.5, 6.5) cm dallo scalfo.

> **Nota bene:**
> la lunghezza totale delle maniche è di 47 (48, 48, 49, 49, 50) cm ed è per maniche molto lunghe; inoltre le diminuzioni sono studiate per terminare molto vicino al bordo. Consiglio, quindi, di provare il cardigan diverse volte per calcolare la lunghezza delle maniche più adatta a voi, tenendo conto che la sezione delle diminuzioni misura circa 25 (29.5, 29.5, 33.5, 35.5, 40) cm e la parte finale, bordo compreso, misura circa 3.5 cm. Controllate attentamente, dopo le prime diminuzioni, di avere lo stesso campione di quello con la lavorazione in piano. Nel caso i due campioni non corrispondano, dovrete rifare le proporzioni per la sezione con le diminuzioni ed accorciare o allungare la parte soprastante.

SEZIONE 2 - diminuzioni:
A questo punto incomincerete le diminuzioni che sagomano la manica.
Giro 3 (diminuzioni): SM, [1 rov, 1 dir] fino a 1 m prima di M, 1 rov, SM, dim a sn, [1 dir, 1 rov] fino a 3 m prima di M, 1 dir, dim a dx (2 m diminuite).
Giro 4 e tutti i giri pari: [SM, dir fino a M] due volte.
Giri 5, 7 e 9: SM, [1 rov, 1 dir] fino a 1 m prima di M, 1 rov, SM, 1 dir, [1 dir, 1 rov] fino a 2 m prima di M, 2 dir.
Giro 11 (diminuzioni): SM, [1 rov, 1 dir] fino a 1 m prima di M, 1 rov, SM, dim a sn, [1 rov, 1 dir] fino a 3 m prima di M, 1 rov, dim a dx (2 m diminuite).
Giri 13, 15 e 17: SM, [1 rov, 1 dir] fino a 1 m prima di M, 1 rov, SM, [1 dir, 1 rov] fino a 1 m prima di M, 1 dir.
Ripetete i giri da 3 a 18 ancora una volta.
(86 [96, 100, 110, 118, 124] m per la manica).
Giro 19 (diminuzioni): SM, [1 rov, 1 dir] fino a 1 m prima di M, 1 rov, SM, dim a sn, [1 dir, 1 rov] fino a 3 m prima di M, 1 dir, dim a dx (2 m diminuite).
Giro 20 e tutti i giri pari: [SM, dir fino a M] due volte.
Giro 21: SM, [1 rov, 1 dir] fino a 1 m prima di M, 1 rov, SM, 1 dir, [1 dir, 1 rov] fino a 2 m prima di M, 2 dir.
Giro 23 (diminuzioni): SM, [1 rov, 1 dir] fino a 1 m prima di M, 1 rov, SM, dim a sn, [1 rov, 1 dir] fino a 3 m prima di M, 1 rov, dim a dx (2 m diminuite).
Giro 25: SM, [1 rov, 1 dir] fino a 1 m prima di M, 1 rov, SM, [1 dir, 1 rov] fino a 1 m prima di M, 1 dir.
Ripetete i giri da 19 a 26: ancora 7 (9, 9, 11, 13, 14) volte.
(54 [56, 60, 62, 62, 64] m per la manica).
Giro 27: SM, [1 rov, 1 dir] fino a 1 m prima di M, 1 rov, RM, [1 dir, 1 rov] fino a 1 m prima di M, 1 dir.
Giro 28: SM, dir fino alla fine del giro.
Giro 29: SM, [1 rov, 1 dir] fino alla fine del giro.
Ripetete i giri 28 e 29 fino a che la manica misuri circa 46 (47, 47, 48, 48, 49) cm dallo scalfo, terminando con il giro 28.

SEZIONE 3 - bordo:
Giro 1: SM, [pass1cfdavanti, 1 dir] fino alla fine del giro.
Giro 2: SM, [1 rov, pass1cfdietro] fino alla fine del giro.
Ripetete i giri 1 e 2 ancora una volta.
Nell'ultimo giro RM, chiudete tutte le m e tagliate il filo.
(47 [48, 48, 49, 49, 50] cm dallo scalfo).

Rifiniture:
Fissate i fili.
Bloccate leggermente il cardigan primaverile n°1 (guardate anche il glossario).
Facendo attenzione che i bordi siano ben allineati, cucite i bottoni sul bordo sinistro del cardigan in corrispondenza delle asole poste sul lato destro. Per una migliore riuscita, consiglio di cucire un piccolo bottone sul retro del lavoro in corrispondenza del bottone sul davanti. Questa procedura darà maggiore stabilità ai bottoni ed eviterà di farli pendere tristemente sformando il bordo.

Rifiniture di sartoria (opzionale):
Se desiderate un aspetto più ordinato, è possibile rifinire le asole a punto festone per donare loro maggiore stabilità.
In alternativa al bottoncino cucito sul retro del lavoro, potreste rifinire il bordo interno sinistro con un nastro di *gros grain* o uno sbieco: su questa rifinitura sarà più semplice cucire i bottoni.
Queste operazioni daranno al cardigan un aspetto sartoriale e ben rifinito.
Indossatelo e… siate *chic*!

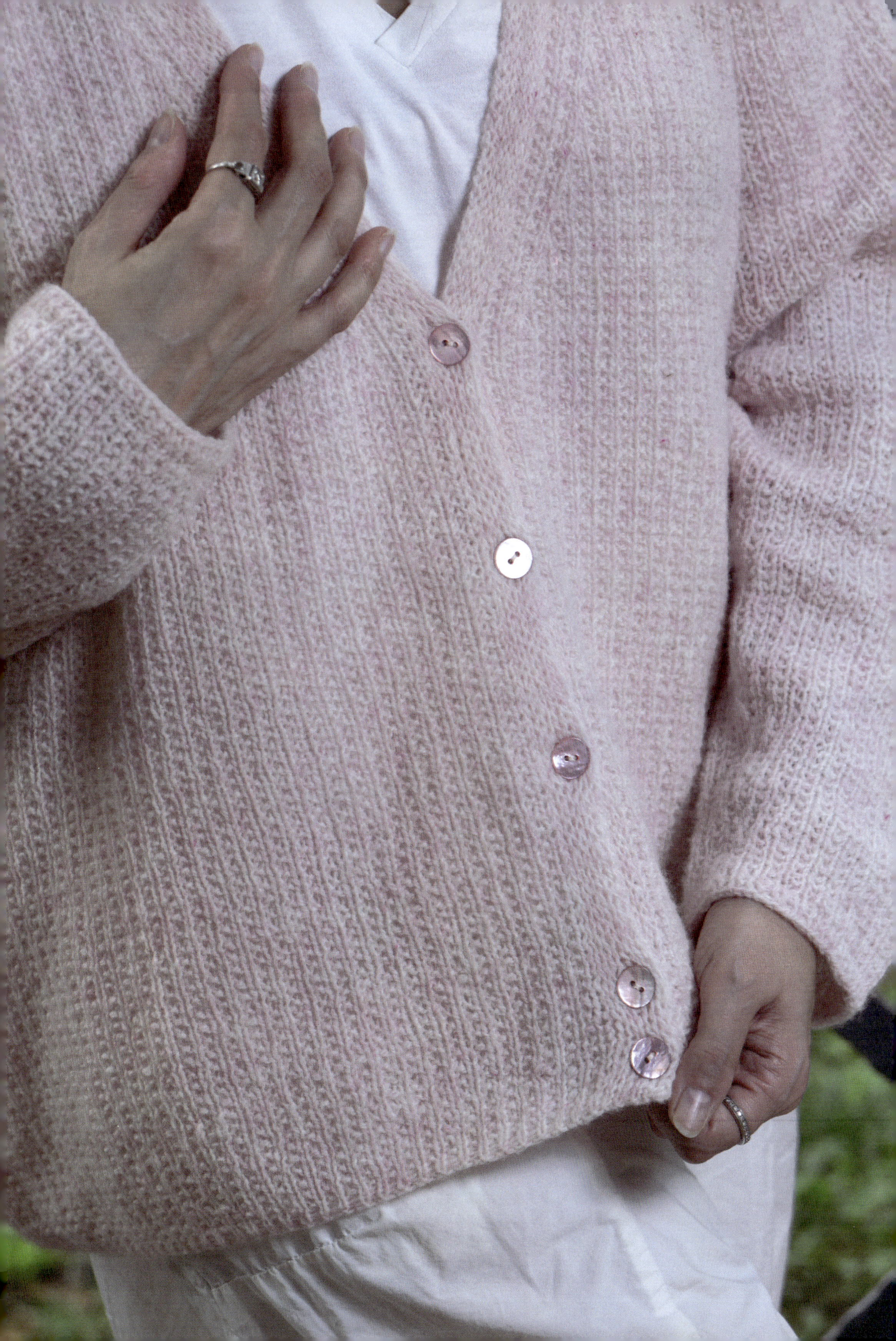

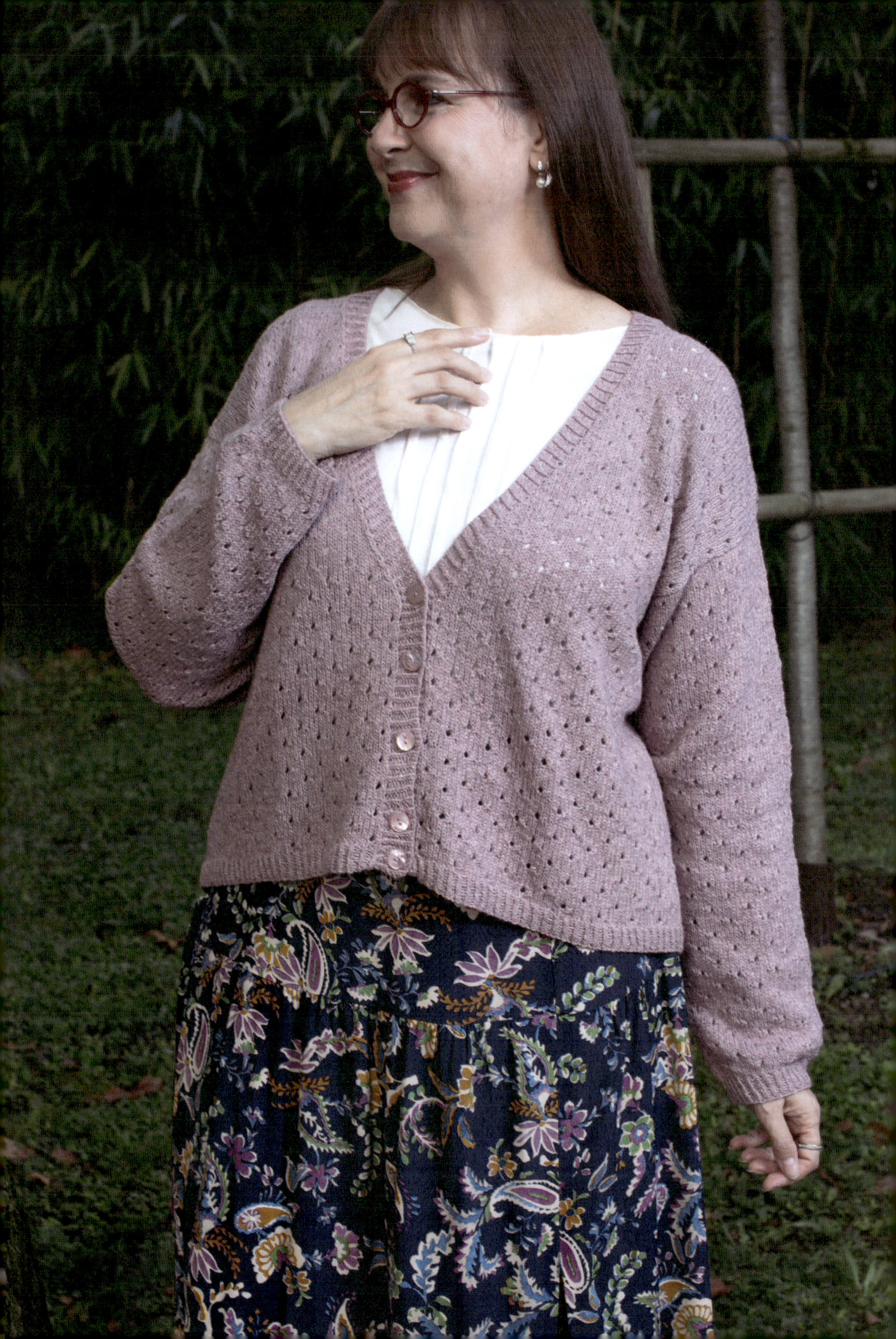

Cardingan primaverile n°2

Livello di difficoltà ★★

Si potrebbe pensare che, dal momento che stiamo andando verso l'estate, un cardigan sia del tutto superfluo. Al contrario, io penso che un cardigan leggero sia un capo davvero utile nel nostro guardaroba capsula. Lo potremo indossare sia nelle sere d'estate, sia di giorno nelle stagioni di transizione. Alla fine scopriremo che un cardigan leggero è davvero molto utile e sfruttabile tanto quanto un capo invernale. Avremo solo cura di scegliere un colore chiaro e non neutro per abbinarlo alla bella stagione.

Il **cardigan primaverile n°2** è realizzato in un unico pezzo.

La lavorazione incomincia dal piccolo bordo a coste ritorte e continua dal basso verso l'alto con una semplice lavorazione traforata che si ripete sull'intero cardigan.

La scollatura a V viene modellata da una serie di diminuzioni ed è molto profonda.

Il lavoro viene diviso in prossimità degli scalfi per creare lo sprone e i tre pezzi vengono completati separatamente; i due davanti continuano ad essere modellati dalle diminuzioni fino a raggiungere la dimensione desiderata. Al raggiungimento dell'altezza dello scalfo, le maglie per le spalle vengono intrecciate.

Il dietro è lavorato senza diminuzioni ed ha la stessa misura dei due davanti. Alla fine della lavorazione dello sprone si cuciono le spalle e i due bordi laterali.

Si riprendono quindi le maglie per le maniche, che sono abbastanza larghe e comode e lavorate dall'alto verso il basso. Sono modellate da una serie di diminuzioni e terminano con un piccolo bordo a coste ritorte.

A questo punto si riprenderanno le maglie per la lavorazione del bordo del davanti a coste ritorte e si lavoreranno anche le asole.

Alla fine si cuciranno i bottoni e, se lo si desidera, si ricameranno le asole.

Taglie:

XS (S, M, L, XL, XXL) vestono un giroseno di 76 (86, 96, 106, 117, 127) cm.
Le foto si riferiscono alla taglia M indossata da una modella con un giroseno di 96 cm e con un agio di 22 cm.

Quando scegliete la taglia, bisogna considerare che il cardigan ha una linea ampia.
Se desiderate la stessa vestibilità del modello in foto, dovrete scegliere una misura più grande di circa 16-23 cm del vostro attuale giroseno.

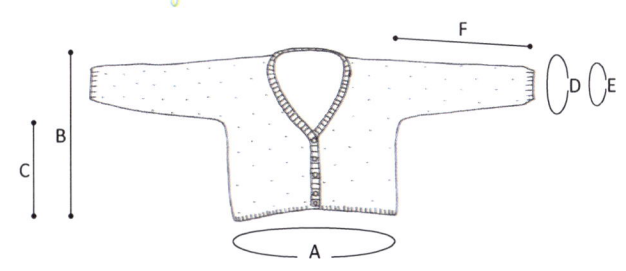

Misure finite:

A - circonferenza del seno: 92 (105, 118, 129, 139, 149) cm.
B - lunghezza totale: 49 (49, 53.5, 55.5, 60, 64) cm.
C - lunghezza dallo scalfo: 20 (20, 22, 22, 24, 26) cm.
D - circonferenza della manica: 42 (42, 45, 45, 48, 48) cm.
E - circonferenza del polsino: 23.5 (25.5, 27.5, 27.5, 28.5, 28.5) cm.
F - lunghezza della manica dallo scalfo: 46 (48, 48, 48, 50, 50) cm.

Filato e ferri:

MYAK Kupa: Rosa (50% baby yak e 50% cotone; 116 m per matassa da 25 gr): 10 (11, 12, 13, 15, 16) matasse (1070 [1231, 1391, 1502, 1663, 1803] m). Il metraggio indicato è il consumo effettivo.
Ferri circolari numero 3 mm con il cavo lungo 60 cm o 80 cm. Se necessario modificate il numero dei f per ottenere il campione corretto.
2 marcapunti ad anellino.
2 marcapunti a lucchetto.
Filo di scarto.
Ago da lana e forbici.
5 bottoni con 1.5 cm di diametro circa.
Spilli e metro da sarta per il bloccaggio.

> *Consigli sul filato:*
> devo confessare che sono sempre stata una grande amante di filati "puri", ovvero quelli dove è presente un'unica fibra. Da un po' di tempo a questa parte, però, sono molto affascinata dalle mescole, ovvero filati che contengono diversi materiali. Li trovo molto interessanti e mi diverto a ricercarne sempre nuovi perché si possono trovare delle vere e proprie sorprese. Filati molto diversi tra loro che si esaltano a vicenda. È proprio il caso di questo filato, una mescola raffinatissima di cotone e yak. Cosa potremmo mai usare in sostituzione? In realtà diverse proposte mi vengono in mente. Mescole di vari tipi, dalla più nota merino-seta a un inedito cotone-mohair, per esempio. Oppure una bella merino, perfetta per la mezza stagione, o un'alpaca, anche mescolata con la seta. Insomma, è davvero un golfino che si presta a mille interpretazioni cambiando semplicemente il filato!

Campione:

24 m x 36 f/giri = 10 cm lavorati a punto traforato (dopo il bloccaggio).

Punto traforato (per il campione):
Attenzione: il punto traforato (per il campione) è lavorato in piano su un multiplo di 8 m (+ 5).
Ferro 1 (DdL): dir fino alla fine del f.
Ferro 2 e tutti i f pari (RdL): rov fino alla fine del f.
Ferro 3: 1 dir, [dim a dx, gettato, 6 dir] fino a 4 m prima della fine del f, dim a dx, gettato, 2 dir.
Ferro 5: ripetete il f 1.
Ferro 7: 1 dir, [4 dir, dim a dx, gettato, 2 dir] fino a 4 m prima della fine del f, 4 dir.
Ripetete i f da 1 a 8 per ottenere il punto traforato.

Spiegazioni - Si incomincia dal basso
Bordo (lavorato in piano):

Le spiegazioni sono date per la taglia XS, le taglie S, M, L, XL e XXL sono tra parentesi. Quando non appaiono le parentesi, la spiegazione è valida per tutte le taglie.
Incominciate a lavorare in piano il bordo del corpo. Usando il f circolare con il cavo lungo 60 cm o 80 cm, avviate 213 (245, 277, 301, 325, 349) m usando l'avvio *long tail*.

Ferro 1 (DdL): 1 dir, [1 dir rit, 1 rov] fino a 2 m prima della fine del f, 2 dir rit.
Ferro 2 (RdL): 1 dir, [1 rov rit, 1 dir] fino a 2 m prima della fine del f, 1 rov rit, 1 dir rit.
Ripetete i f 1 e 2 fino a che il bordo a coste ritorte misuri 2 cm.

Corpo (lavorato in piano):

A questo punto incomincerete a lavorare il punto traforato.
Attenzione: nel f 1 posizionerete due marcapunti in corrispondenza dei fianchi.
Ferro d'impostazione (DdL): 52 (60, 68, 76, 84, 92) dir, PM, 1 rov, 107 (123, 139, 147, 155, 163) dir, PM, 1 rov, 51 (59, 67, 75, 83, 91) dir, 1 dir rit.
Prossimo ferro (RdL): 1 dir, *rov fino a 1 m prima di M, 1 dir, SM. Ripetete da * ancora una volta, rov fino a 1 m prima della fine del f, 1 dir rit.
Ferro 1: 1 dir, *[dim a dx, gettato, 6 dir] fino a 3 m prima di M, dim a dx, gettato, 1 dir, SM, 1 rov. Ripetete da * ancora una volta, [dim a dx, gettato, 6 dir] fino a 4 m prima della fine del f, dim a dx, gettato, 1 dir, 1 dir rit.
Ferro 2 e tutti i f pari (RdL): 1 dir, *rov fino a 1 m prima di M, 1 dir, SM. Ripetete da * ancora una volta, rov fino a 1 m prima della fine del f, 1 dir rit.
Ferro 3: *dir fino a M, SM, 1 rov. Ripetete da * ancora una volta, dir fino a 1 m prima della fine del f, 1 dir rit.
Ferro 5: 1 dir, *[4 dir, dim a dx, gettato, 2 dir] fino a 3 m prima di M, 3 dir, SM, 1 rov. Ripetete da * ancora una volta, [4 dir, dim a dx, gettato, 2 dir] fino a 4 m prima della fine del f, 3 dir, 1 dir rit.
Ferro 7: ripetete il f 3.
Ripetete i f da 1 a 8 fino a che il cardigan misuri 20 (20, 22, 22, 24, 26) cm dall'inizio.

> *Nota bene:*
> controllate attentamente che la lunghezza data sia di vostro gradimento! Considerate che la lunghezza totale del cardigan è di 49 (49, 53.5, 55.5, 60, 64) cm, se lo desiderate più lungo, basterà ripetere i ferri da 1 a 8 fino alla lunghezza da voi desiderata. Considerate che dovrete ricalcolare i conteggi per le asole nella sezione corrispondente!

SCOLLO:

A questo punto incomincerete a lavorare le diminuzioni che sagomano lo scollo.
Quando lavorate le sezioni successive, potete

cambiare il f circolare con quello dal cavo più corto quando le m sul f diventano troppo poche.
Attenzione: all'inizio e alla fine del f 1 posizionerete due marcapunti in maniera che rimangano incastrati nei bordi esterni del lavoro. Servono nella ripresa delle m per il bordo in una fase successiva. Ecco perché sono a lucchetto: li rimuoverete alla fine di quest'ultima fase.

Ferro 1 (DdL - diminuzioni): 1 dir, lasciate anche un M a lucchetto incastrato nel lavoro, dim a sn, 6 dir, *[dim a dx, gettato, 6 dir] fino a 3 m prima di M, dim a dx, gettato, 1 dir, SM, 1 rov. Ripetete da * ancora una volta, [dim a dx, gettato, 6 dir] fino a 4 m prima della fine del f, 1 dir, dim a dx, lasciate anche un M a lucchetto incastrato nel lavoro, 1 dir rit (2 m diminuite).

Ferro 2 e tutti i f pari (RdL): 1 dir, *rov fino a 1 m prima di M, 1 dir, SM. Ripetete da * ancora una volta, rov fino a 1 m prima della fine del f, 1 dir rit.

Ferro 3: *dir fino a M, SM, 1 rov. Ripetete da * ancora una volta, dir fino a 1 m prima della fine del f, 1 dir rit.

Ferro 5 (diminuzioni): 1 dir, dim a sn, 1 dir, dim a dx, gettato, 2 dir, *[4 dir, dim a dx, gettato, 2 dir] fino a 3 m prima di M, 3 dir, SM, 1 rov. Ripetete da * ancora una volta, [4 dir, dim a dx, gettato, 2 dir] fino a 3 m prima della fine del f, dim a dx, 1 dir rit (2 m diminuite).

Ferro 7: ripetete il f 3.

Ferro 9 (diminuzioni): 1 dir, dim a sn, 4 dir, *[dim a dx, gettato, 6 dir] fino a 3 m prima di M, dim a dx, gettato, 1 dir, SM, 1 rov. Ripetete da * ancora una volta, [dim a dx, gettato, 6 dir] fino a 10 m prima della fine del f, dim a dx, gettato, 5 dir, dim a dx, 1 dir rit (2 m diminuite).

Ferro 11: ripetete il f 3.

Ferro 13 (diminuzioni): 1 dir, dim a sn, 3 dir, *[4 dir, dim a dx, gettato, 2 dir] fino a 3 m prima di M, 3 dir, SM, 1 rov. Ripetete da * ancora una volta, [4 dir, dim a dx, gettato, 2 dir] fino a 9 m prima della fine del f, 6 dir, 1 dir rit (2 m diminuite).

Ferro 15: ripetete il f 3.

Ferro 17 (diminuzioni): 1 dir, dim a sn, 2 dir, *[dim a dx, gettato, 6 dir] fino a 3 m prima di M, dim a dx, gettato, 1 dir, SM, 1 rov. Ripetete da * ancora una volta, [dim a dx, gettato, 6 dir] fino a 8 m prima della fine del f, dim a dx, gettato, 3 dir, dim a dx, 1 dir rit (2 m diminuite).

Ferro 19: ripetete il f 3.

Ferro 21 (diminuzioni): 1 dir, dim a sn, 1 dir, *[4 dir, dim a dx, gettato, 2 dir] fino a 3 m prima di M, 3 dir, SM, 1 rov. Ripetete da * ancora una volta, [4 dir, dim a dx, gettato, 2 dir] fino a 7 m prima della fine del f, 4 dir, dim a dx, 1 dir rit (2 m diminuite).

Ferro 23: ripetete il f 3.

Ferro 25 (diminuzioni): 1 dir, dim a sn, *[dim a dx, gettato, 6 dir] fino a 3 m prima di M, dim a dx, gettato, 1 dir, SM, 1 rov. Ripetete da * ancora una volta, [dim a dx, gettato, 6 dir] fino a 6 m prima della fine del f, dim a dx, gettato, 1 dir, dim a dx, 1 dir rit (2 m diminuite).

Ferro 27: ripetete il f 3.

Ferro 29 (diminuzioni): 1 dir, dim a sn, 3 dir, dim a dx, gettato, 2 dir, *[4 dir, dim a dx, gettato, 2 dir] fino a 3 m prima di M, 3 dir, SM, 1 rov. Ripetete da * ancora una volta, [4 dir, dim a dx, gettato, 2 dir] fino a 5 m prima della fine del f, 2 dir, dim a dx, 1 dir rit (2 m diminuite).

Ferro 31: ripetete il f 3.
Ferro 32: ripetete il f 2.
(197 [229, 261, 285, 309, 333] m totali).

Scalfi:

Ora i davanti e il dietro verranno divisi per creare gli scalfi manica.
Attenzione: dopo la chiusura delle m degli scalfi, considerare la m che si trova già sul f di destra come la prima m a dir.

Ferro d'impostazione (DdL - diminuzioni): lavorate nel modo seguente le m del davanti destro: 1 dir, dim a sn, 6 dir, [dim a dx, gettato, 6 dir] fino a 3 m prima di M, spostate le m appena lavorate su un primo pezzo di filo di scarto; chiudete le 7 m del primo scalfo, rimuovendo il M; lavorate nel modo seguente le m del dietro (ricordate che la m sul f di destra è da considerare come la prima m a dir): 1 dir, [4 dir, dim a dx, gettato, 2 dir] fino a 7 m prima di M, 4 dir, spostate le m appena lavorate su un secondo pezzo di filo di scarto; chiudete le 7 m del secondo scalfo, rimuovendo il M; lavorate nel modo seguente le m del davanti sinistro (ricordate che la m sul f di destra è da considerare come la prima m a dir): 1 dir, [4 dir, dim a dx, gettato, 2 dir] fino a 8 m prima della fine del f, 5 dir, dim a dx, 1 dir rit (2 m diminuite).
(101 [117, 133, 141, 149, 157] m per il dietro, 40 [48, 56, 64, 72, 80] m per ciascuno dei due davanti,
7 m per gli scalfi).

Davanti sinistro (lavorato in piano):

A questo punto lavorerete il davanti sinistro.

SEZIONE 1 - diminuzioni:

Ferro 1 e tutti i f dispari (RdL): 1 dir, rov fino a 1 m prima della fine del f, 1 dir rit.

Ferro 2 (DdL): dir fino a 1 m prima della fine del f, 1 dir rit.
Ferro 4 (diminuzione): 1 dir, [dim a dx, gettato, 6 dir] fino a 7 m prima della fine del f, dim a dx, gettato, 2 dir, dim a dx, 1 dir rit (1 m diminuita).
Ferro 6: ripetete il f 2.
Ferro 8 (diminuzione): 1 dir, [4 dir, dim a dx, gettato, 2 dir] fino a 6 m prima della fine del f, 3 dir, dim a dx, 1 dir rit (1 m diminuita).
Ferro 10: ripetete il f 2.
Ferro 12 (diminuzione): 1 dir, [dim a dx, gettato, 6 dir] fino a 5 m prima della fine del f, 2 dir, dim a dx, 1 dir rit (1 m diminuita).
Ferro 14: ripetete il f 2.
Ferro 16 (diminuzione): 1 dir, [4 dir, dim a dx, gettato, 2 dir] fino a 4 m prima della fine del f, 1 dir, dim a dx, 1 dir rit (1 m diminuita).
Ferro 18: ripetete il f 2.
Ferro 20 (diminuzione): 1 dir, [dim a dx, gettato, 6 dir] fino a 3 m prima della fine del f, dim a dx, 1 dir rit (1 m diminuita).
Ferro 22: ripetete il f 2.
Ferro 24 (diminuzione): 1 dir, [4 dir, dim a dx, gettato, 2 dir] fino a 10 m prima della fine del f, 4 dir, dim a dx, gettato, 1 dir, dim a dx, 1 dir rit (1 m diminuita).
Ferro 26: ripetete il f 2.
Ferro 28 (diminuzione): 1 dir, [dim a dx, gettato, 6 dir] fino a 9 m prima della fine del f, dim a dx, gettato, 4 dir, dim a dx, 1 dir rit (1 m diminuita).
Ferro 30: ripetete il f 2.
Ferro 32 (diminuzione): 1 dir, [4 dir, dim a dx, gettato, 2 dir] fino a 8 m prima della fine del f, 5 dir, dim a dx, 1 dir rit (1 m diminuita).
Ripetete i f da 1 a 32 ancora -- (--, --, --, 1, 1) volta, poi ripetete i f da 1 a 31.
(25 [33, 41, 49, 49, 57] m per il davanti sinistro).

SEZIONE 2 - punto traforato:
Ferro 1 (DdL): 1 dir, [4 dir, dim a dx, gettato, 2 dir] fino a 8 m prima della fine del f, 4 dir, dim a dx, gettato, 1 dir, 1 dir rit.
Ferro 2 e tutti i f pari (RdL): 1 dir, rov fino a 1 m prima della fine del f, 1 dir rit.
Ferro 3: dir fino a 1 m prima della fine del f, 1 dir rit.
Ferro 5: 1 dir, [dim a dx, gettato, 6 dir] fino a 8 m prima della fine del f, dim a dx, gettato, 5 dir, 1 dir rit.
Ferro 7: ripetete il f 3.
Ripetete i f da 1 a 8 fino a che il cardigan misuri 20 (20, 22.5, 24.5, 29, 29) cm dall'inizio degli scalfi, misurando lungo quella che sarà l'apertura per il braccio, ovvero lungo il bordo esterno.

Chiudete tutte le m e tagliate il filo.

Davanti destro (lavorato in piano):

A questo punto lavorerete il davanti destro, che avrà una lavorazione speculare rispetto al davanti sinistro.
Unite il filo di un nuovo gomitolo per eseguire la lavorazione.
Tenendo il RdL rivolto verso di voi, posizionate le 40 (48, 56, 64, 72, 80) m del davanti destro lasciate in sospeso sul f circolare e rimuovete il filo di scarto.

SEZIONE 1 - diminuzioni:
Ferro 1 e tutti i f dispari (RdL): 1 dir, rov fino a 1 m prima della fine del f, 1 dir rit.
Ferro 2 (DdL): dir fino a 1 m prima della fine del f, 1 dir rit.
Ferro 4 (diminuzione): 1 dir, dim a sn, 1 dir, dim a dx, gettato, 2 dir, [4 dir, dim a dx, gettato, 2 dir] fino a 8 m prima della fine del f, 4 dir, dim a dx, gettato, 1 dir, 1 dir rit (1 m diminuita).
Ferro 6: ripetete il f 2.
Ferro 8 (diminuzione): 1 dir, dim a sn, 4 dir, [dim a dx, gettato, 6 dir] fino a 8 m prima della fine del f, dim a dx, gettato, 5 dir, 1 dir rit (1 m diminuita).
Ferro 10: ripetete il f 2.
Ferro 12 (diminuzione): 1 dir, dim a sn, 3 dir, [4 dir, dim a dx, gettato, 2 dir] fino a 8 m prima della fine del f, 4 dir, dim a dx, gettato, 1 dir, 1 dir rit (1 m diminuita).
Ferro 14: ripetete il f 2.
Ferro 16 (diminuzione): 1 dir, dim a sn, 2 dir, [dim a dx, gettato, 6 dir] fino a 8 m prima della fine del f, dim a dx, gettato, 5 dir, 1 dir rit (1 m diminuita).
Ferro 18: ripetete il f 2.
Ferro 20 (diminuzione): 1 dir, dim a sn, 1 dir, [4 dir, dim a dx, gettato, 2 dir] fino a 8 m prima della fine del f, 4 dir, dim a dx, gettato, 1 dir, 1 dir rit (1 m diminuita).
Ferro 22: ripetete il f 2.
Ferro 24 (diminuzione): 1 dir, dim a sn, [dim a dx, gettato, 6 dir] fino a 8 m prima della fine del f, dim a dx, gettato, 5 dir, 1 dir rit (1 m diminuita).
Ferro 26: ripetete il f 2.
Ferro 28 (diminuzione): 1 dir, dim a sn, 3 dir, dim a dx, gettato, 2 dir, [4 dir, dim a dx, gettato, 2 dir] fino a 8 m prima della fine del f, 4 dir, dim a dx, gettato, 1 dir, 1 dir rit (1 m diminuita).
Ferro 30: ripetete il f 2.
Ferro 32 (diminuzione): 1 dir, dim a sn, 6 dir, [dim a dx, gettato, 6 dir] fino a 8 m prima della fine del f, dim a dx, gettato, 5 dir, 1 dir rit (1 m diminuita).

Ripetete i f da 1 a 32 ancora -- (--, --, --, 1, 1) volta, poi ripetete i f da 1 a 31.
(25 [33, 41, 49, 49, 57] m per il davanti destro).

SEZIONE 2 - punto traforato:
Ferro 1 (DdL): 1 dir, [dim a dx, gettato, 6 dir] fino a 8 m prima della fine del f, dim a dx, gettato, 5 dir, 1 dir rit.
Ferro 2 e tutti i f pari (RdL): 1 dir, rov fino a 1 m prima della fine del f, 1 dir rit.
Ferro 3: dir fino a 1 m prima della fine del f, 1 dir rit.
Ferro 5: 1 dir, [4 dir, dim a dx, gettato, 2 dir] fino a 8 m prima della fine del f, 4 dir, dim a dx, gettato, 1 dir, 1 dir rit.
Ferro 7: ripetete il f 3.
Ripetete i f da 1 a 8 fino a che il cardigan misuri 20 (20, 22.5, 24.5, 29, 29) cm dall'inizio degli scalfi, misurando lungo quella che sarà l'apertura per il braccio, ovvero lungo il bordo esterno.
Chiudete tutte le m e tagliate il filo.

Dietro (lavorato in piano):

A questo punto lavorerete il dietro.
Unite il filo di un nuovo gomitolo per eseguire la lavorazione.
Tenendo il RdL rivolto verso di voi, posizionate le 101 (117, 133, 141, 149, 157) m del dietro lasciate in sospeso sul f circolare e rimuovete il filo di scarto.
Ferro 1 e tutti i f dispari (RdL): 1 dir, rov fino a 1 m prima della fine del f, 1 dir rit.
Ferro 2: dir fino a 1 m prima della fine del f, 1 dir rit.
Ferro 4: 1 dir, [dim a dx, gettato, 6 dir] fino a 4 m prima della fine del f, dim a dx, gettato, 1 dir, 1 dir rit.
Ferro 6: ripetete il f 2.
Ferro 8: 1 dir, [4 dir, dim a dx, gettato, 2 dir] fino a 4 m prima della fine del f, 3 dir, 1 dir rit.
Ripetete i f da 1 a 8 fino a che il dietro misuri 20 (20, 22.5, 24.5, 29, 29) cm dall'inizio degli scalfi, misurando lungo quella che sarà l'apertura per il braccio, ovvero lungo uno dei due bordi, e terminando con il f 7.
Ora chiuderete tutte le maglie, lasciando due marcapunti a lucchetto incastrati nella chiusura. Vi aiuteranno nella fase successiva delle cuciture.
Chiudete 25 (33, 41, 49, 49, 57) m e inserite un M a lucchetto nel margine della chiusura, chiudete 51 (51, 51, 43, 51, 43) m e inserite un M a lucchetto nel margine della chiusura, chiudete 25 (33, 41, 49, 49, 57) m e tagliate il filo.
Allineate i due davanti e il dietro, fate combaciare gli angoli dei davanti con gli angoli del dietro e con i marcapunti a lucchetto. Cucite le spalle. Rimuovete i marcapunti.

Maniche (lavorate in tondo, entrambe alla stessa maniera):

Lavorando le maniche, usate il metodo preferito per la lavorazione di piccole circonferenze: 4 f a doppia punta, il *magic loop*, due f circolari ecc. Personalmente preferisco il *magic loop*!
Unite il filo di un nuovo gomitolo per eseguire la lavorazione.
Tenendo il DdL rivolto verso di voi, incominciate dal centro dello scalfo manica.
Usando il f circolare con il cavo lungo 80 cm, riprendete 1 m in corrispondenza della m rovescia posta al centro dello scalfo manica; riprendete 3 m lungo la prima metà dell'ascella; riprendete 46 (46,

50, 50, 54, 54) m dallo scalfo fino alla cucitura della spalla (spaziandole equamente); poi riprendete 1 m proprio in corrispondenza della cucitura della spalla; quindi riprendete 46 (46, 50, 50, 54, 54) m dalla cucitura della spalla fino allo scalfo (spaziandole equamente); infine riprendete 3 m lungo la seconda metà dell'ascella. PM (questo è il M che segnala l'inizio del giro) e unite in tondo.
(100 [100, 108, 108, 116, 116] m per la manica).

SEZIONE 1 - punto traforato:
Giro 1: SM, 1 rov, dir fino alla fine del giro.
Giro 2: ripetete il giro 1.
Giro 3: SM, 1 rov, dim a dx, gettato, 1 dir, [5 dir, dim a dx, gettato, 1 dir] fino alla fine del giro.
Giri 4, 5 e 6: ripetete il giro 1.
Giro 7: SM, 1 rov, 3 dir, [1 dir, dim a dx, gettato, 5 dir] fino alla fine del giro.
Giri 8, 9 e 10: ripetete il giro 1.

SEZIONE 2 - diminuzioni:
A questo punto incomincerete le diminuzioni che sagomano la manica.
Giro 1 (diminuzioni): SM, 1 rov, 1 dir, dim a dx, [5 dir, dim a dx, gettato, 1 dir] fino a 8 m prima della fine del giro, 5 dir, dim a sn, 1 dir (2 m diminuite).
Giro 2: SM, 1 rov, dir fino alla fine del giro.
Giri 3 e 4: ripetete il giro 2.
Giro 5: SM, 1 rov, 2 dir, [1 dir, dim a dx, gettato, 5 dir] fino a 7 m prima della fine del giro, 1 dir, dim a dx, gettato, 4 dir.
Giri 6, 7 e 8: ripetete il giro 2.
Giro 9 (diminuzioni): SM, 1 rov, 1 dir, dim a dx, 4 dir, dim a dx, gettato, 1 dir, [5 dir, dim a dx, gettato, 1 dir] fino a 7 m prima della fine del giro, 4 dir, dim a sn, 1 dir (2 m diminuite).
Giri 10, 11 e 12: ripetete il giro 2.
Giro 13: SM, 1 rov, 1 dir, [1 dir, dim a dx, gettato, 5 dir] fino a 6 m prima della fine del giro, 1 dir, dim a dx, gettato, 3 dir.
Giri 14, 15 e 16: ripetete il giro 2.
Giro 17 (diminuzioni): SM, 1 rov, 1 dir, dim a dx, 3 dir, dim a dx, gettato, 1 dir, [5 dir, dim a dx, gettato, 1 dir] fino a 6 m prima della fine del giro, 3 dir, dim a sn, 1 dir (2 m diminuite).
Giri 18, 19 e 20: ripetete il giro 2.
Giro 21: SM, 1 rov, [1 dir, dim a dx, gettato, 5 dir] fino a 5 m prima della fine del giro, 1 dir, dim a dx, gettato, 2 dir.
Giri 22, 23 e 24: ripetete il giro 2.
Giro 25 (diminuzioni): SM, 1 rov, 1 dir, dim a dx, 2 dir, dim a dx, gettato, 1 dir, [5 dir, dim a dx, gettato, 1 dir] fino a 5 m prima della fine del giro, 2 dir, dim a sn, 1 dir (2 m diminuite).

Giri 26, 27 e 28: ripetete il giro 2.
Giro 29: SM, 1 rov, dim a dx, gettato, 5 dir, [1 dir, dim a dx, gettato, 5 dir] fino a 4 m prima della fine del giro, 1 dir, dim a dx, gettato, 1 dir.
Giri 30, 31 e 32: ripetete il giro 2.
Giro 33 (diminuzioni): SM, 1 rov, 1 dir, dim a dx, 1 dir, dim a dx, gettato, 1 dir, [5 dir, dim a dx, gettato, 1 dir] fino a 4 m prima della fine del giro, 1 dir, dim a sn, 1 dir (2 m diminuite).
Giri 34, 35 e 36: ripetete il giro 2.
Giro 37: SM, 1 rov, 6 dir, [1 dir, dim a dx, gettato, 5 dir] fino a 3 m prima della fine del giro, 3 dir.
Giri 38, 39 e 40: ripetete il giro 2.
Giro 41 (diminuzioni): SM, 1 rov, 1 dir, [dim a dx] due volte, gettato, 1 dir, [5 dir, dim a dx, gettato, 1 dir] fino a 3 m prima della fine del giro, dim a sn, 1 dir (2 m diminuite).
Giri 42, 43 e 44: ripetete il giro 2.
Giro 45: SM, 1 rov, 5 dir, [1 dir, dim a dx, gettato, 5 dir] fino a 2 m prima della fine del giro, 2 dir.
Giri 46, 47 e 48: ripetete il giro 2.
Giro 49 (diminuzioni): SM, 1 rov, 1 dir, dim a dx, 2 dir, [5 dir, dim a dx, gettato, 1 dir] fino a 10 m prima della fine del giro, 7 dir, dim a sn, 1 dir (2 m diminuite).
Giri 50, 51 e 52: ripetete il giro 2.
Giro 53: SM, 1 rov, 4 dir, [1 dir, dim a dx, gettato, 5 dir] fino a 1 m prima della fine del giro, 1 dir.
Giri 54, 55 e 56: ripetete il giro 2.
Giro 57 (diminuzioni): SM, 1 rov, 1 dir, dim a dx, 1 dir, [5 dir, dim a dx, gettato, 1 dir] fino a 9 m prima della fine del giro, 6 dir, dim a sn, 1 dir (2 m diminuite).
Giri 58, 59 e 60: ripetete il giro 2.
Giro 61: SM, 1 rov, 3 dir, [1 dir, dim a dx, gettato, 5 dir] fino alla fine del giro.
Giri 62, 63 e 64: ripetete il giro 2.
Ripetete i giri da 1 a 64 ancora una volta.
(68 [68, 76, 76, 84, 84] m per la manica).

SEZIONE 3 - punto traforato:
Giro 1: SM, 1 rov, dim a dx, gettato, 1 dir, [5 dir, dim a dx, gettato, 1 dir] fino alla fine del giro.
Giro 2: SM, 1 rov, dir fino alla fine del giro.
Giri 3 e 4: ripetete il giro 1.
Giro 5: SM, 1 rov, 3 dir, [1 dir, dim a dx, gettato, 5 dir] fino alla fine del giro.
Giri 6, 7 e 8: ripetete il giro 1.
Ripetete i giri da 1 a 8 fino a che la manica misuri 44 (46, 46, 46, 48, 48) cm dallo scalfo (o fino alla lunghezza desiderata, tenendo conto che il bordo finale misura 2 cm).
Prossimo giro (diminuzioni): SM, 1 rov, 7 (1, 5, 5, 3, 3) dir, [3 (9, 5, 5, 3, 3) dir, dim a dx] fino alla fine del giro (12 [6, 10, 10, 16, 16] m diminuite).
(56 [62, 66, 66, 68, 68] m per la manica).

SEZIONE 4 - bordo:

Giro 1: SM, [1 rov, 1 dir rit] fino alla fine del giro.
Ripetete il giro 1 fino a che il bordo a coste ritorte misuri 2 cm.
Nell'ultimo giro RM, chiudete tutte le m e tagliate il filo.
(46 [48, 48, 48, 50, 50] cm dallo scalfo).

Bordo (asole – lavorato in piano):

Unite il filo di un nuovo gomitolo per eseguire la lavorazione.
Tenendo il DdL rivolto verso di voi, incominciate in corrispondenza dell'angolo del bordo inferiore del davanti destro.
Usando il f circolare con il cavo lungo 80 cm, riprendete 50 (50, 56, 56, 62, 68) m lungo il davanti destro fino a raggiungere il primo M a lucchetto, rimuovete il M a lucchetto e posizionate un M ad anellino; riprendete 64 (64, 70, 74, 86, 86) m lungo la parte obliqua dello scollo destro; poi riprendete 49 (49, 49, 43, 49, 43) m lungo lo scollo dietro; quindi riprendete 64 (64, 70, 74, 86, 86) m lungo la parte obliqua dello scollo sinistro fino a raggiungere il secondo M a lucchetto, rimuovete il M a lucchetto; infine riprendete 50 (50, 56, 56, 62, 68) m lungo il davanti sinistro fino a raggiungere l'angolo del bordo inferiore.
(277 [277, 301, 303, 345, 351] m per il bordo).
Ferro 1 (RdL): 1 dir, [1 rov rit, 1 dir] fino a M, SM, [1 rov rit, 1 dir] fino a 2 m prima della fine del f, 1 rov rit, 1 dir rit.
Ferro 2 (DdL): 1 dir, [1 dir rit, 1 rov] fino a 1 m prima di M, 1 dir rit, SM, [1 rov, 1 dir rit] fino a 1 m prima della fine del f, 1 dir rit.
Ripetete i f 1 e 2 fino a che il bordo a coste ritorte misuri 1 cm, terminando con il f 1.
Attenzione: dopo la chiusura delle m delle asole, considerate la m che si trova già sul f di destra come la prima m a dir rit.
Ferro delle asole (DdL): 1 dir, 1 dir rit, 1 rov, chiudete 2 m, [1 dir rit, 1 rov] tre volte, *chiudete 2 m, [1 dir rit, 1 rov] 5 (5, 6, 6, 7, 8) volte. Ripetete da * ancora due volte, chiudete 2 m, 1 dir rit, SM, [1 rov, 1 dir rit] fino a 1 m prima della fine del f, 1 dir rit (= 5 asole).
Prossimo ferro (RdL): 1 dir, [1 rov rit, 1 dir] fino a M, SM, 1 rov rit, *girate il lavoro, avviate 2 m usando l'avvio *cable*, girate nuovamente il lavoro, [1 dir, 1 rov rit] 5 (5, 6, 6, 7, 8) volte. Ripetete da * ancora due volte, girate il lavoro, avviate 2 m usando l'avvio *cable*, girate nuovamente il lavoro, [1 dir, 1 rov rit] tre volte, girate il lavoro, avviate 2 m usando l'avvio *cable*, girate nuovamente il lavoro, 1 dir, 1 rov rit, 1 dir rit.
Ripetete i f 1 e 2 fino a che il bordo a coste ritorte misuri 2 cm, terminando con il f 1.
Chiudete tutte le m e tagliate il filo.

Rifiniture:

Fissate i fili.
Bloccate leggermente il cardigan primaverile n°2 (guardate anche il glossario).
Facendo attenzione che i bordi siano ben allineati, cucite i bottoni sul bordo sinistro del cardigan in corrispondenza delle asole poste sul lato destro.
Per una migliore riuscita, consiglio di cucire un piccolo bottone sul retro del lavoro in corrispondenza del bottone sul davanti. Questa procedura darà maggiore stabilità ai bottoni ed eviterà di farli pendere tristemente sformando il bordo.

Rifiniture di sartoria (opzionale):

Se desiderate un aspetto più ordinato, è possibile rifinire le asole a punto festone per donare loro maggiore stabilità.
In alternativa al bottoncino cucito sul retro del lavoro, potreste rifinire il bordo interno sinistro con un nastro di *gros grain* o uno sbieco: su questa rifinitura sarà più semplice cucire i bottoni.
Queste operazioni daranno al cardigan un aspetto sartoriale e ben rifinito.
Indossatelo e… siate *chic*!

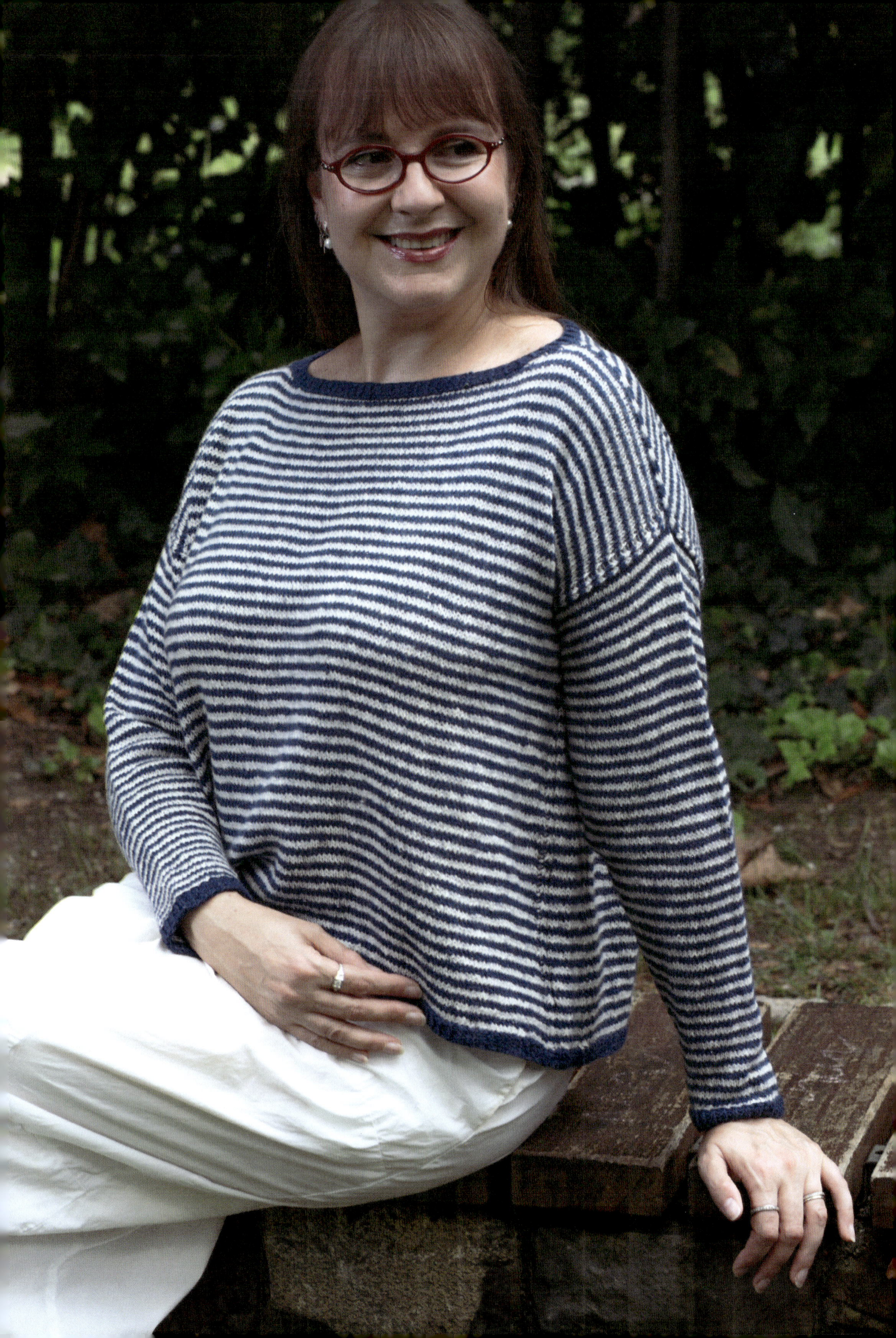

Maglione a righe

Livello di difficoltà ★★

In primavera il desiderio di liberarsi dai colori scuri che ci hanno accompagnato durante i mesi più freddi si fa impellente e si desidera una boccata di aria fresca. E poche cose sono più adatte di un maglione a righe per trascorrere le prime giornate di sole all'aperto!
Lavorato in un filato sottile sarà perfetto anche quando il clima si riscalderà ulteriormente e le righe potranno essere declinate nei vostri colori preferiti, anche se io consiglio di mantenersi sui grandi classici per una maggiore versatilità.
Il **maglione a righe** ha una linea ampia ed è lavorato dall'alto verso il basso usando due colori.
Si incomincia partendo dal dietro, montando le maglie necessarie per la parte posteriore del collo e impostando la lavorazione del motivo a maglie ritorte dei bordi laterali. Si prosegue con una serie di aumenti, che sagomano le spalle, quindi si lavora in piano fino alla fine dello sprone, continuando a lavorare anche il motivo a maglie ritorte dei bordi laterali. A questo punto le maglie sono lasciate in sospeso su un pezzo di filo di scarto.
Si continua riprendendo le maglie per i davanti lungo le spalle e si lavorano separatamente, modellando il collo con una serie di aumenti. Si prosegue montando le restanti maglie per il collo, unendo i due davanti e si lavora, in piano come per il dietro, fino alla fine dello sprone, continuando a lavorare anche dei bordi laterali.
A questo punto si uniscono il davanti e il dietro e si montano le maglie per le ascelle. In corrispondenza di queste si proseguono i motivi a maglie ritorte e si continua a lavorare in tondo fino a raggiungere la lunghezza desiderata. Si termina con un piccolo bordo a coste ritorte.
Una volta terminato il corpo del maglione, si riprendono le maglie lungo lo scollo e si lavora un piccolo collo a coste ritorte.
Infine si riprendono le maglie lungo gli scalfi e si lavorano le maniche. Anche qui, in corrispondenza del centro dell'ascella, troviamo il motivo a maglie ritorte. Proprio lungo questo motivo sono inserite le diminuzioni che sagomano la manica. Ho previsto una manica piuttosto affusolata, ma se non si ama questa caratteristica si potrà facilmente personalizzare la larghezza, effettuando meno diminuzioni per renderla più ampia. Le maniche sono completate anch'esse da un piccolo bordo a coste ritorte.

Taglie:

XS (S, M, L, XL, XXL) vestono un giroseno di 76 (86, 96, 106, 117, 127) cm.
Le foto si riferiscono alla taglia M indossata da una modella con un giroseno di 96 con un agio di 25 cm.
Se desiderate la stessa vestibilità del modello in foto, dovrete scegliere una misura che sia di 23-27 cm circa più ampia del vostro giroseno reale.

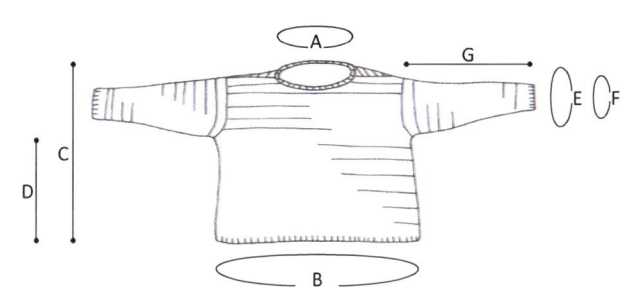

Misure finite:

A - circonferenza del collo: 53 (53, 55, 55, 57, 57) cm.
B - circonferenza del seno: 99 (112, 121, 130, 144, 153) cm.
C - lunghezza totale: 47 (48, 50, 53, 55, 57) cm misurati lungo il davanti; il maglione misurerà un paio di cm in più sui fianchi e nella parte dietro.
D - lunghezza dallo scalfo: 32 (32, 32, 35, 36, 37) cm.
E - circonferenza della manica: 35 (37, 41, 42, 44, 48) cm.
F - circonferenza del polsino: 20 (22, 22, 24, 25, 27) cm.
G - lunghezza della manica dallo scalfo: 42 (44, 44, 45, 45, 46) cm.

Filato e ferri:

HOLST GARN Tides (70% lana e 30% seta; 287 m per gomitolo da 50 gr).
Colore 1 (C1): Nightshade; 3 (3, 3, 3, 4, 4) gomitoli (640 [766, 775, 850, 970, 1040] m);
Colore 2 (C2): Cream; 2 (3, 3, 3, 3, 3) gomitoli (525 [590, 635, 705, 770, 820] m). Il metraggio indicato è il consumo effettivo.
Ferri circolari numero 3 mm con il cavo lungo 40 cm, 60 cm e 80 cm. Se necessario modificate il numero dei f per ottenere il campione corretto.
4 marcapunti.
Ago da lana e forbici.
Filo di scarto.
Spilli e metro da sarta per il bloccaggio.

Consigli sul filato:

Io so, LO SO! Non appena vedrete il campione così fitto, avrete immediatamente la tentazione di cambiare il filato, cercando qualcosa di più spesso e rifacendo tutti i calcoli. Ma io vi invito a considerare che, anche se la lavorazione sarà lunga, sarà di grandissima soddisfazione, dal momento che il maglioncino sarà leggero come una piuma. Non cedete, quindi! Questo filato particolare è davvero interessante e ha un fantastico rapporto qualità-prezzo! Se volete comunque un sostituto che vi produca un capo più leggero che vi accompagni anche durante i mesi estivi, vi proporrei un Filo di Scozia, sottile e raffinato; se invece, siete freddolose, potreste accarezzare l'idea di lavorarlo con un cashmere (anche in mescola con una seta) per un risultato davvero stilosissimo!

Campione:

26 m x 40 f/giri = 10 cm lavorati a m rasata a righe (dopo il bloccaggio).

Spiegazioni - Si incomincia dall'alto Dietro (lavorato in piano):

Le spiegazioni sono date per la taglia XS, le taglie S, M, L, XL e XXL sono tra parentesi. Quando non appaiono le parentesi, la spiegazione è valida per tutte le taglie. Incominciate a lavorare in piano la parte del collo dietro.
Usando il C1 e il f circolare con il cavo lungo 60 cm, avviate 69 (69, 73, 73, 75, 75) m usando l'avvio *long tail*.

Attenzione: nel f d'impostazione posizionerete due marcapunti a lucchetto in maniera che rimangano incastrati sul bordo dell'avvio. Servono a segnalare le m da riprendere in una fase successiva, ovvero la lavorazione dei due davanti. Ecco perché sono a lucchetto: li rimuoverete alla fine di quest'ultima fase.
Ferro d'impostazione (RdL): 1 dir, inserite un M a lucchetto nel margine dell'avvio, 2 rov rit, rov fino a 3 m prima della fine del f, 2 rov rit, inserite un M a lucchetto nel margine dell'avvio, 1 dir rit.

SEZIONE 1 - aumenti:

A questo punto incomincerete a lavorare gli aumenti che sagomano le spalle.
Ferro 1 (DdL - aumenti): usando il C2 1 dir, 2 dir rit, aum a sn, dir fino a 3 m prima della fine del f, aum a dx, 3 dir rit (2 m aumentate).
Ferro 2 (RdL - aumenti): 1 dir, 2 rov rit, aum rov a sn, rov fino a 3 m prima della fine del f, aum rov a dx, 2 rov rit, 1 dir rit (2 m aumentate).
Ferro 3 (aumenti): usando il C1 1 dir, 2 dir rit, aum a sn, dir fino a 3 m prima della fine del f, aum a dx, 3 dir rit (2 m aumentate).
Ferro 4 (aumenti): ripetete il f 2.
Ripetete i f da 1 a 4: ancora 5 (7, 8, 9, 11, 12) volte. (117 [133, 145, 153, 171, 179] m per il dietro).

SEZIONE 2 - lavorazione a righe:

A questo punto il collo e le spalle sono terminati e proseguirete lavorando il dietro.
Ferro 1 (DdL): usando il C2 1 dir, 2 dir rit, 1 rov rit, dir fino a 4 m prima della fine del f, 1 rov rit, 3 dir rit.
Ferro 2 (RdL): 1 dir, 2 rov rit, 1 dir rit, rov fino a 4 m prima della fine del f, 1 dir rit, 2 rov rit, 1 dir rit.
Ferro 3: usando il C1 1 dir, 2 dir rit, 1 rov rit, dir fino a 4 m prima della fine del f, 1 rov rit, 3 dir rit.
Ferro 4: ripetete il f 2.
Ripetete i f da 1 a 4 fino a che il lavoro misuri 15 (16, 18, 18, 19, 20) cm, misurando lungo quella che sarà l'apertura per il braccio, ovvero lungo uno dei due bordi e terminando, in ogni caso, con il f 2.
Tagliate il filo e posizionate le m su un pezzo di filo di scarto.
La figura qui sotto vi può aiutare a capire meglio i prossimi passaggi per la ripresa delle m e la successiva formazione delle due spalle davanti.

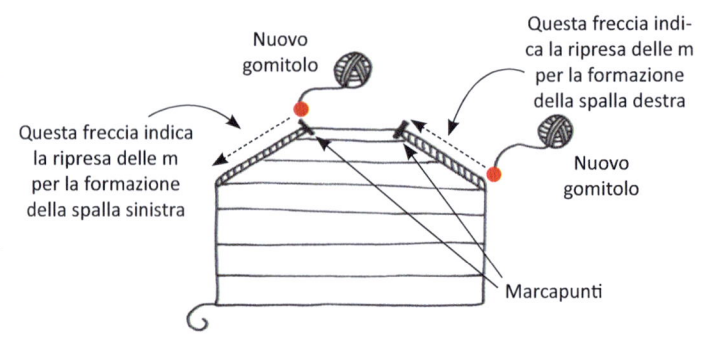

Scollo e spalle davanti (lavorati in piano):

SPALLA SINISTRA:

Unite il filo di un nuovo gomitolo del C1 per eseguire la lavorazione.

Tenendo il DdL rivolto verso di voi, incominciate dal punto in cui si trova il secondo M a lucchetto.

Usando il f circolare con il cavo lungo 60 cm, riprendete 24 (32, 36, 40, 48, 52) m lungo il lato obliquo fino a raggiungere l'angolo in alto a sinistra del dietro, RM.

Ferro d'impostazione (RdL): 1 dir, 2 rov rit, 1 dir rit, rov fino a 3 m prima della fine del f, 2 rov rit, 1 dir rit.

Ferro 1 (DdL - aumento): usando il C2 3 dir rit, aum a sn, dir fino a 4 m prima della fine del f, 1 rov rit, 3 dir rit (1 m aumentata).

Ferro 2: 1 dir, 2 rov rit, 1 dir rit, rov fino a 3 m prima della fine del f, 2 rov rit, 1 dir rit.

Ferro 3 (aumenti): usando il C1 avviate 2 m usando l'avvio *cable*, dir fino a 4 m prima della fine del f, 1 rov rit, 3 dir rit (2 m aumentate).

Ferro 4: 1 dir, 2 rov rit, 1 dir rit, rov fino a 1 m prima della fine del f, 1 dir rit.

Ferro 5 (aumenti): usando il C2 avviate 3 m usando l'avvio *cable*, dir fino a 4 m prima della fine del f, 1 rov rit, 3 dir rit (3 m aumentate).

Ferro 6: ripetete il f 4.

Ferro 7 (aumenti): usando il C1 avviate 5 m usando l'avvio *cable*, dir fino a 4 m prima della fine del f, 1 rov rit, 3 dir rit (5 m aumentate).

Ferro 8: ripetete il f 4.

(35 [43, 47, 51, 59, 63] m per la spalla sinistra).

Tagliate il filo e posizionate le m su un pezzo di filo di scarto.

SPALLA DESTRA:

Unite il filo di un nuovo gomitolo del C1 per eseguire la lavorazione.

Tenendo il DdL rivolto verso di voi, incominciate dall'angolo in alto a destra del dietro.

Usando il f circolare con il cavo lungo 60 cm, riprendete 24 (32, 36, 40, 48, 52) m lungo il lato obliquo fino a raggiungere il primo M a lucchetto, RM.

Ferro d'impostazione (RdL): 1 dir, 2 rov rit, rov fino a 4 m prima della fine del f, 1 dir rit, 2 rov rit, 1 dir rit.

Ferro 1 (DdL - aumento): usando il C2 1 dir, 2 dir rit, 1 rov rit, dir fino a 3 m prima della fine del f, aum a dx, 3 dir rit (1 m aumentata).

Ferro 2: 1 dir, 2 rov rit, rov fino a 4 m prima della fine del f, 1 dir rit, 2 rov rit, 1 dir rit.

Ferro 3: usando il C1 1 dir, 2 dir rit, 1 rov rit, dir fino a 1 m prima della fine del f, 1 dir rit.

Ferro 4 (aumenti): avviate 2 m usando l'avvio *cable*, 1 dir, rov fino a 4 m prima della fine del f, 1 dir rit, 2 rov rit, 1 dir rit (2 m aumentate).

Ferro 5: usando il C2 ripetete il f 3.

Ferro 6 (aumenti): avviate 3 m usando l'avvio *cable*, 1 dir, rov fino a 4 m prima della fine del f, 1 dir rit, 2 rov rit, 1 dir rit (3 m aumentate).

Ferro 7: usando il C1 ripetete il f 3.

Ferro 8 (aumenti): avviate 5 m usando l'avvio *cable*, 1 dir, rov fino a 4 m prima della fine del f, 1 dir rit, 2 rov rit, 1 dir rit (5 m aumentate).

(35 [43, 47, 51, 59, 63] m per la spalla destra).

Non tagliate il filo e lasciate le m sul f.

Davanti (lavorato in piano):

Ora unirete le due spalle per formare il davanti. La figura qui sotto può aiutare a capire meglio il passaggio della lavorazione delle due spalle e del successivo avvio delle m dello scollo.

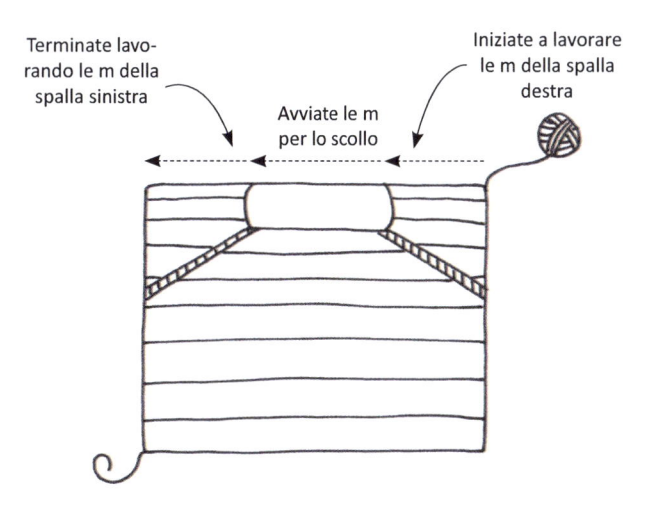

Posizionate le 35 (43, 47, 51, 59, 63) m della spalla sinistra lasciate in sospeso sul f circolare e rimuovete il filo di scarto.

Ferro d'impostazione (DdL): usando il C2 lavorate nel modo seguente le 35 (43, 47, 51, 59, 63) m della spalla destra: 1 dir, 2 dir rit, 1 rov rit, dir fino alla fine del f; girate il lavoro così che la parte appena lavorata si trovi sulla sinistra e, usando l'avvio *cable*, avviate 47 (47, 51, 51, 53, 53) m per lo scollo, girate nuovamente il lavoro in modo che la parte appena lavorata si trovi sulla destra; lavorate nel modo seguente le m della spalla sinistra: dir fino a 4 m prima della fine del f, 1 rov rit, 3 dir rit.

(117 [133, 145, 153, 171, 179] m per il davanti).

Prossimo ferro (RdL): 1 dir, 2 rov rit, 1 dir rit, rov fino a 4 m prima della fine del f, 1 dir rit, 2 rov rit, 1 dir rit.

Ora proseguirete lavorando il davanti.

Ferro 1 (DdL): usando il C1 1 dir, 2 dir rit, 1 rov rit, dir fino a 4 m prima della fine del f, 1 rov rit, 3 dir rit.
Ferro 2 (RdL): 1 dir, 2 rov rit, 1 dir rit, rov fino a 4 m prima della fine del f, 1 dir rit, 2 rov rit, 1 dir rit.
Ferro 3: usando il C2 1 dir, 2 dir rit, 1 rov rit, dir fino a 4 m prima della fine del f, 1 rov rit, 3 dir rit.
Ferro 4: ripetete il f 2.
Ripetete i f da 1 a 4 fino a che il lavoro misuri 14.5 (15.5, 17.5, 17.5, 18.5, 19.5) cm, misurando lungo quella che sarà l'apertura per il braccio, ovvero lungo uno dei due bordi e terminando, in ogni caso, con il f 4.
Non tagliate il filo.

Corpo (lavorato in tondo):

Ora unirete il davanti e il dietro e riprenderete la lavorazione in tondo per il corpo.
Posizionate le 117 (133, 145, 153, 171, 179) m del dietro lasciate in sospeso sul f circolare e rimuovete il filo di scarto.
Quando lavorate il corpo potete cambiare il f circolare con quello dal cavo più lungo quando le m sul f diventano troppe.
Giro d'impostazione (DdL): usando il C1 lavorate nel modo seguente le 117 (133, 145, 153, 171, 179) m del davanti: 1 rov rit, 2 dir rit, 1 rov rit, dir fino a 4 m prima della fine del f, 1 rov rit, 2 dir rit, 1 rov rit, PM; girate il lavoro così che la parte appena lavorata si trovi sulla sinistra e, usando l'avvio *cable*, avviate 12 (12, 12, 16, 16, 20) m; girate nuovamente il lavoro in modo che la parte appena lavorata si trovi sulla destra, PM; lavorate nel modo seguente le m del dietro: 1 rov rit, 2 dir rit, 1 rov rit, dir fino a 4 m prima della fine del f, 1 rov rit, 2 dir rit, 1 rov rit, PM; girate il lavoro così che la parte appena lavorata si trovi sulla sinistra e, usando l'avvio *cable*, avviate 12 (12, 12, 16, 16, 20) m. PM (questo è il M che segnala l'inizio del giro) e unite in tondo.
(258 [290, 314, 338, 374, 398] m per il corpo).
Prossimo giro: usando il C1 *SM, 1 rov rit, 2 dir rit, 1 rov rit, dir fino a 4 m prima di M, 1 rov rit, 2 dir rit, 1 rov rit, SM, dir fino a M. Ripetete da * ancora una volta.

SEZIONE 1 - lavorazione a righe:

Giri 1 e 2: usando il C2 *SM, 1 rov rit, 2 dir rit, 1 rov rit, dir fino a 4 m prima di M, 1 rov rit, 2 dir rit, 1 rov rit, SM, dir fino a M. Ripetete da * ancora una volta.
Giri 3 e 4: usando il C1 *SM, 1 rov rit, 2 dir rit, 1 rov rit, dir fino a 4 m prima di M, 1 rov rit, 2 dir rit, 1 rov rit, SM, dir fino a M. Ripetete da * ancora una volta.

Ripetete i giri da 1 a 4 fino a che il lavoro misuri 31 (31, 31, 34, 35, 36) cm dallo scalfo (o fino alla lunghezza desiderata, tenendo conto che il bordo finale misura 1 cm) e, in ogni caso, terminando con il giro 2. Tagliate il C2 e continuare a lavorare con il C1.

SEZIONE 2 - bordo:

Giro d'impostazione (diminuzioni): *SM, 1 rov rit, dim a dx, 1 rov rit, dir fino a 4 m prima di M, 1 rov rit, dim a dx, 1 rov rit, SM, dim a dx, dir fino a M. Ripetete da * ancora una volta (6 m diminuite). (252 [284, 308, 332, 368, 392] m per il corpo).
Giro 1: SM, [rov fino a M, RM] tre volte, rov fino alla fine del giro.
Giro 2: SM, [1 rov, 1 dir rit] fino alla fine del giro.
Ripetete il giro 2 fino a che il bordo a coste ritorte misuri 1 cm.
Nell'ultimo giro RM, chiudete tutte le m e tagliate il filo. (32 [32, 32, 35, 36, 37] cm dallo scalfo).

Maniche (lavorate in tondo, entrambe alla stessa maniera):

Lavorando le maniche, usate il metodo preferito per la lavorazione di piccole circonferenze: 4 f a doppia punta, il *magic loop*, due f circolari ecc. Personalmente preferisco il *magic loop*!
Unite il filo di un nuovo gomitolo del C1 per eseguire la lavorazione.
Tenendo il DdL rivolto verso di voi, incominciate in corrispondenza della metà dello scalfo manica.
Usando il f circolare con il cavo lungo 80 cm, riprendete 6 (6, 6, 8, 8, 10) m lungo la prima metà dell'ascella; riprendete 39 (41, 46, 46, 49, 52) m dallo scalfo fino alla finta cucitura della spalla (spaziandole equamente); poi riprendete 1 m proprio in corrispondenza della finta cucitura della spalla; quindi riprendete 39 (41, 46, 46, 49, 52) m dalla finta cucitura della spalla fino allo scalfo (spaziandole equamente); infine riprendete 6 (6, 6, 8, 8, 10) m lungo la seconda metà dell'ascella. PM (questo è il M che segnala l'inizio del giro) e unite in tondo.
(91 [95, 105, 109, 115, 125] m per la manica).

SEZIONE 1 - diminuzioni:

A questo punto incomincerete le diminuzioni che sagomano la manica.
Giri 1 e 2: usando il C1 SM, 1 dir rit, 1 rov rit, dir fino a 2 m prima della fine del giro, 1 rov rit, 1 dir rit.
Giri 3 e 4: usando il C2 SM, 1 dir rit, 1 rov rit, dir fino a 2 m prima della fine del giro, 1 rov rit, 1 dir rit.
Giri 5 e 6: ripetete i giri 1 e 2.
Giri 7 e 8: ripetete i giri 3 e 4.

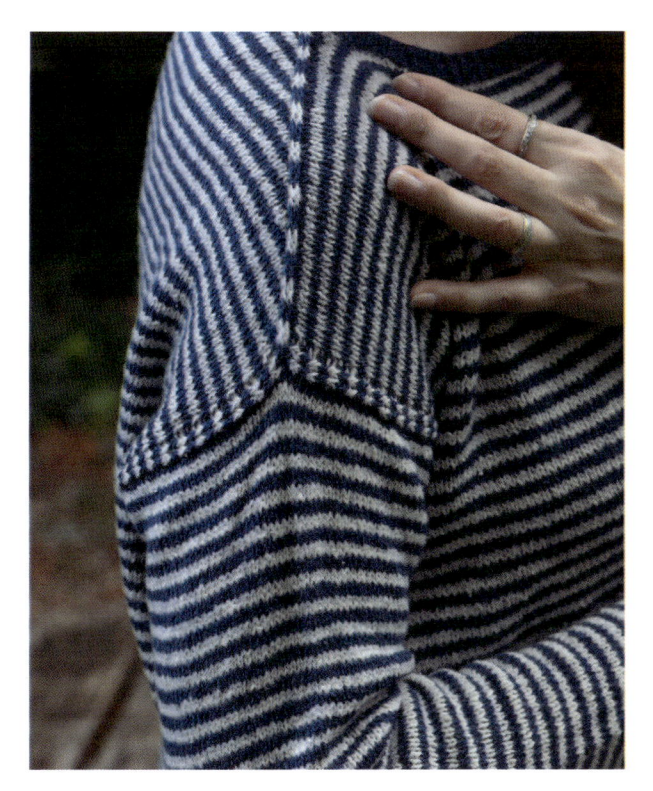

Giro 9: usando il C1 SM, 1 dir rit, 1 rov rit, dir fino a 2 m prima della fine del giro, 1 rov rit, 1 dir rit.
Giro 10 (diminuzioni): usando il C1 SM, 1 dir rit, 1 rov rit, dim a sn, dir fino a 4 m prima di M, dim a dx, 1 rov rit, 1 dir rit (2 m diminuite).
Giri 11 e 12: ripetete i giri 3 e 4.
Ripetete i giri da 1 a 12: ancora 2 (2, 1, 1, 1, --) volte.
(85 [89, 101, 105, 111, 123] m per la manica).

SEZIONE 2 - diminuzioni:
Giri 1 e 2: usando il C1 SM, 1 dir rit, 1 rov rit, dir fino a 2 m prima della fine del giro, 1 rov rit, 1 dir rit.
Giri 3 e 4: usando il C2 SM, 1 dir rit, 1 rov rit, dir fino a 2 m prima della fine del giro, 1 rov rit, 1 dir rit.
Giro 5: usando il C1 SM, 1 dir rit, 1 rov rit, dir fino a 2 m prima della fine del giro, 1 rov rit, 1 dir rit.
Giro 6 (diminuzioni): usando il C1 SM, 1 dir rit, 1 rov rit, dim a sn, dir fino a 4 m prima di M, dim a dx, 1 rov rit, 1 dir rit (2 m diminuite).
Giri 7 e 8: ripetete i giri 3 e 4.
Ripetete i giri da 1 a 8: ancora 7 (8, 6, 6, 6, 6) volte.
(69 [71, 87, 91, 97, 109] m per la manica).

SEZIONE 3 - diminuzioni:
Giro 1: usando il C1 SM, 1 dir rit, 1 rov rit, dir fino a 2 m prima della fine del giro, 1 rov rit, 1 dir rit.
Giro 2 (diminuzioni): usando il C1 SM, 1 dir rit, 1 rov rit, dim a sn, dir fino a 4 m prima di M, dim a dx, 1 rov rit, 1 dir rit (2 m diminuite).
Giri 3 e 4: usando il C2 SM, 1 dir rit, 1 rov rit, dir fino a 2 m prima della fine del giro, 1 rov rit, 1 dir rit.
Ripetete i giri da 1 a 4: ancora 7 (5, 13, 13, 14, 18) volte.
(53 [59, 59, 63, 67, 71] m per la manica).

SEZIONE 4 - lavorazione a righe:
Giri 1 e 2: usando il C1 SM, 1 dir rit, 1 rov rit, dir fino a 2 m prima della fine del giro, 1 rov rit, 1 dir rit.
Giri 3 e 4: usando il C2 SM, 1 dir rit, 1 rov rit, dir fino a 2 m prima della fine del giro, 1 rov rit, 1 dir rit.
Ripetete i giri da 1 a 4 fino a che il lavoro misuri 41 (43, 43, 44, 44, 45) cm dallo scalfo (o fino alla lunghezza desiderata, tenendo conto che il bordo finale misura 1 cm) e, in ogni caso, terminando 2 m prima di finire il giro 4. Lavorate quindi nel modo seguente: 1 rov rit, passate l'ultima m del giro 4 sul f destro senza lavorarla, RM, passate nuovamente la m sul f di sinistra (questa m diventa la prima m del prossimo giro), PM. Tagliate il C2 e proseguite con il C1.

SEZIONE 5 - bordo:
Giro d'impostazione (diminuzione): SM, dim a dx, 1 rov rit, dir fino a 1 m prima di M, 1 rov rit (1 m diminuita).
(52 [58, 58, 62, 66, 70] m per la manica).
Giro 1: SM, rov fino alla fine del giro.
Giro 2: SM, [1 dir rit, 1 rov] fino alla fine del giro.
Ripetete il giro 2 fino a che il bordo a coste ritorte misuri 1 cm.
Nell'ultimo giro RM, chiudete tutte le m e tagliate il filo.
(42 [44, 44, 45, 45, 46] cm dallo scalfo).

Collo (lavorato in tondo):

Unite il filo di un nuovo gomitolo del C1 per eseguire la lavorazione.
Tenendo il DdL rivolto verso di voi, incominciate in corrispondenza dell'angolo destro dello scollo dietro. Usando il f circolare con il cavo lungo 40 cm, riprendete 67 (67, 71, 71, 73, 73) m lungo lo scollo dietro; poi riprendete 11 m lungo la prima parte obliqua dello scollo davanti; quindi riprendete 45 (45, 49, 49, 51, 51) m lungo lo scollo davanti; infine riprendete 11 m lungo la seconda parte obliqua dello scollo davanti. PM (questo è il M che segnala l'inizio del giro) e unite in tondo.
(134 [134, 142, 142, 146, 146] m per il collo).
Giro 1: SM, rov fino alla fine del giro.
Giro 2: SM, [1 dir rit, 1 rov] fino alla fine del giro.
Ripetete il giro 2 fino a che il collo a coste ritorte misuri 1 cm.
Nell'ultimo giro RM, chiudete tutte le m e tagliate il filo.

Rifiniture:

Fissate i fili.
Bloccate leggermente il maglione a righe (guardate anche il glossario), indossatelo e... siate *chic*!

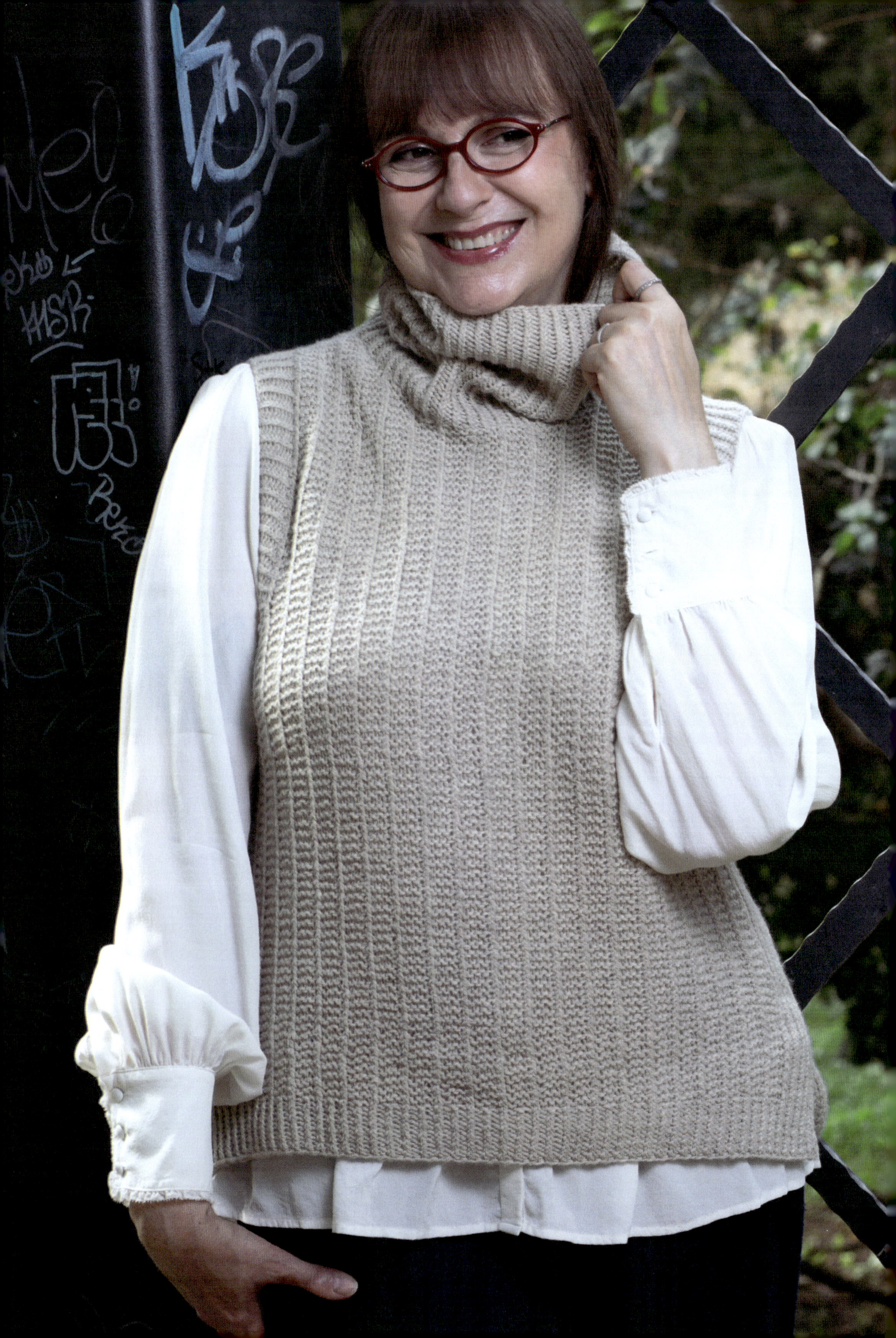

Maglioncino smanicato

Livello di difficoltà ★★

Non ci sono più le mezze stagioni! Il clima cambia molto rapidamente e spesso non si sa cosa indossare. Un maglioncino senza maniche è la soluzione ideale nei periodi di transizione e non può assolutamente mancare nel guardaroba capsula! Soprattutto perché, lavorato in un colore chiaro e neutro, sarà il nostro compagno anche in inverno quando abbiamo bisogno di uno strato supplementare di calore.

Il **maglioncino smanicato** è lavorato dall'alto verso il basso ed ha una linea morbida e comoda. È lavorato con un interessante punto che mescola la maglia legaccio alle coste ritorte.

Si incomincia montando le maglie necessarie per il dietro e le spalle e si continua a lavorare dall'alto verso il basso secondo la lavorazione *contiguous*, ovvero facendo gli aumenti sia sul diritto che sul rovescio del lavoro.

Quando si raggiunge l'ampiezza desiderata, si separano i davanti e il dietro. Si procederà quindi separatamente, lavorando prima il dietro. Questo viene modellato con una serie di aumenti che creano l'ampio scalfo manica. Alla fine di questo passaggio le maglie sono lasciate in sospeso su un pezzo di filo di scarto.

Si proseguirà con i due davanti, lavorandoli separatamente e modellando il collo con una serie di aumenti. Si prosegue montando le restanti maglie per il collo, unendo i due davanti e si lavora, come per il dietro, fino alla fine dello sprone, lavorando la serie di aumenti per lo scalfo manica.

A questo punto si uniscono il davanti e il dietro, si montano le maglie per le ascelle e si continua a lavorare in tondo fino a raggiungere la lunghezza desiderata. In corrispondenza dei fianchi si lavora un'ampia banda a coste ritorte.

Il corpo si apre in fondo con uno spacco asimmetrico sovrapposto che crea anche una sorta di decorazione.

Una volta terminato il corpo del maglioncino, si riprendono le maglie lungo lo scollo e si lavora un alto collo dolcevita a coste ritorte.

Infine si riprendono le maglie lungo gli scalfi e si lavorano i bordi a coste ritorte.

Taglie:

XS (S, M, L, XL, XXL) vestono un giro seno di 76 (86, 96, 106, 117, 127) cm.

Le foto si riferiscono alla taglia M indossata da una modella con un giro seno di 96 cm e con un agio di 12 cm.

Se desiderate la stessa vestibilità del modello in foto, dovrete scegliere una misura più grande di circa 8-13 cm del vostro attuale giroseno.

Misure finite:

A - circonferenza del collo: 44 (48, 50, 50, 52, 54) cm.
B - lunghezza del collo: 20 cm.
C - circonferenza del seno: 86 (94, 108, 118, 130, 138) cm.
D - lunghezza totale: 49 (50, 52, 53, 56, 60) cm, prendendo la misura in corrispondenza della spalla, collo escluso.
E - lunghezza dallo scalfo: 26 (26, 28, 28, 30, 33) cm.
F - circonferenza dello scalfo manica: 51 (55, 56, 59, 63, 67) cm.
G - lunghezza del bordo dello scalfo manica: 4 cm.

Filato e ferri:

MYAK Baby Yak Lace: Oatmeal (100% yak; 350 m per matassa da 50 gr): 4 (4, 5, 6, 6, 7) matasse (1255 [1375, 1575, 1785, 2000, 2400] m). Il metraggio indicato è il consumo effettivo.

Attenzione: il filato è lavorato doppio.
Ferri circolari numero 4 mm con il cavo lungo 40 cm, 60 cm e 80 cm. Se necessario modificate il numero dei f per ottenere il campione corretto.
4 marcapunti di cui uno diverso (che segnala l'inizio del giro).
Filo di scarto.
Ago da lana e forbici.
Spilli e metro da sarta per il bloccaggio.

Consigli sul filato:

ormai è noto che amo il filato in yak, in particolare di questa azienda, che stimo molto. In questo caso ho scelto di lavorare il filato *lace*, ovvero il più sottile, ma di doppiarlo. I vantaggi di lavorare il filato doppio sono moltissimi: si guadagna in leggerezza e calore. E anche in un collo dolcevita questo filato regala il suo meglio, essendo davvero molto morbido.
Naturalmente si pone il problema del costo: non è certamente un filato economico!
Per sostituirlo, quindi, vi suggerisco di osare e di rivolgervi anche voi a dei filati molto sottili da lavorare doppiati. Potreste sbizzarrirvi e provare anche combinazioni insolite, mescolando colori e consistenze. Immaginate di abbinare un filo sottile di alpaca a del mohair, o della seta a un filo di lurex, o ancora un filo di cotone a uno di Shetland! Insomma, le combinazioni possono essere infinite e potranno rendere il vostro maglioncino smanicato davvero unico.

Campione:

20 m x 30 f/giri = 10 cm lavorati a punto "legaccio e coste ritorte" (dopo il bloccaggio).

Punto "legaccio e coste ritorte" (per il campione):

Attenzione: il punto "legaccio e coste ritorte" (per il campione) è lavorato in piano su un multiplo di 4 m (+ 3).
Ferro 1 (DdL): 3 dir, [1 dir rit, 3 dir] fino alla fine del f.
Ferro 2 (RdL): 3 dir, [1 dir rit, 3 dir] fino alla fine del f.
Ripetete i f 1 e 2 per ottenere il punto "legaccio e coste ritorte".

Spiegazioni - Si incomincia dall'alto
Sprone (lavorato in piano):

Le spiegazioni sono date per la taglia XS, le taglie S, M, L, XL e XXL sono tra parentesi. Quando non appaiono le parentesi, la spiegazione è valida per tutte le taglie.
Attenzione: durante la lavorazione dello schema, troverete delle tabelle con all'interno delle indicazioni da apportare per la vostra taglia. Cercatela con attenzione e seguite le istruzioni per avere un risultato perfetto!
Incominciate a lavorare in piano il dietro, le spalle e i due davanti.
Usando il f circolare con il cavo lungo 60 cm, avviate 43 (47, 51, 51, 51, 55) m usando l'avvio *long tail*.
Attenzione: nel f d'impostazione posizionerete quattro marcapunti per delimitare il dietro, le finte cuciture delle spalle e i due davanti. I marcapunti serviranno anche per segnalare la posizione degli aumenti.
Ferro d'impostazione (RdL): 3 dir, PM (questo è il primo davanti); 1 rov rit, PM (questa è la finta cucitura della prima spalla); [3 dir, 1 rov rit] fino a 7 m prima della fine del f, 3 dir, PM (questo è il dietro); 1 rov rit, PM (questa è la finta cucitura della seconda spalla); 2 dir, 1 dir rit (questo è il secondo davanti).
(35 [39, 43, 43, 43, 47] m per il dietro,
3 m per ciascuno dei due davanti,
1 m per ogni finta cucitura delle due spalle).
Ferro 1 (DdL - aumenti): 1 dir, aum a sn, 2 dir, aum a dx, SM, 1 dir rit, SM, aum a sn, [3 dir, 1 dir rit] fino a 3 m prima di M, 3 dir, aum a dx, SM, 1 dir rit, SM, aum a sn, 2 dir, aum a dx, 1 dir rit
(6 m aumentate: 2 per il dietro e 2 per ciascuno dei due davanti).
Ferro 2 (RdL - aumenti): 4 dir, 1 rov rit, aum a dx, SM, 1 rov rit, SM, aum a sn, [1 rov rit, 3 dir] fino a 1 m prima di M, 1 rov rit, aum a dx, SM, 1 rov rit, SM, aum a sn, 1 rov rit, 3 dir, 1 dir rit
(4 m aumentate: 2 per il dietro e 1 per ciascuno dei due davanti).
Ferro 3 (aumenti): 1 dir, aum a sn, 3 dir, 1 dir rit, 1 dir, aum a dx, SM, 1 dir rit, SM, aum a sn, 1 dir, [1 dir rit, 3 dir] fino a 2 m prima di M, 1 dir rit, 1 dir, aum a dx, SM, 1 dir rit, SM, aum a sn, 1 dir, 1 dir rit, 3 dir, aum a dx, 1 dir rit (6 m aumentate).
Ferro 4 (aumenti): 1 dir, 1 rov rit, 3 dir, 1 rov rit, 2 dir, aum a dx, SM, 1 rov rit, SM, aum a sn, 2 dir, [1 rov rit, 3 dir] fino a 3 m prima di M, 1 rov rit, 2 dir, aum a dx, SM, 1 rov rit, SM, aum a sn, 2 dir, 1 rov rit, 3 dir, 1 rov rit, 1 dir rit (4 m aumentate).
Ferro 5 (aumenti): 1 dir, aum a sn, [1 dir rit, 3 dir] fino a M, aum a dx, SM, 1 dir rit, SM, aum a sn, [3 dir, 1 dir rit] fino a 3 m prima di M, 3 dir, aum a

dx, SM, 1 dir rit, SM, aum a sn, [3 dir, 1 dir rit] fino a 1 m prima della fine del f, aum a dx, 1 dir rit (6 m aumentate).

Ferro 6 (aumenti): 2 dir, [1 rov rit, 3 dir] fino a 1 m prima di M, 1 rov rit, aum a dx, SM, 1 rov rit, SM, aum a sn, [1 rov rit, 3 dir] fino a 1 m prima di M, 1 rov rit, aum a dx, SM, 1 rov rit, SM, aum a sn, [1 rov rit, 3 dir] fino a 3 m prima della fine del f, 1 rov rit, 1 dir, 1 dir rit (4 m aumentate).

Ferro 7 (aumenti): 1 dir, aum a sn, 1 dir, [1 dir rit, 3 dir] fino a 2 m prima di M, 1 dir rit, 1 dir, aum a dx, SM, 1 dir rit, SM, aum a sn, 1 dir, [1 dir rit, 3 dir] fino a 2 m prima di M, 1 dir rit, 1 dir, aum a dx, SM, 1 dir rit, SM, aum a sn, 1 dir, [1 dir rit, 3 dir] fino a 3 m prima della fine del f, 1 dir rit, 1 dir, aum a dx, 1 dir rit (6 m aumentate).

Ferro 8 (aumenti): [3 dir, 1 rov rit] fino a 2 m prima di M, 2 dir, aum a dx, SM, 1 rov rit, SM, aum a sn, 2 dir, [1 rov rit, 3 dir] fino a 3 m prima di M, 1 rov rit, 2 dir, aum a dx, SM, 1 rov rit, SM, aum a sn, 2 dir, [1 rov rit, 3 dir] fino a 4 m prima della fine del f, 1 rov rit, 2 dir, 1 dir rit (4 m aumentate).

Ferro 9 (aumenti): 1 dir, aum a sn, 2 dir, [1 dir rit, 3 dir] fino a M, aum a dx, SM, 1 dir rit, SM, aum a sn, [3 dir, 1 dir rit] fino a 3 m prima di M, 3 dir, aum a dx, SM, 1 dir rit, SM, aum a sn, [3 dir, 1 dir rit] fino a 3 m prima della fine del f, 2 dir, aum a dx, 1 dir rit (6 m aumentate).

Ferro 10 (aumenti): 4 dir, [1 rov rit, 3 dir] fino a 1 m prima di M, 1 rov rit, aum a dx, SM, 1 rov rit, SM, aum a sn, [1 rov rit, 3 dir] fino a 1 m prima di M, 1 rov rit, aum a dx, SM, 1 rov rit, SM, aum a sn, [1 rov rit, 3 dir] fino a 1 m prima della fine del f, 1 rov rit (4 m aumentate).

(93 [97, 101, 101, 101, 105] m totali,
55 [59, 63, 63, 63, 67] m per il dietro,
18 m per ciascuno dei due davanti,
1 m per ogni finta cucitura delle due spalle).

> **SOLO PER LE TAGLIE XL e XXL:**
>
> ***Ferro 11 (aumenti):*** 1 dir, aum a sn, [3 dir, 1 dir rit] fino a 1 m prima di M, 1 dir, aum a dx, SM, 1 dir rit, SM, aum a sn, 1 dir, [1 dir rit, 3 dir] fino a 2 m prima di M, 1 dir rit, 1 dir, aum a dx, SM, 1 dir rit, SM, aum a sn, 1 dir, [1 dir rit, 3 dir] fino a 1 m prima della fine del f, aum a dx, 1 dir rit (6 m aumentate).
>
> ***Ferro 12 (aumenti):*** 1 dir, [1 rov rit, 3 dir] fino a 3 m prima di M, 1 rov rit, 2 dir, aum a dx, SM, 1 rov rit, SM, aum a sn, 2 dir, [1 rov rit, 3 dir] fino a 3 m prima di M, 1 rov rit, 2 dir, aum a dx, SM, 1 rov rit, SM, aum a sn, 2 dir, [1 rov rit, 3 dir] fino a 2 m prima della fine del f, 1 rov rit, 1 dir rit (4 m aumentate).
>
> ***Ferro 13 (aumenti):*** ripetete il f 5.
> ***Ferro 14 (aumenti):*** ripetete il f 6.

(93 [97, 101, 101, 121, 125] m totali,
55 [59, 63, 63, 71, 75] m per il dietro,
18 [18, 18, 18, 24, 24] m per ciascuno dei due davanti,
1 m per ogni finta cucitura delle due spalle).
Alla fine di questo passaggio il lavoro si dovrebbe presentare più o meno come nella figura qui sotto.

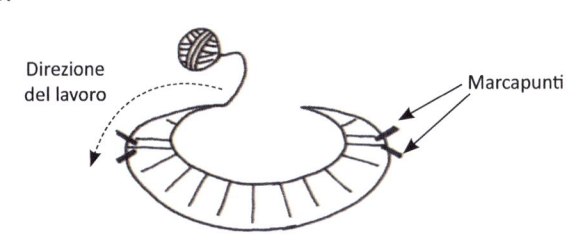

Divisione dei davanti dal dietro:

Ora dividerete i davanti e il dietro per creare gli scalfi manica.

Ferro d'impostazione (DdL): non tagliate il filo; posizionate le 18 (18, 18, 18, 24, 24) m del davanti sinistro sul primo pezzo di filo di scarto senza lavorarle, RM; posizionate la m della finta cucitura della prima spalla su un secondo pezzo di filo di scarto senza lavorarla, RM; unite il filo di un nuovo gomitolo per eseguire la lavorazione e lavorate nel modo seguente il dietro: 1 dir, [1 dir rit, 3 dir] fino a 2 m prima di M, 2 dir rit, RM; posizionate la m della finta cucitura della seconda spalla su un terzo pezzo di filo di scarto senza lavorarla, RM; posizionate le 18 (18, 18, 18, 24, 24) m del davanti destro su un quarto pezzo di filo di scarto senza lavorarle.
(55 [59, 63, 63, 71, 75] m per il dietro,
18 [18, 18, 18, 24, 24] m per ciascuno dei due davanti,
1 m per ogni finta cucitura delle due spalle).

Dietro (lavorato in piano - aumenti):

A questo punto lavorerete il dietro.
Ferro 1 (RdL): 1 dir, [1 rov rit, 3 dir] fino a 2 m prima della fine del f, 1 rov rit, 1 dir rit.
Ferro 2 (DdL): 1 dir, [1 dir rit, 3 dir] fino a 2 m prima della fine del f, 2 dir rit.
Ripetete i f 1 e 2 fino a che il lavoro misuri 17 (18, 16, 15, 15, 19) cm dalla divisione dei davanti dal dietro, misurando lungo quella che sarà l'apertura per il braccio, ovvero lungo uno dei due bordi, terminando con il f 1.
Ferro 3 (DdL - aumenti): 1 dir, aum a sn, [1 dir rit, 3 dir] fino a 2 m prima della fine del f, 1 dir rit, aum a dx, 1 dir rit (2 m aumentate).
Ferro 4 (RdL): 2 dir, [1 rov rit, 3 dir] fino a 3 m prima della fine del f, 1 rov rit, 1 dir, 1 dir rit.

Ferro 5 (aumenti): 1 dir, aum a sn, 1 dir, [1 dir rit, 3 dir] fino a 3 m prima della fine del f, 1 dir rit, 1 dir, aum a dx, 1 dir rit (2 m aumentate).

Ferro 6: 3 dir, [1 rov rit, 3 dir] fino a 4 m prima della fine del f, 1 rov rit, 2 dir, 1 dir rit.

Ferro 7 (aumenti): 1 dir, aum a sn, 2 dir, [1 dir rit, 3 dir] fino a 4 m prima della fine del f, 1 dir rit, 2 dir, aum a dx, 1 dir rit (2 m aumentate).

Ferro 8: 4 dir, [1 rov rit, 3 dir] fino a 5 m prima della fine del f, 1 rov rit, 3 dir, 1 dir rit.

Ferro 9 (aumenti): 1 dir, aum a sn, 3 dir, [1 dir rit, 3 dir] fino a 5 m prima della fine del f, 1 dir rit, 3 dir, aum a dx, 1 dir rit (2 m aumentate).

Ferro 10: 1 dir, [1 rov rit, 3 dir] fino a 2 m prima della fine del f, 1 rov rit, 1 dir rit.

Ripetete i f da 3 a 10: ancora 1 (1, 2, 3, 3, 3) volte, poi ripetete i f da 3 a 6 ancora una volta.

(75 [79, 91, 99, 107, 111] m per il dietro).

Il lavoro misura 23 (24, 24, 25, 26, 27) cm dalla divisione dei davanti dal dietro, misurando lungo quella che sarà l'apertura per il braccio, ovvero lungo uno dei due bordi. Prestare attenzione a prendere la misura in verticale, non seguendo la curva dello scalfo.

Tagliate il filo e posizionate le m su un pezzo di filo di scarto.

Scollo e davanti (lavorati in piano - aumenti):

SCOLLO E DAVANTI SINISTRO:

Tenendo il DdL rivolto verso di voi, posizionate le 18 (18, 18, 18, 24, 24) m del davanti sinistro lasciate in sospeso sul f circolare con il cavo lungo 60 cm e rimuovete il filo di scarto. Lavorate con il filo lasciato in sospeso.

PER LE TAGLIE XS, S, M e L:	PER LE TAGLIE XL e XXL:
Ferro 1 (aumenti): avviate 2 m usando l'avvio *cable*, 2 dir, [1 dir rit, 3 dir] fino a 2 m prima della fine del f, 2 dir rit (2 m aumentate).	*Ferro 1 (aumenti):* avviate 2 m usando l'avvio *cable*, 4 dir, [1 dir rit, 3 dir] fino a 2 m prima della fine del f, 2 dir rit (2 m aumentate).
Ferro 2: 1 dir, [1 rov rit, 3 dir] fino a 3 m prima della fine del f, 1 rov rit, 1 dir, 1 dir rit.	*Ferro 2:* 1 dir, [1 rov rit, 3 dir] fino a 1 m prima della fine del f, 1 dir rit.
Ferro 3 (aumenti): avviate 2 m usando l'avvio *cable*, 4 dir, [1 dir rit, 3 dir] fino a 2 m prima della fine del f, 2 dir rit (2 m aumentate).	*Ferro 3 (aumenti):* avviate 2 m usando l'avvio *cable*, 2 dir, [1 dir rit, 3 dir] fino a 2 m prima della fine del f, 2 dir rit (2 m aumentate).
Ferro 4: 1 dir, [1 rov rit, 3 dir] fino a 1 m prima della fine del f, 1 dir rit.	*Ferro 4:* 1 dir, [1 rov rit, 3 dir] fino a 3 m prima della fine del f, 1 rov rit, 1 dir, 1 dir rit.
Ferro 5 (aumenti): ripetete il f 1.	*Ferro 5 (aumenti):* ripetete il f 1.
Ferro 6: ripetete il f 2.	*Ferro 6:* ripetete il f 2.
SOLO PER LE TAGLIE M e L:	**SOLO PER LA TAGLIA XXL:**
Ferro 7 (aumenti): avviate 4 m usando l'avvio *cable*, 2 dir, [1 dir rit, 3 dir] fino a 2 m prima della fine del f, 2 dir rit (4 m aumentate).	*Ferro 7 (aumenti):* avviate 4 m usando l'avvio *cable*, 4 dir, [1 dir rit, 3 dir] fino a 2 m prima della fine del f, 2 dir rit (4 m aumentate).
Ferro 8: ripetete il f 2.	*Ferro 8:* ripetete il f 2.

(24 [24, 28, 28, 30, 34] m per il davanti sinistro).

Tagliate il filo e posizionate le m su un pezzo di filo di scarto.

SCOLLO E DAVANTI DESTRO:

Unite il filo di un nuovo gomitolo per eseguire la lavorazione.

Tenendo il DdL rivolto verso di voi, posizionate le 18 (18, 18, 18, 24, 24) m del davanti destro lasciate in sospeso sul f circolare con il cavo lungo 60 cm e rimuovete il filo di scarto.

PER LE TAGLIE XS, S, M e L:	PER LE TAGLIE XL e XXL:
Ferro 1: 1 dir, [1 dir rit, 3 dir] fino a 1 m prima della fine del f, 1 dir rit.	*Ferro 1:* 1 dir, [1 dir rit, 3 dir] fino a 3 m prima della fine del f, 1 dir rit, 1 dir, 1 dir rit.
Ferro 2 (aumenti): avviate 2 m usando l'avvio *cable*, 2 dir, [1 rov rit, 3 dir] fino a 2 m prima della fine del f, 1 rov rit, 1 dir rit (2 m aumentate).	*Ferro 2 (aumenti):* avviate 2 m usando l'avvio *cable*, 4 dir, [1 rov rit, 3 dir] fino a 2 m prima della fine del f, 1 rov rit, 1 dir rit (2 m aumentate).
Ferro 3: 1 dir, [1 dir rit, 3 dir] fino a 3 m prima della fine del f, 1 dir rit, 1 dir, 1 dir rit.	*Ferro 3:* 1 dir, [1 dir rit, 3 dir] fino a 1 m prima della fine del f, 1 dir rit.
Ferro 4 (aumenti): avviate 2 m usando l'avvio *cable*, 4 dir, [1 rov rit, 3 dir] fino a 2 m prima della fine del f, 1 rov rit, 1 dir rit. (2 m aumentate).	*Ferro 4 (aumenti):* avviate 2 m usando l'avvio *cable*, 2 dir, [1 rov rit, 3 dir] fino a 2 m prima della fine del f, 1 rov rit, 1 dir rit (2 m aumentate).
Ferro 5: ripetete il f 1.	*Ferro 5:* ripetete il f 1.
Ferro 6 (aumenti): ripetete il f 2.	*Ferro 6 (aumenti):* ripetete il f 2.
SOLO PER LE TAGLIE M e L:	SOLO PER LA TAGLIA XXL:
Ferro 7: ripetete il f 3.	*Ferro 7:* ripetete il f 3.
Ferro 8 (aumenti): avviate 4 m usando l'avvio *cable*, 2 dir, [1 rov rit, 3 dir] fino a 2 m prima della fine del f, 1 rov rit, 1 dir rit (4 m aumentate).	*Ferro 8 (aumenti):* avviate 4 m usando l'avvio *cable*, 4 dir, [1 rov rit, 3 dir] fino a 2 m prima della fine del f, 1 rov rit, 1 dir rit (4 m aumentate).

(24 [24, 28, 28, 30, 34] m per il davanti destro).
Non tagliate il filo e lasciate le m sul f.

Davanti (lavorato in piano - aumenti):

A questo punto unirete i due davanti.
La figura qui a lato può aiutare a capire meglio il passaggio della lavorazione dei due davanti e del successivo avvio delle m dello scollo.
Posizionate le 24 (24, 28, 28, 30, 34) m del davanti sinistro lasciate in sospeso sul f circolare e rimuovete il filo di scarto.

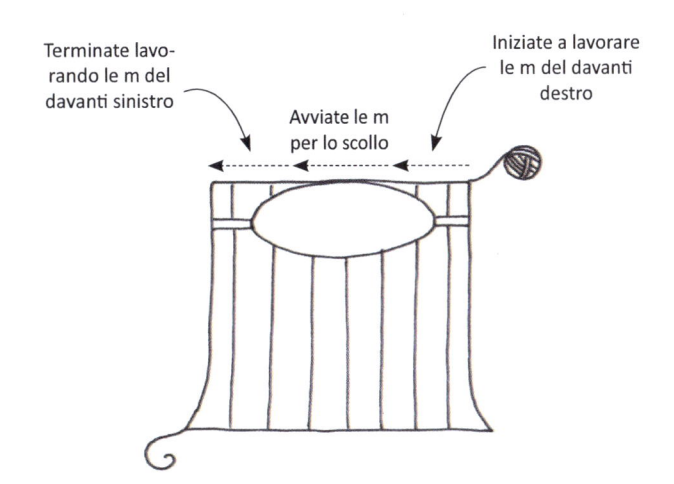

PER LE TAGLIE XS, S, M e L:	PER LE TAGLIE XL e XXL:
Prossimo ferro (DdL): lavorate nel modo seguente le 24 (24, 28, 28, --, --) m del davanti destro: 1 dir, [1 dir rit, 3 dir] fino a 3 m prima della fine del f, 1 dir rit, 2 dir; girate il lavoro così che la parte appena lavorata si trovi sulla sinistra e, usando l'avvio *cable*, avviate 7 (11, 7, 7, --, --) m per lo scollo; girate nuovamente il lavoro in modo che la parte appena lavorata si trovi sulla destra, lavorate nel modo seguente le m del davanti sinistro: 2 dir, [1 dir rit, 3 dir] fino a 2 m prima della fine del f, 2 dir rit.	*Prossimo ferro (DdL):* lavorate nel modo seguente le -- (--, --, --, 30, 34) m del davanti destro: 1 dir, [1 dir rit, 3 dir] fino a 1 m prima della fine del f, 1 dir rit; girate il lavoro così che la parte appena lavorata si trovi sulla sinistra e, usando l'avvio *cable*, avviate -- (--, --, --, 11, 7) m per lo scollo; girate nuovamente il lavoro in modo che la parte appena lavorata si trovi sulla destra, lavorate nel modo seguente le m del davanti sinistro: [1 dir rit, 3 dir] fino a 2 m prima della fine del f, 2 dir rit.

(55 [59, 63, 63, 71, 75] m per il davanti).
Ripetete dall'inizio della sezione "Dietro (lavorato in piano - aumenti)" e alla fine non tagliate il filo.
(75 [79, 91, 99, 107, 111] m per il davanti).

Corpo (lavorato in tondo):

Ora unirete il davanti e il dietro e riprenderete la lavorazione in tondo per il corpo.
Posizionate le 75 (79, 91, 99, 107, 111) m del dietro lasciate in sospeso sul f circolare e rimuovete il filo di scarto.
Quando lavorate il corpo potete cambiare il f circolare con quello dal cavo più lungo quando le m sul f diventano troppe.

Giro d'impostazione (DdL): lavorate nel modo seguente le 75 (79, 91, 99, 107, 111) m del davanti: 3 dir, [1 dir rit, 3 dir] fino alla fine del f, PM; girate il lavoro così che la parte appena lavorata si trovi sulla sinistra e, usando l'avvio *cable*, avviate 11 (15, 17, 19, 23, 27) m; girate nuovamente il lavoro in modo che la parte appena lavorata si trovi sulla destra, PM, lavorate nel modo seguente le m del dietro: 3 dir, [1 dir rit, 3 dir] fino alla fine del f, PM; girate il lavoro così che la parte appena lavorata si trovi sulla sinistra e, usando l'avvio *cable*, avviate 11 (15, 17, 19, 23, 27) m; girate nuovamente il lavoro in modo che la parte appena lavorata si trovi sulla destra. PM (questo è il M che segnala l'inizio del giro) e unite in tondo.
(172 [188, 216, 236, 260, 276] m per il corpo).

Giro 1: *SM, [3 rov, 1 dir rit] fino a 3 m prima di M, 3 rov, SM, [1 dir rit, 1 rov rit] fino a 1 m prima di M, 1 dir rit. Ripetete da * ancora una volta.

Giro 2: *SM, [3 dir, 1 dir rit] fino a 3 m prima di M, 3 dir, SM, [1 dir rit, 1 rov rit] fino a 1 m prima di M, 1 dir rit. Ripetete da * ancora una volta.

Ripetete i giri 1 e 2 fino a che il lavoro misuri 16 (16, 18, 18, 20, 23) cm dallo scalfo (o fino alla lunghezza desiderata, tenendo conto che la sezione finale misurerà 10 cm), terminando con il giro 1.

> *Nota bene:*
> con questa lunghezza il maglioncino è perfetto, tuttavia credo che più corto possa essere ancora più versatile. Se l'idea vi piace, provate!

SPACCO DAVANTI:

A questo punto non lavorerete più in tondo; separerete il lavoro lungo la linea dei fianchi per creare degli spacchi.

Ferro d'impostazione (DdL): SM, [3 dir, 1 dir rit] fino a 3 m prima di M, 3 dir, SM, [1 dir rit, 1 rov rit] per 3 (5, 5, 6, 7, 9) volte, 1 dir rit, girate il lavoro.
Prossimo ferro (RdL): 1 dir, [1 dir rit, 1 rov rit] fino a M, SM, [3 dir, 1 rov rit] fino a 3 m prima di M, 3 dir, SM, [1 rov rit, 1 dir rit] per 3 (5, 5, 6, 7, 9) volte, 1 rov rit, girate il lavoro.
Trasferite le m del dietro (con i M) su un pezzo di filo di scarto.
(89 [101, 113, 125, 137, 149] m per lo spacco davanti).

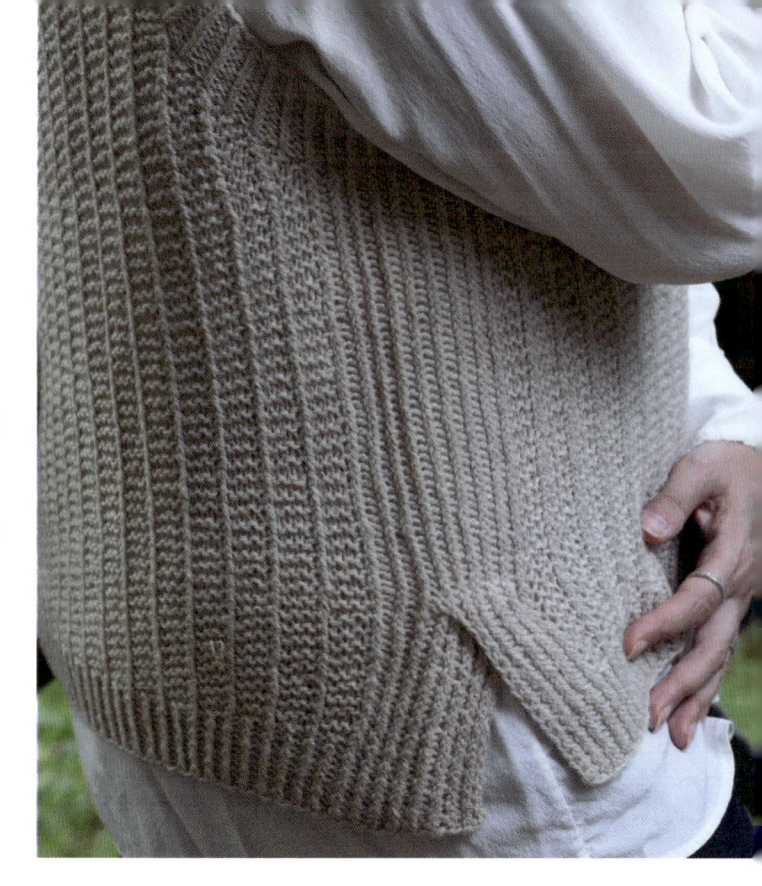

Ferro 1: 2 rov, [1 dir rit, 1 rov rit] fino a 1 m prima di M, 1 dir rit, SM, [3 dir, 1 dir rit] fino a 3 m prima di M, 3 dir, SM, [1 dir rit, 1 rov rit] fino a 3 m prima della fine del f, 1 dir rit, pass2cfdavanti.
Ferro 2: 2 dir, [1 rov rit, 1 dir rit] fino a 1 m prima di M, 1 rov rit, SM, [3 dir, 1 rov rit] fino a 3 m prima di M, 3 dir, SM, [1 rov rit, 1 dir rit] fino a 3 m prima della fine del f, 1 rov rit, pass2cfdietro.
Ripetete i f 1 e 2 fino a che il lavoro misuri 22 (22, 24, 24, 26, 29) cm dallo scalfo (o fino alla lunghezza desiderata, tenendo conto che il bordo finale misurerà 4 cm). Nell'ultimo f, RM.

BORDO:

Ferro 1: 2 rov, [1 dir rit, 1 rov rit] fino a 3 m prima della fine del f, 1 dir rit, pass2cfdavanti.
Ferro 2: 2 dir, [1 rov rit, 1 dir rit] fino a 3 m prima della fine del f, 1 rov rit, pass2cfdietro.
Ripetete i f 1 e 2 fino a che il bordo a coste ritorte misuri 4 cm.
Chiudete tutte le m e tagliate il filo.
(26 [26, 28, 28, 30, 33] cm dallo scalfo).

SPACCO DIETRO:

Posizionate le m del dietro lasciate in sospeso (e i M) sul f circolare, rimuovete il filo di scarto e unite il filo di un nuovo gomitolo per eseguire la lavorazione.

Ferro d'impostazione (DdL): avviate 7 (11, 11, 13, 15, 19) m usando l'avvio *cable*, [1 dir rit, 1 rov rit] fino a 1 m prima di M, 1 dir rit, SM, [3 dir, 1 dir rit] fino a 3 m prima di M, 3 dir, SM, [1 dir rit, 1 rov rit] fino alla fine del f.

Prossimo ferro (RdL): avviate 7 (11, 11, 13, 15, 19) m usando l'avvio *cable*, 1 dir, [1 dir rit, 1 rov] fino a M, SM, [3 dir, 1 rov rit] fino a 3 m prima di M, 3 dir, SM, [1 rov rit, 1 dir rit] fino a 1 m prima della fine del f, 1 dir rit.

(97 [109, 125, 137, 157, 165] m per lo spacco dietro).

Ripetete come per lo spacco davanti, partendo dal f 1.

Bordi degli scalfi manica (lavorati in tondo nella stessa maniera):

> **Nota bene:**
> durante la ripresa delle maglie per il bordo, cercate di riprendere le maglie in modo da allineare le coste del bordo con quelle del corpo. In particolare, lungo la curva dello scalfo manica, cercate di riprendere ogni quarta maglia in corrispondenza della costa ritorta; così facendo, il bordo a coste risulterà allineato con la lavorazione a coste del corpo.

Unite i fili di due nuovi gomitoli per eseguire la lavorazione.

Tenendo il DdL rivolto verso di voi, incominciate dall'angolo destro dello scalfo manica. La prima m a essere ripresa è la maglia della costa lavorata a dir rit.

Usando il f circolare con il cavo lungo 40 cm, riprendete 11 (15, 17, 19, 23, 27) m lungo l'ascella; riprendete 12 (12, 16, 20, 20, 16) m lungo la prima curva dello scalfo manica; riprendete 33 (35, 31, 29, 31, 37) m dalla fine della curva dello scalfo manica fino alla finta cucitura della spalla (spaziandole equamente); poi trasferite la m della finta cucitura sul f sinistro, rimuovete il filo di scarto e lavoratela a dir rit; quindi riprendete 33 (35, 31, 29, 31, 37) m dalla finta cucitura della spalla fino all'inizio della curva allo scalfo manica (spaziandole equamente); infine riprendete 12 (12, 16, 20, 20, 16) m dalla seconda curva dello scalfo manica. PM (questo è il M che segnala l'inizio del giro) e unite in tondo.

(102 [110, 112, 118, 126, 134] m per il bordo).

Giro 1: SM, [1 dir rit, 1 rov rit] fino alla fine del giro.

Ripetete il giro 1 fino a che il bordo a coste ritorte misuri 4 cm.

Nell'ultimo giro RM, chiudete tutte le m e tagliate il filo.

(4 cm dallo scalfo).

Collo (lavorato in tondo):

> **Nota bene:**
> durante la ripresa delle maglie per il collo, cercate di riprendere le maglie in modo da allineare le coste del collo con quelle del corpo. Questa operazione sarà semplice per quanto riguarda il dietro e le spalle e più difficile nella parte del davanti. In particolare, lungo le due parti oblique del collo non sempre sarà possibile.

Unite il filo di un nuovo gomitolo per eseguire la lavorazione.

Tenendo il DdL rivolto verso di voi, incominciate in corrispondenza della finta cucitura della spalla destra.

Usando il f circolare con il cavo lungo 40 cm, riprendete 35 (39, 43, 43, 43, 47) m lungo lo scollo dietro; riprendete 1 m in corrispondenza della prima finta cucitura della spalla; riprendete 22 (22, 24, 24, 24, 26) m lungo la prima parte obliqua dello scollo davanti; poi riprendete 7 (11, 7, 7, 11, 7) m lungo lo scollo davanti; quindi riprendete 22 (22, 24, 24, 24, 26) m lungo la seconda parte obliqua dello scollo davanti; infine riprendete 1 m in corrispondenza della seconda finta cucitura della spalla. PM (questo è il M che segnala l'inizio del giro) e unite in tondo.

(88 [96, 100, 100, 104, 108] m per il collo).

Giro 1: SM, [1 dir rit, 1 rov rit] fino alla fine del giro.

Ripetete il giro 1 fino a che il collo a coste ritorte misuri 20 cm; nell'ultimo giro RM.

Chiudete tutte le m e tagliate il filo.

Rifiniture:

Cucire lo spacco nel modo seguente: posizionate la sezione posteriore (quella più larga) sotto a quella anteriore (quella più stretta). Ora cucite solamente la parte superiore dello spacco dietro (ovvero le m che sono state avviate a nuovo), in modo che la cucitura risulti invisibile sul diritto del lavoro.

Fissate i fili.

Bloccate leggermente il maglioncino smanicato (guardate anche il glossario), indossatelo e... siate *chic*!

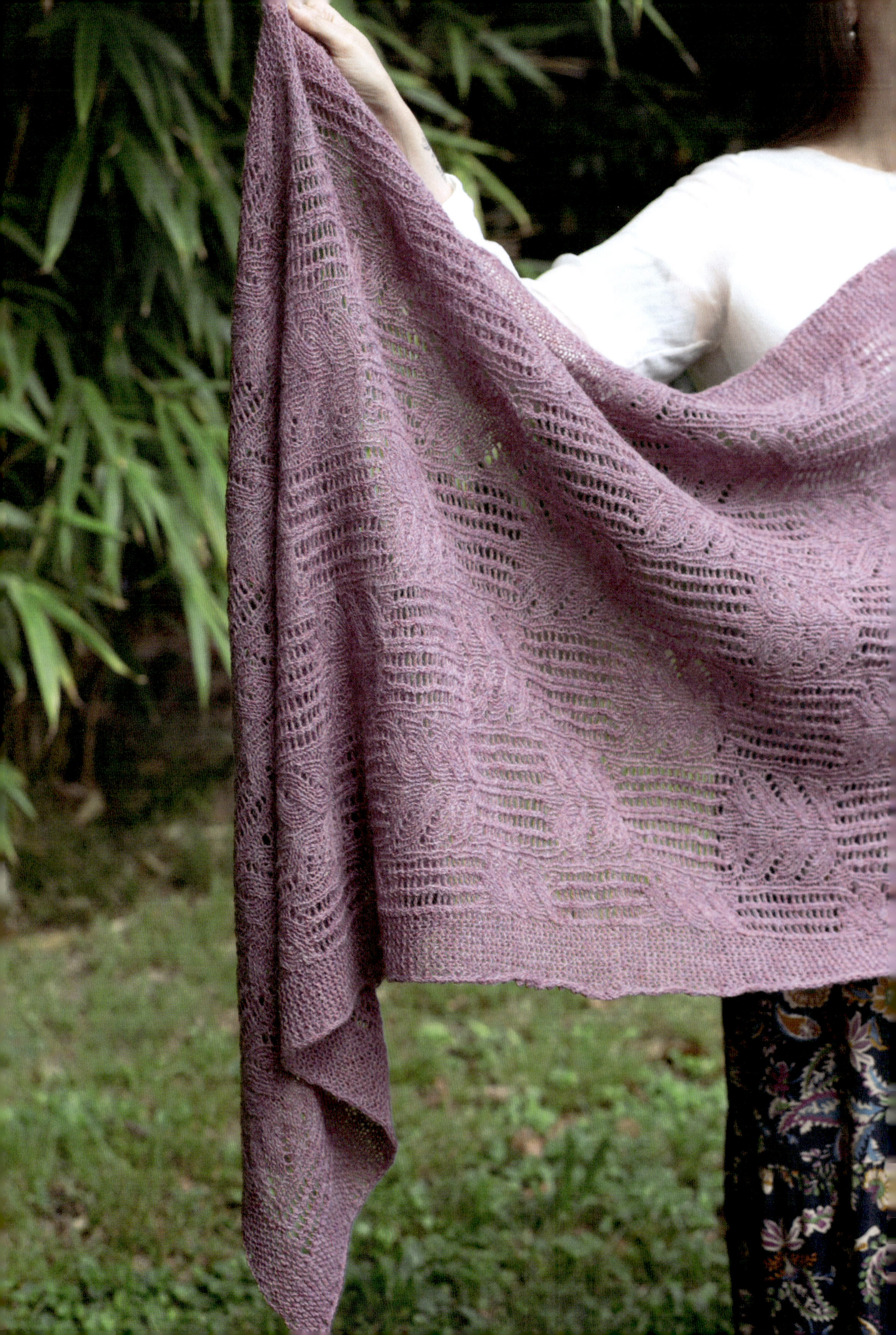

Stola

Livello di difficoltà ★ ★ ★

La primavera, come l'autunno del resto, è una stagione "di passaggio". E, come in autunno, non si sa mai come vestirsi! La soluzione può essere certamente quella di indossare più strati, ma possiamo aiutarci anche con degli accessori interessanti. A mio modesto parere, il più versatile è la stola. Possiamo avvolgerla attorno al collo sotto al cappotto per ripararci dal freddo improvviso, appoggiata alle spalle sopra a un vestito ci dona uno strato in più senza ingoffare, drappeggiata sopra ai nostri jeans e camicia ci permette di uscire nei primi caldi senza indossare una giacca: insomma, più versatile di così!

L'ho realizzata in una lana sottile ma corposa, così da poterla sfruttare anche in inverno sotto al cappotto: il suo colore vivace è segnale che la primavera sta arrivando!

La **stola** è lavorata da un lato corto all'altro in un punto pizzo molto elaborato e affascinante che la decora in tutta la sua ampiezza.

Tutti i bordi sono realizzati a maglia legaccio e rifiniti con un bordo ad *i-cord* che gli dona un aspetto più curato e rifinito.

La realizzazione sarà un po' lunga perché è davvero molto ampia, ma lo schema dei punti non è difficile da memorizzare e il risultato finale è di grande effetto.

A piacere la potrete modificare molto semplicemente variando il numero dei punti da avviare, trasformandola in uno scialle quadrato o in una sciarpa più stretta e corta.

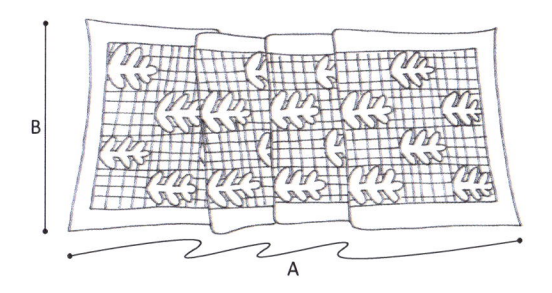

Misure finite:

A - lunghezza: 230 cm.
B - larghezza: 70 cm.

Filato e ferri:

SHETLAND HAND KNIT Pure Scottish Shetland: 331 Heather (100% lana Shetland; 200 m per gomitolo da 50 gr): 8 gomitoli (1440 m). Il metraggio indicato è il consumo effettivo.
Ferri numero 4 mm e 8 mm (quest'ultimo solo per l'avvio). Se necessario, modificate il numero dei f per ottenere il campione corretto.
Ago da lana e forbici.
Spilli e metro da sarta per il bloccaggio.

Consigli sul filato:
nella scelta del filato per la stola mi sono trovata un po' in imbarazzo, perché ero molto indecisa. Poi, come spesso accade, sono caduta sulla lana secca. È leggera, calda ma non troppo e, cosa che non guasta, non troppo costosa. Comprendo che non a tutti piace perché "punge" un po'! In alternativa, consiglio comunque un filato invernale: è vero, siamo in primavera, ma un po' di tepore sulle spalle non guasta e, in questo modo, sfrutterete la stola anche in inverno! Potete sostituire, quindi, la lana secca, con una più morbida, con un avvolgente misto merino/seta per esempio, o con una morbida alpaca. Se sceglierete, poi, un filo più sottile di quello che ho usato io, potrete spaziare anche tra i vari mohair e otterrete una nuvola impalpabile! Attenzione alle misure: se sostituirete il filato, varieranno anch'esse: valutate con attenzione.

Campione:

16 m x 32 f = 10 cm lavorati a punto pizzo usando i f numero 4 mm (dopo il bloccaggio).
In realtà il campione non è molto importante.
È essenziale, invece, la fase finale del bloccaggio per permettere alla stola di allungarsi fino alla sua misura finale e per permettere al pizzo di "aprirsi".

Grafico del punto pizzo:

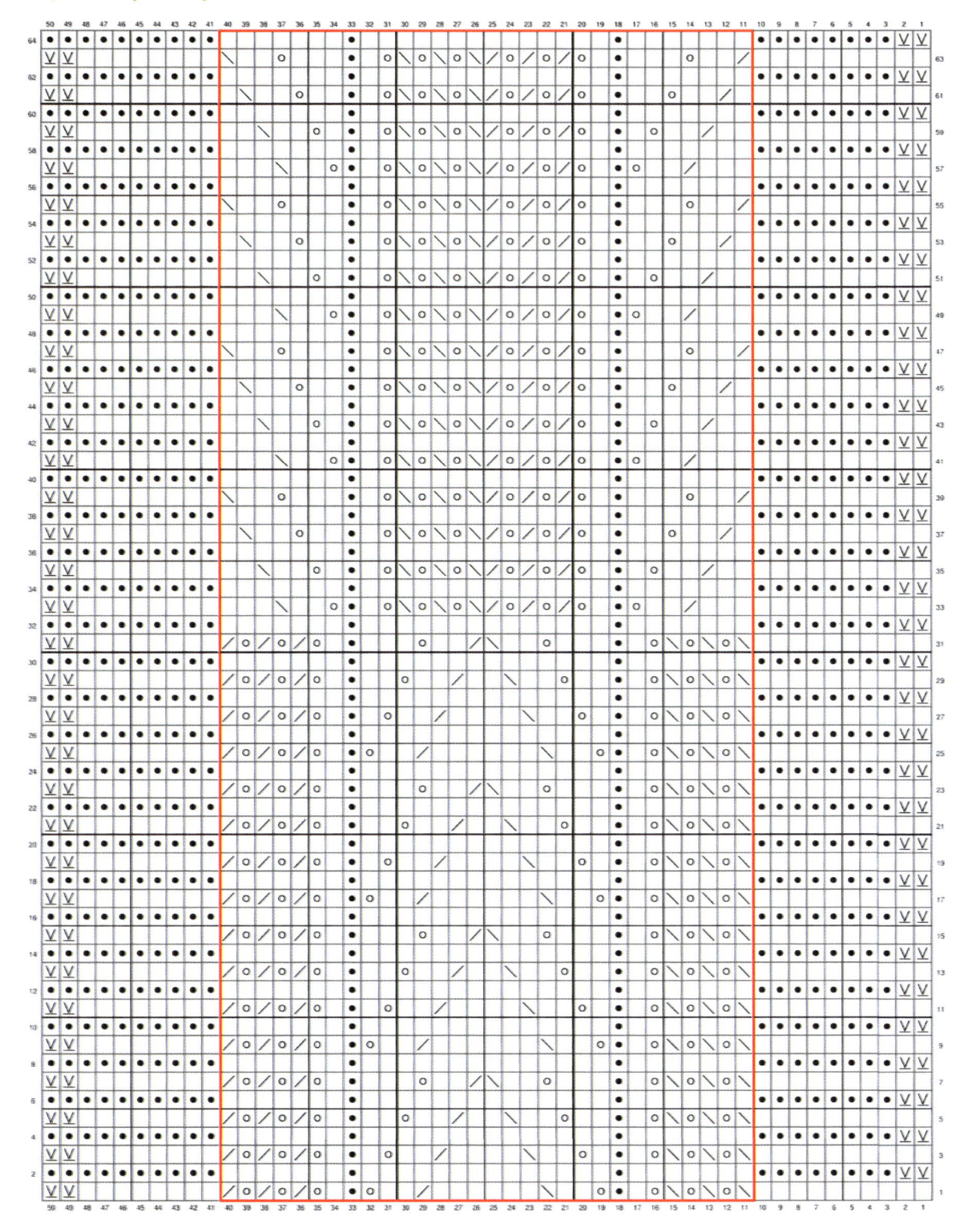

Attenzione: il grafico è lavorato in piano, consiglio di prestare particolare attenzione durante la lavorazione dello schema. Le linee rosse indicano le 30 m da ripetere per ottenere il motivo del pizzo; ci saranno 3 ripetizioni. All'inizio dello schema potete posizionare dei marcapunti per segnalare i diversi motivi e facilitare il lavoro.

Legenda:

- ☐ dir (f dispari, DdL) - rov (f pari, RdL)
- ● rov (f dispari, DdL) - dir (f pari, RdL)
- \ dim a sn
- / dim a dx
- ○ gettato
- V pass1cfdavanti

Istruzioni scritte:

Attenzione: il grafico è lavorato in piano, consiglio di prestare particolare attenzione durante la lavorazione dello schema. All'inizio dello schema potete posizionare dei marcapunti per segnalare i diversi motivi e facilitare il lavoro.

Ferro 1 (DdL): 10 dir, *[dim a sn, gettato] tre volte, 1 dir, 1 rov, gettato, 2 dir, dim a sn, 6 dir, dim a dx, 2 dir, gettato, 1 rov, 1 dir, [gettato, dim a dx] tre volte. Ripetete da * fino a 10 m prima della fine del f, 8 dir, pass2cfdavanti.

Ferro 2 e tutti i f pari (RdL): 10 dir, *7 rov, 1 dir, 14 rov, 1 dir, 7 rov. Ripetete da * fino a 10 m prima della fine del f, 8 dir, pass2cfdavanti.

Ferro 3: 10 dir, *[dim a sn, gettato] tre volte, 1 dir, 1 rov, 1 dir, gettato, 2 dir, dim a sn, 4 dir, dim a dx, 2 dir, gettato, 1 dir, 1 rov, 1 dir, [gettato, dim a dx] tre volte. Ripetete da * fino a 10 m prima della fine del f, 8 dir, pass2cfdavanti.

Ferro 5: 10 dir, *[dim a sn, gettato] tre volte, 1 dir, 1 rov, 2 dir, gettato, 2 dir, dim a sn, 2 dir, dim a dx, 2 dir, gettato, 2 dir, 1 rov, 1 dir, [gettato, dim a dx] tre volte. Ripetete da * fino a 10 m prima della fine del f, 8 dir, pass2cfdavanti.

Ferro 7: 10 dir, *[dim a sn, gettato] tre volte, 1 dir, 1 rov, 3 dir, gettato, 2 dir, dim a sn, dim a dx, 2 dir, gettato, 3 dir, 1 rov, 1 dir, [gettato, dim a dx] tre volte. Ripetete da * fino a 10 m prima della fine del f, 8 dir, pass2cfdavanti.

Ferro 9: 10 dir, *[dim a sn, gettato] tre volte, 1 dir, 1 rov, gettato, 2 dir, dim a sn, 6 dir, dim a dx, 2 dir, gettato, 1 rov, 1 dir, [gettato, dim a dx] tre volte. Ripetete da * fino a 10 m prima della fine del f, 8 dir, pass2cfdavanti.

Ferro 11: 10 dir, *[dim a sn, gettato] tre volte, 1 dir, 1 rov, 1 dir, gettato, 2 dir, dim a sn, 4 dir, dim a dx, 2 dir, gettato, 1 dir, 1 rov, 1 dir, [gettato, dim a dx] tre volte. Ripetete da * fino a 10 m prima della fine del f, 8 dir, pass2cfdavanti.

Ferro 13: 10 dir, *[dim a sn, gettato] tre volte, 1 dir, 1 rov, 2 dir, gettato, 2 dir, dim a sn, 2 dir, dim a dx, 2 dir, gettato, 2 dir, 1 rov, 1 dir, [gettato, dim a dx] tre volte. Ripetete da * fino a 10 m prima della fine del f, 8 dir, pass2cfdavanti.

Ferro 15: 10 dir, *[dim a sn, gettato] tre volte, 1 dir, 1 rov, 3 dir, gettato, 2 dir, dim a sn, dim a dx, 2 dir, gettato, 3 dir, 1 rov, 1 dir, [gettato, dim a dx] tre volte. Ripetete da * fino a 10 m prima della fine del f, 8 dir, pass2cfdavanti.

Ferro 17: 10 dir, *[dim a sn, gettato] tre volte, 1 dir, 1 rov, gettato, 2 dir, dim a sn, 6 dir, dim a dx, 2 dir, gettato, 1 rov, 1 dir, [gettato, dim a dx] tre volte. Ripetete da * fino a 10 m prima della fine del f, 8 dir, pass2cfdavanti.

Ferro 19: 10 dir, *[dim a sn, gettato] tre volte, 1 dir, 1 rov, 1 dir, gettato, 2 dir, dim a sn, 4 dir, dim a dx, 2 dir, gettato, 1 dir, 1 rov, 1 dir, [gettato, dim a dx] tre volte. Ripetete da * fino a 10 m prima della fine del f, 8 dir, pass2cfdavanti.

Ferro 21: 10 dir, *[dim a sn, gettato] tre volte, 1 dir, 1 rov, 2 dir, gettato, 2 dir, dim a sn, 2 dir, dim a dx, 2 dir, gettato, 2 dir, 1 rov, 1 dir, [gettato, dim a dx] tre volte. Ripetete da * fino a 10 m prima della fine del f, 8 dir, pass2cfdavanti.

Ferro 23: 10 dir, *[dim a sn, gettato] tre volte, 1 dir, 1 rov, 3 dir, gettato, 2 dir, dim a sn, dim a dx, 2 dir, gettato, 3 dir, 1 rov, 1 dir, [gettato, dim a dx] tre volte. Ripetete da * fino a 10 m prima della fine del f, 8 dir, pass2cfdavanti.

Ferro 25: 10 dir, *[dim a sn, gettato] tre volte, 1 dir, 1 rov, gettato, 2 dir, dim a sn, 6 dir, dim a dx, 2 dir, gettato, 1 rov, 1 dir, [gettato, dim a dx] tre volte. Ripetete da * fino a 10 m prima della fine del f, 8 dir, pass2cfdavanti.

Ferro 27: 10 dir, *[dim a sn, gettato] tre volte, 1 dir, 1 rov, gettato, 2 dir, dim a sn, 4 dir, dim a dx, 2 dir, gettato, 1 dir, 1 rov, 1 dir, [gettato, dim a dx] tre volte. Ripetete da * fino a 10 m prima della fine del f, 8 dir, pass2cfdavanti.

Ferro 29: 10 dir, *[dim a sn, gettato] tre volte, 1 dir, 1 rov, 2 dir, gettato, 2 dir, dim a sn, 2 dir, dim a dx, 2 dir, gettato, 2 dir, 1 rov, 1 dir, [gettato, dim a dx] tre volte. Ripetete da * fino a 10 m prima della fine del f, 8 dir, pass2cfdavanti.

Ferro 31: 10 dir, *[dim a sn, gettato] tre volte, 1 dir, 1 rov, 3 dir, gettato, 2 dir, dim a sn, dim a dx, 2 dir, gettato, 3 dir, 1 rov, 1 dir, [gettato, dim a dx] tre volte. Ripetete da * fino a 10 m prima della fine del f, 8 dir, pass2cfdavanti.

Ferro 33: 10 dir, *3 dir, dim a dx, 2 dir, gettato, 1 rov, 1 dir, [gettato, dim a dx] tre volte, [dim a sn, gettato] tre volte, 1 dir, 1 rov, gettato, 2 dir, dim a sn, 3 dir. Ripetete da * fino a 10 m prima della fine del f, 8 dir, pass2cfdavanti.

Ferro 35: 10 dir, *2 dir, dim a dx, 2 dir, gettato, 1 dir, 1 rov, 1 dir, [gettato, dim a dx] tre volte, [dim a sn, gettato] tre volte, 1 dir, 1 rov, 1 dir, gettato, 2 dir, dim a sn, 2 dir. Ripetete da * fino a 10 m prima della fine del f, 8 dir, pass2cfdavanti.

Ferro 37: 10 dir, *1 dir, dim a dx, 2 dir, gettato, 2 dir, 1 rov, 1 dir, [gettato, dim a dx] tre volte, [dim a sn, gettato] tre volte, 1 dir, 1 rov, 2 dir, gettato, 2 dir, dim a sn, 1 dir. Ripetete da * fino a 10 m prima della fine del f, 8 dir, pass2cfdavanti.

Ferro 39: 10 dir, *dim a dx, 2 dir, gettato, 3 dir, 1 rov, 1 dir, [gettato, dim a dx] tre volte, [dim a sn, gettato] tre volte, 1 dir, 1 rov, 3 dir, gettato, 2 dir, dim a sn. Ripetete da * fino a 10 m prima della fine del f, 8 dir, pass2cfdavanti.

Ferro 41: 10 dir, *3 dir, dim a dx, 2 dir, gettato, 1 rov, 1 dir, [gettato, dim a dx] tre volte, [dim a sn, gettato] tre volte, 1 dir, 1 rov, gettato, 2 dir, dim a sn, 3 dir. Ripetete da * fino a 10 m prima della fine del f, 8 dir, pass2cfdavanti.
Ferro 43: 10 dir, *2 dir, dim a dx, 2 dir, gettato, 1 dir, 1 rov, 1 dir, [gettato, dim a dx] tre volte, [dim a sn, gettato] tre volte, 1 dir, 1 rov, 1 dir, gettato, 2 dir, dim a sn, 2 dir. Ripetete da * fino a 10 m prima della fine del f, 8 dir, pass2cfdavanti.
Ferro 45: 10 dir, *1 dir, dim a dx, 2 dir, gettato, 2 dir, 1 rov, 1 dir, [gettato, dim a dx] tre volte, [dim a sn, gettato] tre volte, 1 dir, 1 rov, 2 dir, gettato, 2 dir, dim a sn, 1 dir. Ripetete da * fino a 10 m prima della fine del f, 8 dir, pass2cfdavanti.
Ferro 47: 10 dir, *dim a dx, 2 dir, gettato, 3 dir, 1 rov, 1 dir, [gettato, dim a dx] tre volte, [dim a sn, gettato] tre volte, 1 dir, 1 rov, 3 dir, gettato, 2 dir, dim a sn. Ripetete da * fino a 10 m prima della fine del f, 8 dir, pass2cfdavanti.
Ferro 49: 10 dir, *3 dir, dim a dx, 2 dir, gettato, 1 rov, 1 dir, [gettato, dim a dx] tre volte, [dim a sn, gettato] tre volte, 1 dir, 1 rov, gettato, 2 dir, dim a sn, 3 dir. Ripetete da * fino a 10 m prima della fine del f, 8 dir, pass2cfdavanti.
Ferro 51: 10 dir, *2 dir, dim a dx, 2 dir, gettato, 1 dir, 1 rov, 1 dir, [gettato, dim a dx] tre volte, [dim a sn, gettato] tre volte, 1 dir, 1 rov, 1 dir, gettato, 2 dir, dim a sn, 2 dir. Ripetete da * fino a 10 m prima della fine del f, 8 dir, pass2cfdavanti.
Ferro 53: 10 dir, *1 dir, dim a dx, 2 dir, gettato, 2 dir, 1 rov, 1 dir, [gettato, dim a dx] tre volte, [dim a sn, gettato] tre volte, 1 dir, 1 rov, 2 dir, gettato, 2 dir, dim a sn, 1 dir. Ripetete da * fino a 10 m prima della fine del f, 8 dir, pass2cfdavanti.
Ferro 55: 10 dir, *dim a dx, 2 dir, gettato, 3 dir, 1 rov, 1 dir, [gettato, dim a dx] tre volte, [dim a sn, gettato] tre volte, 1 dir, 1 rov, 3 dir, gettato, 2 dir, dim a sn. Ripetete da * fino a 10 m prima della fine del f, 8 dir, pass2cfdavanti.
Ferro 57: 10 dir, *3 dir, dim a dx, 2 dir, gettato, 1 rov, 1 dir, [gettato, dim a dx] tre volte, [dim a sn, gettato] tre volte, 1 dir, 1 rov, gettato, 2 dir, dim a sn, 3 dir. Ripetete da * fino a 10 m prima della fine del f, 8 dir, pass2cfdavanti.
Ferro 59: 10 dir, *2 dir, dim a dx, 2 dir, gettato, 1 dir, 1 rov, 1 dir, [gettato, dim a dx] tre volte, [dim a sn, gettato] tre volte, 1 dir, 1 rov, 1 dir, gettato, 2 dir, dim a sn, 2 dir. Ripetete da * fino a 10 m prima della fine del f, 8 dir, pass2cfdavanti.
Ferro 61: 10 dir, *1 dir, dim a dx, 2 dir, gettato, 2 dir, 1 rov, 1 dir, [gettato, dim a dx] tre volte, [dim a sn, gettato] tre volte, 1 dir, 1 rov, 2 dir, gettato, 2 dir, dim a sn, 1 dir. Ripetete da * fino a 10 m prima della fine del f, 8 dir, pass2cfdavanti.

Ferro 63: 10 dir, *dim a dx, 2 dir, gettato, 3 dir, 1 rov, 1 dir, [gettato, dim a dx] tre volte, [dim a sn, gettato] tre volte, 1 dir, 1 rov, 3 dir, gettato, 2 dir, dim a sn. Ripetete da * fino a 10 m prima della fine del f, 8 dir, pass2cfdavanti.
Ferro 64: ripetete il f 2.
Ripetete i f da 1 a 64 per ottenere il punto pizzo.

Spiegazioni - Sezione 1 (bordo a maglia legaccio):

> **Nota bene:**
> se desiderate realizzare una sciarpa più stretta o uno scialle quadrato, potrete variare il numero delle maglie da avviare, tenendo conto che dovrà comunque essere sempre un multiplo di 30 m (+ 20).

Incominciate a lavorare in piano il bordo della stola.
Attenzione: usare dei f molto più grandi darà come risultato un avvio morbido, indispensabile per il bloccaggio finale della stola. In alternativa, potete usare l'avvio elastico preferito o usare i f numero 4 mm messi in doppio.
Usando i f numero 8 mm, avviate 110 m usando l'avvio *long tail*.
Proseguite con i f numero 4 mm.
Ferro 1 (DdL): dir fino a 2 m prima della fine del f, pass2cfdavanti.
Ferro 2 (RdL): dir fino a 2 m prima della fine del f, pass2cfdavanti.
Ripetete i f 1 e 2 fino a quando il bordo a maglia legaccio misuri 6 cm dall'inizio del lavoro.

Sezione 2 (pizzo):

Seguendo il grafico o le istruzioni scritte, lavorate i f da 1 a 64 del punto pizzo fino a quando la stola misuri 224 cm dall'inizio del lavoro.

> **Nota bene:**
> la stola è volutamente molto grande e comprendo che non possa piacere a tutte o essere considerata poco pratica. Potrete quindi variare le dimensioni in funzione dei vostri gusti o della quantità di filato disponibile lavorando i ferri da 1 a 64 per il numero di volte desiderato, finendo in ogni caso con il f 32 o il f 64 del punto pizzo.

Sezione 3 (bordo a maglia legaccio):

A questo punto lavorate in piano il bordo della stola.
Ferro 1 (DdL): dir fino a 2 m prima della fine del f, pass2cfdavanti.
Ferro 2 (RdL): dir fino a 2 m prima della fine del f, pass2cfdavanti.
Ripetete i f 1 e 2 fino a quando il bordo a maglia legaccio misuri 6 cm (la stola misura 230 cm dall'inizio del lavoro).
Fare attenzione a lavorare lo stesso numero di f della sezione 1.
Chiudete tutte le m usando una chiusura elastica (in alternativa si possono usare i f numero 8 mm) e tagliate il filo.

Rifiniture:

Fissate i fili.
Bloccate aggressivamente la stola, soprattutto in larghezza, per permettere al pizzo di aprirsi (guardate anche il glossario), indossatela e... siate *chic*!

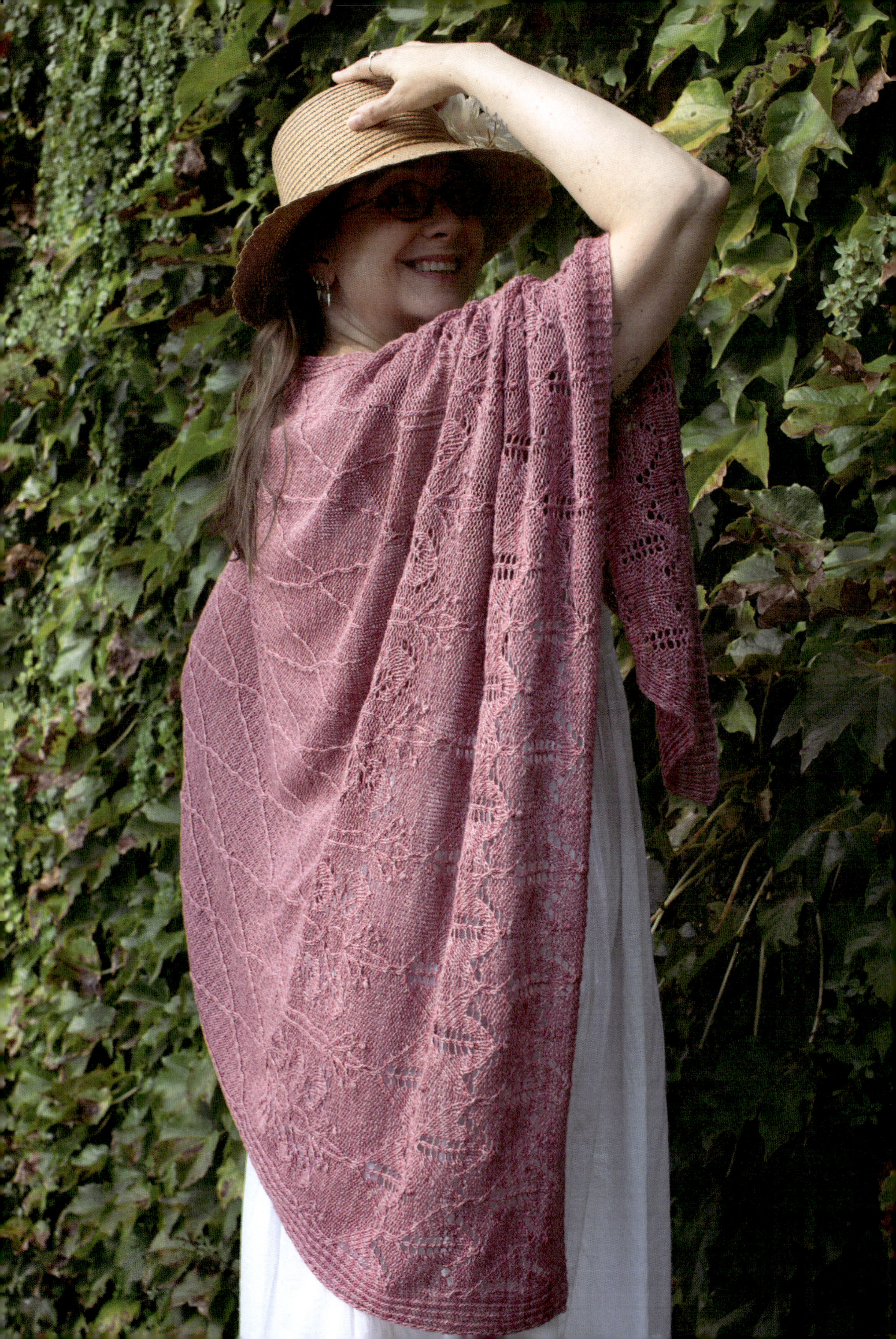

Estate

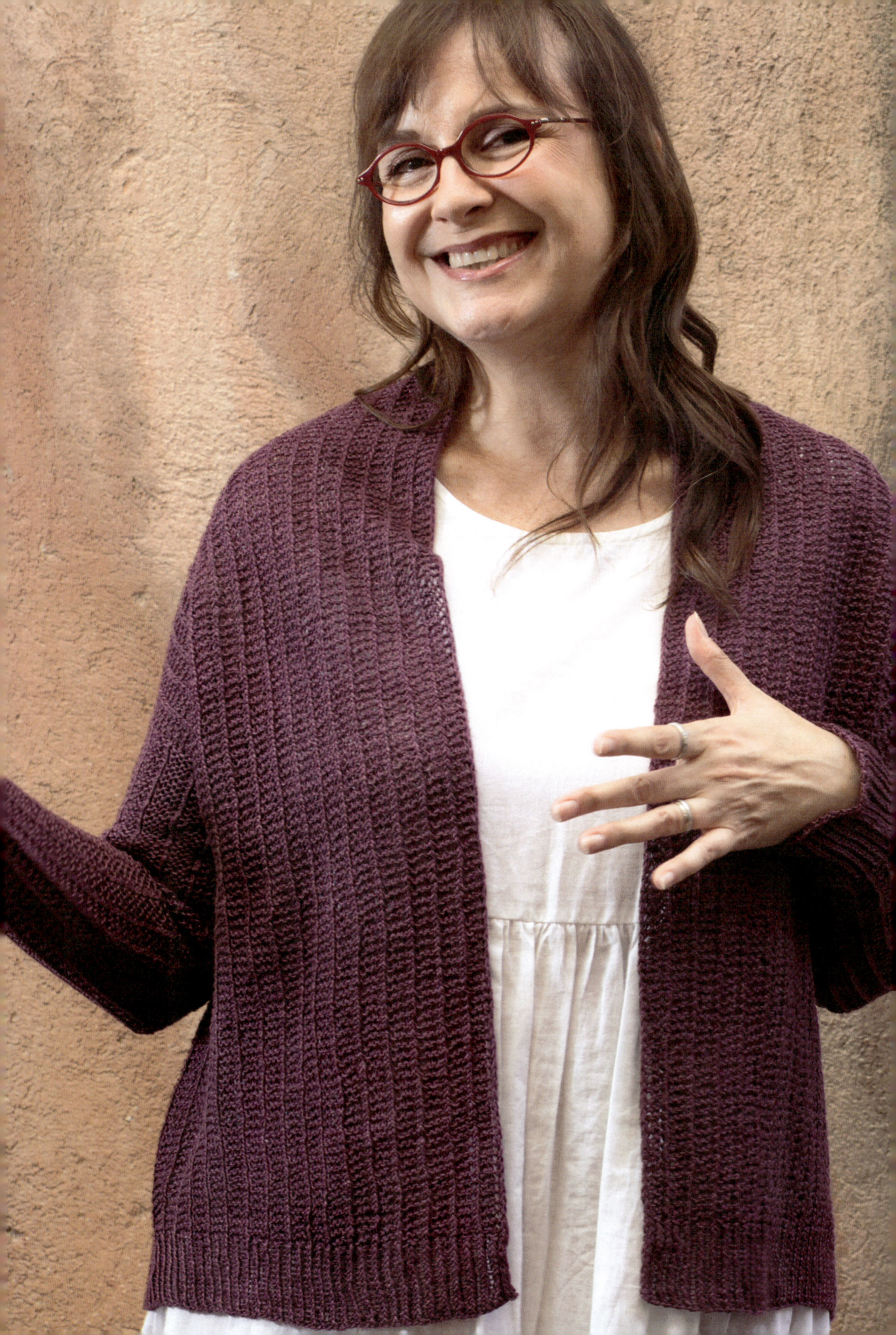

Cardingan estivo

Livello di difficoltà ★ ★ ★

Ma quanto sono belle le sere d'estate? A volte però tira vento, è umido e fa un po' troppo fresco. Un piccolo cardigan è l'ideale per queste occasioni. La linea essenziale di questo capo lo rende perfetto per una serie infinita di occasioni, dalla più conviviale alla più formale. È realizzato in un lino molto sottile lavorato doppio dal colore non neutro: un materiale perfetto per le stagioni più calde!
La particolarità del **cardigan estivo** è certamente il collo sciallato. È stato realizzato con una costruzione particolare ed è reso interessante da un semplicissimo punto a coste ritorte su una base di maglia legaccio. Si incomincia montando pochissime maglie realizzando un avvio che assomiglia molto a quello di alcuni scialli. Si continua a lavorare dall'alto verso il basso secondo la lavorazione *contiguous*, ovvero facendo gli aumenti sia sul diritto che sul rovescio del lavoro.
Quando si raggiunge l'ampiezza desiderata, si separano i davanti e il dietro. Questi tre pezzi vengono lavorati separatamente senza aumenti o diminuzioni.
Successivamente si uniscono i davanti e il dietro, si montano le maglie per le ascelle e si continua a lavorare fino a raggiungere la lunghezza desiderata.
Si termina con un piccolo bordo a coste ritorte.
Una volta terminato il corpo del cardigan, si riprendono le maglie lungo gli scalfi e si lavorano le maniche, modellandole con delle diminuzioni. Saranno completate anch'esse da un piccolo bordo a coste ritorte.

Taglie:

XS (S, M, L, XL, XXL) vestono un giro seno di 76 (86, 96, 106, 117, 127) cm.
Le foto si riferiscono alla taglia M indossata da una modella con un giro seno di 96 cm e con un agio di 20 cm.
Quando scegliete la taglia, bisogna considerare che il cardigan ha una linea ampia.
Se desiderate la stessa vestibilità del modello in foto, dovrete scegliere una misura più grande di circa 18-25 cm del vostro attuale giroseno.

Misure finite:

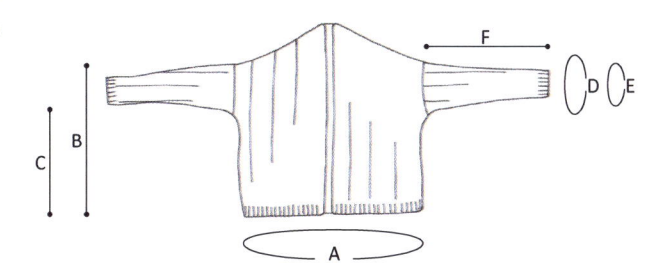

A - circonferenza del seno: 97 (104, 116, 130, 142, 148) cm.
B - lunghezza totale: 42 (45, 46, 52, 53, 58) cm, prendendo la misura in corrispondenza della spalla.
C - lunghezza dallo scalfo: 28 (30, 30, 34, 34, 38) cm.
D - circonferenza della manica: 32 (35, 38, 42, 45, 48) cm.
E - circonferenza del polsino: 26 (29, 32, 32, 35, 38) cm.
F - lunghezza della manica dallo scalfo: 40 (41, 43, 43, 44, 45) cm.

Filato e ferri:

WOLLEN BERLIN Lino Mūka: Aubergine (100% lino; 245 m per matassa da 50 gr): 9 (10, 12, 13, 14, 15) matasse (2000 [2450, 2940, 3185, 3400, 3600] m). Il metraggio indicato è il consumo effettivo.
Attenzione: il filato è lavorato doppio.
Ferri circolari numero 3 mm con il cavo lungo 40 cm (o un paio di ferri a doppia punta della stessa misura per l'*i-cord* iniziale), 60 cm e 80 cm.
Due ferri circolari numero 3 mm con il cavo lungo 80 cm (uno è usato solo per unire i pezzi dei davanti e del dietro; se siete esperte potete anche farne a meno e utilizzare un unico ferro). Se necessario modificate il numero dei f per ottenere il campione corretto.
4 marcapunti.
Filo di scarto.
Ago da lana e forbici.
Spilli e metro da sarta per il bloccaggio.

> **Consigli sul filato:**
> il filato estivo per eccellenza per me è il lino. Questo tipo di lino in particolare è davvero "legnoso": un po' rigido e strutturato, perfetto per un cardigan che debba assomigliare a una giacchetta. Inoltre, cosa non da disprezzare, il lino non è particolarmente costoso ed è molto duraturo negli anni. Dopo questa entusiastica premessa, però, devo ammettere che non è il materiale più semplice da lavorare: il filo è duro, rigido, la tensione è abbastanza difficile da mantenere, i punti possono risultare irregolari. Faccio una precisazione: a me queste caratteristiche piacciono, ma comprendo che non sia il gusto di tutti. Quindi pensiamo a una sostituzione! Un cotone sottile sarebbe perfetto, baderemo di lavorarlo con una tensione piuttosto sostenuta, in modo da enfatizzare la grana compatta del punto tessuto. Certo non avrà la struttura del lino, ma ne guadagneremo in morbidezza e *comfort*.

Campione:

25 m x 40 f = 10 cm lavorati a punto "legaccio e coste ritorte" (dopo il bloccaggio).

Punto "legaccio e coste ritorte" (per il campione):

Attenzione: il punto "legaccio e coste ritorte" (per il campione) è lavorato in piano su un multiplo di 4 m (+ 3).
Ferro 1 (DdL): 3 dir, [1 dir rit, 3 dir] fino alla fine del f.
Ferro 2 (RdL): 3 dir, [1 rov rit, 3 dir] fino alla fine del f.
Ripetete i f 1 e 2 per ottenere il punto "legaccio e coste ritorte".

Spiegazioni - Si incomincia dall'alto:

Le spiegazioni sono date per la taglia XS, le taglie S, M, L, XL e XXL sono tra parentesi. Quando non appaiono le parentesi, la spiegazione è valida per tutte le taglie.
Incominciate a lavorare l'*i-cord* di guarnizione per il dietro e i due davanti.
Usando il f circolare con il cavo lungo 40 cm (o il gioco di f), avviate 2 m usando l'avvio provvisorio.
I-cord: *senza girare il lavoro, fate scivolare le m fino all'estremità opposta del f, fate passare il filo sul RdL e tirate, lavorando le m a dir come di consueto. Ripetete da * ancora sei volte (totale 7 f).
Girate l'*i-cord* di 90° e riprendete 7 m lungo il lato lungo dell'*i-cord*. Posizionate le 2 m dall'avvio provvisorio sul f e lavoratele a dir (11 m).

Sprone (lavorato in piano):

A questo punto lavorerete gli aumenti che sagomano le spalle, i davanti e il dietro.
Quando lavorate lo sprone, potete cambiare il f circolare con quello dal cavo più lungo quando le m sul f diventano troppe.
Attenzione: nel f d'impostazione posizionerete quattro marcapunti per delimitare il dietro, le finte cuciture delle spalle e i due davanti. I marcapunti serviranno anche per segnalare la posizione degli aumenti.
Ferro d'impostazione (RdL): 3 dir, PM (questo è il primo davanti); 1 rov rit, PM (questa è la finta cucitura della prima spalla); 1 dir, 1 rov rit, 1 dir, PM (questo è il dietro); 1 rov rit, PM (questa è la finta cucitura della seconda spalla); 1 dir, pass2cfdavanti (questo è il secondo davanti).
(11 m; 3 m per ciascuno dei due davanti e il dietro, 1 m per ogni finta cucitura delle due spalle).
Ferro 1 (DdL - aumenti): 3 dir, aum a dx, SM, 1 dir rit, SM, aum a sn, 1 dir, 1 dir rit, 1 dir, aum a dx, SM, 1 dir rit, SM, aum a sn, 1 dir, pass2cfdavanti (4 m aumentate: 2 per il dietro e 2 per ciascuno dei due davanti - totale: 15 m).
Ferro 2 (RdL - aumenti): 4 dir, aum a dx, SM, 1 rov rit, SM, aum a sn, 2 dir, 1 rov rit, 2 dir, aum a dx, SM, 1 rov rit, SM, aum a sn, 2 dir, pass2cfdavanti (4 m aumentate - totale: 19 m).
Ferro 3 (aumenti): 5 dir, aum a dx, SM, 1 dir rit, SM, aum a sn, 3 dir, 1 dir rit, 3 dir, aum a dx, SM, 1 dir rit, SM, aum a sn, 3 dir, pass2cfdavanti (4 m aumentate - totale: 23 m).
Ferro 4 (aumenti): 2 dir, [3 dir, 1 rov rit] fino a M, aum a dx, SM, 1 rov rit, SM, aum a sn, [1 rov rit, 3 dir] fino a 1 m prima di M, 1 rov rit, aum a dx, SM, 1 rov rit, SM, aum a sn, [1 rov rit, 3 dir] fino a 2 m prima della fine del f, pass2cfdavanti (4 m aumentate - totale: 27 m).
Ferro 5 (aumenti): 2 dir, [3 dir, 1 dir rit] fino a 1 m prima di M, 1 dir, aum a dx, SM, 1 dir rit, SM, aum a sn, 1 dir, [1 dir rit, 3 dir] fino a 2 m prima di M, 1 dir rit, 1 dir, aum a dx, SM, 1 dir rit, SM, aum a sn, 1 dir, [1 dir rit, 3 dir] fino a 2 m prima della fine del f, pass2cfdavanti (4 m aumentate - totale: 31 m).
Ferro 6 (aumenti): 2 dir, [3 dir, 1 rov rit] fino a 2 m prima di M, 2 dir, aum a dx, SM, 1 rov rit, SM, aum a sn, 2 dir, [1 rov rit, 3 dir] fino a 3 m prima di M,

1 rov rit, 2 dir, aum a dx, SM, 1 rov rit, SM, aum a sn, 2 dir, [1 rov rit, 3 dir] fino a 2 m prima della fine del f, pass2cfdavanti (4 m aumentate - totale: 35 m).
Ferro 7 (aumenti): 2 dir, [3 dir, 1 dir rit] fino a 3 m prima di M, 3 dir, aum a dx, SM, 1 dir rit, SM, aum a sn, [3 dir, 1 dir rit] fino a 3 m prima di M, 3 dir, aum a dx, SM, 1 dir rit, SM, aum a sn, 3 dir, [1 dir rit, 3 dir] fino a 2 m prima della fine del f, pass2cfdavanti (4 m aumentate - totale: 39 m).
Ferro 8 (aumenti): ripetete il f 4 (4 m aumentate - totale: 43 m).
Ripetete i f da 5 a 8: ancora 11 (12, 14, 16, 18, 19) volte, poi ripetete i f da 5 a 7 ancora una volta.
(231 [247, 279, 311, 343, 359] m totali,
113 [121, 137, 153, 169, 177] m per il dietro,
58 [62, 70, 78, 86, 90] m per ciascuno dei due davanti,
1 m per ogni finta cucitura delle due spalle).
Alla fine di questo passaggio il lavoro si dovrebbe presentare più o meno come nella figura qui sotto.

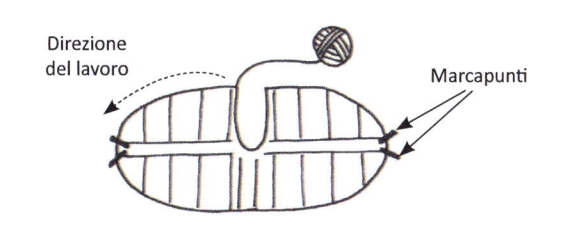

Davanti e dietro (lavorati in piano):

A questo punto dividerete i davanti e il dietro per creare gli scalfi manica.
Ferro d'impostazione (RdL): lavorate nel modo seguente le 58 (62, 70, 78, 86, 90) m del primo davanti: 2 dir, [3 dir, 1 rov rit] fino a 4 m prima di M, 3 dir, 1 dir rit, posizionate le m del davanti appena lavorate su un primo pezzo di filo di scarto, RM; lavorate a rov rit la m della finta cucitura della prima spalla e posizionatela su un secondo pezzo di filo di scarto, RM; lavorate nel modo seguente le 113 (121, 137, 153, 169, 177) m del dietro: 4 dir, [1 rov rit, 3 dir] fino a 1 m prima di M, 1 dir rit, posizionate le m del dietro appena lavorate su un terzo pezzo di filo di scarto, RM; lavorate a rov rit la m della finta cucitura della seconda spalla e posizionatela su un quarto pezzo di filo di scarto, RM; lavorate nel modo seguente 58 (62, 70, 78, 86, 90) m del secondo davanti: 4 dir, [1 rov rit, 3 dir] fino a 2 m prima della fine del f, pass2cfdavanti.
(113 [121, 137, 153, 169, 177] m per il dietro,
58 [62, 70, 78, 86, 90] m per ciascuno dei due davanti,
1 m per ogni finta cucitura delle due spalle).

DAVANTI SINISTRO:

Ferro 1 (DdL): 5 dir, [1 dir rit, 3 dir] fino a 1 m prima della fine del f, 1 dir rit.
Ferro 2 (RdL): 4 dir, [1 rov rit, 3 dir] fino a 2 m prima della fine del f, pass2cfdavanti.
Ripetete i f 1 e 2 fino a che il lavoro misuri 14 (15, 16, 18, 19, 20) cm dalla divisione dei davanti dal dietro, misurando lungo quella che sarà l'apertura per il braccio, ovvero lungo il bordo esterno.
Non tagliate il filo e posizionate le m su un pezzo di filo di scarto.

DIETRO:

Unite il filo di un nuovo gomitolo per eseguire la lavorazione.
Tenendo il DdL rivolto verso di voi, posizionate le 113 (121, 137, 153, 169, 177) m del dietro lasciate in sospeso sul f circolare e rimuovete il filo di scarto.
Ferro 1 (DdL): 4 dir, [1 dir rit, 3 dir] fino a 1 m prima della fine del f, 1 dir rit.
Ferro 2 (RdL): 4 dir, [1 rov rit, 3 dir] fino a 1 m prima della fine del f, 1 dir rit.
Ripetete i f 1 e 2 fino a che il lavoro misuri 14 (15, 16, 18, 19, 20) cm dalla divisione dei davanti dal dietro, misurando lungo quella che sarà l'apertura per il braccio, ovvero lungo uno dei due bordi.
Tagliate il filo e posizionate le m su un pezzo di filo di scarto.

DAVANTI DESTRO:

Unite il filo di un nuovo gomitolo per eseguire la lavorazione.
Tenendo il DdL rivolto verso di voi, posizionate le 58 (62, 70, 78, 86, 90) m del davanti destro lasciate in sospeso sul f circolare e rimuovete il filo di scarto.
Ferro 1 (DdL): 4 dir, [1 dir rit, 3 dir] fino a 2 m prima della fine del f, pass2cfdavanti.
Ferro 2 (RdL): 5 dir, [1 rov rit, 3 dir] fino a 1 m prima della fine del f, 1 dir rit.
Ripetete i f 1 e 2 fino a che il lavoro misuri 14 (15, 16, 18, 19, 20) cm dalla divisione dei davanti dal dietro, misurando lungo quella che sarà l'apertura per il braccio, ovvero lungo il bordo esterno.
Tagliate il filo e posizionate le m su un pezzo di filo di scarto.

Corpo (lavorato in piano):

Ora unirete i davanti e il dietro e riprenderete la lavorazione in piano per il corpo.
Posizionate le 113 (121, 137, 153, 169, 177) m del dietro e le 58 (62, 70, 78, 86, 90) m del davanti destro lasciate in sospeso sul f circolare e rimuovete il filo di scarto.

Ferro d'impostazione (DdL): lavorate nel modo seguente le 58 (62, 70, 78, 86, 90) m del davanti sinistro: 5 dir, [1 dir rit, 3 dir] fino a 1 m prima della fine del f, 1 dir rit; girate il lavoro così che la parte appena lavorata si trovi sulla sinistra e, usando l'avvio *cable*, avviate 7 m; girate nuovamente il lavoro in modo che la parte appena lavorata si trovi sulla destra, lavorate nel modo seguente le m del dietro: [1 dir rit, 3 dir] fino a 1 m prima della fine del f, 1 dir rit; girate il lavoro così che la parte appena lavorata si trovi sulla sinistra e, usando l'avvio *cable*, avviate 7 m; girate nuovamente il lavoro in modo che la parte appena lavorata si trovi sulla destra, lavorate nel modo seguente le m del davanti destro: [1 dir rit, 3 dir] fino a 2 m prima della fine del f, pass2cfdavanti.
(243 [259, 291, 323, 355, 371] m per il corpo).

SEZIONE 1 - punto legaccio e coste ritorte:

Ferro 1 (RdL): 5 dir, [1 rov rit, 3 dir] fino a 2 m prima della fine del f, pass2cfdavanti.
Ferro 2 (DdL): 5 dir, [1 dir rit, 3 dir] fino a 2 m prima della fine del f, pass2cfdavanti.
Ripetete i f 1 e 2 fino a che il lavoro misuri 24 (26, 26, 30, 30, 34) cm dallo scalfo (o fino alla lunghezza desiderata, tenendo conto che il bordo finale misura 4 cm), terminando con il f 1.

SEZIONE 2 - bordo:

Ferro 1 (DdL): 2 dir, [1 rov, 1 dir rit] fino a 3 m prima della fine del f, 1 rov, pass2cfdavanti.
Ferro 2 (RdL): 2 dir, [1 dir, 1 rov rit] fino a 3 m prima della fine del f, 1 dir, pass2cfdavanti.
Ripetete i f 1 e 2 fino a che il bordo a coste ritorte misuri 4 cm.
Chiudete tutte le m e tagliate il filo.
(28 [30, 30, 34, 34, 38] cm dallo scalfo).

Maniche (lavorate in tondo, entrambe alla stessa maniera):

Lavorando le maniche, usate il metodo preferito per la lavorazione di piccole circonferenze: 4 f a doppia punta, il *magic loop*, due f circolari ecc. Personalmente preferisco il *magic loop*!
Unite il filo di un nuovo gomitolo per eseguire la lavorazione.
Tenendo il DdL rivolto verso di voi, incominciate dal centro dello scalfo manica. La prima m a essere ripresa è la m della costa lavorata a dir rit.
Usando il f circolare con il cavo lungo 80 cm, riprendete 4 m lungo la prima metà dell'ascella; riprendete 36 (40, 44, 48, 52, 56) m dello scalfo fino alla finta cucitura della spalla (spaziandole equamente); poi trasferite la m della finta cucitura sul f sinistro, rimuovete il filo di scarto e lavoratela a dir rit; quindi riprendete 36 (40, 44, 48, 52, 56) m dalla finta cucitura della spalla fino allo scalfo (spaziandole equamente); infine riprendete 3 m lungo la seconda metà dell'ascella. PM (questo è il M che segnala l'inizio del giro) e unite in tondo.
(80 [88, 96, 104, 112, 120] m per la manica).

SEZIONE 1 - punto legaccio e coste ritorte:

Giro 1: SM, [1 dir rit, 3 rov] fino alla fine del giro.
Giro 2: SM, [1 dir rit, 3 dir] fino alla fine del giro.
Ripetete i giri 1 e 2 fino a che la manica misuri 11 (11, 11, 7, 7, 7) cm dallo scalfo, terminando con il giro 1.

SEZIONE 2 - diminuzioni:

A questo punto incomincerete le diminuzioni che sagomano la manica.
Giro 1 (diminuzioni): SM, 1 dir rit, dim a dx, 1 dir, [1 dir rit, 3 dir] fino a 4 m prima della fine del giro, 1 dir rit, 1 dir, dim a sn (2 m diminuite).
Giri 2, 4, 6 e 8: SM, 1 dir rit, 2 rov, [1 dir rit, 3 rov] fino a 3 m prima della fine del giro, 1 dir rit, 2 rov.
Giri 3, 5 e 7: SM, 1 dir rit, 2 dir, [1 dir rit, 3 dir] fino a 3 m prima della fine del giro, 1 dir rit, 2 dir.
Giro 9 (diminuzioni): SM, 1 dir rit, dim a dx, [1 dir rit, 3 dir] fino a 3 m prima della fine del giro, 1 dir rit, dim a sn (2 m diminuite).
Giri 10, 12, 14 e 16: SM, 1 dir rit, 1 rov, [1 dir rit, 3 rov] fino a 2 m prima della fine del giro, 1 dir rit, 1 rov.
Giri 11, 13 e 15: SM, 1 dir rit, 1 dir, [1 dir rit, 3 dir] fino a 2 m prima della fine del giro, 1 dir rit, 1 dir.
Giro 17 (diminuzioni): SM, 1 dir rit, dim a dx, 3 dir, [1 dir rit, 3 dir] fino a 2 m prima della fine del giro, dim a sn (2 m diminuite).
Giri 18, 20 e 22: SM, 2 dir rit, 3 rov, [1 dir rit, 3 rov] fino a 1 m prima della fine del giro, 1 dir rit.
Giri 19, 21 e 23: SM, 2 dir rit, 3 dir, [1 dir rit, 3 dir] fino a 1 m prima della fine del giro, 1 dir rit.
Giro 24: SM, 2 dir rit, 3 rov, [1 dir rit, 3 rov] fino a 1 m prima della fine del giro. Passate l'ultima m del giro 24 sul f destro senza lavorarla, RM, passate nuovamente la m sul f di sinistra (questa m diventa la prima m del giro 25), PM.
Giro 25 (diminuzioni): SM, dim doppia centrata, 3 dir, [1 dir rit, 3 dir] fino alla fine del giro (2 m diminuite).
Giri 26, 28, 30 e 32: SM, [1 dir rit, 3 rov] fino alla fine del giro.
Giri 27, 29 e 31: SM, [1 dir rit, 3 dir] fino alla fine del giro.

Ripetete i giri da 1 a 32: ancora 1 (1, 1, 2, 2, 2) volte.
(64 [72, 80, 80, 88, 96] m per la manica).
Ripetete i soli giri 31 e 32 fino a che la manica misuri 36 (37, 39, 39, 40, 41) cm dallo scalfo (o fino alla lunghezza desiderata, tenendo conto che il bordo finale misura 4 cm).

> *Nota bene:*
> essendo questo un cardigan estivo, le maniche potrebbero essere anche più corte, a tre quarti o addirittura al gomito. Consideratelo se pensate di non avere sufficiente filato!

SEZIONE 3 - bordo:
Giro 1: SM, [1 dir rit, 1 rov] fino alla fine del giro.
Ripetete il giro 1 fino a che il bordo a coste ritorte misuri 4 cm.
Nell'ultimo giro RM, chiudete tutte le m e tagliate il filo.
(40 [41, 43, 43, 44, 45] cm dallo scalfo).

Rifiniture:

Fissate i fili.
Bloccate leggermente il cardigan estivo (guardate anche il glossario), indossatelo e... siate *chic*!

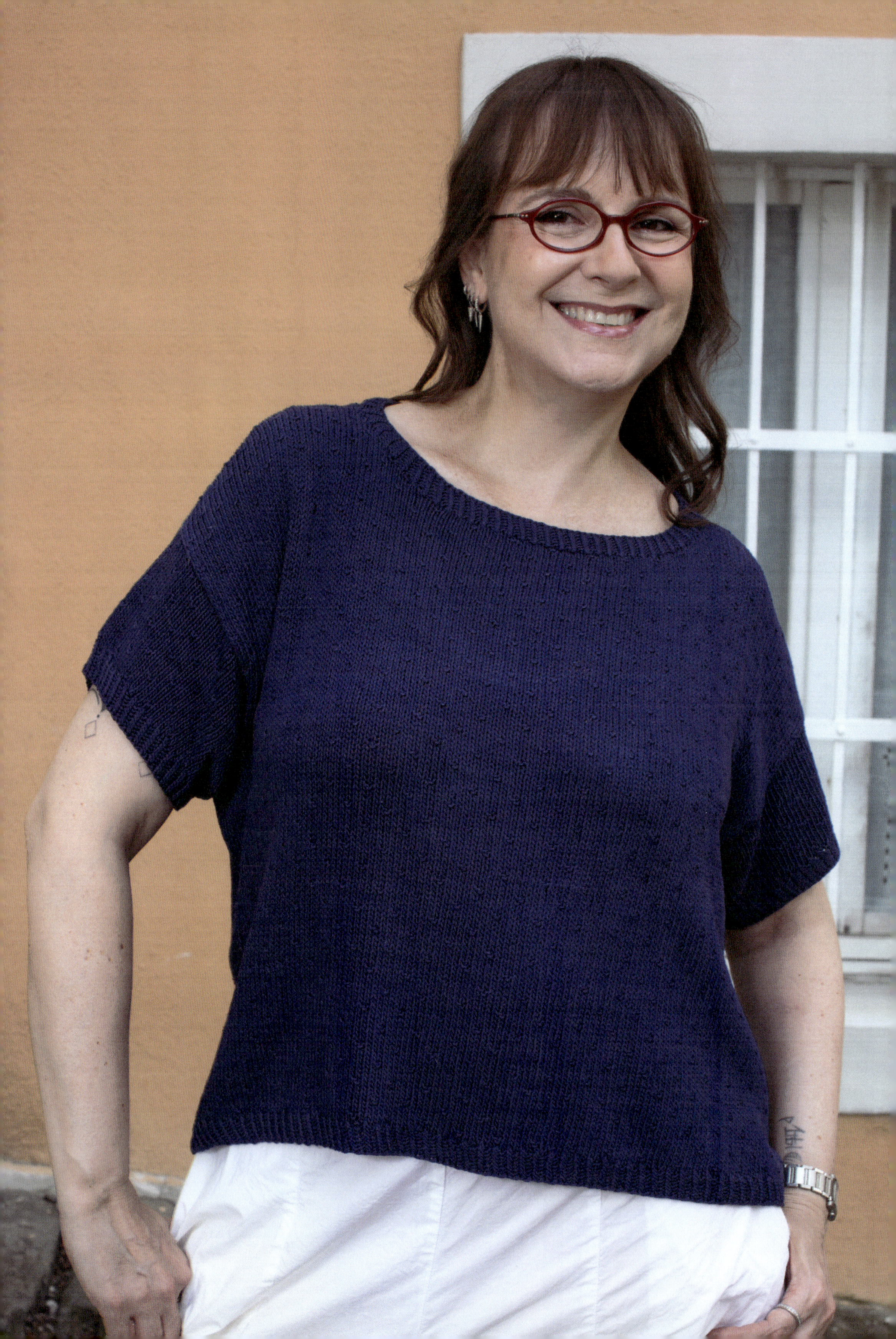

Top estivo n°1

Livello di difficoltà ★★★

D'estate, non so voi, ma io soffro terribilmente il caldo e per me è difficile indossare qualsiasi cosa che non sia una *t-shirt* o una camicia leggerissima. Ma non voglio rinunciare ai capi realizzati da me nemmeno durante la bella stagione! E così, pensa che ti ripensa, ho trovato la soluzione: usare dei filati leggerissimi e molto sottili.

Il **top estivo n°1** è lavorato con una viscosa di lino molto fresca, ha una linea morbida che non stringe o comprime ed è reso interessante da un semplicissimo punto *"petit pois"*. L'ho realizzato in un colore scuro e neutro, in modo da poterlo abbinare anche a capi chiari, che amiamo portare durante la bella stagione.

Si incomincia dall'alto verso il basso a partire dal dietro, che è modellato da una serie di ferri accorciati, lavorando in piano fino alla fine dello sprone. A questo punto le maglie sono lasciate in sospeso su un pezzo di filo di scarto. Alla fine del lavoro il dietro risulterà più lungo del davanti proprio a causa di questa costruzione.

Si continua riprendendo le maglie per i davanti lungo il bordo dell'avvio, lavorandoli separatamente e modellando il collo con una serie di aumenti. Si prosegue montando le restanti maglie per il collo, unendo i due davanti e si lavora, come per il dietro, fino alla fine dello sprone.

A questo punto si uniscono il davanti e il dietro, si montano le maglie per le ascelle e si continua a lavorare in tondo fino a raggiungere la lunghezza desiderata. Si termina con un piccolo bordo a coste ritorte.

Una volta terminato il corpo della maglietta, si riprendono le maglie lungo lo scollo e si lavora un piccolo bordo a coste ritorte.

Infine si riprendono le maglie lungo gli scalfi e si lavorano le maniche corte, che sono completate anch'esse da un piccolo bordo a coste ritorte.

Taglie:

XS (S, M, L, XL, XXL) vestono un giro seno di 76 (86, 96, 106, 117, 127) cm.
Le foto si riferiscono alla taglia M indossata da una modella con un giro seno di 96 cm e con un agio di 19 cm.

Se desiderate la stessa vestibilità del modello in foto, dovrete scegliere una misura che sia di circa 14-23 cm circa più ampia del vostro giroseno reale.

Misure finite:

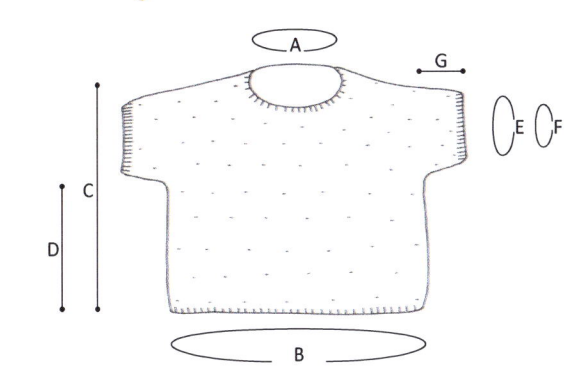

A - circonferenza del collo: 50 (50, 54, 54, 59, 59) cm.
B - circonferenza del seno: 90 (100, 115, 125, 140, 150) cm.
C - lunghezza totale: 46 (48, 50, 54, 58, 62) cm misurati lungo il davanti; il top misurerà un paio di cm in più lungo i fianchi e la parte dietro.
D - lunghezza dallo scalfo: 30 (30, 32, 34, 36, 38) cm.
E - circonferenza della manica: 38 (40, 40, 43, 45, 50) cm.
F - circonferenza del polsino: 34 (36, 36, 38, 40, 45) cm.
G - lunghezza della manica dallo scalfo: 10 (10, 12, 14, 14, 16) cm.

Filato e ferri:

ERIKA KNIGHT Studio Linen: 410 (Pigment) (85% viscosa e 15% lino riciclato; 120 m per matassa da 50 gr): 7 (8, 9, 10, 11, 12) matasse (795 [885, 1010, 1180, 1280, 1400] m). Il metraggio indicato è il consumo effettivo.
Ferri circolari numero 3 mm con il cavo lungo 40 cm, 60 cm e 80 cm. Se necessario modificate il numero dei f per ottenere il campione corretto.
2 marcapunti ad anellino.
2 marcapunti a lucchetto.
Filo di scarto.
Ago da lana e forbici.
Spilli e metro da sarta per il bloccaggio.

Consigli sul filato:

trovare filati estivi validi per me è sempre un problema. Generalmente trovo che siano sempre troppo spessi e caldi per poter essere usati d'estate. E, in aggiunta, non mi piace che top e magliette portati direttamente sulla pelle abbiano un tessuto troppo molle e trasparente. Fortunatamente ogni tanto trovo delle perle che possono fare al caso mio! La viscosa di lino che ho usato in questo top è una di queste. Non è troppo molle, ma è morbida e confortevole ed è molto fresca! Difficile sostituirla ma, soprattutto se non soffrite il caldo come me, potreste provare un qualsiasi cotone sottile e il risultato sarà molto bello comunque. Un ultimo suggerimento: provate a immaginare una versione invernale con un bel filato di lana! Questa maglietta sarà elegantissima indossata sopra a una bella camicia.

Campione:

24 m x 36 f/giri = 10 cm lavorati a punto *"petit pois"* (dopo il bloccaggio).

Punto "petit pois" (per il campione):

Attenzione: il punto *"petit pois"* (per il campione) è lavorato in piano su un multiplo di 6 m (+ 2).
Ferro 1 (DdL): dir fino a 1 m prima della fine del f, 1 dir rit.
Ferro 2 e tutti i f pari (RdL): 1 dir, rov fino a 1 m prima della fine del f, 1 dir rit.
Ferro 3: 1 dir, [1 rov, 5 dir] fino a 1 m prima della fine del f, 1 dir rit.
Ferro 5: ripetete il f 1.
Ferro 7: 1 dir, [3 dir, 1 rov, 2 dir] fino a 1 m prima della fine del f, 1 dir rit.
Ferro 8: ripetete il f 2.
Ripetete i f da 1 a 8 per ottenere il punto *"petit pois"*.

Spiegazioni - Si incomincia dall'alto Dietro (lavorato in piano):

Le spiegazioni sono date per la taglia XS, le taglie S, M, L, XL e XXL sono tra parentesi. Quando non appaiono le parentesi, la spiegazione è valida per tutte le taglie.
Attenzione: durante la lavorazione dello schema, troverete delle tabelle con all'interno delle indicazioni da apportare per la vostra taglia. Cercatela con attenzione e seguite le istruzioni per avere un risultato perfetto!
Incominciate a lavorare in piano il dietro.
Usando il f circolare con il cavo lungo 60 cm, avviate 101 (113, 131, 143, 161, 173) m usando l'avvio *long tail*.
Attenzione: nel f 1 posizionerete quattro marcapunti. I due marcapunti ad anellino servono per la lavorazione dei f accorciati e ci "seguiranno" lungo la lavorazione. Posizionerete i due marcapunti a lucchetto, invece, in maniera che rimangano incastrati sul bordo dell'avvio. Servono a segnalare le m da riprendere in una fase successiva, ovvero la lavorazione dei due davanti. Ecco perché sono a lucchetto: li rimuoverete alla fine di quest'ultima fase.
Ferro 1 (RdL): 1 dir, 22 (28, 34, 40, 46, 52) rov, PM (e lasciate anche un M a lucchetto incastrato nel lavoro), 55 (55, 61, 61, 67, 67) rov, PM (e lasciate anche un M a lucchetto incastrato nel lavoro), 22 (28, 34, 40, 46, 52) rov, 1 dir rit.

SEZIONE 1 - ferri accorciati - PRIMA SERIE (tutte le taglie):

Ora lavorerete i f accorciati che sagomano il dietro.
Ferro 1 (DdL - f acc): dir fino a M, SM, [1 rov, 5 dir] fino a 1 m prima di M, 1 rov, SM, 2 dir, girate il lavoro.
Ferro 2 (RdL- f acc): pass1cfdavanti, tirate il filo verso il dietro al di sopra del f, 1 rov, SM, rov fino a M, SM, 2 rov, girate il lavoro.
Ferro 3 (f acc): pass1cfdavanti, tirate il filo verso il dietro al di sopra del f, 1 dir, SM, dir fino a M, SM, 1 dir, lavorate a dir il "punto doppio", 3 dir, girate il lavoro.
Ferro 4 (f acc): pass1cfdavanti, tirate il filo verso il dietro al di sopra del f, *rov fino a M, SM. Ripetete da * ancora una volta, 1 rov, lavorate a rov il "punto doppio", 3 rov, girate il lavoro.
Ferro 5 (f acc): pass1cfdavanti, tirate il filo verso il dietro al di sopra del f, 1 dir, 1 rov, 2 dir, SM, [3 dir, 1 rov, 2 dir] fino a 1 m prima di M, 1 dir, SM, 2 dir, 1 rov, 1 dir, lavorate a dir il "punto doppio", 3 dir, girate il lavoro.
Ferro 6 (f acc): pass1cfdavanti, tirate il filo verso il dietro al di sopra del f, *rov fino a M, SM. Ripetete da * ancora una volta, rov fino al "punto doppio", lavorate a rov il "punto doppio", 3 rov, girate il lavoro.
Ferro 7 (f acc): pass1cfdavanti, tirate il filo verso il dietro al di sopra del f, *dir fino a M, SM. Ripetete da * ancora una volta, dir fino al "punto doppio", lavorate a dir il "punto doppio", 3 dir, girate il lavoro.
Ferro 8 (f acc): ripetete il f 6.

SEZIONE 2 - ferri accorciati - SECONDA SERIE (tutte le taglie):

PER LA TAGLIA XS:	PER LE TAGLIE S, M, L, XL e XXL:
Ferro 9 (DdL - f acc): pass1cfdavanti, tirate il filo verso il dietro al di sopra del f, 4 dir, 1 rov, 5 dir, SM, [1 rov, 5 dir] fino a 1 m prima di M, 1 rov, SM, 5 dir, 1 rov, 4 dir, lavorate a dir il "punto doppio", 1 rov, 2 dir, girate il lavoro. ***Ferro 10 (RdL - f acc):*** pass1cfdavanti, tirate il filo verso il dietro al di sopra del f, *rov fino a M, SM. Ripetete da * ancora una volta, rov fino al "punto doppio", lavorate a rov il "punto doppio", 3 rov, girate il lavoro. ***Ferro 11 (f acc):*** pass1cfdavanti, tirate il filo verso il dietro al di sopra del f, *dir fino a M, SM. Ripetete da * ancora una volta, dir fino al "punto doppio", lavorate a dir il "punto doppio", 3 dir, girate il lavoro. ***Ferro 12 (f acc):*** ripetete il f 10. ***Ferro 13 (f acc):*** pass1cfdavanti, tirate il filo verso il dietro al di sopra del f, 1 dir, 1 rov, 2 dir, [3 dir, 1 rov, 2 dir] fino a M, SM, [3 dir, 1 rov, 2 dir] fino a 1 m prima di M, 1 dir, SM, [2 dir, 1 rov, 3 dir] fino a 4 m prima del "punto doppio", 2 dir, 1 rov, 1 dir, lavorate a dir il "punto doppio", 3 dir, girate il lavoro. ***Ferro 14 (f acc):*** ripetete il f 10. ***Ferro 15 (f acc):*** pass1cfdavanti, tirate il filo verso il dietro al di sopra del f, *dir fino a M, SM. Ripetete da * ancora una volta, dir fino al "punto doppio", lavorate a dir il "punto doppio", dir fino a 1 m prima della fine del f, 1 dir rit. ***Ferro 16:*** 1 dir, *rov fino a M, RM. Ripetete da * ancora una volta, rov fino al "punto doppio", lavorate a rov il "punto doppio", rov fino a 1 m prima della fine del f, 1 dir rit.	***Ferro 9 (DdL - f acc):*** pass1cfdavanti, tirate il filo verso il dietro al di sopra del f, 4 dir, [1 rov, 5 dir] fino a M, SM, [1 rov, 5 dir] fino a 1 m prima di M, 1 rov, SM, [5 dir, 1 rov] fino a 4 m prima del "punto doppio", 4 dir, lavorate a dir il "punto doppio", 1 rov, 2 dir, girate il lavoro. ***Ferro 10 (RdL - f acc):*** pass1cfdavanti, tirate il filo verso il dietro al di sopra del f, *rov fino a M, SM. Ripetete da * ancora una volta, rov fino al "punto doppio", lavorate a rov il "punto doppio", 3 rov, girate il lavoro. ***Ferro 11 (f acc):*** pass1cfdavanti, tirate il filo verso il dietro al di sopra del f, *dir fino a M, SM. Ripetete da * ancora una volta, dir fino al "punto doppio", lavorate a dir il "punto doppio", 3 dir, girate il lavoro. ***Ferro 12 (f acc):*** ripetete il f 10. ***Ferro 13 (f acc):*** pass1cfdavanti, tirate il filo verso il dietro al di sopra del f, 1 dir, 1 rov, 2 dir, [3 dir, 1 rov, 2 dir] fino a M, SM, [3 dir, 1 rov, 2 dir] fino a 1 m prima di M, 1 dir, SM, [2 dir, 1 rov, 3 dir] fino a 4 m prima del "punto doppio", 2 dir, 1 rov, 1 dir, lavorate a dir il "punto doppio", 3 dir, girate il lavoro. ***Ferro 14 (f acc):*** ripetete il f 10. ***Ferro 15 (f acc):*** ripetete il f 11. ***Ferro 16 (f acc):*** ripetete il f 10. Ripetete i f da 9 a 16: ancora -- (--, --, 1, 1, 2) volte.

SEZIONE 3 - ferri accorciati - TERZA SERIE (taglie S, M, L, XL e XXL):

PER LE TAGLIE S, L e XXL:	PER LE TAGLIE M e XL:
Ferro 17 (DdL - f acc): pass1cfdavanti, tirate il filo verso il dietro al di sopra del f, 4 dir, [1 rov, 5 dir] fino a M, SM, [1 rov, 5 dir] fino a 1 m prima di M, 1 rov, SM, [5 dir, 1 rov] fino a 4 m prima del "punto doppio", 4 dir, lavorate a dir il "punto doppio", 1 rov, 2 dir, girate il lavoro. ***Ferro 18 (RdL - f acc):*** pass1cfdavanti, tirate il filo verso il dietro al di sopra del f, *rov fino a M, SM. Ripetete da * ancora una volta, rov fino al "punto doppio", lavorate a rov il "punto doppio", 3 rov, girate il lavoro. ***Ferro 19 (f acc):*** pass1cfdavanti, tirate il filo verso il dietro al di sopra del f, *dir fino a M, SM. Ripetete da * ancora una volta, dir fino al "punto doppio", lavorate a dir il "punto doppio", dir fino a 1 m prima della fine del f, 1 dir rit.	***Ferro 17 (DdL - f acc):*** pass1cfdavanti, tirate il filo verso il dietro al di sopra del f, 4 dir, [1 rov, 5 dir] fino a M, SM, [1 rov, 5 dir] fino a 1 m prima di M, 1 rov, SM, [5 dir, 1 rov] fino a 4 m prima del "punto doppio", 4 dir, lavorate a dir il "punto doppio", 1 rov, 2 dir, girate il lavoro. ***Ferro 18 (RdL - f acc):*** pass1cfdavanti, tirate il filo verso il dietro al di sopra del f, *rov fino a M, SM. Ripetete da * ancora una volta, rov fino al "punto doppio", lavorate a rov il "punto doppio", 3 rov, girate il lavoro. ***Ferro 19 (f acc):*** pass1cfdavanti, tirate il filo verso il dietro al di sopra del f, *dir fino a M, SM. Ripetete da * ancora una volta, dir fino al "punto doppio", lavorate a dir il "punto doppio", 3 dir, girate il lavoro.

PER LE TAGLIE S, L e XXL:	PER LE TAGLIE M e XL:
Ferro 20: 1 dir, *rov fino a M, RM. Ripetete da * ancora una volta, rov fino al "punto doppio", lavorate a rov il "punto doppio", rov fino a 1 m prima della fine del f, 1 dir rit. **Ferro 21:** 2 dir, 1 rov, 2 dir, [3 dir, 1 rov, 2 dir] fino a 6 m prima della fine del f, 3 dir, 1 rov, 1 dir, 1 dir rit. **Ferro 22:** 1 dir, rov fino a 1 m prima della fine del f, 1 dir rit. **Ferro 23:** dir fino a 1 m prima della fine del f, 1 dir rit. **Ferro 24:** ripetete il f 22.	**Ferro 20 (f acc):** ripetete il f 18. **Ferro 21 (f acc):** pass1cfdavanti, tirate il filo verso il dietro al di sopra del f, 1 dir, 1 rov, 2 dir, [3 dir, 1 rov, 2 dir] fino a M, SM, [3 dir, 1 rov, 2 dir] fino a 1 m prima di M, 1 dir, SM, [2 dir, 1 rov, 3 dir] fino a 4 m prima del "punto doppio", 2 dir, 1 rov, 1 dir, lavorate a dir il "punto doppio", 3 dir, girate il lavoro. **Ferro 22 (f acc):** ripetete il f 18. **Ferro 23 (f acc):** pass1cfdavanti, tirate il filo verso il dietro al di sopra del f, *dir fino a M, SM. Ripetete da * ancora una volta, dir fino al "punto doppio", lavorate a dir il "punto doppio", dir fino a 1 m prima della fine del f, 1 dir rit. **Ferro 24:** 1 dir, *rov fino a M, RM. Ripetete da * ancora una volta, rov fino al "punto doppio", lavorate a rov il "punto doppio", rov fino a 1 m prima della fine del f, 1 dir rit.

SEZIONE 4 - punto "petit pois":

A questo punto il collo e le spalle sono terminati e proseguirete lavorando il dietro.

Ferro 25 (DdL): 5 dir, [1 rov, 5 dir] fino a 6 m prima della fine del f, 1 rov, 4 dir, 1 dir rit.
Ferro 26 e tutti i f pari (RdL): 1 dir, rov fino a 1 m prima della fine del f, 1 dir rit.
Ferro 27: dir fino a 1 m prima della fine del f, 1 dir rit.
Ferro 29: 2 dir, 1 rov, 2 dir, [3 dir, 1 rov, 2 dir] fino a 6 m prima della fine del f, 3 dir, 1 rov, 1 dir, 1 dir rit.
Ferro 31: ripetete il f 27.
Ferro 32: ripetete il f 26.

Ripetete i f da 25 a 32 fino a che il lavoro misuri 16 (18, 18, 20, 22, 24) cm, misurando lungo quella che sarà l'apertura per il braccio, ovvero lungo uno dei due bordi.

Tagliate il filo e posizionate le m su un pezzo di filo di scarto.

La figura qui sotto vi può aiutare a capire meglio i prossimi passaggi per la ripresa delle m e la successiva formazione delle due spalle davanti.

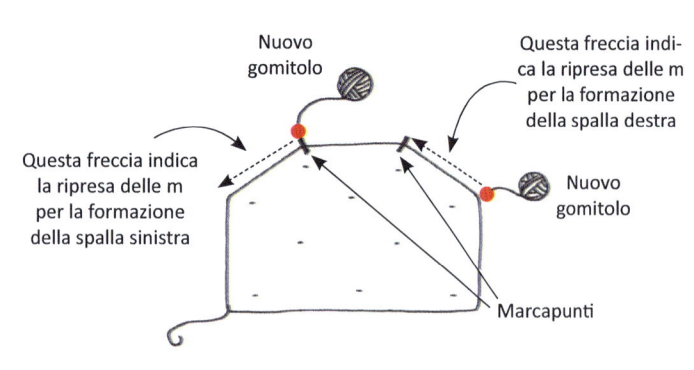

Scollo e spalle davanti (lavorati in piano):

SPALLA SINISTRA:

Unite il filo di un nuovo gomitolo per eseguire la lavorazione.
Tenendo il DdL rivolto verso di voi, incominciate dal punto in cui si trova il secondo M a lucchetto.
Usando il f circolare con il cavo lungo 60 cm, riprendete 23 (29, 35, 41, 47, 53) m fino a raggiungere l'angolo in alto a sinistra del dietro, RM.

Ferro d'impostazione (RdL): 1 dir, rov fino a 1 m prima della fine del f, 1 dir rit.
Ferro 1 (DdL): [5 dir, 1 rov] fino a 5 m prima della fine del f, 4 dir, 1 dir rit.
Ferro 2 e tutti i f pari (RdL): 1 dir, rov fino a 1 m prima della fine del f, 1 dir rit.
Ferro 3 (aumento): 1 dir, aum a sn, dir fino a 1 m prima della fine del f, 1 dir rit (1 m aumentata).
Ferro 5 (aumento): 1 dir, aum a sn, 2 dir, 1 rov, 2 dir, [3 dir, 1 rov, 2 dir] fino a 6 m prima della fine del f, 3 dir, 1 rov, 1 dir, 1 dir rit (1 m aumentata).
Ferro 7 (aumenti): avviate 2 m usando l'avvio *cable*, dir fino a 1 m prima della fine del f, 1 dir rit (2 m aumentate).
Ferro 9 (aumenti): avviate 2 m usando l'avvio *cable*, [5 dir, 1 rov] fino a 5 m prima della fine del f, 4 dir, 1 dir rit (2 m aumentate).
Ferro 11 (aumenti): avviate 3 m usando l'avvio *cable*, dir fino a 1 m prima della fine del f, 1 dir rit (3 m aumentate).

Ferro 13 (aumenti): avviate 3 m usando l'avvio *cable*, 5 dir, [3 dir, 1 rov, 2 dir] fino a 6 m prima della fine del f, 3 dir, 1 rov, 1 dir, 1 dir rit (3 m aumentate).
Ferro 14: ripetete il f 2.
(35 [41, 47, 53, 59, 65] m per la spalla sinistra).
Tagliate il filo e posizionate le m su un pezzo di filo di scarto.

SPALLA DESTRA:

Unite il filo di un nuovo gomitolo per eseguire la lavorazione.
Tenendo il DdL rivolto verso di voi, incominciate dall'angolo in alto a destra del dietro.
Usando il f circolare con il cavo lungo 60 cm, riprendete 23 (29, 35, 41, 47, 53) m fino a raggiungere il primo M a lucchetto, RM.
Ferro d'impostazione (RdL): 1 dir, rov fino a 1 m prima della fine del f, 1 dir rit.
Ferro 1 (DdL): 5 dir, [1 rov, 5 dir] fino a 6 m prima della fine del f, 1 rov, 4 dir, 1 dir rit.
Ferro 2 (RdL): 1 dir, rov fino a 1 m prima della fine del f, 1 dir rit.
Ferro 3 (aumento): dir fino a 1 m prima della fine del f, aum a dx, 1 dir rit (1 m aumentata).
Ferro 4: ripetete il f 2.
Ferro 5 (aumento): 2 dir, 1 rov, 2 dir, [3 dir, 1 rov, 2 dir] fino a 1 m prima della fine del f, aum a dx, 1 dir rit (1 m aumentata).
Ferro 6: ripetete il f 2.
Ferro 7: dir fino a 1 m prima della fine del f, 1 dir rit.
Ferro 8 (aumenti): avviate 2 m usando l'avvio *cable*, rov fino a 1 m prima della fine del f, 1 dir rit (2 m aumentate).
Ferro 9: 5 dir, [1 rov, 5 dir] fino a 4 m prima della fine del f, 1 rov, 2 dir, 1 dir rit.
Ferro 10 (aumenti): avviate 2 m usando l'avvio *cable*, rov fino a 1 m prima della fine del f, 1 dir rit (2 m aumentate).
Ferro 11: ripetete il f 7.
Ferro 12 (aumenti): avviate 3 m usando l'avvio *cable*, rov fino a 1 m prima della fine del f, 1 dir rit (3 m aumentate).
Ferro 13: 2 dir, 1 rov, 2 dir, [3 dir, 1 rov, 2 dir] fino a 3 m prima della fine del f, 2 dir, 1 dir rit.
Ferro 14 (aumenti): avviate 3 m usando l'avvio *cable*, rov fino a 1 m prima della fine del f, 1 dir rit (3 m aumentate).
(35 [41, 47, 53, 59, 65] m per la spalla destra).
Non tagliate il filo e lasciate le m sul f.

Davanti (lavorato in piano):

A questo punto unirete le due spalle per formare il davanti.
La figura qui sotto può aiutare a capire meglio il passaggio della lavorazione delle due spalle e del successivo avvio delle m dello scollo.

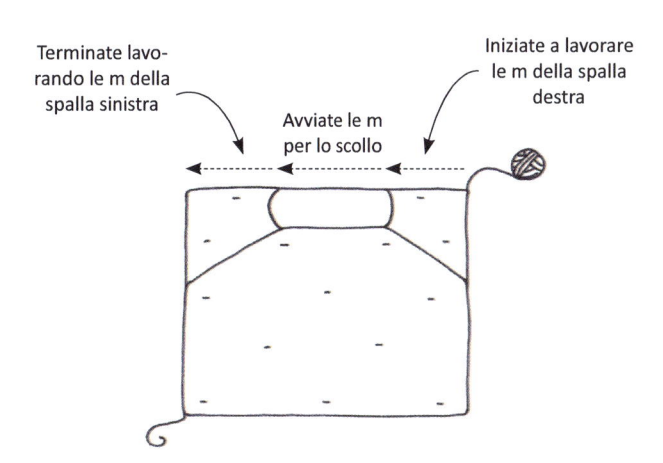

Posizionate le 35 (41, 47, 53, 59, 65) m della spalla sinistra lasciate in sospeso sul f circolare e rimuovete il filo di scarto.
Ferro d'impostazione (DdL): lavorate a dir le 35 (41, 47, 53, 59, 65) m della spalla destra; girate il lavoro così che la parte appena lavorata si trovi sulla sinistra e, usando l'avvio *cable*, avviate 31 (31, 37, 37, 43, 43) m per lo scollo, girate nuovamente il lavoro in modo che la parte appena lavorata si trovi sulla destra; lavorate a dir 34 (40, 46, 52, 58, 64) m della spalla sinistra, 1 dir rit.
(101 [113, 131, 143, 161, 173] m per il davanti).
Ora proseguirete lavorando il davanti.
Prossimo ferro (RdL): 1 dir, rov fino a 1 m prima della fine del f, 1 dir rit.
Ferro 1 (DdL): 5 dir, [1 rov, 5 dir] fino a 6 m prima della fine del f, 1 rov, 4 dir, 1 dir rit.
Ferro 2 e tutti i f pari (RdL): 1 dir, rov fino a 1 m prima della fine del f, 1 dir rit.
Ferro 3: dir fino a 1 m prima della fine del f, 1 dir rit.
Ferro 5: 2 dir, 1 rov, 2 dir, [3 dir, 1 rov, 2 dir] fino a 6 m prima della fine del f, 3 dir, 1 rov, 1 dir, 1 dir rit.
Ferro 7: ripetete il f 3.
Ferro 8: ripetete il f 2.
Ripetete i f da 1 a 8 fino a che il lavoro misuri 16 (18, 18, 20, 22, 24) cm, misurando lungo quella che sarà l'apertura per il braccio, ovvero lungo uno dei due bordi.
Non tagliate il filo.

Corpo (lavorato in tondo):

Ora unirete il davanti e il dietro e riprenderete la lavorazione in tondo per il corpo.

Posizionate le 101 (113, 131, 143, 161, 173) m del dietro lasciate in sospeso sul f circolare e rimuovete il filo di scarto.

Quando lavorate il corpo potete cambiare il f circolare con quello dal cavo più lungo quando le m sul f diventano troppe.

Giro d'impostazione (DdL): lavorate nel modo seguente le 101 (113, 131, 143, 161, 173) m del davanti: 5 dir, [1 rov, 5 dir] fino alla fine del f; girate il lavoro così che la parte appena lavorata si trovi sulla sinistra e, usando l'avvio *cable*, avviate 7 m; girate nuovamente il lavoro in modo che la parte appena lavorata si trovi sulla destra, lavorate nel modo seguente le m del dietro: 5 dir, [1 rov, 5 dir] fino alla fine del f; girate il lavoro così che la parte appena lavorata si trovi sulla sinistra e, usando l'avvio *cable*, avviate 7 m. PM (questo è il M che segnala l'inizio del giro) e unite in tondo.
(216 [240, 276, 300, 336, 360] m per il corpo).

SEZIONE 1 - punto "petit pois" - diminuzioni:

Giri 1, 2 e 3: SM, dir fino alla fine del giro.
Giro 4: SM, [2 dir, 1 rov, 3 dir] fino alla fine del giro.
Giri 5, 6 e 7: ripetete i giri 1, 2 e 3.
Giro 8: SM, [5 dir, 1 rov] fino alla fine del giro.
Ripetete i giri da 1 a 8 fino a che il lavoro misuri 28 (28, 30, 32, 34, 36) cm dallo scalfo (o fino alla lunghezza desiderata, tenendo conto che il bordo finale misura 2 cm) e, in ogni caso, terminando con i giri 1 o 5.

A questo punto lavorerete delle diminuzioni prima di lavorare il bordo a coste ritorte.

Prossimo giro (diminuzioni): SM, 16 (--, 16, --, 16, --) dir, [dim a dx, 8 dir] fino alla fine del giro (20 [24, 26, 30, 32, 36] m diminuite).
(196 [216, 250, 270, 304, 324] m per il corpo).

SEZIONE 2 - bordo:

Giro 1: SM, [1 dir rit, 1 rov] fino alla fine del giro.
Ripetete il giro 1 fino a che il bordo a coste ritorte misuri 2 cm.
Nell'ultimo giro RM, chiudete tutte le m e tagliate il filo.
(30 [30, 32, 34, 36, 38] cm dallo scalfo).

Collo (lavorato in tondo):

Unite il filo di un nuovo gomitolo per eseguire la lavorazione.

Tenendo il DdL rivolto verso di voi, incominciate in corrispondenza dell'angolo destro dello scollo dietro.

Usando il f circolare con il cavo lungo 40 cm, riprendete 55 (55, 61, 61, 67, 67) m lungo lo scollo dietro; poi riprendete 16 m lungo la prima parte obliqua dello scollo davanti; quindi riprendete 31 (31, 37, 37, 43, 43) m lungo lo scollo davanti; infine riprendete 16 m lungo la seconda parte obliqua dello scollo davanti. PM (questo è il M che segnala l'inizio del giro) e unite in tondo.
(118 [118, 130, 130, 142, 142] m per il collo).
Giro 1: SM, [1 dir rit, 1 rov] fino alla fine del giro.
Ripetete il giro 1 fino a che il collo a coste ritorte misuri 2 cm; nell'ultimo giro RM.
Chiudete tutte le m e tagliate il filo.

Maniche (lavorate in tondo, entrambe alla stessa maniera):

Lavorando le maniche, usate il metodo preferito per la lavorazione di piccole circonferenze: 4 f a doppia punta, il *magic loop*, due f circolari ecc. Personalmente preferisco il *magic loop*!

Unite il filo di un nuovo gomitolo per eseguire la lavorazione.

Tenendo il DdL rivolto verso di voi, incominciate in corrispondenza dell'angolo destro dello scalfo manica.

Usando il f circolare con il cavo lungo 80 cm, riprendete 6 m lungo l'ascella; poi riprendete 42 (45, 45, 48, 51, 57) m dallo scalfo fino alla cucitura della spalla (spaziandole equamente); quindi riprendete 42 (45, 45, 48, 51, 57) m dalla cucitura della spalla fino allo scalfo (spaziandole equamente). PM (questo è il M che segnala l'inizio del giro) e unite in tondo.
(90 [96, 96, 102, 108, 120] m per la manica).
Prossimo giro: SM, dir fino alla fine del giro.

SEZIONE 1 - punto "petit pois" - diminuzioni:

Giro 1: SM, [2 dir, 1 rov, 3 dir] fino alla fine del giro.
Giri 2, 3 e 4: SM, dir fino alla fine del giro.
Giro 5: SM, [5 dir, 1 rov] fino alla fine del giro.
Giri 6, 7 e 8: ripetete i giri 2, 3 e 4.

Ripetete i giri da 1 a 8 fino a che il lavoro misuri 8 (8, 10, 12, 12, 14) cm dallo scalfo (o fino alla lunghezza desiderata, tenendo conto che il bordo finale misura 2 cm) e, in ogni caso, terminando con i giri 2 o 6.

> **Nota bene:**
> le maniche sono corte e larghe, proprio come una *t-shirt*. Se questo dettaglio non vi piace o desiderate lavorarle più lunghe per trasformare il top in un maglioncino, siete libere di sagomarle con delle diminuzioni, calcolando di terminare con queste in modo da rispettare il punto *petit pois*.

A questo punto lavorerete delle diminuzioni prima di lavorare il bordo a coste ritorte.

Prossimo giro (diminuzioni): SM, 10 (16, 16, 2, 8, --) dir, [dim a dx, 8 dir] fino alla fine del giro (8 [8, 8, 10, 10, 12] m diminuite. (82 [88, 88, 90, 98, 108] m per la manica).

SEZIONE 2 - bordo:

Giro 1: SM, [1 dir rit, 1 rov] fino alla fine del giro.
Ripetete il giro 1 fino a che il bordo a coste ritorte misuri 2 cm.
Nell'ultimo giro RM, chiudete tutte le m e tagliate il filo.
(10 [10, 12, 14, 14, 16] cm dallo scalfo).

Rifiniture:

Fissate i fili.
Bloccate leggermente il top estivo n°1 (guardate anche il glossario), indossatelo e... siate *chic*!

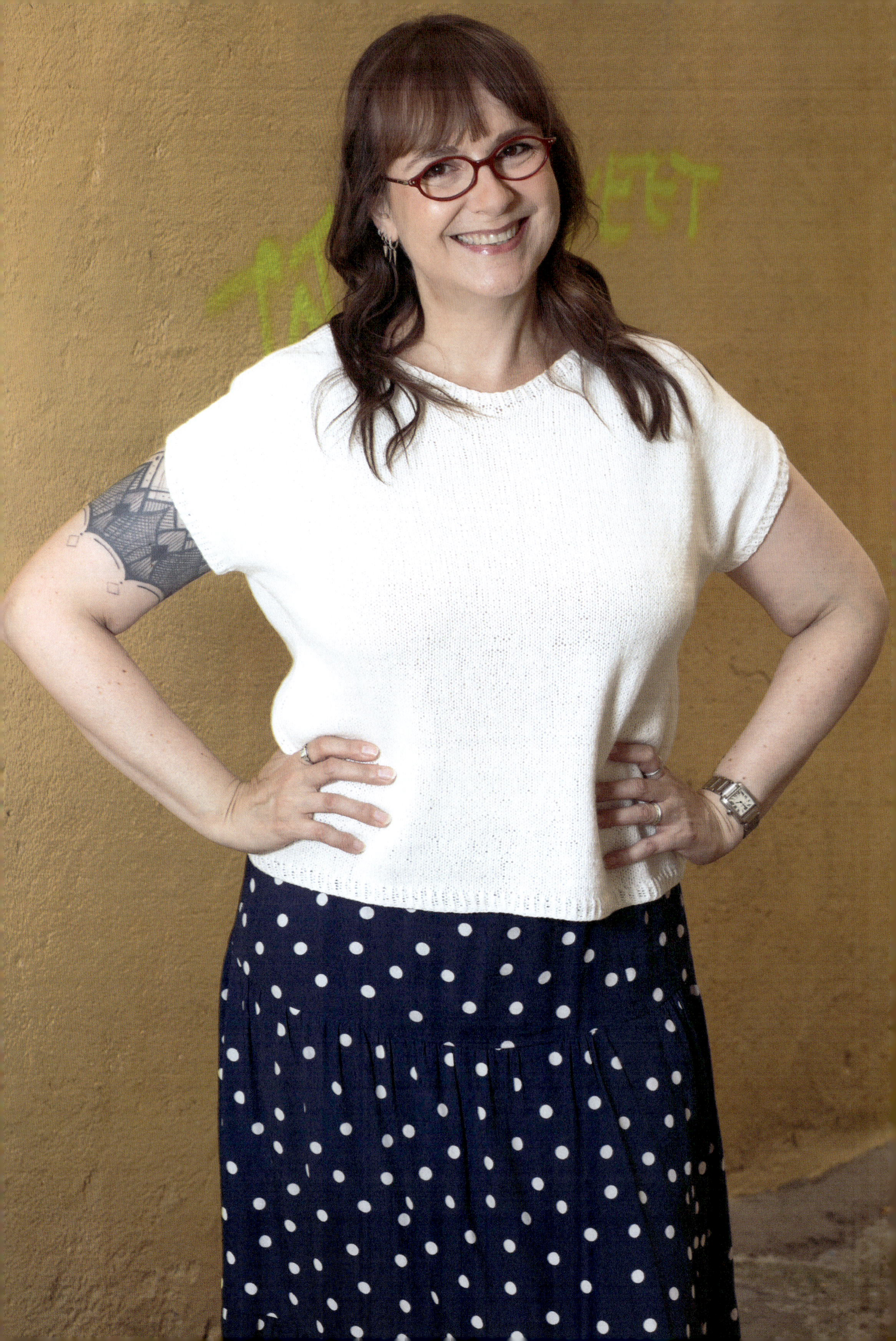

Top estivo n°2

Livello di difficoltà ★★★

Devo confessare che negli anni passati non sono stata una grande amante del cotone. Lo trovavo sempre troppo caldo per le temperature estive... questo prima di scoprire che esistono i cotoni sottili di buona qualità! Perfetti per stare al fresco d'estate.

Il **top estivo n°2** è lavorato quasi interamente a maglia rasata con solo dei piccoli dettagli a coste ritorte che donano interesse al capo. È lavorato in un finissimo cotone dal colore chiaro e potrà essere abbinato a qualunque capo estivo ma sarà perfetto anche sotto a un cardigan invernale. Il top è stato disegnato abbastanza corto per non impacciare durante i mesi estivi, ma può essere facilmente allungato seguendo il proprio gusto.

Si inizia la lavorazione a partire dal collo: si montano tutte le maglie necessarie e si lavora un piccolo bordo a coste ritorte.

In seguito il dietro e lo scollo a V sono modellati da una serie di ferri accorciati. Durante questa prima sezione si incominciano anche gli aumenti, che saranno ad ogni ferro, sia sul diritto del lavoro che sul rovescio. In corrispondenza delle spalle c'è una piccola decorazione: una striscia lavorata a coste ritorte.

Quando si raggiunge la forma del collo desiderata, si continua a lavorare in tondo fino a raggiungere l'ampiezza dello sprone richiesta.

A questo punto si separano il davanti e il dietro, che vengono lavorati in piano separatamente, lasciando le maglie delle spalle in sospeso su un pezzo di filo di scarto.

Successivamente verranno montate le maglie per le ascelle e il lavoro proseguirà in tondo per formare il corpo. Immediatamente dopo l'unione verranno lavorate delle diminuzioni che sagomeranno le maniche. Una volta terminato questo passaggio si lavorerà a maglia rasata fino a raggiungere la lunghezza desiderata, riprendendo in corrispondenza dei fianchi la piccola striscia lavorata a coste ritorte. Si termina il corpo con un altro piccolo bordo a coste ritorte.

Una volta terminato il corpo del top, si riprendono le maglie lungo gli scalfi e si lavorano le maniche cortissime a coste ritorte.

Taglie:

XS (S, M, L, XL, XXL) vestono un giroseno di 76 (86, 96, 106, 117, 127) cm.

Le foto si riferiscono alla taglia M indossata da una modella con un giroseno di 96 con un agio di 24 cm.

Se desiderate la stessa vestibilità del modello in foto, dovrete scegliere una misura che sia di 24-27 cm circa più ampia del vostro giroseno reale.

Misure finite:

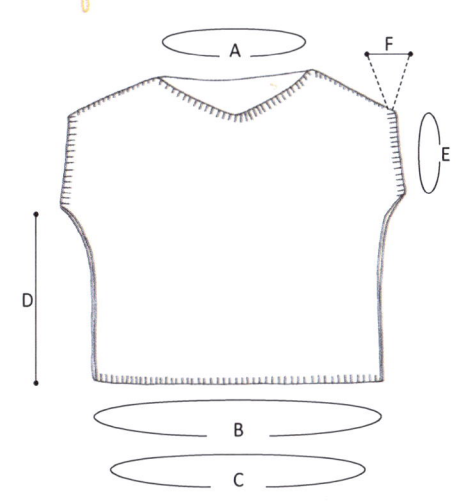

A - *circonferenza del collo:* 52 (52, 55, 55, 58, 58) cm.
B - *circonferenza del seno:* 103 (112, 120, 130, 142, 154) cm.
C - *circonferenza del corpo:* 86 (92, 102, 112, 122, 135) cm.
D - *lunghezza dallo scalfo:* 28 (30, 30, 34, 34, 38) cm.
E - *circonferenza della manica:* 28 (30, 31, 35, 37, 40) cm.
F - *lunghezza della manica dallo scalfo:* 1.5 cm.

Filato e ferri:

SHIBUI KNITS Fern: 2180 (100% cotone; 212 m per matassa da 50 gr): 4 (4, 4, 5, 5, 6) matasse (660 [715, 765, 880, 975, 1080] m). Il metraggio indicato è il consumo effettivo.

Ferri circolari numero 3 mm con il cavo lungo 40 cm, 60 cm e 80 cm.

Se necessario modificate il numero dei f per ottenere il campione corretto.
4 marcapunti di cui uno diverso (che segnala l'inizio del giro).
Filo di scarto.
Ago da lana e forbici.
Spilli e metro da sarta per il bloccaggio.

Consigli sul filato:

lavorare il cotone per me è sempre un dramma: è sempre troppo spesso e trovo che non sia affatto fresco, almeno secondo i miei gusti. Questo filato in cotone, tuttavia, è sottilissimo e molto leggero, perfetto per le giornate più torride e molto confortevole sulla pelle. Tuttavia è piuttosto costoso e difficile da reperire... in sua sostituzione potreste provare con un cotone altrettanto sottile o con un sottilissimo lino, due materiali con i quali potreste ottenere un buon risultato. Se non soffrite troppo il caldo, anche una seta sarà adatta e vi darà un risultato molto elegante e inaspettato e sarà quanto mai adatta anche ai mesi più freddi, magari indossata sotto un cardigan molto scollato.

Campione:

24 m x 36 f/giri = 10 cm lavorati a maglia rasata (dopo il bloccaggio).

Spiegazioni - Si incomincia dall'alto Collo (lavorato in tondo):

Le spiegazioni sono date per la taglia XS, le taglie S, M, L, XL e XXL sono tra parentesi. Quando non appaiono le parentesi, la spiegazione è valida per tutte le taglie.
Incominciate a lavorare in piano il bordo del collo. Usando il f circolare con il cavo lungo 40 cm, avviate 124 (124, 132, 132, 140, 140) m usando l'avvio *long tail*. PM (questo è il M che segnala l'inizio del giro e si trova sulla spalla sinistra, spostato verso il davanti) e unite in tondo, stando attenti a non girare il lavoro.
Giro 1: SM, [1 dir rit, 1 rov] fino alla fine del giro.
Ripetete il giro 1 fino a che il collo a coste ritorte misuri 1.5 cm.

Sprone (lavorato in piano e in tondo):

Attenzione: nel giro d'impostazione posizionerete altri tre marcapunti per delimitare le spalle. I marcapunti serviranno anche per segnalare la posizione degli aumenti.
Giro d'impostazione: SM, [1 dir rit, 1 rov] due volte, 1 dir rit, PM (questa è la prima spalla); 57 (57, 61, 61, 65, 65) dir, PM (questo è il dietro); [1 dir rit, 1 rov] due volte, 1 dir rit, PM (questa è la seconda spalla); 57 (57, 61, 61, 65, 65) dir, (questo è il davanti). (124 [124, 132, 132, 140, 140] m totali, 57 [57, 61, 61, 65, 65] m per il davanti e il dietro, 5 m per ogni spalla).

SEZIONE 1 - ferri accorciati - aumenti per il davanti e il dietro:

A questo punto lavorerete in piano lo sprone; incomincerete anche a lavorare i f accorciati e gli aumenti che sagomano il davanti e il dietro.
Quando lavorate lo sprone, potete cambiare il f circolare con quello dal cavo più lungo quando le m sul f diventano troppe.
Ferro 1 (DdL - f acc - aumenti): SM, [1 dir rit, 1 rov] due volte, 1 dir rit, SM, aum a sn, dir fino a M, aum a dx, SM, [1 dir rit, 1 rov] due volte, 1 dir rit, SM, aum a sn, 2 dir, girate il lavoro (3 m aumentate: 2 per il dietro e 1 per il davanti).
Ferro 2 (RdL - f acc - aumenti): pass1cfdavanti, tirate il filo verso il dietro al di sopra del f, rov fino a M, aum rov a sn, SM, [1 rov rit, 1 dir] due volte, 1 rov rit, SM, aum rov a dx, rov fino a M, aum rov a sn, SM, [1 rov rit, 1 dir] due volte, 1 rov rit, SM, aum rov a dx, 2 rov, girate il lavoro (4 m aumentate: 2 per il dietro e 2 per il davanti).
Ferro 3 (f acc - aumenti): pass1cfdavanti, tirate il filo verso il dietro al di sopra del f, dir fino a M, aum a dx, SM, [1 dir rit, 1 rov] due volte, 1 dir rit, SM, aum a sn, dir fino a M, aum a dx, SM, [1 dir rit, 1 rov] due volte, 1 dir rit, SM, aum a sn, dir fino al "punto doppio", lavorate a dir il "punto doppio", 2 dir, girate il lavoro (4 m aumentate).
Ferro 4 (f acc - aumenti): pass1cfdavanti, tirate il filo verso il dietro al di sopra del f, rov fino a M, aum rov a sn, SM, [1 rov rit, 1 dir] due volte, 1 rov rit, SM, aum rov a dx, rov fino a M, aum rov a sn, SM, [1 rov rit, 1 dir] due volte, 1 rov rit, SM, aum rov a dx, rov fino al "punto doppio", lavorate a rov il "punto doppio", 2 rov, girate il lavoro (4 m aumentate).
Ripetete i f 3 e 4: ancora 12 (12, 13, 13, 14, 14) volte.

> **Nota bene:**
> alla fine di queste ripetizioni, dovreste ritrovarvi con solamente una maglia proprio nel centro del lavoro (cioè tra i due "punti doppi"). Ovvero si forma uno scollo a V.

Alla fine di questo passaggio il lavoro si dovrebbe presentare più o meno come nella figura qui sotto.

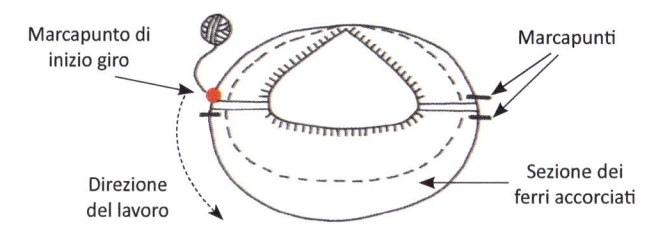

Prossimo ferro (f acc): pass1cfdavanti, tirate il filo verso il dietro al di sopra del f, dir fino a M, aum a dx (1 m aumentata per il davanti).
(236 [236, 252, 252, 268, 268] m totali,
113 [113, 121, 121, 129, 129] m per il davanti e il dietro).

SEZIONE 2 - aumenti per il davanti e il dietro:

A questo punto lavorerete in tondo lo sprone.
Attenzione: nel giro 1, quando incontrate i "punti doppi", lavorateli a dir come se fossero delle m normali.
Giro 1 (aumenti): *SM, [1 dir rit, 1 rov] due volte, 1 dir rit, SM, aum a sn, dir fino a M, aum a dx. Ripetete da * ancora una volta (4 m aumentate).
Ripetete il giro 1: ancora 2 (7, 8, 14, 17, 24) volte.
(248 [268, 288, 312, 340, 368] m totali,
119 [129, 139, 151, 165, 179] m per il davanti e il dietro).

Davanti e dietro (lavorati in piano):

A questo punto non lavorerete più in tondo lo sprone; dividerete il davanti e il dietro per creare gli scalfi manica.
Giro d'impostazione: SM, lavorate nel modo seguente le m della prima spalla: [1 dir rit, 1 rov] due volte, 1 dir rit, posizionate le 5 m della spalla appena lavorate su un primo pezzo di filo di scarto, RM; lavorate a dir le 119 (129, 139, 151, 165, 179) m del dietro, posizionate le m del dietro appena lavorate su un secondo pezzo di filo di scarto, RM; lavorate nel modo seguente le 5 m della seconda spalla: [1 dir rit, 1 rov] due volte, 1 dir rit, posizionate le m della spalla appena lavorate su un terzo pezzo di filo di scarto, RM; infine lavorate a dir le 119 (129, 139, 151, 165, 179) m del davanti, RM.
(119 [129, 139, 151, 165, 179] m per il davanti e il dietro;
5 m per ogni spalla).

DAVANTI:

A questo punto lavorerete in piano il davanti.
Ferro 1 (RdL): 1 dir, rov fino a 1 m prima della fine del f, 1 dir rit.
Ferro 2 (DdL): dir fino a 1 m prima della fine del f, 1 dir rit.
Ripetete i f 1 e 2 fino a che il lavoro misuri 12 (13, 13.5, 15.5, 16.5, 18) cm dalla divisione delle spalle dal corpo, misurando lungo quella che sarà l'apertura per il braccio, ovvero lungo uno dei due bordi, terminando con il f 1.
Tagliate il filo e posizionate le m su un pezzo di filo di scarto.

DIETRO:

A questo punto lavorerete in piano il dietro.
Unite il filo di un nuovo gomitolo per eseguire la lavorazione.
Tenendo il RdL rivolto verso di voi, posizionate le 119 (129, 139, 151, 165, 179) m del dietro lasciate in sospeso sul f circolare e rimuovete il filo di scarto.
Ripetete come per il davanti.
Non tagliate il filo e lasciate le m sul f.

Corpo (lavorato in tondo):

Ora unirete il davanti e il dietro e riprenderete la lavorazione in tondo per il corpo.
Posizionate le 119 (129, 139, 151, 165, 179) m del davanti lasciate in sospeso sul f circolare e rimuovete il filo di scarto.
Attenzione: nel giro d'impostazione posizionerete quattro marcapunti per delimitare i fianchi. I marcapunti serviranno anche per segnalare la posizione delle diminuzioni.
Giro d'impostazione (DdL): lavorate a dir le 119 (129, 139, 151, 165, 179) m del dietro, PM; girate il lavoro così che la parte appena lavorata si trovi sulla sinistra e, usando l'avvio *cable*, avviate 5 m; girate nuovamente il lavoro in modo che la parte appena lavorata si trovi sulla destra, PM; lavorate a dir le m del davanti, PM; girate il lavoro così che la parte appena lavorata si trovi sulla sinistra e, usando l'avvio *cable*, avviate 5 m; girate nuovamente il lavoro in modo che la parte appena lavorata si trovi sulla destra, PM (questo è il M che segnala l'inizio del giro) e unite in tondo.
(248 [268, 288, 312, 340, 368] m per il corpo).

SEZIONE 1 - diminuzioni:
A questo punto incomincerete le diminuzioni che sagomano il corpo.
Giro 1: *SM, dir fino a M, SM, [1 dir rit, 1 rov] due volte, 1 dir rit. Ripetete da * ancora una volta.
Giro 2 (diminuzioni): *SM, dim a dx, dir fino a 2 m prima di M, dim a sn, SM, [1 dir rit, 1 rov] due volte, 1 dir rit. Ripetete da * ancora una volta (4 m diminuite).
Ripetete i giri 1 e 2: ancora 9 (11, 10, 10, 11, 10) volte.
(208 [220, 244, 268, 292, 324] m per il corpo).

SEZIONE 2 - maglia rasata:
Giro 1: *SM, dir fino a M, SM, [1 dir rit, 1 rov] due volte, 1 dir rit. Ripetete da * ancora una volta.
Ripetete il giro 1 fino a che il lavoro misuri 26.5 (28.5, 28.5, 32.5, 32.5, 36.5) cm dallo scalfo (o fino alla lunghezza desiderata, tenendo conto che il bordo finale misura 1.5 cm).
Nell'ultimo giro RM, tranne quello che segnala l'inizio del giro.

> *Nota bene:*
> il top andrebbe portato corto in modo da essere il più versatile possibile, tuttavia non siamo fatte tutte nello stesso modo! Sentitevi libere di allungarlo fino alla lunghezza con la quale vi sentite a vostro agio: non perderà nulla della sua bellezza.

SEZIONE 3 - bordo:
Giro 1: SM, [1 rov, 1 dir rit] fino alla fine del giro.
Ripetete il giro 1 fino a che il bordo a coste ritorte misuri 1.5 cm.
Nell'ultimo giro RM, chiudete tutte le m e tagliate il filo.
(28 [30, 30, 34, 34, 38] cm dallo scalfo).

Maniche (lavorate in tondo, entrambe alla stessa maniera):

Lavorando le maniche, usate il metodo preferito per la lavorazione di piccole circonferenze: 4 f a doppia punta, il *magic loop*, due f circolari ecc. Personalmente preferisco il *magic loop*!
Unite il filo di un nuovo gomitolo per eseguire la lavorazione.
Posizionate le 5 m della spalla lasciate in sospeso sul f circolare con il cavo lungo 80 cm e rimuovete il filo di scarto.

Tenendo il DdL rivolto verso di voi, incominciate in corrispondenza dell'angolo destro dello scalfo manica.
Riprendete 5 m lungo l'ascella; poi riprendete 29 (31, 33, 37, 41, 43) m dallo scalfo all'inizio della spalla (spaziandole equamente); quindi lavorate nel modo seguente le m della spalla: [1 dir rit, 1 rov] due volte, 1 dir rit; infine riprendete 29 (31, 33, 37, 41, 43) m dalla fine della spalla allo scalfo (spaziandole equamente). PM (questo è il M che segnala l'inizio del giro) e unite in tondo.
(68 [72, 76, 84, 92, 96] m per la manica).

> *Nota bene:*
> pensate che il top con le maniche così corte non faccia per voi? Invece di incominciare subito il bordo, potreste considerare di fare una piccola manica a maglia rasata che potete lavorare fino alla lunghezza più gradita. Cosa molto consigliabile soprattutto nel caso abbiate pensato di trasformare il top in un maglioncino invernale! Non dimenticate di fare delle diminuzioni per sagomare la manica e calcolate attentamente il dispendio del filato.

Giro 1: SM, [1 dir rit, 1 rov] fino alla fine del giro.
Ripetete il giro 1 fino a che il bordo a coste ritorte misuri 1.5 cm dallo scalfo.
RM, chiudete tutte le m e tagliate il filo.

Rifiniture:

Fissate i fili.
Bloccate leggermente il top estivo n°2 (guardate anche il glossario), indossatelo e... siate *chic*!

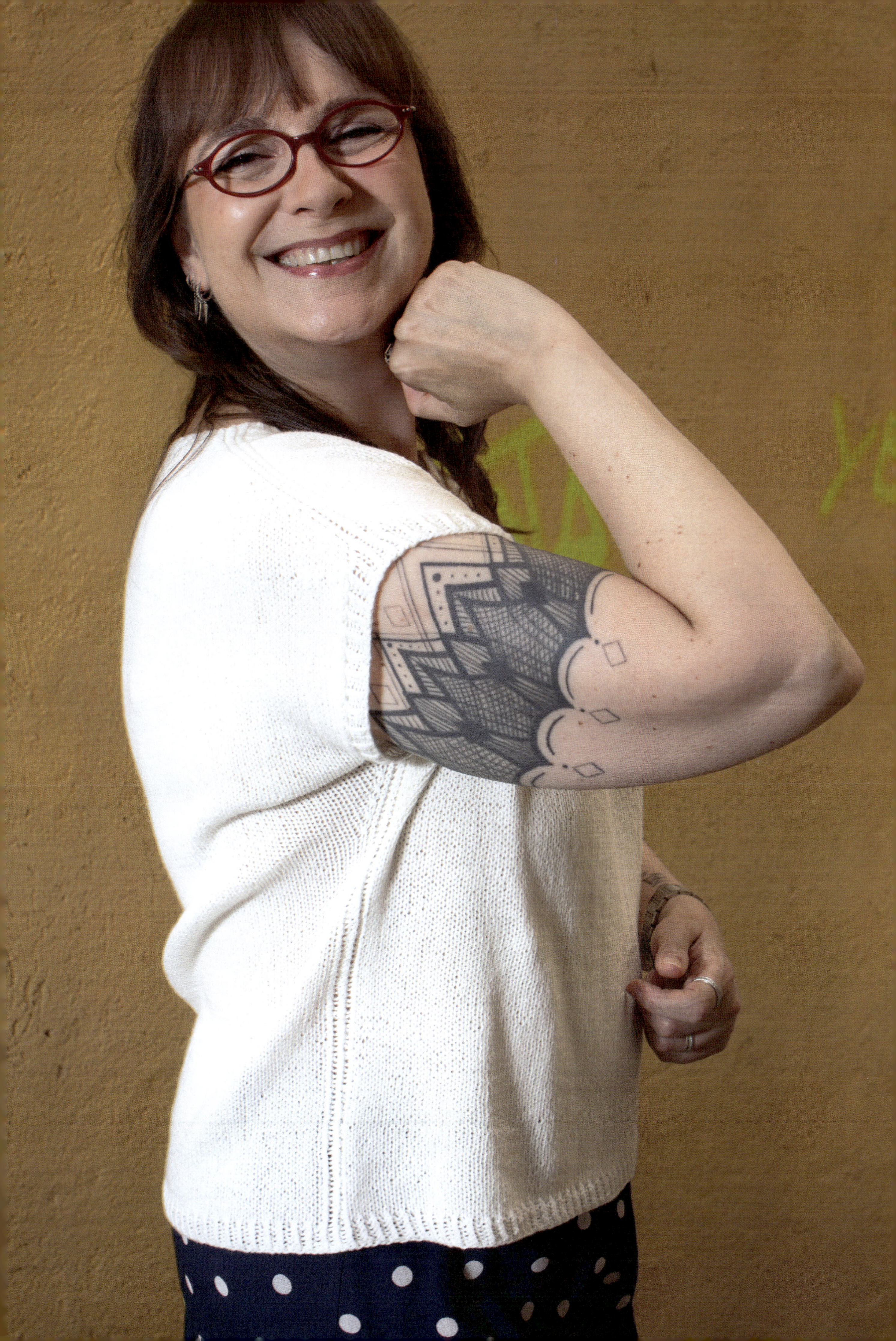

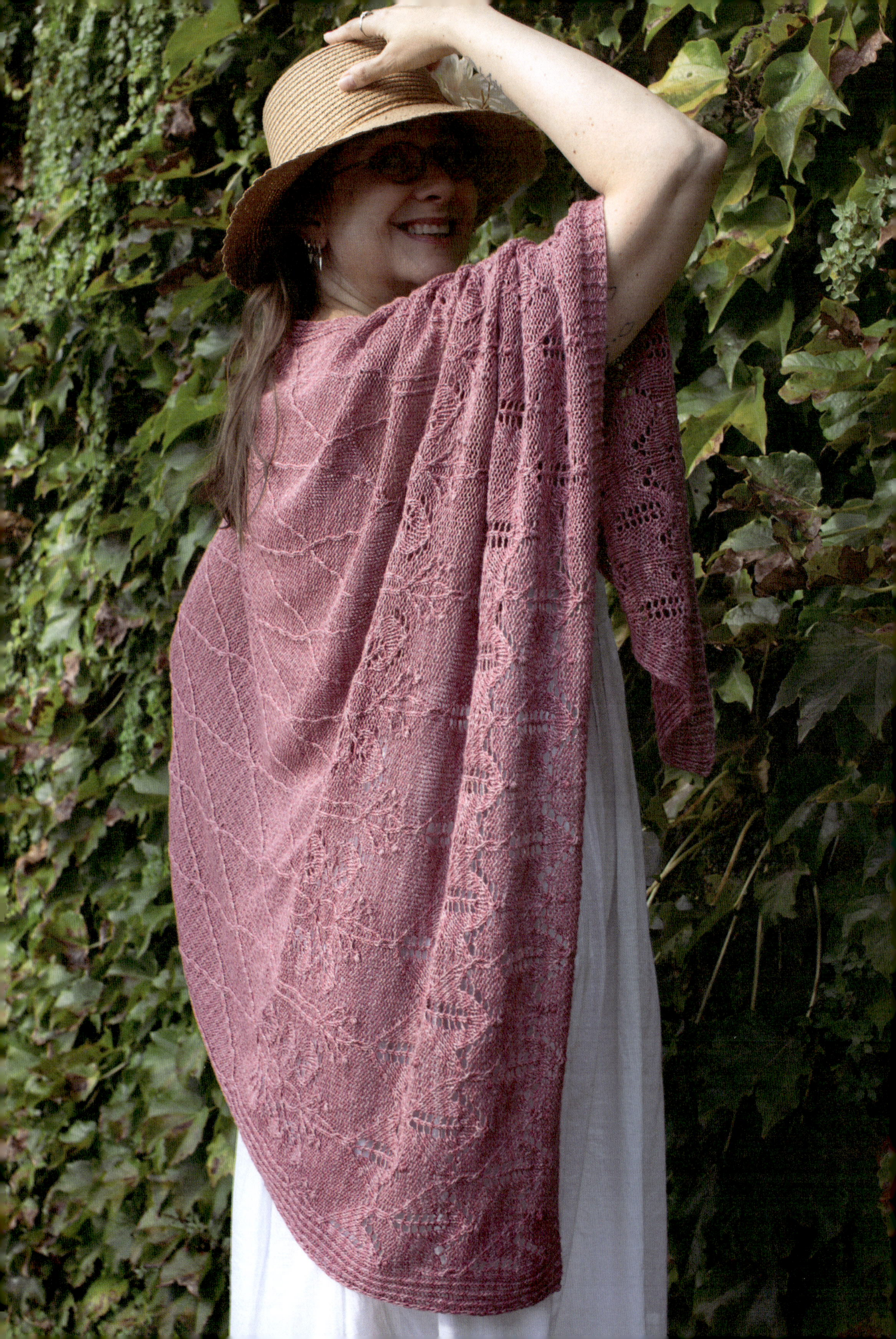

Scialle

Livello di difficoltà ★★★

Non si può dire che l'estate sia la mia stagione preferita, tuttavia non è priva di attrattive! Una delle cose che mi piace di più di questa stagione è la possibilità di osare un po' di più con capi allegri e colorati. Uno scialle è davvero un *must have* di questa stagione e si rivela utilissimo in tantissime occasioni! Lo possiamo usare per coprire le spalle e la gola quando entriamo in un supermercato con l'aria condizionata, lo possiamo portare con noi nelle sere estive in montagna quando l'aria rinfresca e lo possiamo indossare come pareo in spiaggia. E in questo tipo di accessorio ci si può sbizzarrire con i punti pizzo più intricati e con i colori più vivaci.
Per realizzarla ho usato un misto yak e seta di due colori tono su tono, perfetto per dare risalto al motivo in pizzo e portabile non solo in estate, ma anche durante la mezza stagione.
Lo **scialle** è asimmetrico con una forma inconsueta. Tutti i bordi sono lavorati a coste ritorte e i vivagni laterali sono rifiniti con un *i-cord* che dona un aspetto più curato al lavoro.
Si incomincia a lavorare da una punta un motivo a coste ritorte che simulano dei rampicanti che si intrecciano su una base di maglia rasata rovescia. Arrivati all'altezza desiderata (che si può facilmente personalizzare a seconda di quanto filato si possiede) si prosegue con la lavorazione delle foglie e dei germogli che si aprono, nella sezione successiva, in fiori delicati che ricoprono l'intera superficie dello scialle. Si conclude con un piccolo bordo a coste ritorte.
I vari punti pizzo sembrano complicati e le istruzioni scritte sono molto lunghe, ma in realtà si potrà vedere fin da subito che le lavorazioni sono molto intuitive e, a dispetto dei vari passaggi, anche piuttosto ripetitive e facilmente memorizzabili.

Misure finite:

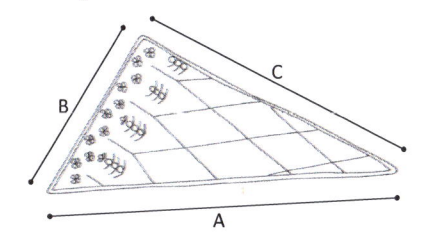

A - primo lato (aumenti): 217 cm.
B - secondo lato (bordo finale): 135 cm.
C - terzo lato: 170 cm.

Filato e ferri:

MYAK Baby Yak | Silk (50% baby yak e 50% seta; 115 m per matassa da 25 gr).
<u>**Colore 1 (C1):**</u> **Samsara**; 6 matasse (680 m);
<u>**Colore 2 (C2):**</u> **Sangria**; 6 matasse (680 m). Il metraggio indicato è il consumo effettivo.
Ferri numero 4 mm. Se necessario, modificate il numero dei f per ottenere il campione corretto.
Ago da lana e forbici.
Spilli e metro da sarta per il bloccaggio.

Consigli sul filato:

nella scelta del filato sono andata a colpo sicuro: volevo usare qualcosa che fosse perfetto in estate ma che fosse sfruttabile anche in altre stagioni più fresche. La mia decisione è stata quella di scegliere un misto yak e seta raffinato e prezioso. Ho pensato che questo tipo di materiale potesse dare il giusto risalto al pizzo elaborato che avevo in mente. Ho deciso poi di scegliere due colori tono su tono per rendere lo scialle ancora più particolare. Ma, vi dirò la verità, questo tipo di accessorio può essere personalizzato moltissimo secondo il vostro gusto! Si può usare una lana o un'alpaca sottile per creare uno scialle più caldo oppure si può scegliere un cotone o un misto lino per uno scialle decisamente più estivo. Se poi non si gradisce l'effetto del contrasto tono su tono si può decidere di lavorare con un unico colore. Insomma, ci si può davvero sbizzarrire. A mio gusto sconsiglierei solo di usare filati troppo pelosi o colori troppo contrastanti: il pizzo ne risulterebbe decisamente penalizzato!

Campione:

19.5 m x 30 f = 10 cm lavorati a maglia rasata rovescia (dopo il bloccaggio).
Il campione non è molto importante per quanto riguarda la grandezza perché, incominciando dal vertice più stretto, è possibile regolare in modo

molto semplice la lunghezza dello scialle a seconda di quanto filato si possiede. È essenziale, invece, la fase finale del bloccaggio per permettere allo scialle di estendersi fino alla sua misura finale e per permettere al pizzo di "aprirsi"!

Potrebbe essere utile realizzare un piccolo campione lavorando a righe e con i margini ad *i-cord* in modo da impratichirsi con il lavoro e i cambi di colore.

Legenda:

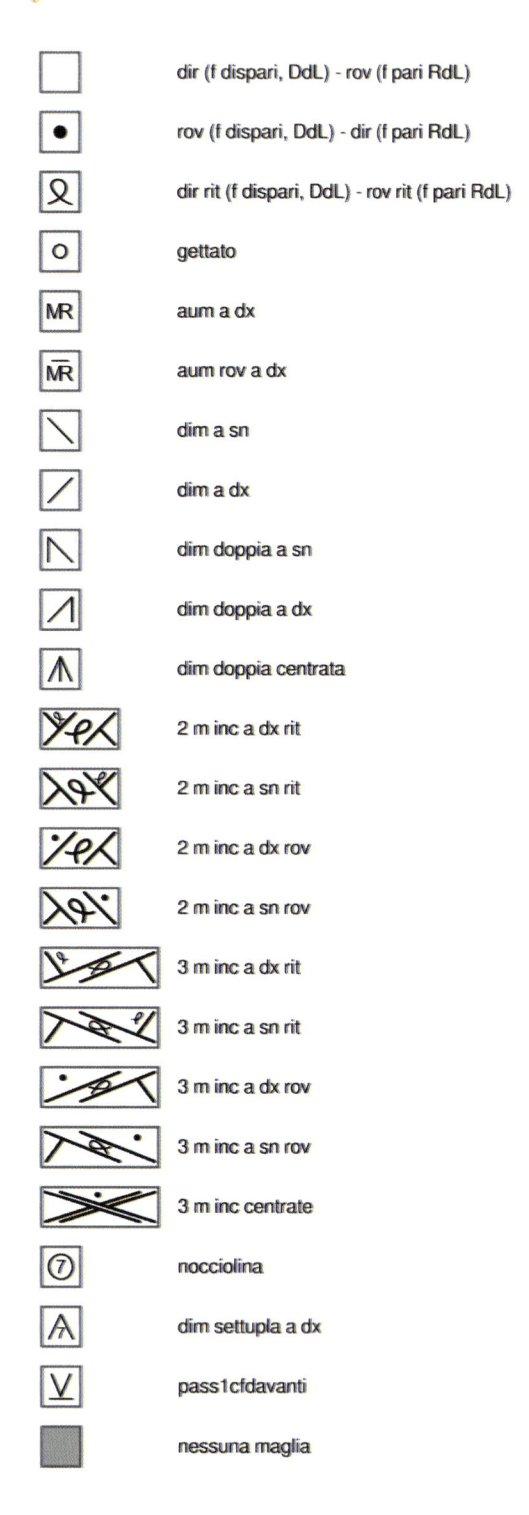

□	dir (f dispari, DdL) - rov (f pari RdL)
•	rov (f dispari, DdL) - dir (f pari RdL)
℞	dir rit (f dispari, DdL) - rov rit (f pari RdL)
O	gettato
MR	aum a dx
M̄R̄	aum rov a dx
\	dim a sn
/	dim a dx
↖	dim doppia a sn
↗	dim doppia a dx
⋀	dim doppia centrata
2 m inc a dx rit	2 m inc a dx rit
2 m inc a sn rit	2 m inc a sn rit
2 m inc a dx rov	2 m inc a dx rov
2 m inc a sn rov	2 m inc a sn rov
3 m inc a dx rit	3 m inc a dx rit
3 m inc a sn rit	3 m inc a sn rit
3 m inc a dx rov	3 m inc a dx rov
3 m inc a sn rov	3 m inc a sn rov
✕	3 m inc centrate
⑦	nocciolina
A	dim settupla a dx
V	pass1cfdavanti
▨	nessuna maglia

Spiegazioni - Sezione 1 (aumenti):

Incominciate a lavorare in piano il vertice dello scialle.

Usando il C1 avviate 11 m.

> **Nota bene:**
> tutto lo scialle è lavorato usando i due colori, alternando due ferri con il C1 e due ferri con il C2. Poiché le spiegazioni sono molto lunghe, non ho inserito il cambio di colore che risulta sottointeso. Se non amate le righe, potete lavorare lo scialle con un unico colore.

Ferro 1 (DdL): 2 dir, [1 dir rit, 1 rov] tre volte, 1 dir rit, pass2cfdavanti.

Ferro 2 (RdL): 2 dir, [1 rov rit, 1 dir] tre volte, 1 rov rit, pass2cfdavanti.

Ferro 3 (aumento): 2 dir, [1 dir rit, 1 rov] tre volte, 1 dir rit, aum a dx, pass2cfdavanti (1 m aumentata).

Ferro 4: 2 dir, 1 rov rit, [1 rov rit, 1 dir] tre volte, 1 rov rit, pass2cfdavanti.

Ferro 5 (aumento): 2 dir, [1 dir rit, 1 rov] tre volte, 1 dir rit, aum rov a dx, 1 dir rit, pass2cfdavanti (1 m aumentata).

Ferro 6: 2 dir, [1 rov rit, 1 dir] quattro volte, 1 rov rit, pass2cfdavanti.

Ferro 7 (aumento): 2 dir, [1 dir rit, 1 rov] tre volte, 1 dir rit, aum a dx, 1 rov, 1 dir rit, pass2cfdavanti (1 m aumentata).

Ferro 8: 2 dir, 1 rov rit, 1 dir, 1 rov rit, [1 rov rit, 1 dir] tre volte, 1 rov rit, pass2cfdavanti.

Ferro 9 (aumento): 2 dir, [1 dir rit, 1 rov] tre volte, 1 dir rit, aum rov a dx, 1 dir rit, 1 rov, 1 dir rit, pass2cfdavanti (1 m aumentata).

Ferro 10: 2 dir, [1 rov rit, 1 dir] cinque volte, 1 rov rit, pass2cfdavanti.

Ferro 11 (aumento): 2 dir, [1 dir rit, 1 rov] tre volte, 1 dir rit, aum a dx, [1 rov, 1 dir rit] due volte, pass2cfdavanti (1 m aumentata).

Ferro 12: 2 dir, [1 rov rit, 1 dir] due volte, 1 rov rit, [1 rov rit, 1 dir] tre volte, 1 rov rit, pass2cfdavanti.

Ferro 13 (aumento): 2 dir, [1 dir rit, 1 rov] tre volte, 1 dir rit, aum rov a dx, [1 dir rit, 1 rov] due volte, 1 dir rit, pass2cfdavanti (1 m aumentata).

Ferro 14: 2 dir, [1 rov rit, 1 dir] sei volte, 1 rov rit, pass2cfdavanti.

Ferro 15 (aumento): 2 dir, [1 dir rit, 1 rov] tre volte, 1 dir rit, aum a dx, [1 rov, 1 dir rit] tre volte, pass2cfdavanti (1 m aumentata).

Ferro 16: 2 dir, [1 rov rit, 1 dir] tre volte, 1 rov rit, [1 rov rit, 1 dir] tre volte, 1 rov rit, pass2cfdavanti.

Ferro 17 (aumento): 2 dir, [1 dir rit, 1 rov] tre volte, 1 dir rit, aum rov a dx, [1 dir rit, 1 rov] tre volte, 1 dir rit, pass2cfdavanti (1 m aumentata).
Ferro 18: 2 dir, [1 rov rit, 1 dir] sette volte, 1 rov rit, pass2cfdavanti.
Ferro 19 (aumento): 2 dir, [1 dir rit, 1 rov] tre volte, 1 dir rit, aum rov a dx, [1 rov, 1 dir rit] quattro volte, pass2cfdavanti (1 m aumentata).
Ferro 20: 2 dir, [1 rov rit, 1 dir] tre volte, 1 rov rit, dir fino a 9 m prima della fine del f, [1 rov rit, 1 dir] tre volte, 1 rov rit, pass2cfdavanti.
Ferro 21 (aumento): 2 dir, [1 dir rit, 1 rov] quattro volte, aum rov a dx, [1 rov, 1 dir rit] quattro volte, pass2cfdavanti (1 m aumentata).
Ferro 22: ripetete il f 20.
(10 m aumentate - totale: 21 m).

Sezione 2 (pizzo - aumenti):

Seguendo il grafico o le istruzioni scritte, lavorate i f da 1 a 30 del punto pizzo A (36 m).

Grafico del punto pizzo A:

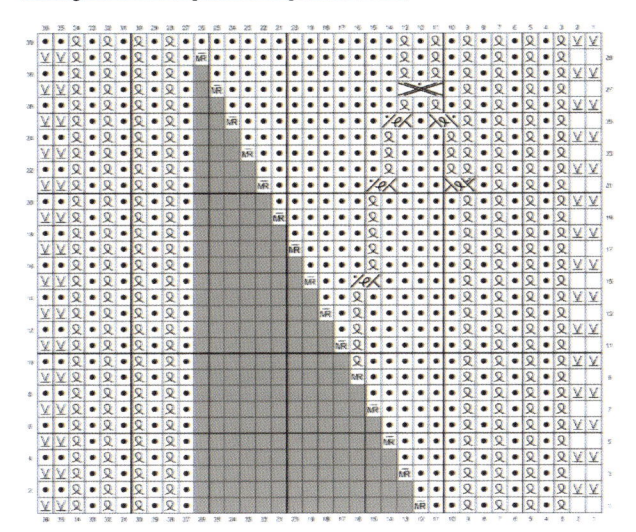

Istruzioni scritte:

Attenzione: ogni f dispari (del DdL) presenta un aumento; al termine del grafico A si saranno aumentate 15 m.
Ferro 1 (DdL - aumento): 2 dir, [1 dir rit, 1 rov] quattro volte, rov fino a 10 m prima della fine del f, aum rov a dx, [1 rov, 1 dir rit] quattro volte, pass2cfdavanti (1 m aumentata).
Ferro 2 (RdL): 2 dir, [1 rov rit, 1 dir] quattro volte, dir fino a 9 m prima della fine del f, [1 rov rit, 1 dir] tre volte, 1 rov rit, pass2cfdavanti.
Ferro 3 (aumento): ripetete il f 1.
Ferro 4: ripetete il f 2.
Ferro 5 (aumento): ripetete il f 1.
Ferro 6: ripetete il f 2.
Ferro 7 (aumento): ripetete il f 1.
Ferro 8: ripetete il f 2.
Ferro 9 (aumento): 2 dir, [1 dir rit, 1 rov] quattro volte, rov fino a 10 m prima della fine del f, aum a dx, [1 rov, 1 dir rit] quattro volte, pass2cfdavanti (1 m aumentata).
Ferro 10: 2 dir, [1 rov rit, 1 dir] quattro volte, 1 rov rit, dir fino a 9 m prima della fine del f, [1 rov rit, 1 dir] tre volte, 1 rov rit, pass2cfdavanti.
Ferro 11 (aumento): 2 dir, [1 dir rit, 1 rov] quattro volte, 5 rov, 1 dir rit, aum rov a dx, [1 rov, 1 dir rit] quattro volte, pass2cfdavanti (1 m aumentata).
Ferro 12: 2 dir, [1 rov rit, 1 dir] quattro volte, 1 dir, 1 rov rit, dir fino a 9 m prima della fine del f, [1 rov rit, 1 dir] tre volte, 1 rov rit, pass2cfdavanti.
Ferro 13 (aumento): 2 dir, [1 dir rit, 1 rov] quattro volte, 5 rov, 1 dir rit, 1 rov, aum rov a dx, [1 rov, 1 dir rit] quattro volte, pass2cfdavanti (1 m aumentata).
Ferro 14: 2 dir, [1 rov rit, 1 dir] quattro volte, 2 dir, 1 rov rit, dir fino a 9 m prima della fine del f, [1 rov rit, 1 dir] tre volte, 1 rov rit, pass2cfdavanti.
Ferro 15 (aumento): 2 dir, [1 dir rit, 1 rov] quattro volte, 4 rov, 2 m inc a dx rov, rov fino a 10 m prima della fine del f, aum rov a dx, [1 rov, 1 dir rit] quattro volte, pass2cfdavanti (1 m aumentata).
Ferro 16: 2 dir, [1 rov rit, 1 dir] quattro volte, 4 dir, 1 rov rit, dir fino a 9 m prima della fine del f, [1 rov rit, 1 dir] tre volte, 1 rov rit, pass2cfdavanti.
Ferro 17 (aumento): 2 dir, [1 dir rit, 1 rov] quattro volte, 4 rov, 1 dir rit, rov fino a 10 m prima della fine del f, aum rov a dx, [1 rov, 1 dir rit] quattro volte, pass2cfdavanti (1 m aumentata).
Ferro 18: 2 dir, [1 rov rit, 1 dir] quattro volte, 5 dir, 1 rov rit, dir fino a 9 m prima della fine del f, [1 rov rit, 1 dir] tre volte, 1 rov rit, pass2cfdavanti.
Ferro 19 (aumento): ripetete il f 17.
Ferro 20: 2 dir, [1 rov rit, 1 dir] quattro volte, 6 dir, 1 rov rit, dir fino a 9 m prima della fine del f, [1 rov rit, 1 dir] tre volte, 1 rov rit, pass2cfdavanti.
Ferro 21 (aumento): 2 dir, [1 dir rit, 1 rov] tre volte, 2 m inc a sn rit, 3 rov, 2 m inc a dx rov, rov fino a 10 m prima della fine del f, aum rov a dx, [1 rov, 1 dir rit] quattro volte, pass2cfdavanti (1 m aumentata).
Ferro 22: 2 dir, [1 rov rit, 1 dir] quattro volte, 8 dir, 1 rov rit, 3 dir, 1 rov rit, [1 rov rit, 1 dir] tre volte, 1 rov rit, pass2cfdavanti.
Ferro 23 (aumento): 2 dir, [1 dir rit, 1 rov] tre volte, 2 dir rit, 3 rov, 1 dir rit, rov fino a 10 m prima della fine del f, aum rov a dx, [1 rov, 1 dir rit] quattro volte, pass2cfdavanti (1 m aumentata).
Ferro 24: 2 dir, [1 rov rit, 1 dir] quattro volte, 9 dir, 1 rov rit, 3 dir, 1 rov rit, [1 rov rit, 1 dir] tre volte, 1 rov rit, pass2cfdavanti.

Ferro 25 (aumento): 2 dir, [1 dir rit, 1 rov] tre volte, 1 dir rit, 2 m inc a sn rov, 1 rov, 2 m inc a dx rov, rov fino a 10 m prima della fine del f, aum rov a dx, [1 rov, 1 dir rit] quattro volte, pass2cfdavanti (1 m aumentata).
Ferro 26: 2 dir, [1 rov rit, 1 dir] quattro volte, 11 dir, [1 rov rit, 1 dir] cinque volte, 1 rov rit, pass2cfdavanti.
Ferro 27 (aumento): 2 dir, [1 dir rit, 1 rov] quattro volte, 3 m inc centrate, rov fino a 10 m prima della fine del f, aum rov a dx, [1 rov, 1 dir rit] quattro volte, pass2cfdavanti (1 m aumentata).
Ferro 28: 2 dir, [1 rov rit, 1 dir] quattro volte, dir fino a 13 m prima della fine del f, [1 rov rit, 1 dir] cinque volte, 1 rov rit, pass2cfdavanti.
Ferro 29 (aumento): 2 dir, [1 dir rit, 1 rov] cinque volte, 1 dir rit, rov fino a 10 m prima della fine del f, aum rov a dx, [1 rov, 1 dir rit] quattro volte, pass2cfdavanti (1 m aumentata).

Ferro 30: ripetete il f 28.
(15 m aumentate - totale: 36 m).

Sezione 3 (pizzo - aumenti):

Seguendo il grafico o le istruzioni scritte, lavorate i f da 1 a 64 del punto pizzo B per cinque volte in tutto (196 m). Alla fine di questa sezione lo scialle dovrebbe misurare circa 125 cm.

Nota bene:
se desiderate uno scialle più grande o più piccolo, questa è la sezione nella quale potrete variare le dimensioni in funzione dei vostri gusti o della quantità di filato disponibile, lavorando i ferri da 1 a 64 per il numero di volte desiderato!

Grafico del punto pizzo B:

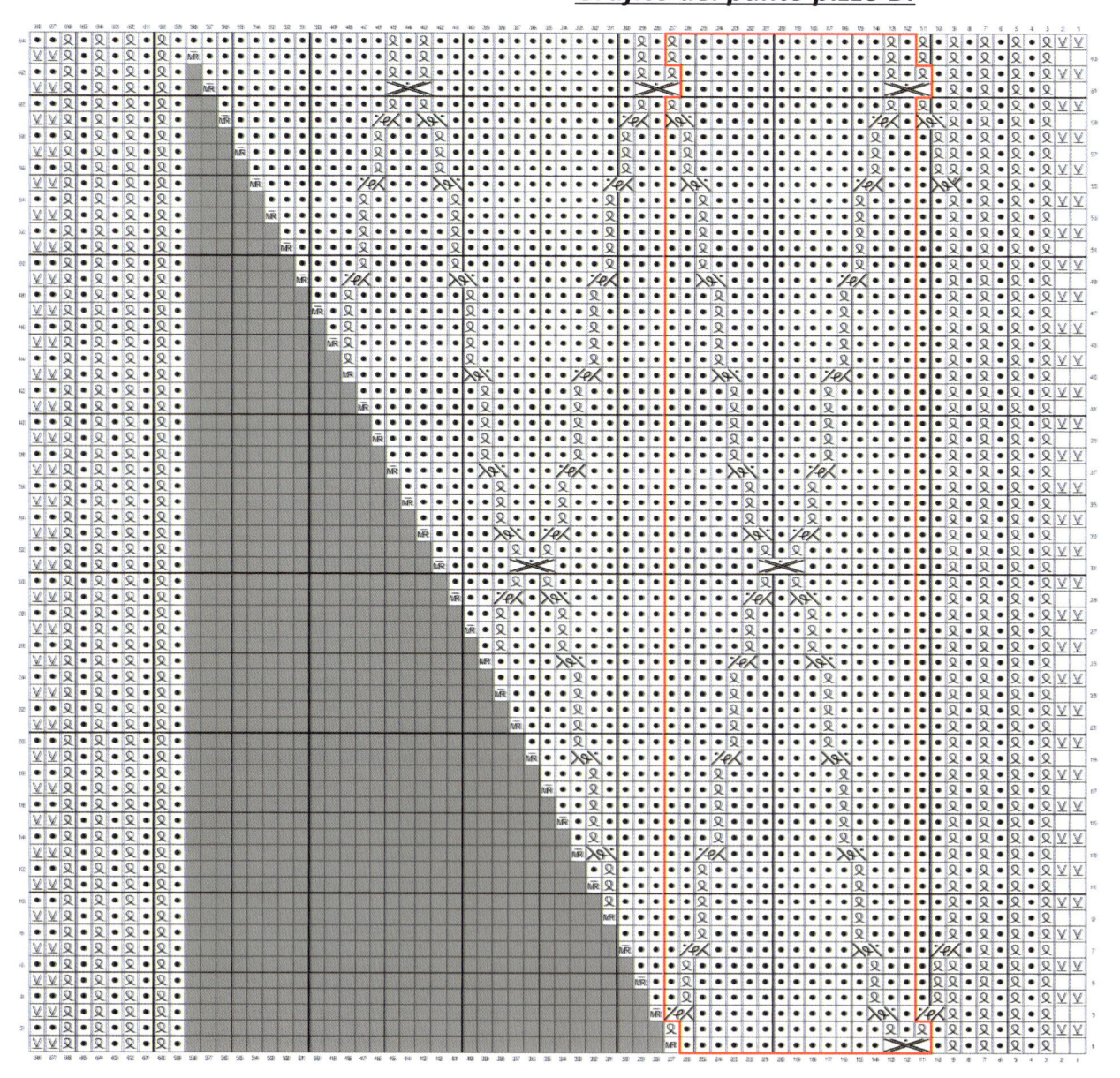

Attenzione: il grafico è lavorato in piano, consiglio di prestare particolare attenzione durante la lavorazione dello schema. Le linee rosse indicano le 16 m da ripetere per ottenere il motivo del pizzo. Non consiglio di posizionare dei marcapunti per segnalare i diversi motivi, perché si dovrebbero spostare all'interno dello schema e vi potrebbero confondere.

Istruzioni scritte:

Attenzione: anche in questa sezione ogni f dispari (del DdL) presenta un aumento; al termine di ogni ripetizione del grafico B si saranno aumentate 32 m.

Ferro 1 (DdL - aumento): 2 dir, [1 dir rit, 1 rov] quattro volte, *3 m inc centrate, 13 rov. Ripetete da * fino a 10 m prima della fine del f, aum a dx, [1 rov, 1 dir rit] quattro volte, pass2cfdavanti (1 m aumentata).

Ferro 2 (RdL): 2 dir, [1 rov rit, 1 dir] quattro volte, 1 rov rit, *13 dir, 1 rov rit, 1 dir, 1 rov rit. Ripetete da * fino a 10 m prima della fine del f, [1 dir, 1 rov rit] quattro volte, pass2cfdavanti.

Ferro 3 (aumento): 2 dir, [1 dir rit, 1 rov] tre volte, 1 dir rit, 2 m inc a dx rov, *1 rov, 2 m inc a sn rov, 11 rov, 2 m inc a dx rov. Ripetete da * fino a 10 m prima della fine del f, aum rov a dx, [1 rov, 1 dir rit] quattro volte, pass2cfdavanti (1 m aumentata).

Ferro 4: 2 dir, [1 rov rit, 1 dir] quattro volte, 1 dir, *1 dir, 1 rov rit, 11 dir, 1 rov rit, 2 dir. Ripetete da * fino a 11 m prima della fine del f, 1 dir, 2 rov rit, [1 dir, 1 rov rit] tre volte, pass2cfdavanti.

Ferro 5 (aumento): 2 dir, [1 dir rit, 1 rov] tre volte, 2 dir rit, 1 rov, *2 rov, 1 dir rit, 11 rov, 1 dir rit, 1 rov. Ripetete da * fino a 11 m prima della fine del f, 1 rov, aum rov a dx, [1 rov, 1 dir rit] quattro volte, pass2cfdavanti (1 m aumentata).

Ferro 6: 2 dir, [1 rov rit, 1 dir] quattro volte, 2 dir, *1 dir, 1 rov rit, 11 dir, 1 rov rit, 2 dir. Ripetete da * fino a 11 m prima della fine del f, 1 dir, 2 rov rit, [1 dir, 1 rov rit] tre volte, pass2cfdavanti.

Ferro 7 (aumento): 2 dir, [1 dir rit, 1 rov] tre volte, 2 m inc a dx rov, 1 rov, *2 rov, 2 m inc a sn rov, 9 rov, 2 m inc a dx rov, 1 rov. Ripetete da * fino a 12 m prima della fine del f, 2 rov, aum rov a dx, [1 rov, 1 dir rit] quattro volte, pass2cfdavanti (1 m aumentata).

Ferro 8: 2 dir, [1 rov rit, 1 dir] quattro volte, 3 dir, *2 dir, 1 rov rit, 9 dir, 1 rov rit, 3 dir. Ripetete da * fino a 11 m prima della fine del f, 1 dir, [1 dir, 1 rov rit] quattro volte, pass2cfdavanti.

Ferro 9 (aumento): 2 dir, [1 dir rit, 1 rov] quattro volte, 1 rov, *3 rov, 1 dir rit, 9 rov, 1 dir rit, 2 rov. Ripetete da * fino a 13 m prima della fine del f, 3 rov, aum a dx, [1 rov, 1 dir rit] quattro volte, pass2cfdavanti (1 m aumentata).

Ferro 10: 2 dir, [1 rov rit, 1 dir] quattro volte, 1 rov rit, 3 dir, *2 dir, 1 rov rit, 9 dir, 1 rov rit, 3 dir. Ripetete da * fino a 11 m prima della fine del f, 1 dir, [1 dir, 1 rov rit] quattro volte, pass2cfdavanti.

Ferro 11 (aumento): 2 dir, [1 dir rit, 1 rov] quattro volte, 1 rov, *3 rov, 1 dir rit, 9 rov, 1 dir rit, 2 rov. Ripetete da * fino a 14 m prima della fine del f, 3 rov, 1 dir rit, aum rov a dx, [1 rov, 1 dir rit] quattro volte, pass2cfdavanti (1 m aumentata).

Ferro 12: 2 dir, [1 rov rit, 1 dir] quattro volte, 1 dir, 1 rov rit, 3 dir, *2 dir, 1 rov rit, 9 dir, 1 rov rit, 3 dir. Ripetete da * fino a 11 m prima della fine del f, 1 dir, [1 dir, 1 rov rit] quattro volte, pass2cfdavanti.

Ferro 13 (aumento): 2 dir, [1 dir rit, 1 rov] quattro volte, 1 rov, *3 rov, 2 m inc a sn rov, 7 rov, 2 m inc a dx rov, 2 rov. Ripetete da * fino a 15 m prima della fine del f, 3 rov, 2 m inc a sn rov, aum rov a dx, [1 rov, 1 dir rit] quattro volte, pass2cfdavanti (1 m aumentata).

Ferro 14: 2 dir, [1 rov rit, 1 dir] quattro volte, 1 dir, 1 rov rit, 4 dir, *3 dir, 1 rov rit, 7 dir, 1 rov rit, 4 dir. Ripetete da * fino a 11 m prima della fine del f, 1 dir, [1 dir, 1 rov rit] quattro volte, pass2cfdavanti.

Ferro 15 (aumento): 2 dir, [1 dir rit, 1 rov] quattro volte, 1 rov, *4 rov, 1 dir rit, 7 rov, 1 dir rit, 3 rov. Ripetete da * fino a 16 m prima della fine del f, 4 rov, 1 dir rit, 1 rov, aum rov a dx, [1 rov, 1 dir rit] quattro volte, pass2cfdavanti (1 m aumentata).

Ferro 16: 2 dir, [1 rov rit, 1 dir] quattro volte, 2 dir, 1 rov rit, 4 dir, *3 dir, 1 rov rit, 7 dir, 1 rov rit, 4 dir. Ripetete da * fino a 11 m prima della fine del f, 1 dir, [1 dir, 1 rov rit] quattro volte, pass2cfdavanti.

Ferro 17 (aumento): 2 dir, [1 dir rit, 1 rov] quattro volte, 1 rov, *4 rov, 1 dir rit, 7 rov, 1 dir rit, 3 rov. Ripetete da * fino a 17 m prima della fine del f, 4 rov, 1 dir rit, 2 rov, aum rov a dx, [1 rov, 1 dir rit] quattro volte, pass2cfdavanti (1 m aumentata).

Ferro 18: 2 dir, [1 rov rit, 1 dir] quattro volte, 3 dir, 1 rov rit, 4 dir, *3 dir, 1 rov rit, 7 dir, 1 rov rit, 4 dir. Ripetete da * fino a 11 m prima della fine del f, 1 dir, [1 dir, 1 rov rit] quattro volte, pass2cfdavanti.

Ferro 19 (aumento): 2 dir, [1 dir rit, 1 rov] quattro volte, 1 rov, *4 rov, 2 m inc a sn rov, 5 rov, 2 m inc a dx rov, 3 rov. Ripetete da * fino a 18 m prima della fine del f, 4 rov, 2 m inc a sn rov, 2 rov, aum rov a dx, [1 rov, 1 dir rit] quattro volte, pass2cfdavanti (1 m aumentata).

Ferro 20: 2 dir, [1 rov rit, 1 dir] quattro volte, 3 dir, 1 rov rit, 5 dir, *4 dir, [1 rov rit, 5 dir] due volte. Ripetete da * fino a 11 m prima della fine del f, 1 dir, [1 dir, 1 rov rit] quattro volte, pass2cfdavanti.

Ferro 21 (aumento): 2 dir, [1 dir rit, 1 rov] quattro volte, 1 rov, *[5 rov, 1 dir rit] due volte, 4 rov. Ripetete da * fino a 19 m prima della fine del f, 5 rov, 1 dir rit, 3 rov, aum rov a dx, [1 rov, 1 dir rit] quattro volte, pass2cfdavanti (1 m aumentata).

Ferro 22: 2 dir, [1 rov rit, 1 dir] quattro volte, 4 dir, 1 rov rit, 5 dir, *4 dir, [1 rov rit, 5 dir] due volte. Ripetete da * fino a 11 m prima della fine del f, 1 dir, [1 dir, 1 rov rit] quattro volte, pass2cfdavanti.

Ferro 23 (aumento): 2 dir, [1 dir rit, 1 rov] quattro volte, 1 rov, *[5 rov, 1 dir rit] due volte, 4 rov. Ripetete da * fino a 20 m prima della fine del f, 5 rov, 1 dir rit, 4 rov, aum rov a dx, [1 rov, 1 dir rit] quattro volte, pass2cfdavanti (1 m aumentata).

Ferro 24: 2 dir, [1 rov rit, 1 dir] quattro volte, 5 dir, 1 rov rit, 5 dir, *4 dir, [1 rov rit, 5 dir] due volte. Ripetete da * fino a 11 m prima della fine del f, 1 dir, [1 dir, 1 rov rit] quattro volte, pass2cfdavanti.

Ferro 25 (aumento): 2 dir, [1 dir rit, 1 rov] quattro volte, 1 rov, *5 rov, 2 m inc a sn rov, 3 rov, 2 m inc a dx rov, 4 rov. Ripetete da * fino a 21 m prima della fine del f, 5 rov, 2 m inc a sn rov, 4 rov, aum a dx, [1 rov, 1 dir rit] quattro volte, pass2cfdavanti (1 m aumentata).

Ferro 26: 2 dir, [1 rov rit, 1 dir] quattro volte, 1 dir, 1 rov rit, 3 dir, 1 rov rit, 6 dir, *5 dir, 1 rov rit, 3 dir, 1 rov rit, 6 dir. Ripetete da * fino a 11 m prima della fine del f, 1 dir, [1 dir, 1 rov rit] quattro volte, pass2cfdavanti.

Ferro 27 (aumento): 2 dir, [1 dir rit, 1 rov] quattro volte, 1 rov, *6 rov, 1 dir rit, 3 rov, 1 dir rit, 5 rov. Ripetete da * fino a 22 m prima della fine del f, 6 rov, 1 dir rit, 3 rov, 1 dir rit, 1 rov, aum rov a dx, [1 rov, 1 dir rit] quattro volte, pass2cfdavanti (1 m aumentata).

Ferro 28: 2 dir, [1 rov rit, 1 dir] quattro volte, 2 dir, 1 rov rit, 3 dir, 1 rov rit, 6 dir, *5 dir, 1 rov rit, 3 dir, 1 rov rit, 6 dir. Ripetete da * fino a 11 m prima della fine del f, 1 dir, [1 dir, 1 rov rit] quattro volte, pass2cfdavanti.

Ferro 29 (aumento): 2 dir, [1 dir rit, 1 rov] quattro volte, 1 rov, *6 rov, 2 m inc a sn rov, 1 rov, 2 m inc a dx rov, 5 rov. Ripetete da * fino a 23 m prima della fine del f, 6 rov, 2 m inc a sn rov, 1 rov, 2 m inc a dx rov, 2 rov, aum rov a dx, [1 rov, 1 dir rit] quattro volte, pass2cfdavanti (1 m aumentata).

Ferro 30: 2 dir, [1 rov rit, 1 dir] quattro volte, 4 dir, 1 rov rit, 1 dir, 1 rov rit, 7 dir, *6 dir, 1 rov rit, 1 dir, 1 rov rit, 7 dir. Ripetete da * fino a 11 m prima della fine del f, 1 dir, [1 dir, 1 rov rit] quattro volte, pass2cfdavanti.

Ferro 31 (aumento): 2 dir, [1 dir rit, 1 rov] quattro volte, 1 rov, *7 rov, 3 m inc centrate, 6 rov. Ripetete da * fino a 24 m prima della fine del f, 7 rov, 3 m inc centrate, 4 rov, aum rov a dx, [1 rov, 1 dir rit] quattro volte, pass2cfdavanti (1 m aumentata).

Ferro 32: 2 dir, [1 rov rit, 1 dir] quattro volte, 5 dir, 1 rov rit, 1 dir, 1 rov rit, 7 dir, *6 dir, 1 rov rit, 1 dir, 1 rov rit, 7 dir. Ripetete da * fino a 11 m prima della fine del f, 1 dir, [1 dir, 1 rov rit] quattro volte, pass2cfdavanti.

Ferro 33 (aumento): 2 dir, [1 dir rit, 1 rov] quattro volte, 1 rov, *6 rov, 2 m inc a dx rov, 1 rov, 2 m inc a sn rov, 5 rov. Ripetete da * fino a 25 m prima della fine del f, 6 rov, 2 m inc a dx rov, 1 rov, 2 m inc a sn rov, 4 rov, aum rov a dx, [1 rov, 1 dir rit] quattro volte, pass2cfdavanti (1 m aumentata).

Ferro 34: 2 dir, [1 rov rit, 1 dir] quattro volte, 5 dir, 1 rov rit, 3 dir, 1 rov rit, 6 dir, *5 dir, 1 rov rit, 3 dir, 1 rov rit, 6 dir. Ripetete da * fino a 11 m prima della fine del f, 1 dir, [1 dir, 1 rov rit] quattro volte, pass2cfdavanti.

Ferro 35 (aumento): 2 dir, [1 dir rit, 1 rov] quattro volte, 1 rov, *6 rov, 1 dir rit, 3 rov, 1 dir rit, 5 rov. Ripetete da * fino a 26 m prima della fine del f, 6 rov, 1 dir rit, 3 rov, 1 dir rit, 5 rov, aum rov a dx, [1 rov, 1 dir rit] quattro volte, pass2cfdavanti (1 m aumentata).

Ferro 36: 2 dir, [1 rov rit, 1 dir] quattro volte, 6 dir, 1 rov rit, 3 dir, 1 rov rit, 6 dir, *5 dir, 1 rov rit, 3 dir, 1 rov rit, 6 dir. Ripetete da * fino a 11 m prima della fine del f, 1 dir, [1 dir, 1 rov rit] quattro volte, pass2cfdavanti.

Ferro 37 (aumento): 2 dir, [1 dir rit, 1 rov] quattro volte, 1 rov, *5 rov, 2 m inc a dx rov, 3 rov, 2 m inc a sn rov, 4 rov. Ripetete da * fino a 27 m prima della fine del f, 5 rov, 2 m inc a dx rov, 3 rov, 2 m inc a sn rov, 5 rov, aum rov a dx, [1 rov, 1 dir rit] quattro volte, pass2cfdavanti (1 m aumentata).

Ferro 38: 2 dir, [1 rov rit, 1 dir] quattro volte, 6 dir, [1 rov rit, 5 dir] due volte, *4 dir, [1 rov rit, 5 dir] due volte. Ripetete da * fino a 11 m prima della fine del f, 1 dir, [1 dir, 1 rov rit] quattro volte, pass2cfdavanti.

Ferro 39 (aumento): 2 dir, [1 dir rit, 1 rov] quattro volte, 1 rov, *[5 rov, 1 dir rit] due volte, 4 rov. Ripetete da * fino a 28 m prima della fine del f, [5 rov, 1 dir rit] due volte, 6 rov, aum rov a dx, [1 rov, 1 dir rit] quattro volte, pass2cfdavanti (1 m aumentata).

Ferro 40: 2 dir, [1 rov rit, 1 dir] quattro volte, 7 dir, [1 rov rit, 5 dir] due volte, *4 dir, [1 rov rit, 5 dir] due volte. Ripetete da * fino a 11 m prima della fine del f, 1 dir, [1 dir, 1 rov rit] quattro volte, pass2cfdavanti.

Ferro 41 (aumento): 2 dir, [1 dir rit, 1 rov] quattro volte, 1 rov, *[5 rov, 1 dir rit] due volte, 4 rov. Ripetete da * fino a 29 m prima della fine del f, [5 rov, 1 dir rit] due volte, 7 rov, aum rov a dx, [1 rov, 1 dir rit] quattro volte, pass2cfdavanti (1 m aumentata).

Ferro 42: 2 dir, [1 rov rit, 1 dir] quattro volte, 8 dir, [1 rov rit, 5 dir] due volte, *4 dir, [1 rov rit, 5 dir] due volte. Ripetete da * fino a 11 m prima della fine del f, 1 dir, [1 dir, 1 rov rit] quattro volte, pass2cfdavanti.

Ferro 43 (aumento): 2 dir, [1 dir rit, 1 rov] quattro volte, 1 rov, *4 rov, 2 m inc a dx rov, 5 rov, 2 m inc a sn rov, 3 rov. Ripetete da * fino a 30 m prima della fine del f, 4 rov, 2 m inc a dx rov, 5 rov, 2 m inc a sn rov, 7 rov, aum a dx, [1 rov, 1 dir rit] quattro volte, pass2cfdavanti (1 m aumentata).

Ferro 44: 2 dir, [1 rov rit, 1 dir] quattro volte, [1 rov rit, 7 dir] due volte, 1 rov rit, 4 dir, *3 dir, 1 rov rit, 7 dir, 1 rov rit, 4 dir. Ripetete da * fino a 11 m prima della fine del f, 1 dir, [1 dir, 1 rov rit] quattro volte, pass2cfdavanti.

Ferro 45 (aumento): 2 dir, [1 dir rit, 1 rov] quattro volte, 1 rov, *4 rov, 1 dir rit, 7 rov, 1 dir rit, 3 rov. Ripetete da * fino a 31 m prima della fine del f, 4 rov, [1 dir rit, 7 rov] due volte, 1 dir rit, aum rov a dx, [1 rov, 1 dir rit] quattro volte, pass2cfdavanti (1 m aumentata).

Ferro 46: 2 dir, [1 rov rit, 1 dir] quattro volte, 1 dir, [1 rov rit, 7 dir] due volte, 1 rov rit, 4 dir, *3 dir, 1 rov rit, 7 dir, 1 rov rit, 4 dir. Ripetete da * fino a 11 m prima della fine del f, 1 dir, [1 dir, 1 rov rit] quattro volte, pass2cfdavanti.

Ferro 47 (aumento): 2 dir, [1 dir rit, 1 rov] quattro volte, 1 rov, *4 rov, 1 dir rit, 7 rov, 1 dir rit, 3 rov. Ripetete da * fino a 32 m prima della fine del f, 4 rov, [1 dir rit, 7 rov] due volte, 1 dir rit, 1 rov, aum rov a dx, [1 rov, 1 dir rit] quattro volte, pass2cfdavanti (1 m aumentata).

Ferro 48: 2 dir, [1 rov rit, 1 dir] quattro volte, 2 dir, [1 rov rit, 7 dir] due volte, 1 rov rit, 4 dir, *3 dir, 1 rov rit, 7 dir, 1 rov rit, 4 dir. Ripetete da * fino a 11 m prima della fine del f, 1 dir, [1 dir, 1 rov rit] quattro volte, pass2cfdavanti.

Ferro 49 (aumento): 2 dir, [1 dir rit, 1 rov] quattro volte, 1 rov, *3 rov, 2 m inc a dx rov, 7 rov, 2 m inc a sn rov, 2 rov. Ripetete da * fino a 33 m prima della fine del f, 3 rov, 2 m inc a dx rov, 7 rov, 2 m inc a sn rov, 5 rov, 2 m inc a dx rov, 2 rov, aum rov a dx, [1 rov, 1 dir rit] quattro volte, pass2cfdavanti (1 m aumentata).

Ferro 50: 2 dir, [1 rov rit, 1 dir] quattro volte, 4 dir, 1 rov rit, 5 dir, 1 rov rit, 9 dir, 1 rov rit, 3 dir, *2 dir, 1 rov rit, 9 dir, 1 rov rit, 3 dir. Ripetete da * fino a 11 m prima della fine del f, 1 dir, [1 dir, 1 rov rit] quattro volte, pass2cfdavanti.

Ferro 51 (aumento): 2 dir, [1 dir rit, 1 rov] quattro volte, 1 rov, *3 rov, 1 dir rit, 9 rov, 1 dir rit, 2 rov. Ripetete da * fino a 34 m prima della fine del f, 3 rov, 1 dir rit, 9 rov, 1 dir rit, 5 rov, 1 dir rit, 4 rov, aum rov a dx, [1 rov, 1 dir rit] quattro volte, pass2cfdavanti (1 m aumentata).

Ferro 52: 2 dir, [1 rov rit, 1 dir] quattro volte, [5 dir, 1 rov rit] due volte, 9 dir, 1 rov rit, 3 dir, *2 dir, 1 rov rit, 9 dir, 1 rov rit, 3 dir. Ripetete da * fino a 11 m prima della fine del f, 1 dir, [1 dir, 1 rov rit] quattro volte, pass2cfdavanti.

Ferro 53 (aumento): 2 dir, [1 dir rit, 1 rov] quattro volte, 1 rov, *3 rov, 1 dir rit, 9 rov, 1 dir rit, 2 rov. Ripetete da * fino a 35 m prima della fine del f, 3 rov, 1 dir rit, 9 rov, [1 dir rit, 5 rov] due volte, aum rov a dx, [1 rov, 1 dir rit] quattro volte, pass2cfdavanti (1 m aumentata).

Ferro 54: 2 dir, [1 rov rit, 1 dir] quattro volte, 6 dir, 1 rov rit, 5 dir, 1 rov rit, 9 dir, 1 rov rit, 3 dir, *2 dir, 1 rov rit, 9 dir, 1 rov rit, 3 dir. Ripetete da * fino a 11 m prima della fine del f, 1 dir, [1 dir, 1 rov rit] quattro volte, pass2cfdavanti.

Ferro 55 (aumento): 2 dir, [1 dir rit, 1 rov] tre volte, 2 m inc a sn rit, 1 rov, *2 rov, 2 m inc a dx rov, 9 rov, 2 m inc a sn rov, 1 rov. Ripetete da * fino a 36 m prima della fine del f, 2 rov, 2 m inc a dx rov, 9 rov, 2 m inc a sn rov, 3 rov, 2 m inc a dx rov, 6 rov, aum rov a dx, [1 rov, 1 dir rit] quattro volte, pass2cfdavanti (1 m aumentata).

Ferro 56: 2 dir, [1 rov rit, 1 dir] quattro volte, 8 dir, 1 rov rit, 3 dir, 1 rov rit, 11 dir, 1 rov rit, 2 dir, *1 dir, 1 rov rit, 11 dir, 1 rov rit, 2 dir. Ripetete da * fino a 11 m prima della fine del f, 1 dir, 2 rov rit, [1 dir, 1 rov rit] tre volte, pass2cfdavanti.

Ferro 57 (aumento): 2 dir, [1 dir rit, 1 rov] tre volte, 2 dir rit, 1 rov, *2 rov, 1 dir rit, 11 rov, 1 dir rit, 1 rov. Ripetete da * fino a 37 m prima della fine del f, 2 rov, 1 dir rit, 11 rov, 1 dir rit, 3 rov, 1 dir rit, 8 rov, aum rov a dx, [1 rov, 1 dir rit] quattro volte, pass2cfdavanti (1 m aumentata).

Ferro 58: 2 dir, [1 rov rit, 1 dir] quattro volte, 9 dir, 1 rov rit, 3 dir, 1 rov rit, 11 dir, 1 rov rit, 2 dir, *1 dir, 1 rov rit, 11 dir, 1 rov rit, 2 dir. Ripetete da * fino a 11 m prima della fine del f, 1 dir, 2 rov rit, [1 dir, 1 rov rit] tre volte, pass2cfdavanti.

Ferro 59 (aumento): 2 dir, [1 dir rit, 1 rov] tre volte, 1 dir rit, 2 m inc a sn rov, *1 rov, 2 m inc a dx rov, 11 rov, 2 m inc a sn rov. Ripetete da * fino a 38 m prima della fine del f, 1 rov, 2 m inc a dx rov, 11 rov, 2 m inc a sn rov, 1 rov, 2 m inc a dx rov, 9 rov, aum rov a dx, [1 rov, 1 dir rit] quattro volte, pass2cfdavanti (1 m aumentata).

Ferro 60: 2 dir, [1 rov rit, 1 dir] quattro volte, 11 dir, 1 rov rit, 1 dir, 1 rov rit, 13 dir, 1 rov rit, 1 dir, *1 rov rit, 13 dir, 1 rov rit, 1 dir. Ripetete da * fino a 11 m prima della fine del f, [1 rov rit, 1 dir] quattro volte, 1 rov rit, pass2cfdavanti.

Ferro 61 (aumento): 2 dir, [1 dir rit, 1 rov] quattro volte, *3 m inc centrate, 13 rov. Ripetete da * fino a 40 m prima della fine del f, 3 m inc centrate, 13 rov, 3 m inc centrate, 11 rov, aum rov a dx, [1 rov, 1 dir rit] quattro volte, pass2cfdavanti (1 m aumentata).
Ferro 62: 2 dir, [1 rov rit, 1 dir] quattro volte, 12 dir, 1 rov rit, 1 dir, 1 rov rit, 13 dir, 1 rov rit, 1 dir, 1 rov rit, *13 dir, 1 rov rit, 1 dir, 1 rov rit. Ripetete da * fino a 10 m prima della fine del f, [1 dir, 1 rov rit] quattro volte, pass2cfdavanti.
Ferro 63 (aumento): 2 dir, [1 dir rit, 1 rov] quattro volte, 1 dir rit, *1 rov, 1 dir rit, 13 rov, 1 dir rit. Ripetete da * fino a 40 m prima della fine del f, 1 rov, 1 dir rit, 13 rov, 1 dir rit, 1 rov, 1 dir rit, 12 rov, aum rov a dx, [1 rov, 1 dir rit] quattro volte, pass2cfdavanti (1 m aumentata).

Ferro 64: 2 dir, [1 rov rit, 1 dir] quattro volte, 13 dir, 1 rov rit, 1 dir, 13 dir, 1 rov rit, 1 dir, *1 rov rit, 13 dir, 1 rov rit, 1 dir. Ripetete da * fino a 11 m prima della fine del f, [1 rov rit, 1 dir] quattro volte, 1 rov rit, pass2cfdavanti.
(32 m aumentate).
Ripetete i f da 1 a 64: ancora quattro volte per ottenere il punto pizzo B (160 m aumentate - totale: 196 m).

Sezione 4 (pizzo - aumenti):

Seguendo il grafico o le istruzioni scritte, lavorate i f da 1 a 34 del punto pizzo C (213 m).

Grafico del punto pizzo C:

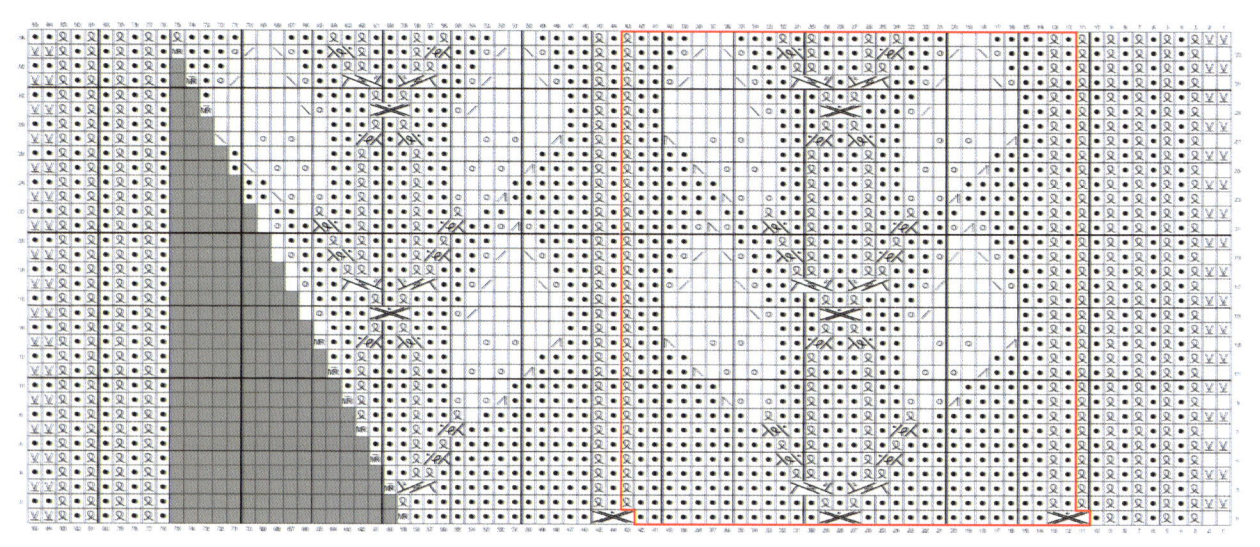

Attenzione: il grafico è lavorato in piano, consiglio di prestare particolare attenzione durante la lavorazione dello schema. Le linee rosse indicano le 32 m da ripetere per ottenere il motivo del pizzo. Non consiglio di posizionare dei marcapunti per segnalare i diversi motivi, perché si dovrebbero spostare all'interno dello schema e vi potrebbero confondere.

Istruzioni scritte:

Attenzione: anche in questa sezione ogni f dispari (del DdL) presenta un aumento; al termine del grafico C si saranno aumentate 17 m.
Ferro 1 (DdL - aumento): 2 dir, [1 dir rit, 1 rov] quattro volte, *[3 m inc centrate, 13 rov] due volte. Ripetete da * fino a 26 m prima della fine del f, 3 m inc centrate, 13 rov, aum a dx, [1 rov, 1 dir rit] quattro volte, pass2cfdavanti (1 m aumentata).
Ferro 2 (RdL): 2 dir, [1 rov rit, 1 dir] quattro volte, 1 rov rit, 13 dir, 1 rov rit, 1 dir, *[1 rov rit, 13 dir, 1 rov rit, 1 dir] due volte. Ripetete da * fino a 11 m prima della fine del f, [1 rov rit, 1 dir] quattro volte, 1 rov rit, pass2cfdavanti.
Ferro 3 (aumento): 2 dir, [1 dir rit, 1 rov] quattro volte, 1 dir rit, *1 rov, 1 dir rit, 11 rov, 3 m inc a dx rit, 1 rov, 3 m inc a sn rit, 11 rov, 1 dir rit. Ripetete da * fino a 26 m prima della fine del f, 1 rov, 1 dir rit, 11 rov, 3 m inc a dx rit, aum rov a dx, [1 rov, 1 dir rit] quattro volte, pass2cfdavanti (1 m aumentata).
Ferro 4: 2 dir, [1 rov rit, 1 dir] quattro volte, 2 dir, 2 rov rit, 11 dir, 1 rov rit, 1 dir, *1 rov rit, 11 dir, 2 rov rit, 3 dir, 2 rov rit, 11 dir, 1 rov rit, 1 dir. Ripetete da * fino a 11 m prima della fine del f, [1 rov rit, 1 dir] quattro volte, 1 rov rit, pass2cfdavanti.
Ferro 5 (aumento): 2 dir, [1 dir rit, 1 rov] quattro volte, 1 dir rit, *1 rov, 1 dir rit, 10 rov, 2 m inc a dx rov, 1 dir rit, 3 rov, 1 dir rit, 2 m inc a sn rov, 10 rov, 1 dir rit. Ripetete da * fino a 27 m prima della fine del f, 1 rov, 1 dir rit, 10 rov, 2 m inc a dx rov, 1 dir rit, 2 rov, aum rov a dx, [1 rov, 1 dir rit] quattro volte, pass2cfdavanti (1 m aumentata).

Ferro 6: 2 dir, [1 rov rit, 1 dir] quattro volte, 3 dir, 1 rov rit, 1 rov rit, 10 dir, 1 rov rit, 1 dir, *1 rov rit, 10 dir, 1 rov rit, 1 dir, 1 rov rit, 3 dir, 1 rov rit, 1 dir, 1 rov rit, 10 dir, 1 rov rit, 1 dir. Ripetete da * fino a 11 m prima della fine del f, [1 rov rit, 1 dir] quattro volte, 1 rov rit, pass2cfdavanti.

Ferro 7 (aumento): 2 dir, [1 dir rit, 1 rov] quattro volte, 1 dir rit, *1 rov, 1 dir rit, 9 rov, 2 m inc a dx rov, 1 rov, 1 dir rit, 3 rov, 1 dir rit, 1 rov, 2 m inc a sn rov, 9 rov, 1 dir rit. Ripetete da * fino a 28 m prima della fine del f, 1 rov, 1 dir rit, 9 rov, 2 m inc a dx rov, 1 rov, 1 dir rit, 3 rov, aum a dx, [1 rov, 1 dir rit] quattro volte, pass2cfdavanti (1 m aumentata).

Ferro 8: 2 dir, [1 rov rit, 1 dir] cinque volte, [2 dir, 1 rov rit] due volte, 1 rov, 8 dir, 1 rov rit, 1 dir, *1 rov rit, 8 dir, 1 rov, 1 rov rit, 2 dir, 1 rov rit, 3 dir, 1 rov rit, 2 dir, 1 rov rit, 1 rov, 8 dir, 1 rov rit, 1 dir. Ripetete da * fino a 11 m prima della fine del f, [1 rov rit, 1 dir] quattro volte, 1 rov rit, pass2cfdavanti.

Ferro 9 (aumento): 2 dir, [1 dir rit, 1 rov] quattro volte, 1 dir rit, *1 rov, 1 dir rit, 6 rov, dim doppia a dx, gettato, 1 dir, gettato, 2 rov, 1 dir rit, 3 rov, 1 dir rit, 2 rov, gettato, 1 dir, gettato, dim doppia a sn, 6 rov, 1 dir rit. Ripetete da * fino a 29 m prima della fine del f, 1 rov, 1 dir rit, 6 rov, dim doppia a dx, gettato, 1 dir, gettato, 2 rov, 1 dir rit, 3 rov, 1 dir rit, aum rov a dx, [1 rov, 1 dir rit] quattro volte, pass2cfdavanti (1 m aumentata).

Ferro 10: 2 dir, [1 rov rit, 1 dir] quattro volte, 1 dir, 1 rov rit, 3 dir, 1 rov rit, 2 rov, 4 rov, 6 dir, 1 rov rit, 1 dir, *1 rov rit, 6 dir, 4 rov, 2 rov, 1 rov rit, 3 dir, 1 rov rit, 2 rov, 4 rov, 6 dir, 1 rov rit, 1 dir. Ripetete da * fino a 11 m prima della fine del f, [1 rov rit, 1 dir] quattro volte, 1 rov rit, pass2cfdavanti.

Ferro 11 (aumento): 2 dir, [1 dir rit, 1 rov] quattro volte, 1 dir rit, *1 rov, 1 dir rit, 4 rov, dim doppia a dx, [1 dir, gettato] due volte, 1 dir, 2 rov, 1 dir rit, 3 rov, 1 dir rit, 2 rov, [1 dir, gettato] due volte, 1 dir, dim doppia a sn, 4 rov, 1 dir rit. Ripetete da * fino a 30 m prima della fine del f, 1 rov, 1 dir rit, 4 rov, dim doppia a dx, [1 dir, gettato] due volte, 1 dir, 2 rov, 1 dir rit, 3 rov, 1 dir rit, 1 rov, aum rov a dx, [1 rov, 1 dir rit] quattro volte, pass2cfdavanti (1 m aumentata).

Ferro 12: 2 dir, [1 rov rit, 1 dir] quattro volte, 2 dir, 1 rov rit, 3 dir, 1 rov rit, 2 rov, 6 rov, 4 dir, 1 rov rit, 1 dir, *1 rov rit, 4 dir, 6 rov, 2 rov, 1 rov rit, 3 dir, 1 rov rit, 2 rov, 6 rov, 4 dir, 1 rov rit, 1 dir. Ripetete da * fino a 11 m prima della fine del f, [1 rov rit, 1 dir] quattro volte, 1 rov rit, pass2cfdavanti.

Ferro 13 (aumento): 2 dir, [1 dir rit, 1 rov] quattro volte, 1 dir rit, *1 rov, 1 dir rit, 2 rov, dim doppia a dx, 2 dir, gettato, 1 dir, gettato, 2 dir, 2 rov, 2 m inc a sn rov, 1 rov, 2 m inc a dx rov, 2 rov, 2 dir, gettato, 1 dir, gettato, 2 dir, dim doppia a sn, 2 rov, 1 dir rit. Ripetete da * fino a 31 m prima della fine del f, 1 rov, 1 dir rit, 2 rov, dim doppia a dx, 2 dir, gettato, 1 dir, gettato, 2 dir, 2 rov, 2 m inc a sn rov, 1 rov, 2 m inc a dx rov, 2 rov, aum a dx, [1 rov, 1 dir rit] quattro volte, pass2cfdavanti (1 m aumentata).

Ferro 14: 2 dir, [1 rov rit, 1 dir] quattro volte, 1 rov, 3 dir, 1 rov rit, 1 dir, 1 rov rit, 3 dir, 8 rov, 2 dir, 1 rov rit, 1 dir, *1 rov rit, 2 dir, 8 rov, 3 dir, 1 rov rit, 1 dir, 1 rov rit, 3 dir, 8 rov, 2 dir, 1 rov rit, 1 dir. Ripetete da * fino a 11 m prima della fine del f, [1 rov rit, 1 dir] quattro volte, 1 rov rit, pass2cfdavanti.

Ferro 15 (aumento): 2 dir, [1 dir rit, 1 rov] quattro volte, 1 dir rit, *1 rov, 1 dir rit, 2 rov, 6 dir, dim a dx, gettato, 3 rov, 3 m inc centrate, 3 rov, gettato, dim a sn, 6 dir, 2 rov, 1 dir rit. Ripetete da * fino a 32 m prima della fine del f, 1 rov, 1 dir rit, 2 rov, 6 dir, dim a dx, gettato, 3 rov, 3 m inc centrate, 3 rov, gettato, 1 dir, [1 rov, 1 dir rit] quattro volte, pass2cfdavanti (1 m aumentata).

Ferro 16: 2 dir, [1 rov rit, 1 dir] quattro volte, 1 rov, 4 dir, 1 rov rit, 1 dir, 1 rov rit, 4 dir, 7 rov, 2 dir, 1 rov rit, 1 dir, *1 rov rit, 2 dir, 7 rov, 4 dir, 1 rov rit, 1 dir, 1 rov rit, 4 dir, 7 rov, 2 dir, 1 rov rit, 1 dir. Ripetete da * fino a 11 m prima della fine del f, [1 rov rit, 1 dir] quattro volte, 1 rov rit, pass2cfdavanti.

Ferro 17 (aumento): 2 dir, [1 dir rit, 1 rov] quattro volte, 1 dir rit, *1 rov, 1 dir rit, 2 rov, gettato, dim a sn, 3 dir, dim a dx, gettato, 2 rov, 3 m inc a dx rit, 1 rov, 3 m inc a sn rit, 2 rov, gettato, dim a sn, 3 dir, dim a dx, gettato, 2 rov, 1 dir rit. Ripetete da * fino a 33 m prima della fine del f, 1 rov, 1 dir rit, 2 rov, gettato, dim a sn, 3 dir, dim a dx, gettato, 2 rov, 3 m inc a dx rit, 1 rov, 3 m inc a sn rit, 2 rov, gettato, 1 dir, [1 rov, 1 dir rit] quattro volte, pass2cfdavanti (1 m aumentata).

Ferro 18: 2 dir, [1 rov rit, 1 dir] quattro volte, 1 rov, [3 dir, 2 rov rit] due volte, 3 dir, 5 rov, 3 dir, 1 rov rit, 1 dir, *1 rov rit, 3 dir, 5 rov, [3 dir, 2 rov rit] due volte, 3 dir, 5 rov, 3 dir, 1 rov rit, 1 dir. Ripetete da * fino a 11 m prima della fine del f, [1 rov rit, 1 dir] quattro volte, 1 rov rit, pass2cfdavanti.

Ferro 19 (aumento): 2 dir, [1 dir rit, 1 rov] quattro volte, 1 dir rit, *1 rov, 1 dir rit, 3 rov, gettato, dim a sn, 1 dir, dim a dx, gettato, 2 rov, 2 m inc a dx rov, 1 dir rit, 3 rov, 1 dir rit, 2 m inc a sn rov, 2 rov, gettato, dim a sn, 1 dir, dim a dx, gettato, 3 rov, 1 dir rit. Ripetete da * fino a 34 m prima della fine del f, 1 rov, 1 dir rit, 3 rov, gettato, dim a sn, 1 dir, dim a dx, gettato, 2 rov, 2 m inc a dx rov, 1 dir rit, 3 rov, 1 dir rit, 2 m inc a sn rov, 2 rov, gettato, 1 dir, [1 rov, 1 dir rit] quattro volte, pass2cfdavanti (1 m aumentata).

Ferro 20: 2 dir, [1 rov rit, 1 dir] quattro volte, 1 rov, [3 dir, 1 rov rit, 1 dir, 1 rov rit] due volte, 3 dir,

3 rov, 4 dir, 1 rov rit, 1 dir, *1 rov rit, 4 dir, 3 rov, [3 dir, 1 rov rit, 1 dir, 1 rov rit] due volte, 3 dir, 3 rov, 4 dir, 1 rov rit, 1 dir. Ripetete da * fino a 11 m prima della fine del f, [1 rov rit, 1 dir] quattro volte, 1 rov rit, pass2cfdavanti.

Ferro 21 (aumento): 2 dir, [1 dir rit, 1 rov] quattro volte, 1 dir rit, *1 rov, 1 dir rit, 4 rov, gettato, dim doppia a dx, gettato, 2 rov, 2 m inc a dx rov, 1 rov, 1 dir rit, 3 rov, 1 dir rit, 1 rov, 2 m inc a sn rov, 2 rov, gettato, dim doppia a sn, gettato, 4 rov, 1 dir rit. Ripetete da * fino a 35 m prima della fine del f, 1 rov, 1 dir rit, 4 rov, gettato, dim doppia a dx, gettato, 2 rov, 2 m inc a dx rov, 1 rov, 1 dir rit, 3 rov, 1 dir rit, 1 rov, 2 m inc a sn rov, 2 rov, gettato, 1 dir, [1 rov, 1 dir rit] quattro volte, pass2cfdavanti (1 m aumentata).

Ferro 22: 2 dir, [1 rov rit, 1 dir] quattro volte, 1 rov, 2 dir, 1 rov, 1 rov rit, 2 dir, 1 rov rit, 3 dir, 1 rov rit, 2 dir, 1 rov rit, 1 rov, 2 dir, 1 rov, 5 dir, 1 rov rit, 1 dir, *1 rov rit, 5 dir, 1 rov, 2 dir, 1 rov, 1 rov rit, 2 dir, 1 rov rit, 3 dir, 1 rov rit, 2 dir, 1 rov rit, 3 dir, 1 rov, 5 dir, 1 rov rit, 1 dir. Ripetete da * fino a 11 m prima della fine del f, [1 rov rit, 1 dir] quattro volte, 1 rov rit, pass2cfdavanti.

Ferro 23 (aumento): 2 dir, [1 dir rit, 1 rov] quattro volte, 1 dir rit, *1 rov, 1 dir rit, 6 rov, dim doppia a dx, gettato, 1 dir, gettato, 2 rov, 1 dir rit, 3 rov, 1 dir rit, 2 rov, gettato, 1 dir, gettato, dim doppia a sn, 6 rov, 1 dir rit. Ripetete da * fino a 36 m prima della fine del f, 1 rov, 1 dir rit, 6 rov, dim doppia a dx, gettato, 1 dir, gettato, 2 rov, 1 dir rit, 3 rov, 1 dir rit, 2 rov, gettato, 1 dir, gettato, dim a sn, 2 rov, [1 rov, 1 dir rit] quattro volte, pass2cfdavanti (1 m aumentata).

Ferro 24: 2 dir, [1 rov rit, 1 dir] quattro volte, 2 dir, 4 rov, 2 dir, 1 rov rit, 3 dir, 1 rov rit, 2 dir, 4 rov, 6 dir, 1 rov rit, 1 dir, *1 rov rit, 6 dir, 4 rov, 2 dir, 1 rov rit, 3 dir, 1 rov rit, 2 dir, 4 rov, 6 dir, 1 rov rit, 1 dir. Ripetete da * fino a 11 m prima della fine del f, [1 rov rit, 1 dir] quattro volte, 1 rov rit, pass2cfdavanti.

Ferro 25 (aumento): 2 dir, [1 dir rit, 1 rov] quattro volte, 1 dir rit, *1 rov, 1 dir rit, 4 rov, dim doppia a dx, [1 dir, gettato] due volte, 1 dir, 2 rov, 1 dir rit, 3 rov, 1 dir rit, 2 rov, [1 dir, gettato] due volte, 1 dir, dim doppia a sn, 4 rov, 1 dir rit. Ripetete da * fino a 37 m prima della fine del f, 1 rov, 1 dir rit, 4 rov, dim doppia a dx, [1 dir, gettato] due volte, 1 dir, 2 rov, 1 dir rit, 3 rov, 1 dir rit, 2 rov, [1 dir, gettato] due volte, 1 dir, dim a sn, 1 rov, [1 rov, 1 dir rit] quattro volte, pass2cfdavanti (1 m aumentata).

Ferro 26: 2 dir, [1 rov rit, 1 dir] quattro volte, 1 dir, 6 rov, 2 dir, 1 rov, 3 dir, 1 rov, 2 dir, 6 rov, 4 dir, 1 rov rit, 1 dir, *1 rov rit, 4 dir, 6 rov, 2 dir, 1 rov rit, 3 dir, 1 rov rit, 2 dir, 6 rov, 4 dir, 1 rov rit, 1 dir. Ripetete da * fino a 11 m prima della fine del f, [1 rov rit, 1 dir] quattro volte, 1 rov rit, pass2cfdavanti.

Ferro 27 (aumento): 2 dir, [1 dir rit, 1 rov] quattro volte, 1 dir rit, *1 rov, 1 dir rit, 2 rov, dim doppia a dx, 2 dir, gettato, 1 dir, gettato, 2 dir, 2 rov, 2 m inc a sn rov, 1 rov, 2 m inc a dx rov, 2 rov, 2 dir, gettato, 1 dir, gettato, 2 dir, dim doppia a sn, 2 rov, 1 dir rit. Ripetete da * fino a 38 m prima della fine del f, 1 rov, 1 dir rit, 2 rov, dim doppia a dx, 2 dir, gettato, 1 dir, gettato, 2 dir, 2 rov, 2 m inc a sn rov, 1 rov, 2 m inc a dx rov, 2 rov, 2 dir, gettato, 1 dir, gettato, 2 dir, dim a sn, [1 rov, 1 dir rit] quattro volte, pass2cfdavanti (1 m aumentata).

Ferro 28: 2 dir, [1 rov rit, 1 dir] quattro volte, 8 rov, 3 dir, 1 rov rit, 1 dir, 1 rov rit, 3 dir, 8 rov, 2 dir, 1 rov rit, 1 dir, *1 rov rit, 2 dir, 8 rov, 3 dir, 1 rov rit, 1 dir, 1 rov rit, 3 dir, 8 rov, 2 dir, 1 rov rit, 1 dir. Ripetete da * fino a 11 m prima della fine del f, [1 rov rit, 1 dir] quattro volte, 1 rov rit, pass2cfdavanti.

Ferro 29 (aumento): 2 dir, [1 dir rit, 1 rov] quattro volte, 1 dir rit, *1 rov, 1 dir rit, 2 rov, 6 dir, dim a dx, gettato, 3 rov, 3 m inc centrate, 3 rov, gettato, dim a sn, 6 dir, 2 rov, 1 dir rit. Ripetete da * fino a 39 m prima della fine del f, 1 rov, 1 dir rit, 2 rov, 6 dir, dim a dx, gettato, 3 rov, 3 m inc centrate, 3 rov, gettato, dim a sn, 6 dir, aum rov a dx, [1 rov, 1 dir rit] quattro volte, pass2cfdavanti (1 m aumentata).

Ferro 30: 2 dir, [1 rov rit, 1 dir] quattro volte, 1 dir, 7 rov, 4 dir, 1 rov rit, 1 dir, 1 rov rit, 4 dir, 7 rov, 2 dir, 1 rov rit, 1 dir, *1 rov rit, 2 dir, 7 rov, 4 dir, 1 rov rit, 1 dir, 1 rov rit, 4 dir, 7 rov, 2 dir, 1 rov rit, 1 dir. Ripetete da * fino a 11 m prima della fine del f, [1 rov rit, 1 dir] quattro volte, 1 rov rit, pass2cfdavanti.

Ferro 31 (aumento): 2 dir, [1 dir rit, 1 rov] quattro volte, 1 dir rit, *1 rov, 1 dir rit, 2 rov, gettato, dim a sn, 3 dir, dim a dx, gettato, 2 rov, 3 m inc a dx rit, 1 rov, 3 m inc a sn rit, 2 rov, gettato, dim a sn, 3 dir, dim a dx, gettato, 2 rov, 1 dir rit. Ripetete da * fino a 40 m prima della fine del f, 1 rov, 1 dir rit, 2 rov, gettato, dim a sn, 3 dir, dim a dx, gettato, 2 rov, 3 m inc a dx rit, 1 rov, 3 m inc a sn rit, 2 rov, gettato, dim a sn, 3 dir, dim a dx, gettato, 1 rov, aum rov a dx, [1 rov, 1 dir rit] quattro volte, pass2cfdavanti (1 m aumentata).

Ferro 32: 2 dir, [1 rov rit, 1 dir] quattro volte, 3 dir, 5 rov, [3 dir, 2 rov rit] due volte, 3 dir, 5 rov, 3 dir, 1 rov rit, 1 dir, *1 rov rit, 3 dir, 5 rov, [3 dir, 2 rov rit] due volte, 3 dir, 5 rov, 3 dir, 1 rov rit, 1 dir. Ripetete da * fino a 11 m prima della fine del f, [1 rov rit, 1 dir] quattro volte, 1 rov rit, pass2cfdavanti.

Ferro 33 (aumento): 2 dir, [1 dir rit, 1 rov] quattro volte, 1 dir rit, *1 rov, 1 dir rit, 3 rov, gettato, dim a sn, 1 dir, dim a dx, gettato, 2 rov, 2 m inc a dx rov, 1 dir rit, 3 rov, 1 dir rit, 2 m inc a sn rov, 2 rov, gettato, dim a sn, 1 dir, dim a dx, gettato, 3 rov, 1 dir rit. Ripetete da * fino a 41 m prima della fine del f, 1 rov, 1 dir rit, 3 rov, gettato, dim a sn, 1 dir, dim a dx, gettato, 2 rov, 2 m inc a dx rov, 1 dir rit, 3 rov, 1 dir rit, 2 m inc a sn rov, 2 rov, gettato, dim a sn, 1 dir, dim a dx, gettato, 3 rov, aum a dx, [1 rov, 1 dir rit] quattro volte, pass2cfdavanti (1 m aumentata).
Ferro 34: 2 dir, [1 rov rit, 1 dir] cinque volte, 3 dir, 3 rov, [3 dir, 1 rov rit, 1 dir, 1 rov rit] due volte, 3 dir, 3 rov, 4 dir, 1 rov rit, 1 dir, *1 rov rit, 4 dir, 3 rov, [3 dir, 1 rov rit, 1 dir, 1 rov rit] due volte, 3 dir, 3 rov, 4 dir, 1 rov rit, 1 dir. Ripetete da * fino a 11 m prima della fine del f, [1 rov rit, 1 dir] quattro volte, 1 rov rit, pass2cfdavanti.
(17 m aumentate - totale: 213 m).

Sezione 5 (pizzo - aumenti):

Seguendo il grafico o le istruzioni scritte, lavorate i f da 1 a 26 del punto pizzo D (226 m).

Grafico del punto pizzo D:

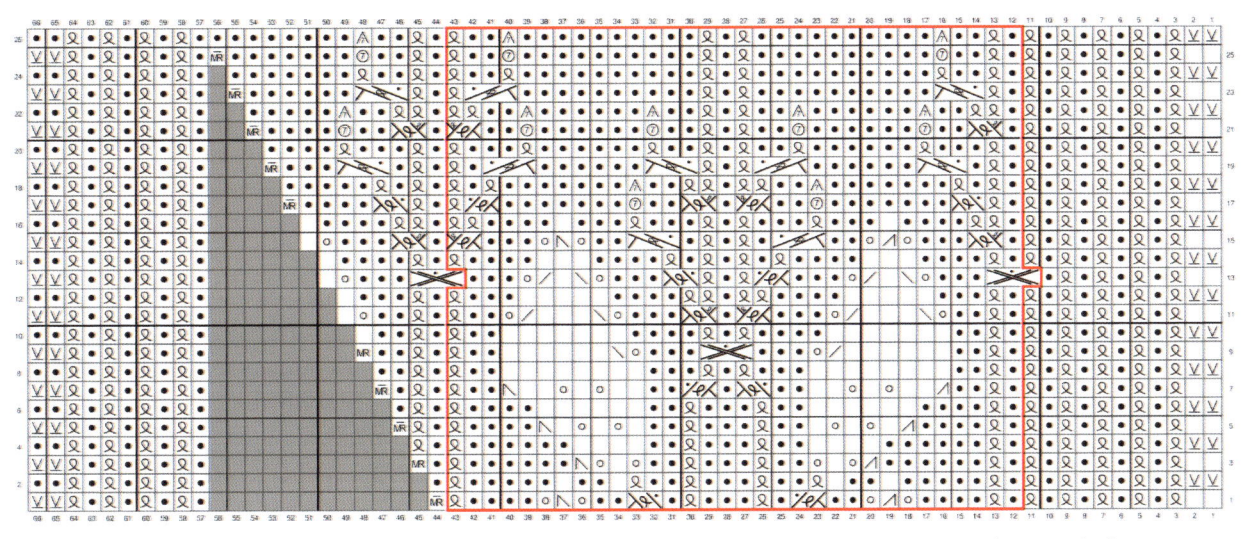

Attenzione: il grafico è lavorato in piano, consiglio di prestare particolare attenzione durante la lavorazione dello schema. Le linee rosse indicano le 32 m da ripetere per ottenere il motivo del pizzo. Non consiglio di posizionare dei marcapunti per segnalare i diversi motivi, perché si dovrebbero spostare all'interno dello schema e vi potrebbero confondere.

Istruzioni scritte:

Attenzione: anche in questa sezione ogni f dispari (del DdL) presenta un aumento; al termine del grafico D si saranno aumentate 13 m.

Ferro 1 (DdL) (aumento): 2 dir, [1 dir rit, 1 rov] quattro volte, 1 dir rit, *1 rov, 1 dir rit, 4 rov, gettato, dim doppia a dx, gettato, 2 rov, 2 m inc a dx rov, 1 rov, 1 dir rit, 3 rov, 1 dir rit, 1 rov, 2 m inc a sn rov, 2 rov, gettato, dim doppia a sn, gettato, 4 rov, 1 dir rit. Ripetete da * fino a 10 m prima della fine del f, aum rov a dx, [1 rov, 1 dir rit] quattro volte, pass2cfdavanti (1 m aumentata).

Ferro 2 (RdL): 2 dir, [1 rov rit, 1 dir] quattro volte, 1 dir, *1 rov rit, 5 dir, 1 rov, 2 dir, 1 rov, 1 rov rit, 2 dir, 1 rov rit, 3 dir, 1 rov, 2 dir, 1 rov rit, 1 rov, 2 dir, 1 rov, 5 dir, 1 rov rit, 1 dir. Ripetete da * fino a 11 m prima della fine del f, [1 rov rit, 1 dir] quattro volte, 1 rov rit, pass2cfdavanti.

Ferro 3 (aumento): 2 dir, [1 dir rit, 1 rov] quattro volte, 1 dir rit, *1 rov, 1 dir rit, 6 rov, dim doppia a dx, gettato, 1 dir, gettato, 2 rov, 1 dir rit, 3 rov, 1 dir rit, 2 rov, gettato, 1 dir, gettato, dim doppia a sn, 6 rov, 1 dir rit. Ripetete da * fino a 11 m prima della fine del f, 1 rov, aum a dx, [1 rov, 1 dir rit] quattro volte, pass2cfdavanti (1 m aumentata).

Ferro 4: 2 dir, [1 rov rit, 1 dir] quattro volte, 1 rov rit, 1 dir, *1 rov rit, 6 dir, 4 rov, 2 dir, 1 rov, 3 dir, 1 rov rit, 2 dir, 4 rov, 6 dir, 1 rov rit, 1 dir. Ripetete da * fino a 11 m prima della fine del f, [1 rov rit, 1 dir] quattro volte, 1 rov rit, pass2cfdavanti.

Ferro 5 (aumento): 2 dir, [1 dir rit, 1 rov] quattro volte, 1 dir rit, *1 rov, 1 dir rit, 4 rov, dim doppia a dx, [1 dir, gettato] due volte, 1 dir, 2 rov, 1 dir rit, 3 rov, 1 dir rit, 2 rov, [1 dir, gettato] due volte, 1 dir, dim doppia a sn, 4 rov, 1 dir rit. Ripetete da * fino a 12 m prima della fine del f, 1 rov, 1 dir rit, aum rov a dx, [1 rov, 1 dir rit] quattro volte, pass2cfdavanti (1 m aumentata).

Ferro 6: 2 dir, [1 rov rit, 1 dir] quattro volte, 1 dir, 1 rov rit, 1 dir, *1 rov rit, 4 dir, 6 rov, 2 dir, 1 rov rit, 3 dir, 1 rov rit, 2 dir, 6 rov, 4 dir, 1 rov rit, 1 dir. Ri-

171

petete da * fino a 11 m prima della fine del f, [1 rov rit, 1 dir] quattro volte, 1 rov rit, pass2cfdavanti.

Ferro 7 (aumento): 2 dir, [1 dir rit, 1 rov] quattro volte, 1 dir rit, *1 rov, 1 dir rit, 2 rov, dim doppia a dx, 2 dir, gettato, 1 dir, gettato, 2 dir, 2 rov, 2 m inc a sn rov, 1 rov, 2 m inc a dx rov, 2 rov, 2 dir, gettato, 1 dir, gettato, 2 dir, dim doppia a sn, 2 rov, 1 dir rit. Ripetete da * fino a 13 m prima della fine del f, 1 rov, 1 dir rit, 1 rov, aum rov a dx, [1 rov, 1 dir rit] quattro volte, pass2cfdavanti (1 m aumentata).

Ferro 8: 2 dir, [1 rov rit, 1 dir] quattro volte, 2 dir, 1 rov rit, 1 dir, *1 rov rit, 2 dir, 8 rov, 3 dir, 1 rov rit, 1 dir, 1 rov rit, 3 dir, 8 rov, 2 dir, 1 rov rit, 1 dir. Ripetete da * fino a 11 m prima della fine del f, [1 rov rit, 1 dir] quattro volte, 1 rov rit, pass2cfdavanti.

Ferro 9 (aumento): 2 dir, [1 dir rit, 1 rov] quattro volte, 1 dir rit, *1 rov, 1 dir rit, 2 rov, 6 dir, dim a dx, gettato, 3 rov, 3 m inc centrate, 3 rov, gettato, dim a sn, 6 dir, 2 rov, 1 dir rit. Ripetete da * fino a 14 m prima della fine del f, 1 rov, 1 dir rit, 2 rov, aum a dx, [1 rov, 1 dir rit] quattro volte, pass2cfdavanti (1 m aumentata).

Ferro 10: 2 dir, [1 rov rit, 1 dir] quattro volte, 1 rov, 2 dir, 1 rov rit, 1 dir, *1 rov rit, 2 dir, 7 rov, 4 dir, 1 rov rit, 1 dir, 1 rov rit, 4 dir, 7 rov, 2 dir, 1 rov rit, 1 dir. Ripetete da * fino a 11 m prima della fine del f, [1 rov rit, 1 dir] quattro volte, 1 rov rit, pass2cfdavanti.

Ferro 11 (aumento): 2 dir, [1 dir rit, 1 rov] quattro volte, 1 dir rit, *1 rov, 1 dir rit, 2 rov, gettato, dim a sn, 3 dir, dim a dx, gettato, 3 rov, 2 m inc a dx rit, 1 rov, 2 m inc a sn rit, 3 rov, gettato, dim a sn, 3 dir, dim a dx, gettato, 2 rov, 1 dir rit. Ripetete da * fino a 15 m prima della fine del f, 1 rov, 1 dir rit, 2 rov, gettato, 1 dir, [1 rov, 1 dir rit] quattro volte, pass2cfdavanti (1 m aumentata).

Ferro 12: 2 dir, [1 rov rit, 1 dir] quattro volte, 1 rov, 3 dir, 1 rov rit, 1 dir, *1 rov rit, 3 dir, 5 rov, 4 dir, 2 rov rit, 1 dir, 2 rov rit, 4 dir, 5 rov, 3 dir, 1 rov rit, 1 dir. Ripetete da * fino a 11 m prima della fine del f, [1 rov rit, 1 dir] quattro volte, 1 rov rit, pass2cfdavanti.

Ferro 13 (aumento): 2 dir, [1 dir rit, 1 rov] quattro volte, *3 m inc centrate, 3 rov, gettato, dim a sn, 1 dir, dim a dx, gettato, 3 rov, 2 m inc a dx rov, 1 dir rit, 1 rov, 1 dir rit, 2 m inc a sn rov, 3 rov, gettato, dim a sn, 1 dir, dim a dx, gettato, 3 rov. Ripetete da * fino a 17 m prima della fine del f, 3 m inc centrate, 3 rov, gettato, 1 dir, [1 rov, 1 dir rit] quattro volte, pass2cfdavanti (1 m aumentata).

Ferro 14: 2 dir, [1 rov rit, 1 dir] quattro volte, 1 rov, 4 dir, 1 rov rit, 1 dir, *1 rov rit, 4 dir, 3 dir, 4 dir, [1 rov rit, 1 dir] quattro volte, 3 dir, 3 rov, 4 dir, 1 rov rit, 1 dir. Ripetete da * fino a 11 m prima della fine del f, [1 rov rit, 1 dir] quattro volte, 1 rov rit, pass2cfdavanti.

Ferro 15 (aumento): 2 dir, [1 dir rit, 1 rov] quattro volte, 1 dir rit, *1 rov, 2 m inc a sn rit, 3 rov, gettato, dim doppia a dx, gettato, 2 rov, 3 m inc a dx rov, [1 rov, 1 dir rit] due volte, 1 rov, 3 m inc a sn rov, 2 rov, gettato, dim doppia a sn, gettato, 3 rov, 2 m inc a dx rit. Ripetete da * fino a 17 m prima della fine del f, 1 rov, 2 m inc a sn rit, 3 rov, gettato, 1 dir, [1 rov, 1 dir rit] quattro volte, pass2cfdavanti (1 m aumentata).

Ferro 16: 2 dir, [1 rov rit, 1 dir] quattro volte, 1 rov, 4 dir, 2 rov rit, 1 dir, *2 rov rit, 4 dir, 1 rov, [3 dir, 1 rov rit] due volte, 1 dir, [1 rov rit, 3 dir] due volte, 1 rov, 4 dir, 2 rov rit, 1 dir. Ripetete da * fino a 11 m prima della fine del f, [1 rov rit, 1 dir] quattro volte, 1 rov rit, pass2cfdavanti.

Ferro 17 (aumento): 2 dir, [1 dir rit, 1 rov] quattro volte, 1 dir rit, *1 rov, 1 dir rit, 2 m inc a sn rov, 7 rov, nocciolina, 2 rov, 2 m inc a dx rit, 1 rov, 2 m inc a sn rit, 2 rov, nocciolina, 7 rov, 2 m inc a dx rov, 1 dir rit. Ripetete da * fino a 18 m prima della fine del f, 1 rov, 1 dir rit, 2 m inc a sn rov, 4 rov, aum rov a dx, [1 rov, 1 dir rit] quattro volte, pass2cfdavanti (1 m aumentata).

Ferro 18: 2 dir, [1 rov rit, 1 dir] quattro volte, 5 dir, [1 rov rit, 1 dir] due volte, *[1 rov rit, 1 dir] due volte, 6 dir, dim settupla a dx, 2 dir, 2 rov rit, 1 dir, 2 rov, 2 dir, dim settupla a dx, 7 dir, [1 rov rit, 1 dir] due volte. Ripetete da * fino a 11 m prima della fine del f, [1 rov rit, 1 dir] quattro volte, 1 rov rit, pass2cfdavanti.

Ferro 19 (aumento): 2 dir, [1 dir rit, 1 rov] quattro volte, 1 dir rit, *1 rov, 1 dir rit, 1 rov, 3 m inc a sn rov, 6 rov, 3 m inc a dx rov, 1 dir rit, 1 rov, 1 dir rit, 3 m inc a sn rov, 6 rov, 3 m inc a dx rov, 1 rov, 1 dir rit. Ripetete da * fino a 19 m prima della fine del f, 1 rov, 1 dir rit, 1 rov, 3 m inc a sn rov, 3 rov, aum rov a dx, [1 rov, 1 dir rit] quattro volte, pass2cfdavanti (1 m aumentata).

Ferro 20: 2 dir, [1 rov rit, 1 dir] quattro volte, 4 dir, 1 rov rit, 3 dir, 1 rov rit, 1 dir, *1 rov rit, 3 dir, 1 rov rit, 6 dir, 1 rov rit, 2 dir, 1 rov rit, 1 dir, 1 rov rit, 2 dir, 1 rov rit, 6 dir, 1 rov rit, 3 dir, 1 rov rit, 1 dir. Ripetete da * fino a 11 m prima della fine del f, [1 rov rit, 1 dir] quattro volte, 1 rov rit, pass2cfdavanti.

Ferro 21 (aumento): 2 dir, [1 dir rit, 1 rov] quattro volte, 1 dir rit, *1 rov, 2 m inc a sn rit, 2 rov, nocciolina, 6 rov, nocciolina, 2 rov, 1 dir rit, 1 rov, 1 dir rit, 2 rov, nocciolina, 6 rov, nocciolina, 2 rov, 2 m inc a dx rit. Ripetete da * fino a 20 m prima della fine del f, 1 rov, 2 m inc a sn rit, 2 rov, nocciolina, 4 rov, aum rov a dx, [1 rov, 1 dir rit] quattro volte, pass2cfdavanti (1 m aumentata).

Ferro 22: 2 dir, [1 rov rit, 1 dir] quattro volte, 5 dir, dim settupla a dx, 2 dir, 2 rov rit, 1 dir, *2 rov rit, 2 dir, dim settupla a dx, 6 dir, dim settupla a dx, 2 dir, 1 rov rit, 1 dir, 1 rov rit, 2 dir, dim settupla a dx, 6 dir, dim settupla a dx, 2 dir, 2 rov rit, 1 dir. Ripetete da * fino a 11 m prima della fine del f, [1 rov rit, 1 dir] quattro volte, 1 rov rit, pass2cfdavanti.

Ferro 23 (aumento): 2 dir, [1 dir rit, 1 rov] quattro volte, 1 dir rit, *1 rov, 1 dir rit, 3 m inc a sn rov, 10 rov, 1 dir rit, 1 rov, 1 dir rit, 10 rov, 3 m inc a dx rov, 1 dir rit. Ripetete da * fino a 21 m prima della fine del f, 1 rov, 1 dir rit, 3 m inc a sn rov, 6 rov, aum rov a dx, [1 rov, 1 dir rit] quattro volte, pass2cfdavanti (1 m aumentata).

Ferro 24: 2 dir, [1 rov rit, 1 dir] quattro volte, 7 dir, 1 rov rit, 2 dir, 1 rov rit, 1 dir, *1 rov rit, 2 dir, 1 rov rit, 10 dir, 1 rov rit, 1 dir, 1 rov rit, 10 dir, 1 rov rit, 2 dir, 1 rov rit, 1 dir. Ripetete da * fino a 11 m prima della fine del f, [1 rov rit, 1 dir] quattro volte, 1 rov rit, pass2cfdavanti.

Ferro 25 (aumento): 2 dir, [1 dir rit, 1 rov] quattro volte, 1 dir rit, *1 rov, 1 dir rit, 2 rov, nocciolina, 10 rov, 1 dir rit, 1 rov, 1 dir rit, 10 rov, nocciolina, 2 rov, 1 dir rit. Ripetete da * fino a 22 m prima della fine del f, 1 rov, 1 dir rit, 2 rov, nocciolina, 7 rov, aum rov a dx, [1 rov, 1 dir rit] quattro volte, pass2cfdavanti (1 m aumentata).

Ferro 26: 2 dir, [1 rov rit, 1 dir] quattro volte, 8 dir, dim settupla a dx, 2 dir, 1 rov rit, 1 dir, *1 rov rit, 2 dir, dim settupla a dx, 10 dir, 1 rov rit, 1 dir, 1 rov rit, 10 dir, dim settupla a dx, 2 dir, 1 rov rit, 1 dir. Ripetete da * fino a 11 m prima della fine del f, [1 rov rit, 1 dir] quattro volte, 1 rov rit, pass2cfdavanti. (13 m aumentate - totale: 226 m).

Sezione 6 (pizzo - aumenti):

Seguendo il grafico o le istruzioni scritte, lavorate i f da 1 a 22 del punto pizzo E (237 m).

Grafico del punto pizzo E:

Attenzione: il grafico è lavorato in piano, consiglio di prestare particolare attenzione durante la lavorazione dello schema. Le linee rosse indicano le 16 m da ripetere per ottenere il motivo del pizzo. All'inizio dello schema potete posizionare dei marcapunti per segnalare i diversi motivi e facilitare il lavoro.

Istruzioni scritte:

Attenzione: anche in questa sezione ogni f dispari (del DdL) presenta un aumento; al termine del grafico E si saranno aumentate 11 m.

Ferro 1 (DdL - aumento): 2 dir, [1 dir rit, 1 rov] quattro volte, 3 m inc centrate, 6 rov, *7 rov, 3 m inc centrate, 6 rov. Ripetete da * fino a 15 m prima della fine del f, 5 rov, aum rov a dx, [1 rov, 1 dir rit] quattro volte, pass2cfdavanti (1 m aumentata).

Ferro 2 (RdL): 2 dir, [1 rov rit, 1 dir] quattro volte, 6 dir, *6 dir, 1 rov rit, 1 dir, 1 rov rit, 7 dir. Ripetete da * fino a 19 m prima della fine del f, 6 dir, [1 rov rit, 1 dir] cinque volte, 1 rov rit, pass2cfdavanti.

Ferro 3 (aumento): 2 dir, [1 dir rit, 1 rov] sei volte, 5 rov, *7 rov, 1 dir rit, 1 rov, 1 dir rit, 6 rov, Ripetete da * fino a 16 m prima della fine del f, 6 rov, aum rov a dx, [1 rov, 1 dir rit] quattro volte, pass2cfdavanti (1 m aumentata).

Ferro 4: 2 dir, [1 rov rit, 1 dir] quattro volte, 7 dir, *6 rov, 1 rov rit, 1 dir, 1 rov rit, 7 dir. Ripetete da * fino a 19 m prima della fine del f, 6 dir, [1 rov rit, 1 dir] cinque volte, 1 rov rit, pass2cfdavanti.

Ferro 5 (aumento): 2 dir, [1 dir rit, 1 rov] quattro volte, 3 m inc centrate, 6 rov, *7 rov, 3 m inc centrate, 6 rov. Ripetete da * fino a 17 m prima della fine del f, 7 rov, aum a dx, [1 rov, 1 dir rit] quattro volte, pass2cfdavanti (1 m aumentata).

Ferro 6: 2 dir, [1 rov rit, 1 dir] cinque volte, 6 dir, *6 dir, 1 rov rit, 1 dir, 1 rov rit, 7 dir. Ripetete da * fino a 19 m prima della fine del f, 6 dir, [1 rov rit, 1 dir] cinque volte, 1 rov rit, pass2cfdavanti.

Ferro 7 (aumento): 2 dir, [1 dir rit, 1 rov] quattro volte, 1 dir, 1 dir rit, gettato, dim a sn, 5 rov, *6 rov, dim a dx, gettato, 1 dir rit, gettato, dim a sn, 5 rov. Ripetete da * fino a 18 m prima della fine del f, 6 rov, 1 dir, gettato, 1 dir rit, [1 rov, 1 dir rit] quattro volte, pass2cfdavanti (1 m aumentata).

Ferro 8: 2 dir, [1 rov rit, 1 dir] quattro volte, 1 rov rit, 2 rov, 6 dir, *5 dir, 2 rov, 1 rov rit, 2 rov, 6 dir. Ripetete da * fino a 19 m prima della fine del f, 5 dir, 2 rov, 1 rov rit, 1 rov, [1 dir, 1 rov rit] quattro volte, pass2cfdavanti.

Ferro 9 (aumento): 2 dir, [1 dir rit, 1 rov] quattro volte, 1 dir, 1 dir rit, gettato, 1 dir, dim a sn, 4 rov, *5 rov, dim a dx, 1 dir, gettato, 1 dir rit, gettato, 1 dir, dim a sn, 4 rov. Ripetete da * fino a 19 m prima della fine del f, 5 rov, dim a dx, 1 dir, gettato, 1 dir rit, gettato, [1 rov, 1 dir rit] quattro volte, pass2cfdavanti (1 m aumentata).

Ferro 10: 2 dir, [1 rov rit, 1 dir] quattro volte, 1 rov, 1 rov rit, 3 rov, 5 dir, *4 dir, 3 rov, 1 rov rit, 3 rov, 5 dir. Ripetete da * fino a 19 m prima della fine del f, 4 dir, 3 rov, 1 rov rit, 1 rov, [1 dir, 1 rov rit] quattro volte, pass2cfdavanti.

Ferro 11 (aumento): 2 dir, [1 dir rit, 1 rov] quattro volte, 1 dir, 1 dir rit, gettato, 2 dir, dim a sn, 3 rov, *4 rov, dim a dx, 2 dir, gettato, 1 dir rit, gettato, 2 dir, dim a sn, 3 rov. Ripetete da * fino a 20 m prima della fine del f, 4 rov, dim a dx, 2 dir, gettato, 1 dir rit, gettato, 1 dir, [1 rov, 1 dir rit] quattro volte, pass2cfdavanti (1 m aumentata).

Ferro 12: 2 dir, [1 rov rit, 1 dir] quattro volte, 2 rov, 1 rov rit, 4 rov, 4 dir, *3 dir, 4 rov, 1 rov rit, 4 rov, 4 dir. Ripetete da * fino a 19 m prima della fine del f, 3 dir, 4 rov, 1 rov rit, 1 rov, [1 dir, 1 rov rit] quattro volte, pass2cfdavanti.

Ferro 13 (aumento): 2 dir, [1 dir rit, 1 rov] quattro volte, 1 dir, 1 dir rit, gettato, 3 dir, dim a sn, 2 rov, *3 rov, dim a dx, 3 dir, gettato, 1 dir rit, gettato, 3 dir, dim a sn, 2 rov. Ripetete da * fino a 21 m prima della fine del f, 3 rov, dim a dx, 3 dir, gettato, 1 dir rit, gettato, 2 dir, [1 rov, 1 dir rit] quattro volte, pass2cfdavanti (1 m aumentata).

Ferro 14: 2 dir, [1 rov rit, 1 dir] quattro volte, 3 rov, 1 rov rit, 5 rov, 3 dir, *2 dir, 5 rov, 1 rov rit, 5 rov, 3 dir. Ripetete da * fino a 19 m prima della fine del f, 2 dir, 5 rov, 1 rov rit, 1 rov, [1 dir, 1 rov rit] quattro volte, pass2cfdavanti.

Ferro 15 (aumento): 2 dir, [1 dir rit, 1 rov] quattro volte, 1 dir, 1 dir rit, gettato, 4 dir, dim a sn, 1 rov, *2 rov, dim a dx, 4 dir, gettato, 1 dir rit, gettato, 4 dir, dim a sn, 1 rov. Ripetete da * fino a 22 m prima della fine del f, 2 rov, dim a dx, 4 dir, gettato, 1 dir rit, gettato, 3 dir, [1 rov, 1 dir rit] quattro volte, pass2cfdavanti (1 m aumentata).

Ferro 16: 2 dir, [1 rov rit, 1 dir] quattro volte, 4 rov, 1 rov rit, 6 rov, 2 dir, *1 dir, 6 rov, 1 rov rit, 6 rov, 2 dir. Ripetete da * fino a 19 m prima della fine del f, 1 dir, 6 rov, 1 rov rit, 1 rov, [1 dir, 1 rov rit] quattro volte, pass2cfdavanti.

Ferro 17 (aumento): 2 dir, [1 dir rit, 1 rov] quattro volte, 1 dir, 1 dir rit, gettato, 5 dir, dim a sn, *1 rov, dim a dx, 5 dir, gettato, 1 dir rit, gettato, 5 dir, dim a sn. Ripetete da * fino a 23 m prima della fine del f, 1 rov, dim a dx, 5 dir, gettato, 1 dir rit, gettato, 4 dir, [1 rov, 1 dir rit] quattro volte, pass2cfdavanti (1 m aumentata).

Ferro 18: 2 dir, [1 rov rit, 1 dir] quattro volte, 5 rov, 1 rov rit, 7 rov, 1 dir, *7 rov, 1 rov rit, 7 rov, 1 dir. Ripetete da * fino a 19 m prima della fine del f, 7 rov, 1 rov rit, 1 rov, [1 dir, 1 rov rit] quattro volte, pass2cfdavanti.

Ferro 19 (aumento): 2 dir, [1 dir rit, 1 rov] quattro volte, 1 dir, 1 dir rit, gettato, 2 dir, dim a dx, gettato, dim a sn, 1 dir, *1 rov, 1 dir, dim a dx, gettato, dim a sn, 2 dir, gettato, 1 dir rit, gettato, 2 dir, dim a dx, gettato, dim a sn, 1 dir. Ripetete da * fino a 24 m prima della fine del f, 1 rov, 1 dir, dim a dx, gettato, dim a sn, 2 dir, gettato, 1 dir rit, gettato, 2 dir, dim a dx, gettato, 1 dir, [1 rov, 1 dir rit] quattro volte, pass2cfdavanti (1 m aumentata).

Ferro 20: 2 dir, [1 rov rit, 1 dir] quattro volte, 1 rov, 1 dir, 9 rov, 1 dir, 2 rov, 1 dir, *2 rov, 1 dir, 9 rov, 1 dir, 2 rov, 1 dir. Ripetete da * fino a 19 m prima della fine del f, 2 rov, 1 dir, 6 rov, [1 dir, 1 rov rit] quattro volte, pass2cfdavanti.

Ferro 21 (aumento): 2 dir, [1 dir rit, 1 rov] quattro volte, 4 dir, dim a dx, gettato, 1 rov, gettato, dim a sn, *1 rov, dim a dx, gettato, 1 rov, gettato, dim a sn, 5 dir, dim a dx, gettato, 1 rov, gettato, dim a sn. Ripetete da * fino a 25 m prima della fine del f, 1 rov, dim a dx, gettato, 1 rov, gettato, dim a sn, 5 dir, dim a dx, gettato, 1 rov, gettato, 1 dir rit, [1 rov, 1 dir rit] quattro volte, pass2cfdavanti (1 m aumentata).

Ferro 22: 2 dir, [1 rov rit, 1 dir] cinque volte, 2 dir, 7 rov, 3 dir, 1 rov rit, 1 dir, *1 rov rit, 3 dir, 7 rov, 3 dir, 1 rov rit, 1 dir. Ripetete da * fino a 19 m prima della fine del f, 1 rov rit, 3 dir, 5 rov, [1 dir, 1 rov rit] quattro volte, pass2cfdavanti.

(11 m aumentate - totale: 237 m).

Sezione 7 (pizzo - aumenti):

Seguendo il grafico o le istruzioni scritte, lavorate i f da 1 a 30 del punto pizzo F (252 m).

Grafico del punto pizzo F:

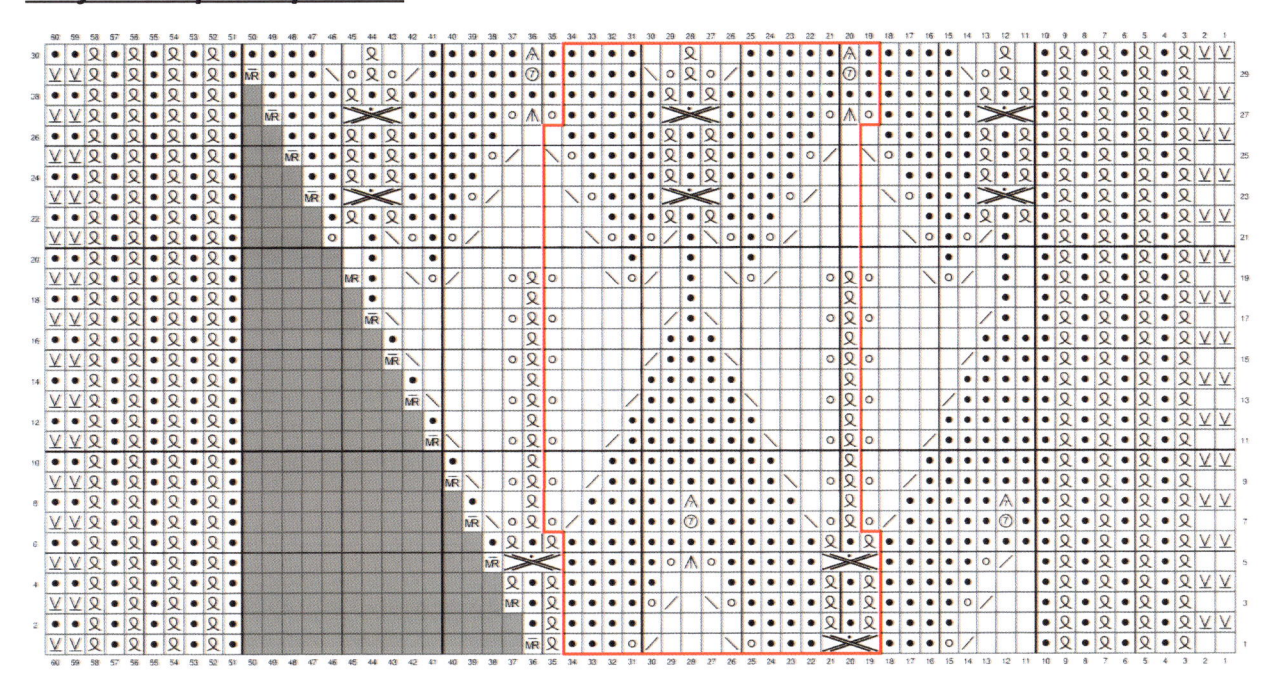

Attenzione: il grafico è lavorato in piano, consiglio di prestare particolare attenzione durante la lavorazione dello schema. Le linee rosse indicano le 16 m da ripetere per ottenere il motivo del pizzo. Non consiglio di posizionare dei marcapunti per segnalare i diversi motivi, perché si dovrebbero spostare diverse volte all'interno dello schema e vi potrebbero confondere.

Istruzioni scritte:

Attenzione: anche in questa sezione ogni f dispari (del DdL) presenta un aumento; al termine del grafico F si saranno aumentate 15 m.

Ferro 1 (DdL - aumento): 2 dir, [1 dir rit, 1 rov] quattro volte, 3 dir, dim a dx, gettato, 3 rov, *3 m inc centrate, 3 rov, gettato, dim a sn, 3 dir, dim a dx, gettato, 3 rov. Ripetete da * fino a 11 m prima della fine del f, 1 dir rit, aum rov a dx, [1 rov, 1 dir rit] quattro volte, pass2cfdavanti (1 m aumentata).

Ferro 2 (RdL): 2 dir, [1 rov rit, 1 dir] quattro volte, 1 dir, 1 rov rit, *4 dir, 5 rov, 4 dir, 1 rov rit, 1 dir, 1 rov rit. Ripetete da * fino a 18 m prima della fine del f, 4 dir, 4 rov, [1 dir, 1 rov rit] quattro volte, pass2cfdavanti.

Ferro 3 (aumento): 2 dir, [1 dir rit, 1 rov] quattro volte, 2 dir, dim a dx, gettato, 4 rov, *1 dir rit, 1 rov, 1 dir rit, 4 rov, gettato, dim a sn, 1 dir, dim a dx, gettato, 4 rov. Ripetete da * fino a 12 m prima della fine del f, 1 dir rit, 1 rov, aum a dx, [1 rov, 1 dir rit] quattro volte, pass2cfdavanti (1 m aumentata).

Ferro 4: 2 dir, [1 rov rit, 1 dir] cinque volte, 1 rov rit, *5 dir, 3 rov, 5 dir, 1 rov rit, 1 dir, 1 rov rit. Ripetete da * fino a 18 m prima della fine del f, 5 dir, 3 rov, [1 dir, 1 rov rit] quattro volte, pass2cfdavanti.

Ferro 5 (aumento): 2 dir, [1 dir rit, 1 rov] quattro volte, 1 dir, dim a dx, gettato, 5 rov, *3 m inc centrate, 5 rov, gettato, dim doppia centrata, gettato, 5 rov. Ripetete da * fino a 13 m prima della fine del f, 3 m inc centrate, aum rov a dx, [1 rov, 1 dir rit] quattro volte, pass2cfdavanti (1 m aumentata).

Ferro 6: 2 dir, [1 rov rit, 1 dir] quattro volte, [1 dir, 1 rov rit] due volte, *13 dir, 1 dir, 1 rov rit. Ripetete da * fino a 18 m prima della fine del f, 8 dir, [1 dir, 1 rov rit] quattro volte, pass2cfdavanti.

Ferro 7 (aumento): 2 dir, [1 dir rit, 1 rov] quattro volte, 1 rov, nocciolina, 5 rov, dim a dx, gettato, *1 dir rit, gettato, dim a sn, 5 rov, nocciolina, 5 rov, dim a dx, gettato. Ripetete da * fino a 13 m prima della fine del f, 1 dir rit, gettato, dim a sn, aum rov a dx, [1 rov, 1 dir rit] quattro volte, pass2cfdavanti (1 m aumentata).

Ferro 8: 2 dir, [1 rov rit, 1 dir] quattro volte, 1 dir, 2 rov, 1 rov rit, *2 rov, 5 dir, dim settupla a dx, 5 dir, 2 rov, 1 rov rit. Ripetete da * fino a 25 m pri-

ma della fine del f, 2 rov, 5 dir, dim settupla a dx, 1 dir, [1 dir, 1 rov rit] quattro volte, pass2cfdavanti.
Ferro 9 (aumento): 2 dir, [1 dir rit, 1 rov] quattro volte, 6 rov, dim a dx, 1 dir, gettato, *1 dir rit, gettato, 1 dir, dim a sn, 9 rov, dim a dx, 1 dir, gettato. Ripetete da * fino a 14 m prima della fine del f, 1 dir rit, gettato, 1 dir, dim a sn, aum rov a dx, [1 rov, 1 dir rit] quattro volte, pass2cfdavanti (1 m aumentata).
Ferro 10: 2 dir, [1 rov rit, 1 dir] quattro volte, 1 dir, 3 rov, 1 rov rit, *3 rov, 9 dir, 3 rov, 1 rov rit. Ripetete da * fino a 19 m prima della fine del f, 3 rov, 6 dir, [1 dir, 1 rov rit] quattro volte, pass2cfdavanti.
Ferro 11 (aumento): 2 dir, [1 dir rit, 1 rov] quattro volte, 5 rov, dim a dx, 2 dir, gettato, *1 dir rit, gettato, 2 dir, dim a sn, 7 rov, dim a dx, 2 dir, gettato. Ripetete da * fino a 15 m prima della fine del f, 1 dir rit, gettato, 2 dir, dim a sn, aum rov a dx, [1 rov, 1 dir rit] quattro volte, pass2cfdavanti (1 m aumentata).
Ferro 12: 2 dir, [1 rov rit, 1 dir] quattro volte, 1 dir, 4 rov, 1 rov rit, *4 rov, 7 dir, 4 rov, 1 rov rit. Ripetete da * fino a 19 m prima della fine del f, 4 rov, 5 dir, [1 dir, 1 rov rit] quattro volte, pass2cfdavanti.
Ferro 13 (aumento): 2 dir, [1 dir rit, 1 rov] quattro volte, 4 rov, dim a dx, 3 dir, gettato, *1 dir rit, gettato, 3 dir, dim a sn, 5 rov, dim a dx, 3 dir, gettato. Ripetete da * fino a 16 m prima della fine del f, 1 dir rit, gettato, 3 dir, dim a sn, aum rov a dx, [1 rov, 1 dir rit] quattro volte, pass2cfdavanti (1 m aumentata).
Ferro 14: 2 dir, [1 rov rit, 1 dir] quattro volte, 1 dir, 5 rov, 1 rov rit, *5 rov, 5 dir, 5 rov, 1 rov rit. Ripetete da * fino a 19 m prima della fine del f, 5 rov, 4 dir, [1 dir, 1 rov rit] quattro volte, pass2cfdavanti.
Ferro 15 (aumento): 2 dir, [1 dir rit, 1 rov] quattro volte, 3 rov, dim a dx, 4 dir, gettato, *1 dir rit, gettato, 4 dir, dim a sn, 3 rov, dim a dx, 4 dir, gettato. Ripetete da * fino a 17 m prima della fine del f, 1 dir rit, gettato, 4 dir, dim a sn, aum rov a dx, [1 rov, 1 dir rit] quattro volte, pass2cfdavanti (1 m aumentata).
Ferro 16: 2 dir, [1 rov rit, 1 dir] quattro volte, 1 dir, 6 rov, 1 rov rit, *6 rov, 3 dir, 6 rov, 1 rov rit. Ripetete da * fino a 19 m prima della fine del f, 6 rov, 3 dir, [1 dir, 1 rov rit] quattro volte, pass2cfdavanti.
Ferro 17 (aumento): 2 dir, [1 dir rit, 1 rov] quattro volte, 1 dir, 1 rov, dim a dx, 5 dir, gettato, *1 dir rit, gettato, 5 dir, dim a sn, 1 rov, dim a dx, 5 dir, gettato. Ripetete da * fino a 18 m prima della fine del f, 1 dir rit, gettato, 5 dir, dim a sn, aum rov a dx, [1 rov, 1 dir rit] quattro volte, pass2cfdavanti (1 m aumentata).
Ferro 18: 2 dir, [1 rov rit, 1 dir] quattro volte, 1 dir, 7 rov, 1 rov rit, *7 rov, 1 dir, 7 rov, 1 rov rit. Ripetete da * fino a 19 m prima della fine del f, 7 rov, 1 dir, 1 rov, [1 dir, 1 rov rit] quattro volte, pass2cfdavanti.
Ferro 19 (aumento): 2 dir, [1 dir rit, 1 rov] quattro volte, 1 dir, 1 rov, dim a dx, gettato, dim a sn, 2 dir, gettato, *1 dir rit, gettato, 2 dir, dim a dx, gettato, dim a sn, 1 dir, 1 rov, 1 dir, dim a dx, gettato, dim a sn, 2 dir, gettato. Ripetete da * fino a 19 m prima della fine del f, 1 dir rit, gettato, 2 dir, dim a dx, gettato, dim a sn, 1 dir, 1 rov, aum a dx, [1 rov, 1 dir rit] quattro volte, pass2cfdavanti (1 m aumentata).
Ferro 20: 2 dir, [1 rov rit, 1 dir] quattro volte, 1 rov, 1 dir, 2 rov, 1 dir, 5 rov, *4 rov, [1 dir, 2 rov] due volte, 1 dir, 5 rov. Ripetete da * fino a 19 m prima della fine del f, 4 rov, 1 dir, 2 rov, 1 dir, 1 rov, [1 dir, 1 rov rit] quattro volte, pass2cfdavanti.
Ferro 21 (aumento): 2 dir, [1 dir rit, 1 rov] quattro volte, 1 dir, 1 rov, dim a dx, gettato, 1 rov, gettato, dim a sn, 2 dir, *3 dir, dim a dx, gettato, 1 rov, gettato, dim a sn, 1 rov, dim a dx, 1 rov, gettato, dim a sn, 2 dir. Ripetete da * fino a 20 m prima della fine del f, 3 dir, dim a dx, gettato, 1 rov, gettato, dim a sn, 1 rov, 1 dir, gettato, [1 rov, 1 dir rit] quattro volte, pass2cfdavanti (1 m aumentata).
Ferro 22: 2 dir, [1 rov rit, 1 dir] quattro volte, [1 dir, 1 rov rit] due volte, 3 dir, 4 rov, *3 rov, 3 dir, 1 rov rit, 1 dir, 1 rov rit, 3 rov, 4 rov. Ripetete da * fino a 19 m prima della fine del f, 3 rov, 2 dir, [1 dir, 1 rov rit] sei volte, pass2cfdavanti.
Ferro 23 (aumento): 2 dir, [1 dir rit, 1 rov] quattro volte, 3 m inc centrate, 3 rov, gettato, dim a sn, 1 dir, *2 dir, dim a dx, gettato, 3 rov, 3 m inc centrate, 3 rov, gettato, dim a sn, 1 dir. Ripetete da * fino a 21 m prima della fine del f, 2 dir, dim a dx, gettato, 3 rov, 3 m inc centrate, 1 rov, aum rov a dx, [1 rov, 1 dir rit] quattro volte, pass2cfdavanti (1 m aumentata).
Ferro 24: 2 dir, [1 rov rit, 1 dir] quattro volte, 2 dir, 1 rov rit, 1 dir, 1 rov rit, 4 dir, 3 rov, *2 rov, 4 dir, 1 rov rit, 1 dir, 1 rov rit, 4 dir, 3 rov. Ripetete da * fino a 19 m prima della fine del f, 2 rov, 3 dir, [1 dir, 1 rov rit] sei volte, pass2cfdavanti.
Ferro 25 (aumento): 2 dir, [1 dir rit, 1 rov] sei volte, 3 rov, gettato, dim a sn, *1 dir, dim a dx, gettato, 4 rov, 1 dir rit, 1 dir, 1 dir rit, 4 rov, gettato, dim a sn. Ripetete da * fino a 22 m prima della fine del f, 1 dir, dim a dx, gettato, 4 rov, 1 dir rit, 1 rov, 1 dir rit, 2 rov, aum rov a dx, [1 rov, 1 dir rit] quattro volte, pass2cfdavanti (1 m aumentata).
Ferro 26: 2 dir, [1 rov rit, 1 dir] quattro volte, 3 dir, 1 rov rit, 1 dir, 1 rov rit, 5 dir, 2 rov, *1 rov, 5 dir, 1 rov rit, 1 dir, 1 rov rit, 5 dir, 2 rov. Ripetete da *

fino a 19 m prima della fine del f, 1 rov, 4 dir, [1 dir, 1 rov rit] sei volte, pass2cfdavanti.

Ferro 27 (aumento): 2 dir, [1 dir rit, 1 rov] quattro volte, 3 m inc centrate, 5 rov, *gettato, dim doppia centrata, gettato, 5 rov, 3 m inc centrate, 5 rov. Ripetete da * fino a 24 m prima della fine del f, gettato, dim doppia centrata, gettato, 5 rov, 3 m inc centrate, 3 rov, aum rov a dx, [1 rov, 1 dir rit] quattro volte, pass2cfdavanti (1 m aumentata).

Ferro 28: 2 dir, [1 rov rit, 1 dir] quattro volte, 4 dir, 1 rov rit, 1 dir, 1 rov rit, 8 dir, *5 dir, 1 rov rit, 1 dir, 1 rov rit, 8 dir. Ripetete da * fino a 18 m prima della fine del f, 4 dir, [1 dir, 1 rov rit] sei volte, pass2cfdavanti.

Ferro 29 (aumento): 2 dir, [1 dir rit, 1 rov] quattro volte, 1 dir, 1 dir rit, gettato, dim a sn, 4 rov, *1 rov, nocciolina, 5 rov, dim a dx, gettato, 1 dir rit, gettato, dim a sn, 4 rov. Ripetete da * fino a 25 m prima della fine del f, 1 rov, nocciolina, 5 rov, dim a dx, gettato, 1 dir rit, gettato, dim a sn, 3 rov, aum rov a dx, [1 rov, 1 dir rit] quattro volte, pass2cfdavanti (1 m aumentata).

Ferro 30: 2 dir, [1 rov rit, 1 dir] quattro volte, 4 dir, 2 rov, 1 rov rit, 2 rov, 5 dir, dim settupla a dx, 1 dir, *4 dir, 2 rov, 1 rov rit, 2 rov, 5 dir, dim settupla a dx, 1 dir. Ripetete da * fino a 18 m prima della fine del f, 4 dir, 2 rov, 1 rov rit, 1 rov, [1 dir, 1 rov rit] quattro volte, pass2cfdavanti.

(15 m aumentate - totale: 252 m).

Sezione 8 (pizzo - aumenti):

Seguendo il grafico o le istruzioni scritte, lavorate i f da 1 a 24 del punto pizzo G (263 m).

Grafico del punto pizzo G:

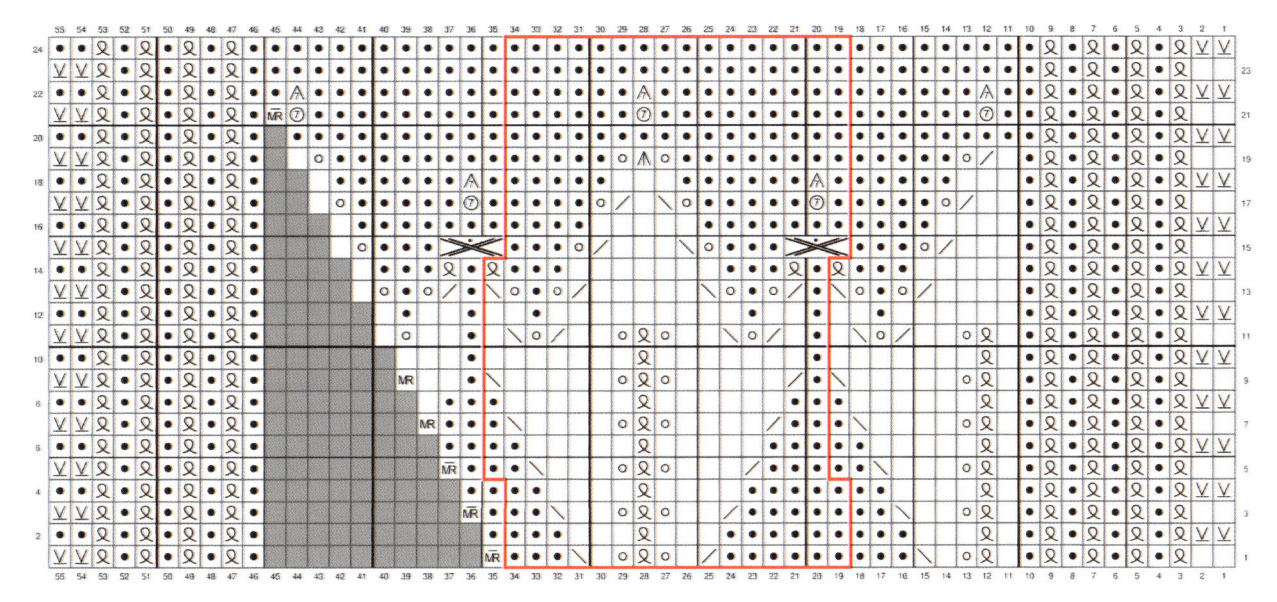

Attenzione: il grafico è lavorato in piano, consiglio di prestare particolare attenzione durante la lavorazione dello schema. Le linee rosse indicano le 16 m da ripetere per ottenere il motivo del pizzo. Non consiglio di posizionare dei marcapunti per segnalare i diversi motivi, perché si dovrebbero spostare diverse volte all'interno dello schema e vi potrebbero confondere.

Istruzioni scritte:

Attenzione: anche in questa sezione ogni f dispari (del DdL) presenta un aumento; al termine del grafico G si saranno aumentate 12 m.

Ferro 1 (DdL - aumento): 2 dir, [1 dir rit, 1 rov] quattro volte, 1 dir, 1 dir rit, gettato, 1 dir, dim a sn, 3 rov, *6 rov, dim a dx, 1 dir, gettato, 1 dir rit, gettato, 1 dir, dim a sn, 3 rov. Ripetete da * fino a 10 m prima della fine del f, aum rov a dx, [1 rov, 1 dir rit] quattro volte, pass2cfdavanti (1 m aumentata).

Ferro 2 (RdL): 2 dir, [1 rov rit, 1 dir] quattro volte, 1 dir, *3 dir, 3 rov, 1 rov rit, 3 rov, 6 dir. Ripetete da * fino a 18 m prima della fine del f, 3 dir, 3 rov, 1 rov rit, 1 rov, [1 dir, 1 rov rit] quattro volte, pass2cfdavanti.

Ferro 3 (aumento): 2 dir, [1 dir rit, 1 rov] quattro volte, 1 dir, 1 dir rit, gettato, 2 dir, dim a sn, 2 rov, *5 rov, dim a dx, 2 dir, gettato, 1 dir rit, gettato, 2 dir, dim a sn, 2 rov. Ripetete da * fino a 11 m prima della fine del f, 1 rov, aum rov a dx, [1 rov, 1 dir rit] quattro volte, pass2cfdavanti (1 m aumentata).

Ferro 4: 2 dir, [1 rov rit, 1 dir] quattro volte, 2 dir, *2 dir, 4 rov, 1 rov rit, 4 rov, 5 dir. Ripetete da * fino a 18 m prima della fine del f, 2 dir, 4 rov, 1 rov rit, 1 rov, [1 dir, 1 rov rit] quattro volte, pass2cfdavanti.

177

Ferro 5 (aumento): 2 dir, [1 dir rit, 1 rov] quattro volte, 1 dir, 1 dir rit, gettato, 3 dir, dim a sn, 2 rov, *3 rov, dim a dx, 3 dir, gettato, 1 dir rit, gettato, 3 dir, dim a sn, 2 rov. Ripetete da * fino a 11 m prima della fine del f, 1 rov, aum rov a dx, [1 rov, 1 dir rit] quattro volte, pass2cfdavanti (1 m aumentata).

Ferro 6: 2 dir, [1 rov rit, 1 dir] quattro volte, 2 dir, *2 dir, 5 rov, 1 rov rit, 5 rov, 3 dir. Ripetete da * fino a 19 m prima della fine del f, 2 dir, 5 rov, 1 rov rit, 1 rov, [1 dir, 1 rov rit] quattro volte, pass2cfdavanti.

Ferro 7 (aumento): 2 dir, [1 dir rit, 1 rov] quattro volte, 1 dir, 1 dir rit, gettato, 4 dir, dim a sn, 1 rov, *2 rov, dim a dx, 4 dir, gettato, 1 dir rit, gettato, 4 dir, dim a sn, 1 rov. Ripetete da * fino a 12 m prima della fine del f, 2 rov, aum a dx, [1 rov, 1 dir rit] quattro volte, pass2cfdavanti (1 m aumentata).

Ferro 8: 2 dir, [1 rov rit, 1 dir] quattro volte, 1 rov, 2 dir, *1 dir, 6 rov, 1 rov rit, 6 rov, 2 dir. Ripetete da * fino a 19 m prima della fine del f, 1 dir, 6 rov, 1 rov rit, 1 rov, [1 dir, 1 rov rit] quattro volte, pass2cfdavanti.

Ferro 9 (aumento): 2 dir, [1 dir rit, 1 rov] quattro volte, 1 dir, 1 dir rit, gettato, 5 dir, dim a sn, *1 rov, dim a dx, 5 dir, gettato, 1 dir rit, gettato, 5 dir, dim a sn. Ripetete da * fino a 13 m prima della fine del f, 1 rov, 2 dir, aum a dx, [1 rov, 1 dir rit] quattro volte, pass2cfdavanti (1 m aumentata).

Ferro 10: 2 dir, [1 rov rit, 1 dir] quattro volte, 3 rov, 1 dir, *7 rov, 1 rov rit, 7 rov, 1 dir. Ripetete da * fino a 19 m prima della fine del f, 7 rov, 1 rov rit, 1 rov, [1 dir, 1 rov rit] quattro volte, pass2cfdavanti.

Ferro 11 (aumento): 2 dir, [1 dir rit, 1 rov] quattro volte, 1 dir, 1 dir rit, gettato, 2 dir, dim a dx, gettato, dim a sn, 1 dir, *1 rov, 1 dir, dim a dx, gettato, dim a sn, 2 dir, gettato, 1 dir rit, gettato, 2 dir, dim a dx, gettato, dim a sn, 1 dir. Ripetete da * fino a 14 m prima della fine del f, 1 rov, 2 dir, gettato, 1 dir, [1 rov, 1 dir rit] quattro volte pass2cfdavanti (1 m aumentata).

Ferro 12: 2 dir, [1 rov rit, 1 dir] quattro volte, 1 rov, 1 dir, 2 rov, 1 dir, *2 rov, 1 dir, 9 rov, 1 dir, 2 rov, 1 dir. Ripetete da * fino a 19 m prima della fine del f, 2 rov, 1 dir, 6 rov, [1 dir, 1 rov rit] quattro volte, pass2cfdavanti.

Ferro 13 (aumento): 2 dir, [1 dir rit, 1 rov] quattro volte, 4 dir, dim a dx, gettato, 1 rov, gettato, dim a sn, *1 rov, dim a dx, gettato, 1 rov, gettato, dim a sn, 5 dir, dim a dx, gettato, 1 rov, gettato, dim a sn. Ripetete da * fino a 15 m prima della fine del f, 1 rov, dim a dx, gettato, 1 rov, gettato, 1 dir, [1 rov, 1 dir rit] quattro volte, pass2cfdavanti (1 m aumentata).

Ferro 14: 2 dir, [1 rov rit, 1 dir] quattro volte, 1 rov, 3 dir, 1 rov rit, 1 dir, *1 rov rit, 3 dir, 7 rov, 3 dir, 1 rov rit, 1 dir. Ripetete da * fino a 19 m prima della fine del f, 1 rov rit, 3 dir, 5 rov, [1 dir, 1 rov rit] quattro volte, pass2cfdavanti.

Ferro 15 (aumento): 2 dir, [1 dir rit, 1 rov] quattro volte, 3 dir, dim a dx, gettato, 3 rov, *3 m inc centrate, 3 rov, gettato, dim a sn, 3 dir, dim a dx, gettato, 3 rov. Ripetete da * fino a 17 m prima della fine del f, 3 m inc centrate, 3 rov, gettato, 1 dir, [1 rov, 1 dir rit] quattro volte, pass2cfdavanti (1 m aumentata).

Ferro 16: 2 dir, [1 rov rit, 1 dir] quattro volte, 1 rov, 7 dir, *4 dir, 5 rov, 7 dir. Ripetete da * fino a 18 m prima della fine del f, 4 dir, 4 rov, [1 dir, 1 rov rit] quattro volte, pass2cfdavanti.

Ferro 17 (aumento): 2 dir, [1 dir rit, 1 rov] quattro volte, 2 dir, dim a dx, gettato, 4 rov, *1 rov, nocciolina, 5 rov, gettato, dim a sn, 1 dir, dim a dx, gettato, 4 rov. Ripetete da * fino a 18 m prima della fine del f, 1 rov, nocciolina, 5 rov, gettato, 1 dir, [1 rov, 1 dir rit] quattro volte, pass2cfdavanti (1 m aumentata).

Ferro 18: 2 dir, [1 rov rit, 1 dir] quattro volte, 1 rov, 6 dir, dim settupla a dx, 1 dir, *5 dir, 3 rov, 6 dir, dim settupla a dx, 1 dir. Ripetete da * fino a 18 m prima della fine del f, 5 dir, 3 rov, [1 dir, 1 rov rit] quattro volte, pass2cfdavanti.

Ferro 19 (aumento): 2 dir, [1 dir rit, 1 rov] quattro volte, 1 dir, dim a dx, gettato, 5 rov, *8 rov, gettato, dim doppia centrata, gettato, 5 rov. Ripetete da * fino a 19 m prima della fine del f, 8 rov, gettato, 1 dir, [1 rov, 1 dir rit] quattro volte, pass2cfdavanti (1 m aumentata).

Ferro 20: 2 dir, [1 rov rit, 1 dir] quattro volte, 10 dir, *16 dir. Ripetete da * fino a 18 m prima della fine del f, 8 dir, [1 dir, 1 rov rit] quattro volte, pass2cfdavanti.

Ferro 21 (aumento): 2 dir, [1 dir rit, 1 rov] quattro volte, 1 rov, nocciolina, 6 rov, *9 rov, nocciolina, 6 rov. Ripetete da * fino a 20 m prima della fine del f, 9 rov, nocciolina, aum rov a dx, [1 rov, 1 dir rit] quattro volte, pass2cfdavanti (1 m aumentata).

Ferro 22: 2 dir, [1 rov rit, 1 dir] quattro volte, 1 dir, dim settupla a dx, 9 dir, *6 dir, dim settupla a dx, 9 dir. Ripetete da * fino a 24 m prima della fine del f, 6 dir, dim settupla a dx, 1 dir, [1 dir, 1 rov rit] quattro volte, pass2cfdavanti.

Ferro 23: 2 dir, [1 dir rit, 1 rov] quattro volte, 8 rov, *16 rov. Ripetete da * fino a 21 m prima della fine del f, 11 rov, [1 rov, 1 dir rit] quattro volte, pass2cfdavanti.

Ferro 24: 2 dir, [1 rov rit, 1 dir] quattro volte, 11 dir, *16 dir. Ripetete da * fino a 18 m prima della fine del f, 8 dir, [1 dir, 1 rov rit] quattro volte, pass2cfdavanti.

(11 m aumentate - totale: 263 m).

Sezione 9 (bordo):

Ferro 1: 2 dir, [1 dir rit, 1 rov] fino a 3 m prima della fine del f, 1 dir rit, pass2cfdavanti.
Ferro 2: 2 dir, [1 rov rit, 1 dir] fino a 3 m prima della fine del f, 1 rov rit, pass2cfdavanti.
Ripetete i f 1 e 2: ancora quattro volte.

Rifiniture:

Fissate i fili.
Bloccate aggressivamente lo scialle (guardate anche il glossario), indossatelo e... siate *chic*!!!

Livelli di difficoltà

	★	Punti basici, aumenti e diminuzioni semplici.
	★★	Punti semplici, lavorazione a colori semplice, modellazione semplice con aumenti e diminuzioni.
	★★★	Punti intermedi, lavorazione a colori intermedia, modellazione intermedia con aumenti e diminuzioni, ferri accorciati.
	★★★★	Punti complessi, lavorazione a colori complessa, modellazione complessa, elementi e tecniche complesse da svolgere in contemporanea.

Glossario

2 m inc a dx (treccia a destra su 2 m): mettete in sospeso su un f ausiliario 1 m sul RdL, 1 dir, poi lavorate 1 dir dal f ausiliario.

2 m inc a dx rit (treccia ritorta a destra su 2 m): mettete in sospeso su un f ausiliario 1 m sul RdL, 1 dir rit, poi lavorate 1 dir rit dal f ausiliario.

2 m inc a dx rov (treccia rovescia a destra su 2 m): mettete in sospeso su un f ausiliario 1 m sul RdL, 1 dir rit, poi lavorate 1 rov dal f ausiliario.

2 m inc a sn (treccia a sinistra su 2 m): mettete in sospeso su un f ausiliario 1 m sul DdL, 1 dir, poi lavorate 1 dir dal f ausiliario.

2 m inc a sn rit (treccia ritorta a sinistra su 2 m): mettete in sospeso su un f ausiliario 1 m sul DdL, 1 dir rit, poi lavorate 1 dir rit dal f ausiliario.

2 m inc a sn rov (treccia rovescia a sinistra su 2 m): mettete in sospeso su un f ausiliario 1 m sul DdL, 1 rov, poi lavorate 1 dir rit dal f ausiliario.

3 m inc a dx rit (treccia ritorta a destra su 3 m): mettete in sospeso su un f ausiliario 2 m sul RdL, 1 dir rit, poi lavorate 1 dir rit e 1 rov dal f ausiliario.

3 m inc a dx rov (treccia rovescia a destra su 3 m): mettete in sospeso su un f ausiliario 2 m sul RdL, 1 dir rit, poi lavorate 2 rov dal f ausiliario.

3 m inc a sn rit (treccia ritorta a sinistra su 3 m): mettete in sospeso su un f ausiliario 1 m sul DdL, 1 rov e 1 dir rit, poi lavorate 1 dir rit dal f ausiliario.

3 m inc a sn rov (treccia rovescia a sinistra su 3 m): mettete in sospeso su un f ausiliario 1 m sul DdL, 2 rov, poi lavorate 1 dir rit dal f ausiliario.

3 m inc centrate (treccia centrata su 3 m): mettete in sospeso sul primo f ausiliario 1 m sul DdL, mettete in sospeso sul secondo f ausiliario 1 m sul RdL, lavorate 1 dir rit dal f sinistro, lavorate 1 rov dal secondo f ausiliario, quindi lavorate 1 dir rit dal primo f ausiliario.

4 m inc a dx riso (treccia a destra su 4 m su punto riso): mettete in sospeso su un f ausiliario 3 m sul RdL, 1 dir, poi lavorate 1 rov, 1 dir e 1 rov dal f ausiliario.

4 m inc a sn riso (treccia a sinistra su 4 m su punto riso): mettete in sospeso su un f ausiliario 1 m sul DdL, 1 dir, 1 rov e 1 dir, poi lavorate 1 dir dal f ausiliario.

aum a dx (aumento a destra): sollevate, con il f destro, il filo che si trova tra le m della riga precedente sul f sinistro, così che la sua parte sinistra sia rivolta verso il davanti, poi lavorate il punto a dir prendendolo dal DdL.
Inquadrate il QR Code per il video.

aum a sn (aumento a sinistra): sollevate, con il f destro, il filo che si trova tra le m della riga precedente sul f sinistro, così che la sua parte destra sia rivolta verso il davanti, poi lavorate il punto a dir rit, cioè prendendolo dal RdL.
Inquadrate il QR Code per il video.

aum rov a dx (aumento rovescio a destra): sollevate, con il f destro, il filo che si trova tra le m della riga precedente sul f sinistro, così che la sua parte sinistra sia rivolta verso il davanti, poi lavorate il punto a rov prendendolo dal DdL.
Inquadrate il QR Code per il video.

aum rov a sn (aumento rovescio a sinistra): sollevate, con il f destro, il filo che si trova tra le m della riga precedente sul f sinistro, così che la sua parte destra sia rivolta verso il davanti, poi lavorate il punto a rov rit, cioè prendendolo dal retro del lavoro.
Inquadrate il QR Code per il video.

C1-C20: queste sigle indicano i colori da usare nel lavoro. Nel singolo modello è detto quanti e quali colori usare con precisione, e a quale colore corrisponde ciascuna sigla. Potete scegliere colori diversi rispetto a quelli usati, ma vi invito ad associare a ogni colore una sigla e, quando nelle spiegazioni appare questa sigla, usate sempre il colore che le è stato associato.

DdL: diritto del lavoro.

dim a dx (diminuzione a destra): lavorate insieme a dir le 2 m successive.
Inquadrate il QR Code per il video.

dim a sn (diminuzione a sinistra): passate 1 m, prendendola al dir, sul f di destra senza lavorarla, passate anche la m successiva prendendola sempre al dir, trasferitele di nuovo sul f di sinistra in questo nuovo ordine e lavoratele insieme a dir rit.
Inquadrate il QR Code per il video.

dim doppia a dx (diminuzione doppia a destra): lavorate insieme a dir le 3 m successive.

dim doppia a sn (diminuzione doppia a sinistra): passate 1 m, prendendola al dir, sul f di destra senza lavorarla, passate anche la m successiva e la successiva ancora, prendendole sempre al dir, trasferitele di nuovo sul f di sinistra in questo nuovo ordine e lavoratele insieme a dir rit.

dim doppia centrata (diminuzione doppia centrata): inserite il f destro nella seconda m, prendendola al dir, inserite il f destro nella prima m e passatele senza lavorarle. Lavorate a dir la terza m, quindi accavallate le 2 m passate su quest'ultima m.

dim doppia rov a dx (diminuzione doppia rovescia a destra): lavorate insieme a rov le 3 m successive.

dim doppia rov a sinistra (diminuzione doppia rovescia a sinistra): lavorate insieme a rov rit le 3 m successive (lavorate le m attraverso il filo che passa dietro il f).

dim rov a dx (diminuzione rovescia a destra): lavorate insieme a rov le 2 m successive.
Inquadrate il QR Code per il video.

dim rov a sn (diminuzione rovescia a sinistra): lavorate insieme a rov rit le 2 m successive (lavorate le m attraverso il filo che passa dietro il f).
Inquadrate il QR Code per il video.

dim settupla a dx (diminuzione settupla a destra, secondo step della nocciolina): lavorate insieme a dir le 7 m successive (la manovra può essere agevolata usando un uncinetto).

dir: (a) diritto.

dir rit: (a) diritto ritorto (lavorate la m attraverso il filo che passa dietro il f).

f: ferro.

f acc: ferro accorciato (vedi "ferri accorciati alla tedesca").

gettato: passate il filo dal davanti verso il dietro sul f di destra.

m: maglia/e.

M: marcapunto.

pass1cfdavanti: passate 1 m prendendola a rov con il filo davanti.

pass1cfdietro: passate 1 m prendendola a rov con il filo dietro.

pass2cfdavanti: passate 2 m (una per volta) prendendole a rov con il filo davanti (questa lavorazione serve alla formazione dell'*i-cord*).

pass2cfdietro: passate 2 m (una per volta) prendendole a rov con il filo dietro (questa lavorazione serve alla formazione dell'*i-cord*).

PM: posizionate il marcapunto.

RdL: rovescio del lavoro.

RM: rimuovete il marcapunto.

rov: (a) rovescio.

rov rit: (a) rovescio ritorto (lavorate la m attraverso il filo che passa dietro il f).

SM: passate il marcapunto.

Tecniche speciali

Avvii

avvio cable: create un'asola e posizionatela sul f sinistro. Inserite il f destro nell'asola e lavorate una m a dir; passate la m appena lavorata sul f sinistro. Ora inserite il f destro tra le due m, lavorate una m a dir e passatela sul f di sinistra. Continuate ripetendo quest'ultimo passaggio fino ad avere tutte le m montate.
Questo avvio è anche usato per aggiungere m all'inizio del f o del giro.
Inquadrate il QR Code per il video.

avvio long tail (standard): lasciando una lunga coda di filo (calcolate circa 2.5 cm per ogni punto da avviare), create un'asola e posizionatela sul f. Inserite il pollice e l'indice della mano sinistra tra i due capi in modo che il filo del gomitolo passi sull'indice e la coda passi sul pollice. Con le altre dita tenete stretti i capi contro il palmo della mano in modo da formare una sorta di V di filo. Ora inserite la punta del f nell'asola del pollice, fate in modo che il f prenda il filo che passa sull'indice e riportatelo attraverso l'asola del pollice. Lasciate cadere l'asola del pollice e riportate le dita nell'iniziale formazione a V, tirando e sistemando la m sul f.
Inquadrate il QR Code per il video.

avvio provvisorio: con l'uncinetto ed un filato di cotone avviate una catenella che abbia lo stesso numero di punti delle m che desiderate montare; chiudete la catenella. Usando il filato principale, entrate sul retro della catenella con il f (o l'uncinetto, se è più comodo), avvolgete il filo attorno al f e tirate fuori un'asola. Proseguite in questo modo fino a montare tutte le m desiderate.
Inquadrate il QR Code per il video.

Qui il video per la ripresa delle maglie:

Chiusure

chiusura standard (intreccio): lavorate a dir 1 m, *lavorate a dir 1 m, inserite il f sinistro nella prima m sul f di destra e passate questa m sopra la seconda m, facendola cadere dal f (rimane 1 m sul f di destra). Ripetete da * fino a terminare tutte le m.
Inquadrate il QR Code per il video.

chiusura elastica (standard modificata): chiudete le m come nel metodo standard, però inserendo un gettato tra le due m e facendo passare quest'ultimo e la prima m sopra l'ultima m.
Un secondo metodo è spiegato in questo video:

Cuciture

cucitura a punto maglia sul diritto: tenete i f paralleli tra loro tenendo il DdL rivolto all'esterno. Considerate circa 1.5 cm di filato per ogni m da chiudere, tagliate il filo e infilatelo nell'ago da lana. Lavorerete da destra verso sinistra.
Infilate l'ago nella prima m sul f di fronte come per fare un rov e lasciatela sul f. Infilate l'ago nella prima m sul f di dietro come per fare un dir e lasciatela sul f. *Infilate l'ago nella prima m sul f di fronte come per fare un dir e fatela cadere dal f, poi infilate l'ago attraverso la prossima m sul f di fronte come per fare un rov e lasciatela sul f. Infilate l'ago nella prima m sul f di dietro come per fare un rov e fatela cadere dal f, poi infilate l'ago attraverso la prossima m sul f di dietro come per fare un dir e lasciatela sul f.
Ripetete da * fino a che su ognuno dei 2 f rimanga 1 m. Infilate l'ago attraverso la m sul f di fronte come per fare un dir e fatela cadere dal f, poi infilate l'ago attraverso la m sul f di dietro come per fare un rov e fatela cadere dal f.
Inquadrate il QR Code per il video.

cucitura a punto materasso: tenendo il DdL rivolto verso l'esterno, infilate l'ago sotto il filo orizzontale tra la cimosa (vivagno) e la m accanto del primo pezzo, poi ripetete con il filo orizzontale corrispondente più un altro filo orizzontale sopra del secondo pezzo. Proseguite a infilare l'ago sotto 2 fili orizzontali per volta, alternando il primo e il secondo pezzo fino a terminare la cucitura.
Inquadrate il QR Code per il video.

Riprendere le maglie

riprendere le m lungo il bordo dell'avvio o della chiusura: tenendo il DdL rivolto verso di voi, con il filo sul retro del lavoro, inserite il f nella V della m nel f subito sotto il bordo dell'avvio o della chiusura. Avvolgete il filo intorno al f e tirate fuori un'asola. Riprendete 1 m per ogni m dell'avvio o della chiusura.

riprendere le m lungo il margine laterale: tenendo il DdL rivolto verso di voi, con il filo sul retro del lavoro, inserite il f tra 2 fili orizzontali subito dopo la cimosa. Tenete a mente che una m è più larga che alta: a seconda del filato usato, riprenderete 3 m ogni 4 f, 4 m ogni 5 f e così via.
Inquadrate il QR Code per il video.

Lavorazione a righe

Lavorando a righe possiamo osservare tra i colori intervalli grandi o piccoli.

Il procedimento è molto semplice e consiste nel lasciare in sospeso il primo colore e iniziare a lavorare con il secondo colore. Al momento del cambio del colore si incrociano sempre i fili per fissarli: passerete semplicemente il primo colore sopra il secondo colore e continuerete a lavorare con il secondo colore. A ogni cambio di colore, riprenderete il primo e lascerete in sospeso il secondo. È molto importante che il filo sia sempre molto morbido, in modo da non tirare troppo il lavoro. Il trasporto del filo è sempre consigliato, a meno che la distanza tra un passaggio e l'altro sia eccessiva; in questo caso è meglio tagliare il filo e fissarlo. Consiglio di tagliare i fili qualora le righe siano più alte di 6 giri o ferri. Per evitare di avere mille fili da cucire alla fine, consiglio anche di fissarli man mano che il lavoro procede. Per vedere come si intrecciano i colori lungo il margine del lavoro, guardate questi video:

e questo per vedere come fissare i fili man mano che si lavora:

Lavorazione a colori con i fili passati

Il metodo dei fili passati (o *stranded*) consiste nel lavorare un f (o un giro) con due (o più) colori, creando piccoli motivi. Per non avere i fili passati troppo lunghi, è sempre consigliabile avere un intervallo di massimo 5 m tra un colore e l'altro.

Il procedimento consiste nel tenere un colore con la mano destra e uno o più colori con la mano sinistra: questo faciliterà e velocizzerà la lavorazione. I fili del colore che non viene lavorato sono passati sul retro del lavoro e non si vedono dalla parte diritta; bisogna portare molta attenzione a non tirare il filo trasportato per non arricciare il lavoro. Può essere utile tenere, nel caso di capi lavorati in tondo, la parte diritta rivolta verso l'interno: questo aiuterà a tenere i fili particolarmente morbidi.

Per vedere come si lavora con due o più colori, guardate questi video:

Nel caso gli intervalli siano più lunghi, è meglio "intrappolare" il filo sul retro del lavoro, facendo passare semplicemente il filo passato al di sopra del filo che state lavorando. Si procederà a lavorare la m a dir, stando attenti a non prendere anche il filo passato. Lavorando la seguente m a dir, vedrete che il filo risulterà intrappolato e nascosto sul retro del lavoro.
Inquadrate il QR Code per il video.

Ferri accorciati alla tedesca

Lavorate fino al punto in cui si deve girare il lavoro, girate il lavoro. Ora portate il filo davanti al lavoro come per lavorare un rov, passate la prima m a rov con il filo davanti (pass1cfdavanti) e tirate forte il filo verso il dietro al di sopra del f (questa manovra crea un "punto doppio"). Quando incontrate il "punto doppio", lavoratelo a dir (o a rov) come se fosse una m normale.
Inquadrate il QR Code per il video.

Noccioline

primo step: nella stessa m sul f di sinistra, lavorate nel modo seguente: [1 dir, gettato] tre volte, 1 dir (7 m sul f di destra). La nocciolina verrà chiusa il prossimo giro.

secondo step: eseguite la dim settupla a dx (lavorate insieme a dir le 7 m successive).

Il bloccaggio

Ogni lavoro, dopo aver terminato e aver fissato tutti i fili, ha la necessità di essere bloccato.

Il primo passaggio è quello di lavare il capo in una bacinella piena di acqua fredda con una noce di detersivo specifico per lana oppure di... shampoo delicato per capelli! Lascerete in ammollo il capo circa 15 minuti, per poi sciacquarlo con acqua molto abbondante, senza torcere né strizzare. Se lo riterrete opportuno, potrete fare seguire un secondo bagno con una noce di ammorbidente specifico o di balsamo per capelli. Seguirà un'ultima risciacquata finale.

Questo tipo di lavaggio va bene per tutti i tipi di lana, di cashmere, di alpaca e di angora.

A questo punto toglierete il capo dalla bacinella e lo premerete con le mani per far uscire gran parte dell'acqua.

Fate attenzione a non torcere mai il capo! È sufficiente stendere il capo su un grande asciugamano e arrotolarlo come se fosse una salsiccia. Quindi premetelo bene per far uscire tutta l'acqua. A questo punto srotolate l'asciugamano e procedete al bloccaggio vero e proprio.

Ogni tipo di capo viene bloccato in modo diverso.

Per capi come maglioni, cardigan, *poncho*, berretti e guanti, parleremo di un **bloccaggio leggero**. Questo consiste nello stendere il capo su una superficie piana, possibilmente protetta da un asciugamano bianco. Allargate delicatamente il capo fino a raggiungere le misure finite, aiutandovi eventualmente con un metro a nastro e lasciatelo asciugare. Per i berretti potrebbe essere utile utilizzare un palloncino per far prendere la forma corretta al copricapo.

Per gli scialli, le stole e qualche maglia in pizzo, invece, si può parlare di **bloccaggio** più o meno **aggressivo**. Stenderete il capo su una superficie grande e morbida che possa essere bucata dagli spilli (per esempio un tappeto, il letto matrimoniale, il letto della camera degli ospiti, un insieme di tappetini puzzle per bambini, due tappetini per lo yoga e così via) e incominciate a tirare (più o meno decisamente, a seconda dell'effetto voluto) fino a fargli raggiungere le misure finite. Puntate gli spilli a distanza di circa 2 cm uno dall'altro, facendo attenzione a fissare bene le eventuali punte. Quest'ultimo passaggio può essere semplificato con l'uso degli appositi ferri da bloccaggio in acciaio armonico.

Lasciate asciugare. Nel caso di giornate particolarmente umide e di capi non particolarmente sottili, ci si può aiutare con il getto dell'asciugacapelli, facendo attenzione a non avvicinarlo troppo per non bruciare le fibre.

Il bloccaggio aggressivo "stressa" e allunga le fibre del filato, per cui, una volta che rilaverete il capo, non sarà necessario ripetere tutti i laboriosi passaggi ogni volta: sarà sufficiente tendere bene con le mani e lasciar asciugare su una grande superficie piana.

Come avrete notato, non ho mai parlato di ferro da stiro. Sono dell'opinione che la lana e le fibre nobili non debbano essere mai toccate dal calore, che può rovinarle irrimediabilmente.

Inquadrate il QR Code per il video esplicativo.

Ancora dei dubbi? Contattatemi attraverso la mia mail: v.cosciani@gmail.com e vi risponderò il prima possibile!

Qualcosa di me

Mi chiamo Valentina Cosciani (alias Tibisay) e abito a Trieste, in Italia con la mia famiglia.
Ho imparato a lavorare a maglia da piccola e mia nonna ha contribuito a formare il mio gusto per la maglieria, tanto che, ancora oggi, per me continua ad essere una fonte di ispirazione.
Ho continuato a lavorare a maglia fino ad oggi, anche se mi ci sono dedicata più intensamente da circa 10 anni, dopo aver concluso la mia carriera di pittrice.
I miei trascorsi artistici, in particolare lo studio delle forme e dei colori, si è spontaneamente integrato nel progetto "Tibisay", che unisce attività artigianale, arte e moda. In particolare, ho approfondito lo studio della personalizzazione dei capi in funzione delle caratteristiche fisiche individuali delle donne e lo studio dei colori che possano essere più o meno donanti in base all'incarnato naturale delle persone.

Grazie

Ringraziare tutte le meravigliose donne, che nei lunghi anni di "gestazione" di questo progetto ne hanno condiviso con me alcuni passi, sarebbe impossibile! Ma è per me doveroso cercare di farlo, almeno verso coloro che mi sono state più vicine in questo percorso e che mi hanno supportato attraverso innumerevoli cambi di rotta e di vita.
Grazie a Debora, Donatella, Erika, Luciana, Sabrina e Tiziana. Mi avete aiutato ad elaborare un progetto che avesse origine dall'idea di eleganza che avevo appreso da mia nonna e che fosse sempre attuale.
Doppiamente grazie a Debora ed Erika: mi avete fisicamente supportato, accollandovi parte del lavoro organizzativo e manuale. Siete le mie rocce.
E ancora grazie alle mie preziosissime tester Anna, Annarita, Camilla, Corinna, Daniela, Debora, Elena, Elisabetta, Erika, Graziella, Ioana, Laura, Manuela, Monia, Nadia, Paola e Tiziana: alcune solo per un progetto, altre per tutti e venti, nulla sarebbe stato possibile senza di voi!
Infine un enorme grazie anche agli uomini della mia vita: a Leonardo che si è sobbarcato lunghissime ore di revisione finale, a Riccardo e a Paolo che hanno contribuito come hanno potuto.

Bibliografia

"Semplicemente chic" di Helen Valentine e Alice Thompson;
"La vera eleganza" di Barbara Ronchi della Rocca;
"Guida all'armadio perfetto" di Laure Gontier e Jeanne - Aurore Colleuille;
"Eleganza per lei. Piccolo manuale di vita con stile per la donna moderna" di Arianna Chieli;
"Io compro da sola: guida ragionata al guardaroba perfetto" di Cinzia Felicetti;
"Curvy. Il lato glamour delle rotondità" di Daniela Fedi e Lucia Serlenga;
"The Little Black Book of Style", "The One Hundred. Cento capi e accessori che una donna di classe deve possedere" e "The Style Strategy" di Nina Garcia;
"La Parigina. Guida allo chic" di Ines de La Fressange;
"la Berlinese. Guida all'alternative chic" di Angelika Taschen;
"Guida all'Eleganza" di Genevieve Antoine Dariaux;
"Armocromia: Il metodo dei colori amici che rivoluziona la vita e non solo l'immagine" e "Forme: La guida alle proporzioni per imparare a valorizzare e finalmente amare la nostra unicità" di Rossella Migliaccio;
"Knitting Workshop" di Elisabeth Zimmermann;
"Knitting from the top" di Barbara G. Walker;
"Custom Knits" di Wendy Bernard;
"The knitter's handybook of Top-Down sweater: basic designs in multiple sizes and gauges" di Ann Budd.

Printed by Amazon Italia Logistica S.r.l.
Torrazza Piemonte (TO), Italy